Strephon Kaplan-Williams · Traum-Arbeit

Für Vilgunn
– ein Lichtzeichen für die Zukunft

Strephon Kaplan-Williams

TRAUM-ARBEIT

Der Schlüssel zum Unterbewußtsein
Ein praktisches Handbuch

Aus dem Englischen übertragen
von Elfi Ammann

Goldmann Verlag

Originaltitel: Dreamworking
Originalverlag: Journey Press, Oslo und San Francisco

Deutsche Erstausgabe

Der Goldmann Verlag
ist ein Unternehmen der Verlagsgruppe Bertelsmann

© 1991 by Strephon Kaplan-Williams
© der deutschsprachigen Rechte 1993 by
Wilhelm Goldmann Verlag, München
Umschlaggestaltung: Design Team München
Umschlagmotiv: Holitzka, Agt. Holl
Satz: Filmsatz Schröter GmbH, München
Druck: Graphischer Großbetrieb Pößneck GmbH
Redaktion: Christine Schrödl
Ba · Herstellung: Martin Strohkendl
Made in Germany
ISBN 3-442-12205-8

10 9 8 7 6 5 4 3 2 1

Inhalt

Das Glaubensbekenntnis des Traumkriegers

Ich habe keine Träume, ich wurde nachts geboren.

Ich habe keine Probleme, um meine Probleme kümmere ich mich selbst und mute es niemand anderem zu.

Ich habe keine Begierden, mit den Lebenskräften, die in mir aufsteigen, gehe ich schöpferisch um.

Ich habe keine Liebe, alle meine Taten zeugen von meiner Achtsamkeit und Leidenschaft.

Ich habe keine Unschuld, allen Dingen auf meinem Lebensweg begegne ich mit Offenheit.

Ich habe keine Schuld, ich betrüge niemanden, dessen Erwartungen ich erfüllt habe.

Ich habe keinen Haß, allen steht es frei, mich jederzeit und überall abzuweisen.

Ich habe keinen Zorn, ich werde unablässig von den scharfen Ecken und Kanten des Lebens verwundet.

Ich habe keinen Frieden, mein Herz ist ganz leer, um alle Erfahrungen des Lebens hineinzulassen.

Ich habe keine Mitte, mein inneres Zentrum ist nicht dort zu finden, wo ich es berechnen kann.

Ich habe kein Ich, das Ich, das ich bin, lebt in allen meinen Entscheidungen.

Ich habe kein Leben, ich bekomme nie das, was ich mir wünsche.

Ich habe keinen Tod, es gibt keinen Ort, der für mich Heimat wäre.

Vorwort

Anläßlich meiner Besuche in Deutschland habe ich festgestellt, daß es eine wachsende Zahl von Menschen gibt, die auf ihrer Suche nach spiritueller Entwicklung und Entfaltung für neue Pfade offen sind. Viele haben bereits alle möglichen Workshops und Methoden ausprobiert, um am Ausdruck ihrer Gefühle und ihrer Kreativität zu arbeiten, und sie haben sich nach spirituellen Lehrern umgesehen, um jenseits psychologischer Konzepte die größeren Sinnzusammenhänge zu erkennen. Heute scheint es jedoch notwendig zu sein, einen Weg zu finden, Bewußtseinsentwicklung zu erreichen, ohne von Gruppen oder Lehrern abhängig zu werden, die wie Gurus auftreten.

Was mir am Herzen liegt und was in Zusammenarbeit mit Hunderten von Schülern erfolgreich in die Tat umgesetzt wurde, ist die einem jeden gegebene Kunst der Traumarbeit, das heißt die Technik, seine Träume und anderes symbolisches Material in eigener Verantwortung zum Leitfaden seines Lebens zu machen und sich damit von einer weiseren Quelle als dem Ego führen zu lassen. Mit Hilfe seines Bewußtseins und seiner Entscheidungsgewalt vermag damit das Ich seine Ziele und sein Anliegen in dieser Welt zu verwirklichen.

Wir sollten unser Bewußtsein einsetzen, um den nächsten evolutionären Schritt zu vollziehen. Wir können dabei für unser Vorwärtskommen um Führung bitten, ohne auf die alten Methoden und Wertvorstellungen der Vergangenheit zurückgreifen zu müssen. Denn in den Träumen und anderen Visionen zeigen sich die Möglichkeiten der Zukunft. Wir brauchen nur die geeignete Methodik, um dieses reiche Material zu heben und es für das tägliche Leben nutzbar zu machen.

Ich vermag mit einiger Sicherheit zu behaupten, daß die Traumarbeit zumindest als Meditationsübung von großem Wert ist, ein selbstbestimmtes und erfülltes Leben zu führen.

Traumarbeit ist für Menschen gedacht, die etwas für ihr Bewußtsein tun wollen, und zwar nicht aufgrund egoistischer Motive, sondern aus einem tiefen inneren Zentrum jenseits des Ego heraus. Ich habe es mir zur Aufgabe gemacht, die Kunst der Traumarbeit auch im deutschsprachigen Raum persönlich zu vermitteln. Es geht dabei um innere Verarbeitungsprozesse, um praktische Arbeit und um die aufregende Tatsache, daß uns fortwährend neue Träume und damit neue Bewußtseinsschritte angeboten werden. Als angehender Traumarbeiter werden Sie sich sowohl auf eigene Faust als auch im Rahmen von Traumgruppen schulen. Es handelt sich um ein Training für neues Bewußtsein, und was gäbe es Wichtigeres im Leben?

Ich möchte diejenigen, die mein früher erschienenes Buch *Durch Traumarbeit zum eigenen Selbst* (Ansata Verlag, Interlaken) kennen, darüber informieren, daß in das hier vorliegende Werk die Erkenntnisse einer zehnjährigen Weiterentwicklung meines Ansatzes eingeflossen sind. Neues Material, neue Methoden und Fallbeispiele haben es erweitert. Es geht mir heute nicht mehr allein darum, nur Techniken weiterzugeben, sondern auch einen Weg, auf neue Art zu leben.

Strephon Kaplan-Williams

1. Aufruf zu persönlichem Engagement

Durch Traumarbeit entwickeln wir uns in die neue Zeit. Nicht die Psychologie wird uns dabei helfen – auch keine Programmierungen des Unterbewußtseins. Weder Meditation noch Channeling, noch andere esoterische Techniken, sondern allein die neue Form der Traumarbeit, die konkrete Arbeit mit Träumen, wird uns am Ende des zwanzigsten Jahrhunderts den Durchbruch bringen.

Aus den Weisheitsbüchern dieser Welt läßt sich eine Menge lernen. Kann dieses Wissen es jedoch mit den geistigen und psychologischen Möglichkeiten aufnehmen, die sich eröffnen, wenn wir uns daran machen, die Bedeutung und die Geheimnisse unserer Träume zu entschlüsseln?

Damit soll keineswegs der unermeßliche Wert der großen religiösen und weltlichen Schriften mißachtet werden. Gemeint ist, daß jeder sich durch kontinuierliche Arbeit mit Träumen und die schlichte Befolgung der Traumbotschaften für sein eigenes Leben und das seiner Mitmenschen eine tiefe Wissensquelle erschließen kann.

Keine religiöse Überlieferung ist in der Lage, uns derartige Verarbeitungsmöglichkeiten zu bieten. Allnächtlich spricht eine ausgleichende und heilsame Quelle zu jedem von uns und rät uns, wohin wir im Leben unsere Schritte lenken und was wir meiden sollen. Wo sonst können wir so viel persönliche Betreuung von einer Quelle erwarten, die weiser ist als wir selbst? Mit Sicherheit vermag uns kein Guru, Priester, religiöser Führer, Therapeut, Lehrer, aber auch kein Vater oder keine Mutter so trefflich zu leiten und zu lehren, wie unser Innerstes uns anhand unserer

Träume in die tatsächliche Bedeutung unseres Lebens einweisen kann. Um sich die Weisheit dieser Quelle zu erschließen, die sich sogar jede Nacht direkt vor unseren Augen befindet, bedarf es einer gewissen Verpflichtung, nämlich die Methoden der Traumarbeit zu lernen.

Jeder Traum beinhaltet eine Lektion, bei der unser Traum-Ich damit konfrontiert wird, etwas Wichtiges für sein Leben zu erkennen. Dabei ist nicht entscheidend, was wir darüber denken, sondern daß wir dazu kommen, künftig auf eine neue Art zu *handeln*. Mir ist außer der Traumarbeit keine andere Methode bekannt, die dieser zentralen Aufgabenstellung besser gerecht würde. Bei der Traumarbeit gehorchen wir nicht dem Ego, sondern einer Quelle, die sich über Träume offenbart. Manche Menschen verstehen darunter ihr Höheres Selbst, ihr inneres Licht oder Gott. Wenn wir im folgenden von der Quelle sprechen, meinen wir ein universelles Prinzip, das uns nährt und unserem Leben Richtung verleiht.

Träume wollen nicht gedeutet, sondern praktisch umgesetzt werden. Solange Sie sich nicht wirklich dieser Herausforderung stellen und eigene Erfahrungen machen, kommen Sie nicht in den Genuß der Führung durch die Traumquelle. Wenn Sie sich nicht wirklich verpflichten, an sich zu arbeiten, belasten Sie sich nur mit diesem Buch und allen übrigen Lebenshilfebüchern, da Sie ihren Inhalt nur sehr oberflächlich aufnehmen werden.

Aber es ist so einfach. Zügeln Sie Ihre Ungeduld. Verlangsamen Sie Ihre Gangart, bremsen Sie sich, halten Sie inne, und finden Sie wieder zu Ihrer Mitte zurück. Allnächtlich wartet Ihr wahres Selbst in der Traumwelt auf Sie und bittet Sie um Ihre Aufmerksamkeit und Zusammenarbeit. Es wünscht sich, daß Sie tätig werden, sich engagieren und Ihr Leben so gestalten, wie es sich in Ihren Träumen enthüllt.

Traumarbeit ist eine Herausforderung

Sollten Sie während der Lektüre dieses Buchs feststellen, daß Sie ungehalten oder wütend werden, können Sie sich folgende Fragen zur Klärung Ihrer Gefühle beantworten. Vergegenwärtigen Sie sich als erstes, daß Sie nicht am Verfasser, sondern an einem in diesem Buch angesprochenen Thema oder Gedankengang Anstoß nehmen. Der Autor ist überhaupt nicht vorhanden. Hingegen existiert dieses Buch, das ein Eigenleben führt, als Übermittler von Ideen und Herausforderungen. Der Verfasser kann – genau wie jeder andere auch – aus dem vorliegenden Buch lernen. Falls Sie sich über eine Aussage aufregen, die hier geschrieben steht, bitte ich Sie, die hundertprozentige Verantwortung für Ihre Reaktion zu übernehmen:

O Was wurde in Ihnen wachgerufen und weshalb?
O Welche Vorstellung oder Aussage steht im Widerspruch zu Ihrer persönlichen Überzeugung und Einstellung?
O Welches Problem verbirgt sich hinter der jeweiligen Aussage, die Ihnen mißfällt?
O Wie nehmen Sie persönlich Stellung zu diesem Problem?
O Wäre es möglich, daß die Erklärungen dieses Buchs zutreffen und mit dem wirklichen Leben übereinstimmen, nur der Vorstellung, die Sie womöglich über das Leben haben, nicht gerecht werden können?
O Wäre es möglich, daß sowohl der Inhalt dieses Buchs als auch Ihre Überzeugung zutreffen?
O Wer auf eine Behauptung eher begeistert anstatt verärgert reagiert, sollte sich auf folgende Herausforderung einlassen: Wie kann ich das, was mir Auftrieb verleiht, stärker in meinem Leben zum Ausdruck bringen?
O Oder wie kann ich diese Wahrheit anderen nahebringen, von denen ich weiß, daß sie sich mit den gleichen Themen befassen?

Andererseits sollten Sie dem Inhalt dieses Buchs keinesfalls einfach nur zustimmen, weil genau das beschrieben wird, was Sie bereits auf Ihrer eigenen Suche entdeckt haben. Was hält Sie davon ab, anderen zu vermitteln, wovon Ihr Leben im wesentlichen getragen wird? Es geht dabei nicht darum, daß Sie nur darüber reden, sondern daß Sie Ihre Wahrheit leben.

Anstatt sich dem Leben abwehrend zu verweigern, sind wir gut beraten, stets Neues zu integrieren. Ich hoffe, es gelingt mir, das auf diesem Weg zu vermitteln. Mir ist bewußt, daß die Arbeit mit diesem Buch und den eigenen Träumen mehr Durchhaltevermögen erfordert als der Entziehungsdruck, dem Süchtige ausgesetzt sind, wenn sie eine Schlankheitskur machen oder das Trinken oder Rauchen aufgeben. Bleiben Sie einfach nur offen. Sie müssen nicht alles auf einmal bewältigen. Arbeiten Sie auf der Ebene, wo Sie sich derzeit befinden. Wenn Sie jetzt nicht bereit sind, den ganzen Weg zu gehen, machen Sie nur den nächsten Schritt.

Traumarbeit und Psychologie

Bis vor kurzem stand die Traumarbeit unter der Schirmherrschaft der Psychologie. Freudianer, Jungianer und Gestaltpsychologen haben mit Träumen gearbeitet, um ihren jeweiligen therapeutischen Ansatz damit zu untermauern. Unter anderem wandten sie auch die Technik der Traumarbeit an, doch nicht ausschließlich. Ihr Interesse galt der Therapie, und nur aus diesem Grund bezogen sie Träume mit ein. Infolge dieser Einstellung war ihre Arbeit mit Träumen ziemlich begrenzt. Die Schüler von Jung und Freud beriefen sich unisono auf die Methode der *Traumdeutung*, obwohl sie zu unterschiedlichen Deutungsergebnissen kamen, weil beide Disziplinen jeweils von einem anderen Symbolverständnis ausgehen. Psychologen der Jungschen Schule stand sehr wohl die Methode der *aktiven Imagination* zur Verfügung, doch Jung hat in seinen Werken nicht eindeutig beschrieben, wie und ob er diese Technik überhaupt bei eigenen oder fremden Träumen eingesetzt hat. Als er die Methode vorstellte, verfolgte er damit die Absicht, Phantasien anzuregen, die zwar von einem Traum oder irgendeinem anderen unbewußten

Geisteszustand wachgerufen wurden, die dann jedoch an und für sich wenig mit dem ursprünglichen Traum zu tun hatten.

Während der gesamten Dauer von fünfzehn Jahren, in der ich mich selbst einer Psychoanalyse unterzog, die von Analytikern durchgeführt wurde, die von Jung oder dessen Schülern ausgebildet worden waren, hatte ich nicht eine einzige Sitzung mit aktiver Imagination. Die Inhalte wurden von seiten des Analytikers, dessen Autorität unantastbar war, immer nur gedeutet. Diese Vorgehensweise wird durch ein umfangreiches Buch über Traumarbeit unterstrichen, das ein Jungscher Analytiker verfaßt hat, in dem an keiner Stelle von aktiver Imagination die Rede ist. Zu den veröffentlichten Gemälden und Zeichnungen von Jung findet man keinerlei Hinweise auf irgendeinen persönlichen Traum, nicht einmal auf seine »großen« Träume, die er in seinem Werk *Erinnerungen, Träume, Gedanken* so eindrucksvoll geschildert hat. Als ich zu der Erkenntnis kam, daß Psychologen der Jungschen Schule die aktive Imagination nicht in vollem Umfang im Rahmen ihrer Traumarbeitsmethoden nutzen, entwickelte ich mein eigenes Konzept der Traumarbeit.

Jungs Methode bezeichne ich als Weiterentwicklung von Träumen. Sie entspricht nicht dem *Wiedererleben eines Traums*, die aktive Imaginationsmethode, die ich entdeckte. Bei dieser Technik versetzt man sich erneut in die ursprüngliche Traumszene und durchlebt sie noch einmal, doch bei diesem Anlauf wird eine Lösung erarbeitet. Soweit mir bekannt ist, gab es keinerlei Veröffentlichungen über die Methode des Wiedereinstiegs in den Traum, ehe ich im Jahr 1980 über diese Technik berichtete, die ich bereits 1978 entdeckt hatte. Es kommt nicht darauf an, wer als erster mit einer Methode anfängt, sondern wer sie gut beherrscht und die ganze Bandbreite ihrer Möglichkeiten ausschöpfen kann. Inzwischen betreiben viele Menschen die Technik des Wiedererlebens eines Traums. Im neunten Kapitel erläutere ich diese Methode, die eines der wesentlichen Hilfsmittel zur Heilung der Seele ist.

Traumarbeit als neue Disziplin

Mein Buch *Durch Traumarbeit zum eigenen Selbst* bezeichnete ich seinerzeit als das erste bis dahin veröffentlichte umfassende Übungsbuch zur Traumarbeit, da es sich von den psychologischen Vorgehensweisen unterscheidet. Mit dem Buch wurde eine neue Disziplin geschaffen, die auf der These beruht: *Traumarbeit ist weder eine Methode noch ein Nebenfach der Psychologie, sondern ist von Haus aus ein eigenständiges Forschungsgebiet.* Denn niemand wird bestreiten, daß die Mehrzahl der Menschen aller Kulturen sich mindestens an einige Träume erinnern kann, die sie im Lauf ihres Lebens geträumt hat.

Ein Traum ist deshalb ein einzigartiges Erlebnis, weil er während des Schlafs stattfindet, in dem wir die bewußte Kontrolle des Ichs eingestellt und uns dem inneren Geschehen preisgegeben haben. In diesem entspannten, willenlosen Zustand kann der sogenannte Traum auftauchen, in dem eine innere Bilderwelt, begleitet und unterstützt von Gefühlen, in uns lebendig wird. Wir wissen letztlich nicht, woher Träume kommen und wodurch sie entstehen.

In der Terminologie C. G. Jungs würden wir die Traumquelle als teleologisches Prinzip des Selbst oder als zentralen Archetyp bezeichnen. Im Rahmen der Traumarbeit erkennen wir, daß in der Psyche eine Funktion verankert ist, die Träume hervorbringt, welche ganz konkret und in sinnvoller Weise mit unserem äußeren Leben und unserer Persönlichkeit verbunden sind, um uns auszubalancieren und um neue Entwicklungsschritte zu integrieren. Hinter alldem steht die Traumquelle.

Unumstößlich steht fest, daß jeder träumt, daß Träume wirklich existieren und daß wir sie durch Traumarbeit nutzbar machen können, wodurch ein sinnerfülltes Leben möglich wird. Die Technik der Traumarbeit beruht demnach auf der einfachen Prämisse: Wenn Träume wirklich sind, müssen sie zu etwas nützlich sein. *Traumarbeit ist die Kunst, die Brauchbarkeit der Träume und des Träumens zu erforschen.* Mehr ist mit Traumarbeit nicht gemeint.

Zuerst erkunden wir den ursprünglichen Traum durch reine Vergegenwärtigung (Traumobjektivierung), durch das Anreichern mit zusätzlichen Symbolen und anderen Assoziationen (Amplifikation) sowie durch die Auseinandersetzung mit sieben universellen Grundmustern (Archetypen). Danach begründen wir unsere persönliche Beziehung zum Traum (Beobachtung des Traum-Ichs). Als nächstes versuchen wir, ihn darzustellen oder erneut zu durchleben (Wiedererleben des Traums, Symbolvertiefung, Darstellung des Traums, Neuschreiben des Traums, Dialog mit den Traumgestalten, künstlerische Verarbeitung des Traums), und schließlich nutzen wir die gewonnenen Ergebnisse zur Verbesserung unserer Lebensqualität und zum Wachstum unserer Persönlichkeit (Traumaufgaben umsetzen, Träume zu speziellen Problemlösungen erbitten oder Trauminkubation, Traumreisen, Traumforschung). Psychologie, Religion oder Philosophie sind überflüssig, um dieser Art von Traumarbeit nachzugehen. Die Träume stehen für sich und müssen nicht mehr anderen Systemen zugeordnet werden.

Zur Entwicklung der Methode

Die Jungsche Lehre betont den Wert von Symbolen, und es ist in der Tat hilfreich, ihre Bedeutungen zu kennen. Hinter allen Symbolen stehen Archetypen, die Ausdruck von universalen Energien sind. Beispiel: Wasser fließt und gilt deshalb in allen Lebensbereichen als Sinnbild dafür, daß etwas in Fluß, also in Bewegung ist. Von Gestalttherapeuten habe ich zudem gelernt, daß man Träume verarbeiten kann, indem man sie ausagiert. Als ich jedoch sah, wie sie ihre Technik praktizieren, empfand ich ihre Arbeitsweise als grob, zu ausdrucksstark und teilweise sogar als gewalttätig. Ein Therapeut preßte beispielsweise einer Frau, die keinen Lebenswillen hatte, ein Kissen auf ihr Gesicht, bis sie sich schließlich aufbäumte und nach Luft schnappte. Auf den ersten Blick war seine Vorgehensweise durchaus wirkungsvoll. Ich kam jedoch zu der Erkenntnis, daß man besser fährt, wenn man dem Traum selbst die Leitung der Traumarbeit überläßt, statt sich dem Ego eines Therapeuten auszuliefern. Auf diese Weise entstand die Methode der *Traumdarstellung*. Dabei halten wir uns eng an den Trauminhalt und spielen ihn durch, allerdings nur soweit wir das Geschehen bewußt mitverfolgen und die freigewordenen Kräfte in Einklang bringen können. Als wir dazu übergingen, Träume darzustellen und Konfliktlösungen sich ungeplant entwickeln zu lassen, erlebten die einzelnen Teilnehmer und die gesamte Gruppe nachhaltige Veränderungen.

Ganz recht, eine solche Veränderung macht sich auch in der Gruppe bemerkbar, nicht nur beim einzelnen. An dieser Stelle kommt der *Senoi*-Anteil der *Jung-Senoi-Methode* zum Ausdruck. Dieser Aspekt der Traumarbeit beruft sich auf eine Publikation von Kilton Stewart *(Dream Peoples of Malaya)*, worin er ein Volk beschreibt, das im Vergleich zu seinen Nachbarn ein geistig reicheres und friedlicheres Dasein führt. Seine Angehörigen verdanken ihren hohen Lebensstandard der Tatsache, daß sie nicht müde werden, sich innerhalb der Familie und in der Gemeinschaft ihre Träume mitzuteilen. Ihren Kindern bringen sie bei, aktiv zu träumen.

Stark beeinflußt wurde ich außerdem durch meine Mitarbeit an den St. George Homes. Die Heilerin Dorothea Romankiw gründete dieses Rehabilitationszentrum, wo schwergestörte, seelisch labile Jugendliche stationär behandelt werden. In dieser Einrichtung wurde täglich mit den gestörten Heranwachsenden und gelegentlich auch mit dem Personal in Senoi-Traumgruppen gearbeitet. Und häufig haben wir als Gruppe die Ergebnisse der Traumarbeit künstlerisch dargestellt oder ließen sie in die Aufgaben oder speziellen Behandlungsprogramme einfließen. Wenn ein junger Mann beispielsweise träumte, daß er eine wunderbare Edelsteinsammlung gefunden habe, gaben wir ihm und seinem zuständigen Betreuer die Aufgabe, in der kommenden Woche schöne Steine zu erwerben oder zu sammeln und alles über sie in Erfahrung zu bringen. Auf diese Weise wurden sein Traum und seine Seele gewürdigt, und außerdem führte es den Jugendlichen etwas mehr aus seiner inneren Phantasiewelt heraus und brachte ihn der konkreten Wirklichkeit des Alltags näher. Führt man gemeinsame Traumarbeit in Gruppen durch, lernt jedes

16

Gruppenmitglied aus den Träumen der anderen und unterstützt durch seine Anwesenheit zugleich deren Entwicklungsprozeß.

In diesem Zusammenhang sei angemerkt, daß ich in dem vorliegenden Buch häufig von »wir« spreche, da die Kernaussagen, Beispiele und Methoden den Erfahrungen zahlreicher Traumarbeitsschüler und direkt der Traumquelle entstammen.

Was Traumarbeit leistet

Meiner Meinung nach reicht bei einer Vielzahl von psychischen Störungen eine gute therapeutische Behandlung allein nicht aus. Ich denke dabei zum Beispiel an Fälle von Selbstmordabsicht, an Depressionen, Beziehungsangst, frühe Kindheitstraumata, Gefühle von Zukunftsangst, Sinnlosigkeit, Entscheidungsunfähigkeit sowie an Krisensituationen.

Am wichtigsten ist, daß der Betroffene – auch wenn es ihm noch so schlecht geht – sich voll und ganz für seine Heilung einsetzt und die entsprechenden Techniken übt, die ihn bei seinem Vorsatz, gesund zu werden, unterstützen. Heilung geschieht keineswegs aufgrund eines guten Drahtes zu einem Therapeuten oder aufgrund einer sonstigen engen persönlichen Beziehung. In den meisten Fällen haben Beziehungen nur Abhängigkeit zur Folge. Wer abhängig ist, hat keine Kraft, seine Ziele zu verwirklichen, sondern läßt sich auf den seelischen Zustand seiner Bezugsperson ein und bleibt in seiner eigenen Problematik gefangen. Eine erfüllte Beziehung kann den Heilungsvorgang zum Teil fördern, allerdings nur, wenn der Therapeut, Leiter oder Freund den Kranken unterstützt, sich auf seine eigenen Hilfsquellen für seelisches Wachstum und Veränderung zu besinnen.

Natürlich wird der entschiedene Vorsatz, sich selbst zu heilen, wesentlich unterstützt, wenn der Betreffende mit Inbrunst einer Quelle dient, die noch weiser als er selbst ist. Das bedeutet keineswegs, sich zu unterwerfen, indem man die Stärke seiner eigenen Persönlichkeit und das Recht, sich frei zu entscheiden, dem sogenannten Gott übergibt. Gott ist eine häufig gebrauchte

Bezeichnung, um eine dem Menschen überlegene Macht zu umschreiben. Der neue Weg der Heilung fordert allerdings Mitschöpfertum, wobei ein starkes Ich nicht mehr um sich selbst kreist, sondern der Zentrierung dient.

Der Nachweis, daß Traumarbeit in außerordentlichem Maße dazu beiträgt, eine vielschichtige, wertvolle Persönlichkeit zu entwickeln und ein erfülltes Leben zu führen, muß in jedem Fall von jedem einzelnen erbracht werden, indem er sich mit seinen eigenen Träumen befaßt. In irgendeinem beliebigen Buch darüber zu lesen oder sich Methoden anzueignen, wie man mit den Träumen *anderer* arbeiten kann, ist der falsche Ansatz. Jeder muß in seiner eigenen Seele diese Tatsache erfahren und sich persönlich verpflichten, das Leben im tiefsten Grund anzunehmen.

Sie können das vorliegende Buch wie eine Lebensweisheit lesen und sich einen allgemeinen Überblick verschaffen, doch es gelingt Ihnen nicht, das Material zu erfassen, sofern Sie sich nicht die Mühe machen, die Methoden auf Ihre Träume anzuwenden und in Ihrem Leben umzusetzen. Für die Bearbeitung Ihrer Träume brauchen Sie Zeit. Das setzt voraus, daß Sie andere Aktivitäten einschränken. Wenn Sie für Ihre geistig-seelische Entfaltung keine Freiräume einplanen, kämpfen Sie entweder um das schiere Überleben oder Sie sind das Opfer Ihrer Verhaltensmuster. Wer sich nicht regelmäßig Zeit nimmt, um an sich zu arbeiten, flüchtet zwangsläufig vor sich selbst.

Sich für Traumarbeit entscheiden

Bedenken Sie gut, daß Sie nicht umhin kommen, sich mit Ihrem Innersten zu konfrontieren, sobald Sie sich entscheiden, Ihren Träumen mit Hilfe von Traumarbeit zu folgen. Der Grund, weshalb sich viele Menschen so sehr von ihrer Arbeit oder ihren Kindern in Anspruch nehmen lassen, liegt darin, weil sie sich bislang nur wenig um ihr Seelenleben gekümmert haben. Wer sich selbst nicht kennenlernen möchte, fürchtet sich meistens vor dem, was in seinem Inneren vorgeht, und versucht deshalb unentwegt, seiner tiefsten Wirklichkeit zu entfliehen.

Haben Sie sich womöglich noch nicht dafür entschieden, voll im Leben zu stehen und alle Aspekte der Wirklichkeit ohne Beschönigung anzunehmen und im Rahmen Ihrer Möglichkeiten und Ängste zu arbeiten? Sie sind imstande, sich für das Leben – so wie es ist – zu entscheiden, wenn Sie mit Ihren Träumen arbeiten? Wenn um Sie herum Krisen an der Tagesordnung sind oder Unfrieden herrscht, spielt sich in Ihren Träumen dasselbe ab. Fühlen Sie sich in Ihrem Alltag zu einem schönen oder klugen Menschen hingezogen, spiegelt sich die gleiche Energie auch in Ihren Träumen.

Wie kommt es, daß Sie außen nach dem suchen, was tatsächlich in Ihrem Inneren vorhanden ist?

Das ist unser übliches Verhaltensmuster, weil wir so stark auf die äußere Welt der Dinge und Menschen fixiert sind. Wer Traumarbeit praktiziert, erforscht sein Kräftepotential an der Quelle, die wir im Inneren leichter finden als da draußen. Das Innere existierte vor dem Äußeren, doch nur der Mensch, der ein reges Innenleben entwickelt, besitzt das Wissen darüber.

Innere Qualitäten kommen nicht allein durch Meditation zustande. Meditation bewirkt, daß Ihre Persönlichkeit nachdenklicher wird und Sie sich über sich selbst Gedanken machen, aber das ursprüngliche Selbst bleibt davon unberührt. Die östliche Religion und Philosophie messen der Persönlichkeit nicht so großen Wert bei, sondern streben die Erleuchtung an, die ein Aufblitzen des Bewußtseins im Sinne einer Abwesenheit des Selbst oder aller Formen individueller Ausprägung ist und in eine großartige Verschmelzung mit dem Kosmos einmündet.

Solange wir auf Erden leben, tun wir jedoch gut daran, uns mit irdischen Dingen zu befassen. Unsere Träume drehen sich hauptsächlich um die Gegebenheiten des Alltags und der Persönlichkeit. Dieses Material gilt es zu fördern. Träume offenbaren vieles von unserem eigentlichen Wesen, spielen sich während des Schlafs in unserer Seele ab und versuchen, uns dem Leben näherzubringen. Eine außergewöhnliche übersinnliche Erfahrung können wir auch im Augenblick unseres Todes erleben. Jetzt aber ist die Zeit, zu leben und sich zu verändern.

Überschreiten Sie Ihre Begrenzungen, und lernen Sie sich zum erstenmal selbst kennen. Arbeiten Sie mit Ihren Träumen, und sehr viele Zusammenhänge klären sich, die Ihnen zuvor unverständlich waren und die Sie auch mit Bücherwissen nicht hätten lösen können.

Die Probleme der Traumdeutung

Die goldene Regel der Traumarbeit läßt sich folgendermaßen ausdrücken: *Wer die Bedeutung seiner Träume erfassen will, sollte sie in die Tat umsetzen, statt sie zu deuten.*

Wer seinen Traum in die Wirklichkeit überträgt, steht ihm näher, wer ihn deutet, entfernt sich von der Aussage des Traums. Die Bedeutung eines Traums eröffnet sich, wenn wir den eigenen Traum wiedererleben und nicht, indem wir unserem Ich erlauben, darüber zu befinden.

Einen Traum zu aktualisieren heißt, ihn oder einen Traumaspekt wiederzuerleben, wobei ähnliche oder noch stärkere Gefühle als im ursprünglichen Traum auftreten können. Einen Traum in die Tat umzusetzen heißt auch, daß aus dem Traum ein erkennbarer Sinn erwächst, der uns hilft, gewisse Vorhaben im äußeren Leben durchzuführen, in denen sich ein Teil des ursprünglichen Traums widerspiegelt. Somit beinhaltet die Methode der Aktualisierung des Traums sowohl das Wiedererleben des ursprünglichen Traums als auch die Umwandlung des Traums in eine besondere äußere Lebenserfahrung. Wenn wir etwas in die Tat umsetzen, wandeln sich Bilder zu *Aufgaben.*

Einen Traum zu deuten heißt, Bilder in *Konzepte* zu übersetzen, indem wir auf einen äußerlich vorhandenen Symbolekatalog oder auf fachsprachliche Begriffe zurückgreifen. Wer entweder Träume, Persönlichkeiten oder sonstiges interpretiert, versucht, das lebendige, ursprüngliche Symbolerlebnis in den Griff zu bekommen, es in Schablonen zu pressen oder es einem verallgemeinernden Denkmuster einzupassen. Symbole verhalten sich fließend, und in vielen Fällen hat es den Anschein, als ob sie sich in eine Reihe von ganz unterschiedlichen Deutungssystemen einordnen lassen. Der Ansatz der Trauminterpretation birgt demnach einige Fallen, wie das folgende Beispiel verdeutlicht:

Ein Übereifriger versucht, den Traum des anderen an sich zu reißen, indem er sein mythologisches Wissen über Symbole abruft und dem Träumenden die Bedeutung der Symbole seines Traums wissen läßt. Damit kommt der Träumende seiner Pflicht, den Traum mit eigenen Mitteln zu untersuchen, nicht nach, sondern verläßt sich auf die Autorität des Deuters. Dieser überträgt womöglich seine eigenen seelischen Inhalte auf die Träume anderer und verschleiert infolge seiner Gelehrsamkeit seine wahren Absichten. Er unterstützt den Träumenden keineswegs in seiner selbständigen Auseinandersetzung mit seinem eigenen Traum, sondern sagt ihm statt dessen, was er von dem Traum halten soll. Der Deuter verschanzt sich hinter seiner Überlegenheit, wobei er sich wichtig macht, gleichzeitig sich selbst aber mit seinem Halbwissen auch keinen Gefallen tut, das er zudem auf das Innenleben anderer überträgt.

Es versteht sich natürlich von selbst, daß viele Therapeuten, Psychoanalytiker und Psychiater sich auf die Deutungsmethode berufen und deshalb dem Trugschluß unterliegen, für ihre Klienten eine elterliche Autoritätsperson zu sein. Hüten Sie sich davor! Alle therapeutisch Tätigen sollten eigene Traumarbeit leisten, damit sie nicht zu viele eigene Muster auf ihre Klienten übertragen. Die Tatsache, daß in allen therapeutischen Beziehungen Übertragungen unvermeidlich sind, bedeutet allerdings keineswegs, daß jeder Therapeut oder Heiler persönlichen Vorteil daraus zieht, indem er seine Autorität durch ein Zuviel an Erklärungen und Wissen, das er von sich gibt, ausbaut. Ich für meinen Teil vermittle Einsichten, wenn Hilfe wirklich not tut, aber ich setze alles daran und arbeite mit allen Tricks, um den Klienten zu veranlassen, eigenständig an sich zu arbeiten.

Wer häufig und bei vielen Menschen Träume deutet, begibt sich auf gefährlichen Grund. Wer anderen dagegen die Fertigkeiten beibringt, wie sie ihre eigenen Träume wiedererleben und verwirklichen können, schafft sich persönlichen Freiraum, um selbst ein besseres Leben zu führen, wobei er nicht zugleich das Leben anderer lebt.

Andere Formen der Traumarbeit

Es ist noch nicht lange her, daß alle, die sich für die Arbeit mit Träumen interessierten, es nicht für notwendig erachtet haben, eine spezielle Traumarbeitsmethode zu entwickeln, da die Träume hauptsächlich nach dem psychologischen Ansatz von Freud, Jung oder anderer Schulen mit Hilfe von Symbolen interpretiert wurden.

Inzwischen sind allerdings neue Verfahrensweisen entwickelt worden, zum Beispiel die Gestalttherapie, Psychodrama oder die aktive Imagination nach C. G. Jung. Sie alle verzichten auf das Deuten der Träume. Bis zum Jahr 1980 hat unseres Wissens nach niemand den Versuch unternommen, vorhandenes Material aus den verschiedenen Quellen zusammenzutragen, um eine umfassende Studie und Gesamtübersicht über die Methoden der Traumarbeit und ihre Brauchbarkeit vorzulegen. Eine neue Verfahrensweise muß darüber hinaus nicht immer an eine spezifische Schule oder psychologische Richtung gebunden bleiben. Von Bedeutung ist vielmehr, eine Unterscheidung zwischen der jeweiligen Methodik einer psychologischen Richtung und ihrem Kontext sowie ihren theoretischen Aussagen über die Persönlichkeit zu treffen.

Die *Gestalt-Traumarbeit* kann unserer Ansicht nach dem Menschen ein aussagefähiges, direktes Symbolerlebnis vermitteln. Allerdings dient sie nicht notwendigerweise der Stärkung des Ichs oder der Integration freigewordener Energien. Wir sind jedoch der Meinung, daß die Ich-Identität und Funktionsfähigkeit des Ichs in anderen Persönlichkeitsdynamiken aufgeht, wenn man aufgefordert wird, sich mit jedem Aspekt seines Traums zu identifizieren oder ihn zu verkörpern. Die in diesem Buch vorgestellte Technik des Traumdialogs (Zwiegespräch mit den Traumbildern) vermag möglicherweise die gleiche Dynamik wie die Gestaltarbeit wachzurufen – allerdings in stärkerem Maße verinnerlicht und unter Aufrechterhaltung der Eigenständigkeit des Ichs. Wenn mit Gestalttechniken gearbeitet wird, erfährt der Klient womöglich eine archetypische Energieentladung, verfügt aber unter Umständen nicht mehr über ausreichende Ichkräfte, um die aufgebrochenen Energien zu verarbeiten.

Wir gehen an dieser Stelle nicht auf die Technik des *luziden Träumens* beziehungsweise der Traumkontrolle oder Traumüberwachung ein, obwohl sie sich derzeit großer Beliebtheit erfreuen. Wir sind der Ansicht, daß luzides Träumen – ähnlich wie übermäßiges Meditieren – gesundheitsschädliche Wirkungen haben kann. Wenn man mit seinem tagesbewußten Ich in das Traumgeschehen eingreift, indem man beispielsweise Flugträume hervorruft, werden sowohl die gesunde Ichstärke als auch die Traumquelle geschwächt, die ihrem natürlichen Zustand überlassen bleiben sollte. Wichtig ist, daß die Traumquelle dem Ich klare Rückmeldungen zu geben vermag, die nicht durch Kontrollversuche des Ichs verzerrt werden. Es ist sogar fraglich, ob man im Zustand des luziden Träumens tatsächlich bewußt in das Traumgeschehen eingreifen kann oder ob es sich nicht nur um eine Strategie der Traumquelle handelt, die dem Ich weismachen will, es habe die Oberaufsicht über die seelische Verfassung des Menschen.

Psychodrama ist eine wirksame Methode, um Träume, äußere Lebensumstände, gefühlsbedingte Probleme und unverarbeitete Kindheitserlebnisse wiederaufleben zu lassen. Kürzlich habe ich eine stattliche Anzahl von Schülern und Lehrern der Psychodrama-Methode in Traumarbeit unterrichtet. Wir sind einstimmig zu dem Schluß gekommen, daß die Jung-Senoi-Traumarbeitsmethode und das Verfahren des Psychodramas sich zwar unterscheiden, sich aber auch ergänzen, da sie den Menschen unterstützen, durch seine Träume und sonstigen symbolisch geprägten Erlebnisse Heilwirkungen zu erfahren. Wir gehen an dieser Stelle nicht näher auf die Technik des Psychodramas ein, weil ihr Hauptanliegen nicht die für uns so entscheidende Verwirklichung von Träumen ist und weil über diese Methode genügend Literatur zur Verfügung steht.

Wir verzichten auch darauf, über einige *esoterische Verfahren* zu berichten, wie beispielsweise tibetanisches Traum-Yoga, in dem versucht wird, einen Bewußtseinszustand herbeizuführen, in dem gewöhnliche Traumbilder in Licht aufgelöst werden.

Dieser Seinszustand entspricht in etwa der fortgeschrittenen Meditationsrichtung, die ohne innere Bilder oder Vorstellungen praktiziert wird. Anhand dieses Verfahrens wird die Traumquelle verzerrt, weil wiederum das wache Ich die Szene zu beherrschen versucht. Aus diesem Grund befassen wir uns nicht näher damit.

Erfolge der Jung-Senoi-Traumarbeit

Im Jahr 1991 erzielten wir mit den Methoden der Jung-Senoi-Traumarbeit im Rahmen von Traumgruppen und Einzelsitzungen folgende Ergebnisse:

○ Personen, die unsere Traumarbeitsmethodik anwandten, erlebten eine Serie von Abwandlungen eines Traumthemas. In aufeinanderfolgenden Nächten hatten sie nicht nur wiederholt denselben Traum, sondern erlebten auch eine Folge von Traumveränderungen, die mit einem Bewußtseinswandel und verändertem Verhalten im Wachzustand einhergingen.

○ Es wurde gelernt, nach dem Aufwachen wieder einzuschlafen und den Traum fortzusetzen.

○ Gelungene Trauminkubation: Zu einem festgelegten Thema wurde ein Traum hervorgerufen, der die gewünschten Bilderfolgen zeigte und dazu neue Einsichten und Lösungsstrategien für das behandelte Thema bereithielt.

○ Auf synchronistische Weise wurden besondere Ereignisse im Zusammenhang mit der Traumarbeit erlebt. Synchronizität ist eine sinnvolle Koinzidenz, die mehr als bloßer Zufall ist. Bei unserer Arbeitsweise traten relativ häufig synchronistische Vorfälle auf, vor allem dann, wenn der Betreffende sich mit wichtigen Inhalten befaßte. Synchronizität kann nicht willentlich angestrebt werden, sondern stellt sich vielmehr auf ganz natürliche Weise ein, als ob damit die Tiefe und Bedeutung des inneren Geschehens unterstrichen werden sollten. Beispiele: Zeitgleich mit meinem fünfzigsten Geburtstag fand ich die Korrekturabzüge der englischen Ausgabe dieses Buches in meinem Briefkasten vor. Als Hilary Scaife das erste Manuskript des Buches auf einem massiven Eichentisch tippte, krachte der Tisch in der Mitte auseinander – ein typisches magisches Zeichen, daß sich ein größeres Ereignis ankündigt.

O Personen, die sich in der Regel nicht an ihre Träume erinnerten, konnten ihr Traumerinnerungsvermögen wachrufen.

O In später auftretenden Träumen reagierte das Traum-Ich mit verändertem Verhalten.

O In der Auseinandersetzung mit gegnerischen Kräften entwikkelte sich ein sinnvolles, kreatives Verhältnis zu den feindlichen Energien, was Folgeträume zum Ausdruck brachten.

O Ständig wiederkehrende Träume und Alpträume wurden aufgehoben, da der Betreffende deren innere Antriebskräfte durchschaute und im Traumgeschehen und in seiner Psyche auflöste.

O Persönliche Einstellungen und archetypische Verhaltensmuster konnten umgewandelt werden, die sich bisher im inneren und äußeren Leben der Person wiederholt hatten.

O Durch Wiedererleben entscheidender Träume wurden emotionale Läuterungsprozesse, die Heilung und neue Einsichten zur Folge hatten, ausgelöst.

O Unter Umständen erwies sich die Methode des Wiedererlebens eines Traums auch wirksam bei der Linderung körperlicher Krankheitssymptome, da die archetypischen Hintergründe derartiger Symptome direkt angegangen wurden.

O Es gelang uns, die Teilnehmer regelmäßiger Traumarbeitsgruppen bei der Umstellung in Richtung einer neuen Lebensweise zu unterstützen. Durch die inneren Prozesse, die durch die Traumarbeitstechniken in Gang gesetzt wurden, gewannen einige erstaunlich an Leistungsstärke, Ausgeglichenheit und Lebensenergie.

O Wir wiesen nach, daß das Traum-Ich bei regelmäßiger Traumarbeit sich innerhalb des Traumgeschehens stärker beteiligt, weil es in die Lage versetzt wird, die Eigenschaften und Zuständigkeiten anderer Traumfiguren zu übernehmen, was ihm bislang nicht möglich war.

O Wer seine Träume bearbeitete, erlebte eine neue, erheblich

gesteigerte Kreativität im Wachzustand, die in direktem Zusammenhang mit dem engagierten Auftreten des Traum-Ichs stand.
○ Wir erbrachten den Nachweis, daß Menschen tatsächlich durch angewandte Traumarbeit ihre Träume verstehen und deren innerer Führung folgen können, ohne aus ichbezogenen Motiven zu handeln. Aufrichtige Anleitung durch die Traumquelle verlangt jedoch von seiten des Traum-Ichs und des wachen Ichs ganz bewußt Opfer.

Die wichtigsten von uns entwickelten oder erweiterten Methoden, um veränderte Traumzustände zu erzeugen

○ Unmittelbares Wiedererleben eines Traums: Bei dieser Methode versetzt sich der Träumende auf meditative Weise wieder in den Traum zurück, um dessen Dynamik visuell und gefühlsmäßig erneut nachzuvollziehen. Im wiedererlebten Traum zeichnen sich nun neue Entwicklungen und Konfliktlösungen ab. Dieses Verfahren scheint in der Persönlichkeit ebenfalls tiefgreifende Veränderungen zu bewirken. (Quelle: wurde auf der Grundlage der aktiven Imagination nach Jung am Jung-Senoi-Institut entwickelt, im Aufbau und in der Wirkungsweise besteht allerdings *kein* Zusammenhang mit Jungscher Methodik.)
○ Die Beobachtung des Traum-Ichs: Bei dieser Methode wird sorgfältig untersucht, wie das Traum-Ich handelt, um herauszufinden, welche Einstellungen das Traumverhalten bestimmen. Sobald die Handlungsweisen und Einstellungen des Traum-Ichs klar erfaßt sind, kann diese Erkenntnis auf das wache Ich im Alltag übertragen werden. (Quelle: wurde ausschließlich am Jung-Senoi-Institut entwickelt.)
○ Neuschreiben des Traums: Mit Hilfe der Phantasie wird ein Traum aufs neue geschrieben, wobei nun das Traum-Ich und andere Traumgestalten kreativer reagieren. Wird diese Methode gezielt und regelmäßig anhand eines vorgegebenen Traumthemas durchgeführt, können Folgeträume in einer Weise verändert werden, die mit der bei der Traumneuschreibung eingeschlage-

nen Richtung im Einklang steht. (Quelle: wurde von der Traumforscherin Dr. Rosaline Cartwright entwickelt und am Jung-Senoi-Institut erweitert.)

○ Trauminkubation: Bei dieser Methode werden kurz vor dem Einschlafen Vorkehrungen getroffen, um einen Traum über ein gewähltes Thema hervorzurufen. (Quelle: von Jung entwickelte Methode, nach dem Vorbild der im antiken Griechenland praktizierten Asklepios-Mysterien.)

○ Zwiegespräch mit den Traumgestalten: Diese Methode befaßt sich mit der sprachlich-begrifflichen Ebene des Traumsymbols, wobei noch andere mögliche Bedeutungsebenen bewußt gemacht werden. (Quelle: von Jung entwickelte Methode, in großem Umfang von der Guild for Psychological Studies angewandt.)

○ Künstlerische Umsetzung der Trauminhalte in Form von Theater, Tanz, Bewegungsübungen und durch Gesang: Bei dieser Methode wird den Traumgestalten und -energien Ausdruck verliehen, wobei sie bisweilen abgewandelt werden. (Quelle: wurde von Jung und anderen entwickelt.)

○ Traummeditation: Täglich wird über bestimmte Traumbilder meditiert, um unter Umständen eine spontane Lösung, die entweder während der Meditation oder in einem späteren Traum auftaucht, zu erreichen. (Quelle: wurde am Jung-Senoi-Institut entwickelt.)

○ Traumkörperarbeit: Diese Methode berücksichtigt die Verbindung von Körper und Geist und geht davon aus, daß der Traumkörper mit bestimmten Energiepunkten des physischen Körpers verknüpft ist. (Quelle: entstand innerhalb der bewußtseinserweiternden Bewegung Kaliforniens, die sich in starkem Maße auf Formen der Gestalttherapie und Körperarbeit stützte. Sie stammt nicht von Arnold Mindell, der den Begriff »Traumkörper« einführte. Sein Beitrag kam erst viele Jahre später, er bezog sich ebenfalls auf ähnliche Quellen.)

○ Darstellen des Traums: Schlüsselszenen des Traums werden nachgespielt, wodurch archetypische Spannungsfelder zutage treten und harmonisiert werden können. Dieses Verfahren vollendet das Traumthema und hat heilende Wirkung auf die seelische Verfassung und die Lebensumstände der Betreffenden.

(Quelle: wurde ursprünglich von Jung entwickelt, anhand von Gestalttechniken und Psychodrama weiterentwickelt, durch Theater und Schauspiel künstlerisch ausgedrückt. Mit der Absicht, das Traumthema einer Lösung zuzuführen, wurde diese Methode in Traumarbeitsgruppen des Jung-Senoi-Instituts angewandt und abgerundet.)

○ Metaphorische Bearbeitung eines Traums – der Lehrtraum: Der Traum wird als Gleichnis aufgefaßt. Man untersucht, welche entscheidenden Themen und Spannungsfelder enthalten sind und auf welche Weise die Konflikte im Traum gelöst werden. Anschließend formuliert man die wesentliche Traumaussage in Form einer Lebensweisheit, die nach eigenem Ermessen in die Tat umgesetzt werden kann. Wer die Dynamik des Traums einmal verstanden hat, ist in der Lage, sie auf unterschiedliche Situationen seines Lebens zu übertragen, und gewinnt so zusätzliche wertvolle Hinweise. (Quelle: Jung-Senoi-Institut sowie die Traumquelle.)

○ Intensivseminar für Traumarbeit: An verschiedenen Orten führen wir ein- bis zweiwöchige Seminare durch, in denen täglich innerhalb der Gruppe mit Träumen gearbeitet wird. Währenddessen laufen Tag und Nacht Traumarbeitsprozesse ab, das Kernstück unserer Arbeit. Intensivseminare bieten Erfahrungen mit dem tiefsten Wandlungseffekt und sind nur für einen fortgeschrittenen Personenkreis geeignet. (Quelle: wurde in Zusammenarbeit mit der Guild for Psychological Studies und den St. Georges Homes entwickelt, einem Rehabilitationszentrum für psychisch Labile und eine der weltbesten Spezialkliniken während ihres zwanzigjährigen Bestehens.)

○ Traumgruppen und Ausbildung zur Traumarbeit: Die Gruppenteilnehmer lernen die Anwendung der Traumarbeitstechniken anhand ihrer eigenen Träume. Sie praktizieren sowohl zu Hause als auch innerhalb der Gruppe, die von einem erfahrenen Traumarbeitslehrer geleitet wird, der zugleich auch ausgebildeter Therapeut sein kann, was jedoch nicht notwendigerweise vorausgesetzt wird. (Quelle: wurde auf der Grundlage der traditionellen Traumarbeit der Senoi am Jung-Senoi-Institut und mit Gruppen und Lehrgängen der Guild for Psychological Studies entwickelt. Die Jungsche Psychologie hat wenig mit Gruppenarbeit zu tun. Jungianer ziehen Wissensvermittlung im Rahmen von Vorträgen vor.)

○ Traumarbeit mit Hilfe der Traumkarten: Bei dieser Traumarbeitsmethode verwendet man ein Set von Traumsymbolkarten mit den dazugehörigen Weisheitskarten, die Träume in sinnvoller und transformativer Weise aufschlüsseln (deutsche Ausgabe in Vorbereitung). Der Gebrauch der Traumkarten löste bei Kindern und Erwachsenen wichtige Wandlungsschritte aus. (Quelle: wurde ausschließlich vom Verfasser entwickelt, der sich dabei im wesentlichen sowohl auf die Psychologie Jungs als auch auf seine Lehrtätigkeit für Traumarbeit am Jung-Senoi-Institut stützte. Die Traumsymbolkarten sind keinesfalls verwandt mit dem Tarot und berufen sich nicht auf herkömmliche esoterische Traditionen oder das I Ging.)

○ Traumarbeit mit Archetypen: Man analysiert die Träume und den Träumenden in bezug auf archetypische Spannungsfelder und führt später ausgleichende Traumarbeit mit geeigneten Methoden durch. Die archetypische Methode ersetzt sowohl die Jungsche Amplifikation als auch die Assoziation. Unserer Ansicht nach führt sie zu besseren Ergebnissen, ist leichter zu vermitteln und erweist sich außerdem als brauchbares Hilfsmittel bei zahlreichen therapeutischen Maßnahmen. (Quelle: basiert auf dem ursprünglichen Modell des Verfassers, »Das Ich und die sieben grundlegenden Archetypen«, das aus der Jungschen Forschung hervorgegangen ist, aber sich nicht ausschließlich auf Jung bezieht.)

○ Holistische Traumarbeit: Hier arbeitet man sowohl selbständig als auch in der Gruppe mit einer Auswahl der oben geschilderten Techniken und erfährt die Begegnung mit der Welt der Träume als unentwegten Strom der Wandlung im persönlichen Leben oder bisweilen auch im Zusammenhalt der Gruppe. Wenn man Ganzheit zum Ausdruck bringen will, wird man eine Kombination verschiedener Methoden verwenden und damit den Prozeß der Traumarbeit vollständiger und bewußter gestalten. Ganzheit liegt funktionell allen Träumen und den äußeren Lebensumständen zugrunde. (Quelle: Jungs besonderes Anliegen galt der Ganzwerdung; die bewußtseinserweiternde Bewegung Kaliforniens unterstrich den Wert holistischer Heilmethoden, und das Jung-Senoi-Institut hat sich ebenfalls ausdrücklich für diese Richtung entschieden.)

O Spirituelle Traumarbeit: Hier werden die Techniken der Traumarbeit nicht nur mit der Absicht verwendet, die Psyche zu heilen oder die persönliche Schaffenskraft zu steigern, sondern auch um geistige Unterweisung und Einsichten zu erhalten. Neben den persönlichen Zielsetzungen fördert diese Art der Traumarbeit die Beschäftigung mit Fragen von Sinngebung und Transformation. Mir scheint, es hängt von der persönlichen Neigung des einzelnen Traumarbeiters ab, ob er sich zugleich auch der spirituellen Traumarbeit verpflichtet. Vielleicht stellt die spirituelle Traumarbeit lediglich eine fortgeschrittenere Stufe dar. (Quelle: Jung-Senoi-Institut, stammt unmittelbar aus richtungweisenden Träumen einzelner.)

Wir haben nun sechzehn wesentliche Methoden der Traumarbeit vorgestellt. Die Übersicht erhebt jedoch keineswegs den Anspruch auf Vollständigkeit. In der Praxis arbeiten wir mit einer Auswahl dieser Techniken, die nach unserem derzeitigen Wissensstand den größten Gewinn bringen.

2. Beginn der Reise in das Land der Träume

Ohne persönlichen Einsatz ist echtes Wissen nicht möglich. Doch wir müssen uns auch mit den Widerständen befassen, die sich dem in den Weg stellen. Möglicherweise scheuen wir uns vor dem Gefühl, uns festzulegen und gebunden zu sein. Vielleicht befürchten wir, daß wir scheitern werden oder daß sich unsere Mühen als bloße Zeitverschwendung herausstellen könnten. Womöglich haben wir aber auch einfach Angst vor den Konsequenzen.

Wer trotz allem der wahren inneren Führung seiner Traume Folge leistet, muß damit rechnen, daß er aufgefordert wird, etwas zu unternehmen, das seine Lebensumstände, Beziehungen oder Weltanschauungen umkrempeln kann, besonders wenn es um eine größere Perspektive geht als die, die er bisher vertreten hat.

Wie führt man ein Traumtagebuch?

Der erste wichtige Schritt ist getan, wenn Sie sich entscheiden, ein Traumtagebuch zu führen. Besorgen Sie sich dafür ein geeignetes Heft oder Buch, in dem Sie zunächst Ihre Träume und später die dazugehörigen Traumbearbeitungsprozesse schriftlich festhalten. Bei jeder Eintragung vermerken Sie jeweils das aktuelle Datum. Womöglich führen Sie das Traumtagebuch ein ganzes Leben lang. Wer weiß? Wissen Sie es? Es wird nie an neuem Stoff mangeln, den Sie Ihrem Tagebuch anvertrauen können. Tragen Sie auch Ihre Aufzeichnungen über wichtige Vorfälle ein, beispielsweise, was Ihnen im Berufsalltag, innerhalb der Familie und in Partnerbeziehungen widerfahren ist.

Ein Traumtagebuch unterscheidet sich von einem gewöhnlichen Tagebuch, in das man vorwiegend äußere Lebensereignisse einträgt und somit dem inneren Geschehen weniger Aufmerksamkeit schenkt. Das Traumtagebuch ist ein schriftlicher Arbeitsnachweis der eigenen Reaktionen auf Vorkommnisse des Alltags und innere, seelische Vorgänge. Jung schreibt in seiner großartigen Autobiographie *Erinnerungen, Träume, Gedanken*, daß ihm nichts daran liege, über äußere Begebenheiten zu berichten, weil sie bedeutungslos geworden seien. Ihm gehe es vielmehr um persönliche innere Erlebnisse. Sein Buch sei jedem empfohlen, der sich einen Eindruck über innere Erfahrungsmöglichkeiten verschaffen will. Jeder Mensch ist imstande, die innere Bewußtseinsebene entsprechend seines Entwicklungsstands stärker zu fördern.

Wir werden es wohl nicht C. G. Jung gleichtun können, dessen Aufgabe es war, unserer Kultur, die sich vorwiegend auf Äußerlichkeiten konzentriert, ein Gegengewicht zu setzen – allein beim Studium unserer Geschichtsbücher werden Sie feststellen, daß das Augenmerk auf Generäle und Politiker und nicht auf Mystiker und Schriftsteller gerichtet ist. Unser Ziel hingegen besteht darin, Träume in die Tat umzusetzen, die als lebendige Quellen eines unbekannten Wissens dienen, und neue Möglichkeiten zur Entfaltung und Sinnfindung zu erschließen. Sie kommen daher nicht umhin, sich zu verpflichten, ein Traumtagebuch zu führen und die einzelnen Schritte der Traumarbeit darin zu vermerken. Wichtig ist, daß Sie den Entschluß fassen und ihn auch ausführen, und zwar nicht nur dann, wenn es Ihnen gerade genehm ist. Sie sollten regelmäßig mit dem Traumtagebuch arbeiten und sich Mühe geben, Ihre Entwicklungsschritte kontinuierlich zu verfolgen, auch wenn Sie nicht jeden Tag daran interessiert sind. Falls Sie einmal über alles schimpfen wollen, sollten Sie sich nicht über ihr Leben beklagen, sondern darüber, wie schwierig es bisweilen ist, Vorsätze einzuhalten. Wer ein Ziel anstrebt, muß gleichzeitig auch mit den dabei heraufbeschworenen Widerständen rechnen. Es ist allemal besser, seine Widerstände beim Namen zu nennen, um sie überwinden zu können.

Die Verpflichtungen

Der Erfahrung nach sind die folgenden Verpflichtungen für die Traumarbeit unumgänglich. Passen Sie sie Ihrem Lebensstil an, doch sorgen Sie dafür, daß die genannten Aufgaben wirklich erfüllt werden.

○ Besorgen Sie sich ein Tagebuch, entweder ein gebundenes Buch mit leeren Seiten oder ein Ringbuch mit Registereinteilung. Vielleicht ziehen Sie es auch vor, wie gewohnt am Computer zu sitzen und dort Tagebuch zu schreiben.

○ Führen Sie regelmäßig Tagebuch, tragen Sie bis zu drei Träume pro Woche ein. Reduzieren Sie die Anzahl der notierten Träume, wenn Sie feststellen, daß Sie für das Aufschreiben aller Träume zuviel Zeit aufwenden. Entscheiden Sie sich für einen bestimmten Themenkomplex wie beispielsweise Partnerbeziehungen, und wählen Sie alle Träume aus, die sich inhaltlich mit dem Thema befassen. Einige Zeit danach nehmen Sie sich andere Traumanliegen vor.

○ Traumarbeit findet in Ihrem Tagebuch und im Leben statt. Halten Sie die Ergebnisse mindestens ein- bis dreimal in der Woche schriftlich fest.

○ Halten Sie am Ende eines Tages kurz vor dem Einschlafen Rückschau auf die Tagesereignisse, lesen Sie die letzte Aufzeichnung über Ihre Träume und die jeweilige Traumarbeit durch, und fügen Sie neue Einsichten hinzu. Schreiben Sie andere wichtige Lebensereignisse auf, und prüfen Sie, welche innere Bedeutung Sie ihnen beimessen beziehungsweise inwieweit durch sie Ihr Bewußtsein und Ihr Verständnis der Ganzheit verändert wurden.

○ Erteilen Sie sich regelmäßig vor dem Einschlafen den Befehl, sich am nächsten Morgen nach dem Erwachen an Ihre Träume zu erinnern und sie aufzuschreiben sowie dazugehörige wesentliche Gedanken und Gefühle zu notieren.

○ Treffen Sie mit Ihrem Bettpartner und anderen Familienmitgliedern, auch mit den Kindern, eine Vereinbarung, daß sie Sie beim Tagebuchschreiben nicht stören. Sie lassen sich von ihnen ferner das Versprechen geben, es ganz gewiß und unter keinen Umständen zu lesen. Zeigen Sie keinem Ihrer Hausgenossen Ihr Tagebuch, da es ein Bestandteil Ihrer Privatsphäre ist. Es ist sinnvoll, hier einige Grenzen zu ziehen.

O Alle drei Monate sollten Sie den gesamten Inhalt des Tagebuchs erneut durcharbeiten. Machen Sie eine Zusammenfassung der Hauptsymbole, wesentlichsten Träume und Veränderungen, die sich in Ihrer Traumarbeit und in den äußeren Lebensumständen ergeben haben. Welche persönlichen Entwicklungsschritte und spirituellen Unterweisungen waren in dem vergangenen Zeitraum wichtig? Erstellen Sie am Jahresende eine Jahresübersicht, und tauschen Sie sich — wenn möglich — mit anderen aus, die in ähnlicher Weise arbeiten.

O Sie können anhand der Eintragungen Ihres Tagebuchs Forschungen anstellen. Ordnen Sie beispielsweise Ihre Träume nach Konfliktthemen und deren Veränderungen? Oder unterteilen Sie sie je nach archetypischer Konstellation, nach Symbolen und Verhaltensmustern, die darin zum Vorschein kommen?

O Bewahren Sie Ihr Tagebuch an einem sicheren, nur Ihnen bekannten Ort auf. Sollte ein anderer versuchen, seine Nase hineinzustecken, raten Sie dem Betreffenden, selbst ein Tagebuch zu führen. Was in Ihrem Tagebuch steht, geht niemanden außer Gott etwas an.

Praktische Regeln zur Steigerung des Traumerinnerungsvermögens

Die folgenden bewährten Regeln sind zu beachten:

O Neben Ihrem Bett sollten Sie stets einen Stift, eine Lichtquelle, Papier oder das Traumtagebuch bereithalten.

O Schreiben Sie sofort nach dem Aufwachen alles auf, was Ihnen durch den Kopf geht, ganz gleich, ob es sich um einen Traum handelt oder nicht.

O Arbeiten Sie stets etwas mit den Traumfragmenten, verwenden Sie sie in irgendeiner Weise, damit die Mühe, sich an die eigenen Träume zu erinnern, auch belohnt wird.

○ Halten Sie sich an den festen Vorsatz, abends kurz vor dem Einschlafen den Traum nochmals durchzulesen, den Sie am Morgen desselben Tages niedergeschrieben haben. Gelegentlich sollten Sie auch darüber nachdenken, inwiefern dieser Traum Ihren Tagesverlauf beeinflußt hat.

○ Der Zeitabstand zwischen zwei Träumen beträgt normalerweise eineinhalb Stunden. Wenn es Ihnen schwerfällt, sich an Ihre Träume zu erinnern, sollten Sie sich im Abstand von eineinhalb Stunden wecken lassen. Oder lassen Sie sich morgens entweder nach sechs oder siebeneinhalb, allerdings nicht erst nach acht Stunden Schlafdauer wecken. Finden Sie auf jeden Fall heraus, welcher Zeitrhythmus für Sie am besten ist. Es ist wichtig, im Anschluß an eine Traumphase zu erwachen.

○ Nehmen Sie sich fest vor, nicht nur die anschaulichsten und lebhaftesten Träume, sondern auch die unscheinbarsten Traumfetzen zu notieren.

○ Achten Sie bei der Aufzeichnung Ihrer Träume vermehrt auf Einzelheiten.

○ Geben Sie sich beim Einschlafen den Befehl, am nächsten Morgen einen Traum aufzuschreiben. Zum Beispiel können Sie diesen Vorsatz in Gedanken auf eine imaginäre Wandtafel schreiben.

○ Lassen Sie sich nicht von lauten Musikweckern oder schrillem Läuten aufwecken. Meistens geht die Erinnerung an den Traum verloren, weil der Wechsel vom Schlaf- zum Wachzustand zu abrupt erfolgt. Trainieren Sie sich, stets kurz *vor* dem Rasseln des Weckers zu erwachen. Dies gelingt um so eher, wenn Sie sich positiv auf den neuen Tag einstimmen. Halten Sie zwei Wecker bereit, um sicherzugehen, daß Sie kurz danach wieder geweckt werden, für den Fall, daß Sie bei der Erinnerung an den Traum erneut eingeschlafen sind.

○ Normalerweise schreiben Sie nach dem Erwachen rasch auf, an was Sie sich zuerst erinnern können, ohne zuvor das Material zu ordnen oder den ganzen Traum vollständig ins Gedächtnis zu rufen. Vor dem definitiven Eintrag ins Traumtagebuch ziehen einige Traumarbeiter es allerdings vor, den Traum im Geist vollständig zusammenzufügen.

○ Sobald Sie erwacht sind, sollten Sie sich weder abrupt bewegen noch sofort aufstehen, noch mit der Frühgymnastik beginnen oder über Alltagspflichten nachdenken.

○ Gestatten Sie sich Mißerfolge. Bemühen Sie sich nicht krampfhaft, sich an einen Traum zu erinnern. Wer zuviel grübelt, erstickt alle Erfolge im Keim.

○ Machen Sie Ihren Kopf frei, indem Sie vor dem Einschlafen in einer meditativen Haltung die Ereignisse des Tages noch einmal Revue passieren lassen. Am nächsten Morgen werden Sie einen klaren Kopf haben, somit gelingt es Ihnen mit größerer Wahrscheinlichkeit, sich an Ihre Träume zu erinnern.

○ Schreiben Sie sämtliche Träume auf, auch die peinlichen, schrecklichen. Wir sind keine Wesen, die stets nur gut sind, sondern in uns ist die Totalität des Lebens. Die Traumarbeit bringt alles ans Licht! Am meisten weichen wir den Dingen aus, mit denen wir uns am dringendsten befassen sollten.

○ Vergessen Sie nicht Ihren Partner, mit dem Sie das Bett teilen. Es ist ratsam, wenn Sie beide ein Traumtagebuch führen. Jeder ist dazu in der Lage, aber keiner der Partner sollte lesen, was der andere geschrieben hat.

○ Achten Sie auf Gefühle und Stimmungen in Ihren Träumen, und halten Sie sie schriftlich fest.

○ Seien Sie darauf gefaßt, daß aufwühlende Tagesvorkommnisse sich in einem Traum widerspiegeln beziehungsweise ihn heraufbeschwören.

○ Achten Sie besonders auf Ihre Geburtstagsträume. Sie könnten für das kommende Lebensjahr von Bedeutung sein. Halten Sie alle Träume zwei Tage vor und nach dem Geburtstag fest.

○ Wenn Sie sich nur undeutlich an Ihre Träume erinnern, sollten Sie einen Weg finden, Ihre Schlafgewohnheiten zu ändern.

○ Manchmal hilft es auch, sich leichter an Träume zu erinnern, wenn man an wichtige Personen oder besondere Lebensereignisse denkt. Achten Sie in späteren Träumen auf entsprechende Fingerzeige; die betreffenden Menschen und Situationen könnten sehr wohl auftauchen.

○ Machen Sie sich bei der Aufzeichnung des Traums bewußt, wie wichtig diese Traumarbeit ist, um mögliche pessimistische Tendenzen zu entkräften.

○ Kämpfen Sie gegen Gleichgültigkeit und Desinteresse. Bleiben Sie wach, und bemühen Sie sich um Selbsterkenntnis und bewußtes Erinnern der Träume.

○ Die Technik der Trauminkubation hilft fast immer, sich an die eigenen Träume zu erinnern.

○ Lassen Sie nichts unversucht, sich nicht im mindesten und auf keinen Fall an irgendwelche Träume zu erinnern. Setzen Sie alles daran, sie zu vergessen!

○ Am einfachsten ist es, wenn man den Traum ohne Umschweife so klar wie möglich zu Papier bringt. Sobald Sie später bewußter im Tagesgeschehen stehen, lesen Sie das Geschriebene nochmals durch und fügen Verbesserungen und Zusätze ein.

○ Wir leben das, woran wir uns erinnern können. Das Leben ist Erinnerung!

Warum vergessen wir?

Es ist ratsam, in Ihrem Tagebuch eine Reihe von ernsten Vorsätzen festzuhalten, die Sie erfüllen wollen. Diese Selbstverpflichtung wird Sie in der Anfangsphase des Erinnerns von Träumen unterstützen.

Natürlich vergessen wir nicht nur unsere Träume, sondern uns entfallen auch die Namen der Mitmenschen. Wir vergessen Prüfungsstoff, Verabredungen und Dinge, die wir gestern oder sogar heute getan haben. Wer sich hierin auf die Probe stellen will, sollte am Abend nur einmal versuchen, sich an alle wesentlichen Entscheidungen zu erinnern, die er tagsüber gefällt hat. Es ist hilfreich, sich dabei folgendes klarzumachen:

Wenn ich etwas vergessen habe, so wollte ich es auch vergessen!

Das Gedächtnis ist eine der Wohltaten für das bewußte Leben. Wir vergessen nichts, woran wir uns wirklich erinnern wollen. Ohne unser Erinnerungsvermögen kann die Vergangenheit nicht in die Zukunft einbezogen werden, um auf beide zugleich verändernd einzuwirken. Ein bewußtes Wesen zeichnet sich durch ein entwickeltes Gedächtnis aus. Die Leidenschaftslosen sind enorm vergeßlich. Ich persönlich erinnere mich nicht an die Vergangenheit, aber ich konzentriere mich besonders stark auf die Zukunft. Statt mich zu erinnern, handle ich intuitiv. Ich erinnere mich stets nur an das, was ich augenblicklich brauche. Ich stoße unentwegt in die Zukunft vor und fördere Neues zutage. Jeder Mensch verfügt über ein persönliches Verhaltensmuster, Erinnerungen zu speichern und abzurufen. Um mir die Namen meiner Mitmenschen merken zu können und bestimmte Begebenheiten nicht zu vergessen, muß ich mich oftmals bewußt anstrengen, um so meiner natürlichen zukunftsorientierten Tendenz entgegenzuwirken. Jeder neue Tag ist ein junger Tag. Für mich haben vergangene Tage ihren Reiz verloren. In der Vergangenheit bin ich bereits gestorben. Ich erinnere mich an meine Träume, weil sie zukünftiges Potential in sich bergen.

Experimentieren Sie, um herauszufinden, was bei Ihnen am besten funktioniert, um sich an Träume zu erinnern. Berücksichtigen Sie dabei das hier Gesagte.

Aus Neugierde im Traumtagebuch anderer lesen

Wenn Sie befürchten, daß einer Ihrer Hausgenossen Ihr Traumtagebuch lesen könnte, fühlen Sie sich bei Ihren schriftlichen Aufzeichnungen gehemmt. Sie sollten nicht nur Träume und die entsprechende Traumbearbeitung darin vermerken, sondern auch alle aufwühlenden, gefühlsintensiven Erfahrungen. Nur wenigen Menschen ist bewußt, daß wir in der Tat jedesmal uns selbst meinen, wenn wir über andere schreiben oder sprechen, da wir uns nur selektiv erinnern und ständig auf alles und jeden projizieren. Wer beispielsweise schreibt, wie wütend er auf einen anderen sei, ist in Wirklichkeit nur auf sich selbst wütend. Was Sie Ihrem Tagebuch anvertrauen, geht niemanden etwas an. Erwägen Sie es nicht einmal, anderen anzubieten, in Ihrem Traumtagebuch zu lesen, da sie dies leicht als Ihre Einwilligung auslegen könnten, auch später ganz nach Belieben darin zu blättern. Bestehen Sie darauf, daß Ihre Rechte respektiert werden, oder beenden Sie baldmöglichst die Beziehung. Sie können Vorsichtsmaßnahmen treffen, indem Sie Ihr Tagebuch verstecken oder es im Kofferraum Ihres Autos einschließen. Oder Sie lassen ein Tagebuch als Köder liegen, in dem ausschließlich Träume festgehalten werden. Die tatsächlichen Verarbeitungsprozesse und die eigene Seelenerforschung tragen Sie jedoch in ein anderes geheimes Traumtagebuch ein, das äußerlich dem anderen gleicht.

Der oben erläuterte Grundsatz lautet: Wahren Sie Ihre Persönlichkeitsrechte, schränken Sie Ihre eigene Erfüllung nicht ein, bloß weil Sie auf der Hut sind vor dem, was andere tun könnten. Gelegenheiten, Ihre Rechte in Anspruch zu nehmen, sich durchzusetzen und zu schützen, werden Ihnen in Fülle geboten. Packen Sie sie beim Schopf! Wer sich beklagt, bekundet damit, daß er nur halbherzig bei der Sache ist, und das ist schlimmer als der Tod.

Das Traumtagebuch

Grundsätzlich gilt: Wer ungehemmt schreibt, wächst damit über sich selbst hinaus und gelangt zu neuen Einsichten und Gefühlen.

Ihr Traumtagebuch sollten Sie auf die folgende beschriebene Weise anlegen. Viel Spaß damit! Seien Sie bereit, die Reise in das Land der Träume zu beginnen.

Verpflichtungen einhalten

Um Entscheidungen treffen zu können, brauchen wir einen Sinnzusammenhang. Es ist notwendig, die erreichbaren Möglichkeiten zu kennen, sich klarzumachen, welchen Stellenwert sie für uns haben, und anschließend den Entschluß zu fassen, sie in die Tat umzusetzen. Um eine Verpflichtung einhalten zu können, muß sie eindeutig formuliert werden. Man muß genau wissen, was zu tun ist und wieviel Zeit dafür zur Verfügung steht. Nach-

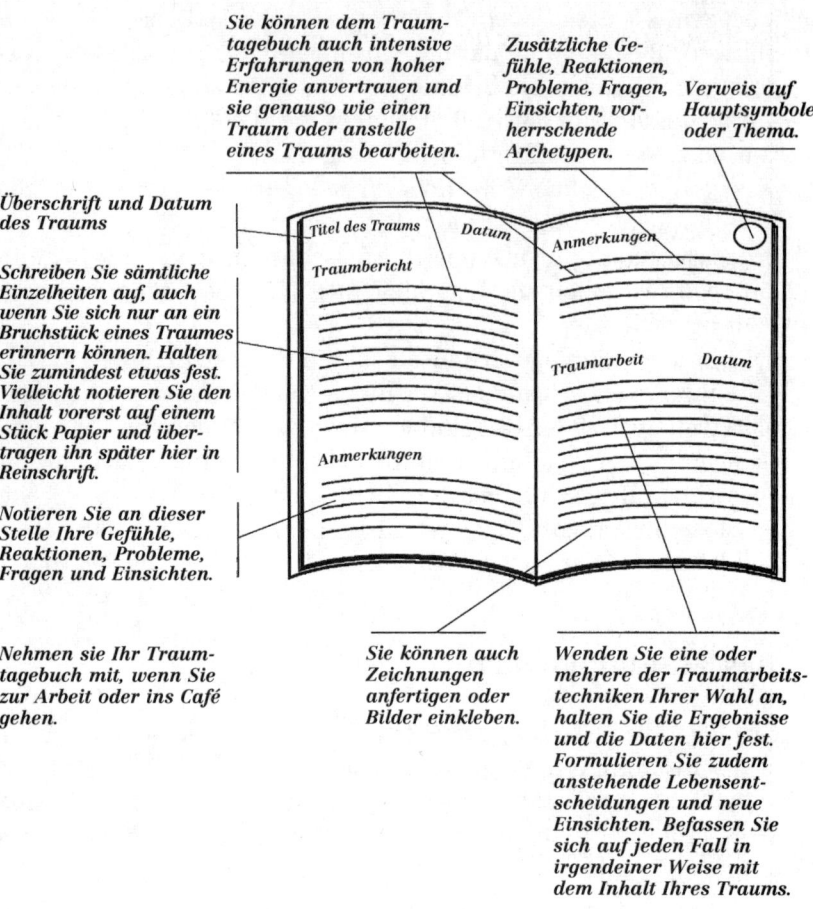

Sie können dem Traumtagebuch auch intensive Erfahrungen von hoher Energie anvertrauen und sie genauso wie einen Traum oder anstelle eines Traums bearbeiten.

Zusätzliche Gefühle, Reaktionen, Probleme, Fragen, Einsichten, vorherrschende Archetypen.

Verweis auf Hauptsymbole oder Thema.

Überschrift und Datum des Traums

Schreiben Sie sämtliche Einzelheiten auf, auch wenn Sie sich nur an ein Bruchstück eines Traumes erinnern können. Halten Sie zumindest etwas fest. Vielleicht notieren Sie den Inhalt vorerst auf einem Stück Papier und übertragen ihn später hier in Reinschrift.

Notieren Sie an dieser Stelle Ihre Gefühle, Reaktionen, Probleme, Fragen und Einsichten.

Titel des Traums — Datum — Anmerkungen — Traumbericht — Traumarbeit — Datum — Anmerkungen

Nehmen sie Ihr Traumtagebuch mit, wenn Sie zur Arbeit oder ins Café gehen.

Sie können auch Zeichnungen anfertigen oder Bilder einkleben.

Wenden Sie eine oder mehrere der Traumarbeitstechniken Ihrer Wahl an, halten Sie die Ergebnisse und die Daten hier fest. Formulieren Sie zudem anstehende Lebensentscheidungen und neue Einsichten. Befassen Sie sich auf jeden Fall in irgendeiner Weise mit dem Inhalt Ihres Traums.

stehend finden Sie eine Verpflichtungsurkunde, die Sie unterzeichnen können. Wählen Sie die Punkte aus, die Sie beherzigen wollen, und verfahren Sie entsprechend. Machen Sie eine Kopie des nebenstehenden Formulars, oder halten Sie schriftlich fest, welche Verpflichtungen Sie zum gegenwärtigen Zeitpunkt eingehen möchten. Diese Verpflichtungen beziehen sich auf die Beschreibung der vier Stufen der Traumarbeit in Kapitel 12.

Anfangsverpflichtung für die Traumarbeit der Stufe 1

Ich _____

fühle mich inspiriert / bin entschlossen (wählen Sie aus), regelmäßige Traumarbeit durchzuführen wie nachfolgend beschrieben:

○ Ich studiere das Buch *Traumarbeit* und bearbeite meine eigenen Träume im Zuge der Lektüre.

○ Wenn in diesem Buch Fragen gestellt und Themenkomplexe angesprochen werden, schreibe ich, zumindest in einigen Fällen, meine Antworten oder Reaktionen dazu auf.

○ Ich führe ein Traumtagebuch, in dem ich meine Träume, wichtige Lebensereignisse und die Ergebnisse meiner Traumarbeitsprozesse schriftlich festhalte.

○ Einen Teil der Ergebnisse meiner Traumarbeit teile ich mindestens einmal im Monat, vorzugsweise alle vierzehn Tage, einem oder mehreren Mitmenschen mit.

○ Mindestens einmal pro Woche arbeite ich an einem meiner Träume.

○ Ich führe mindestens einmal pro Woche eine Aufgabe aus meinen Träumen durch, die mich unterstützt, mein Leben und meine Persönlichkeit entscheidend zu verändern.

○ Ich setze alles daran, mindestens drei Träume pro Woche aufzuschreiben.

○ Ich verpflichte mich, diese Anweisung _____ Monate lang durchzuführen, in der Zeit vom _____ bis _____.

○ Auf der Grundlage dessen, was ich bislang in dem Buch *Traumarbeit* gelesen und mit seiner Hilfe umgesetzt habe, schreibe ich eine Beurteilung meiner Arbeitsweise. Wenn möglich, unterhalte ich mich mit einem geeigneten Gesprächspartner darüber.

○ Da ich Traumarbeit schätze, spreche ich mit anderen über diese Methode und suche ihr Interesse dafür zu gewinnen. Danach ist es ihre Sache, sich zu entscheiden, ob sie aktiv in die Traumarbeit einsteigen wollen oder nicht.

○ Nach Ablauf meiner Anfangsverpflichtung prüfe ich, ob ich fortfahren will, mit dem Buch *Traumarbeit* und meinen Träumen zu arbeiten.

○ Bei beliebigen Verstößen gegen diese Verpflichtung versuche ich, mir keine zu harten Vorwürfe zu machen, dennoch bemühe ich mich, meine Verpflichtungen einzuhalten.

○ Ergebnisse, die allem Anschein nach eine direkte Folge meiner Traumarbeit sind, werde ich in irgendeiner Form würdigen.

○ Unterschrift _____

   Datum _____

   Ort _____

3. Die Trauminkubation: Wie entsteht ein Traum?

Nach Aussagen vieler Menschen – unter ihnen Schriftsteller und Wissenschaftler – brachten Träume oder Visionen sie zu schöpferischen Einfällen und Entdeckungen. In den meisten Fällen ging der Eingebung eine Phase intensiver Versenkung in die jeweilige Problemstellung oder Thematik voraus.

Um einen Traum auszulösen, versenken wir uns gedanklich in das bestehende Problem, bis wir schließlich alle seine Aspekte in Erwägung gezogen haben. Kurz vor dem Einschlafen nehmen wir uns das Problem vor, überdenken es nochmals oder fassen es in Form einer Fragestellung zusammen, die wir uns wiederholt vorsagen.

Sobald wir uns stärker mit unseren Träumen auseinandersetzen, kann es vorkommen, daß diese Art der Trauminkubation eine fast allnächtliche Erscheinung ist.

Fragen zur Kontrolle des Ichs

○ Wünsche ich mir tatsächlich eine Antwort von der Traumquelle zu dem Thema, mit dem ich mich befasse?
○ Bin ich bereit, einer Anweisung zu folgen, die sich grundsätzlich von dem unterscheidet, wonach mir möglicherweise der Sinn steht?
○ Bin ich trotzdem bereit, meinen Entschluß unter Erwägung aller Möglichkeiten zu fassen, während der Traum nur eine der Möglichkeiten darstellt?

Nachdem Sie Ihr Anliegen formuliert haben, schreiben Sie alles auf, was Ihnen am nächsten Morgen in den Sinn kommt, gleichgültig, ob es sich um einen Traum handelt oder nicht. Verwerfen Sie keinen der auftretenden Träume, Traumfetzen oder sonstigen Gedanken. Und rechnen Sie andererseits nicht mit Erfolg. Die Nacht unterliegt nicht unserem Einfluß, wir empfangen sie als ein Geschenk, um uns zu entspannen. Und alles, was nachts geschieht, hängt nicht von unserer Entscheidung ab und läßt sich auch nur teilweise auf uns zurückführen. Vielleicht verlangt die Traumkombination mehrere Tage Geduld, ehe Sie eine Reaktion erhalten. Falls Sie das Gefühl haben, keine Antwort zu bekommen, ist auch diese Tatsache von Bedeutung.

Traumarbeit mit dem angeforderten Traum

Nachdem sich ein Traum eingestellt hat, erfolgt als nächster Schritt die Traumbearbeitung.

○ Inwiefern geht der Traum auf meine vorbereitete Frage ein?
○ Inwiefern antwortet der Traum nicht auf meine Fragestellung?
○ Auf welche Frage gibt dieser Traum eine Antwort?

Vielleicht ist es erforderlich, die im Traum vorhandenen Spannungsfelder mit Hilfe eines Zwiegesprächs mit den Traumgestalten oder irgendeiner anderen Traumarbeitsmethode zu erforschen.

Hinweise für die Bearbeitung der Träume

Es gibt bestimmte Schlüsselhinweise zur Bearbeitung der Träume, die einen Bezug zu Ihrem Thema herstellen. Beachten Sie folgende Punkte:

○ Zu welchem Thema haben Sie einen Traum erbeten? Wie lautet die eigentliche Frage hinter Ihrem Anliegen? Häufig entsteht der Eindruck, als ob der Traum nicht unmittelbar auf den fraglichen Sachverhalt antwortet. Die Traumquelle hat die Eigenart, auf die wahren Konflikte zu reagieren und geht nicht auf vordergründige Themen ein, die wir vielleicht für wichtig halten. Ein klassisches Beispiel, das ich selbst mehrfach erlebt habe, ist die Frage, ob ich mich auf einen neuen Partner einlassen soll. Der angeforderte Traum vermittelte nicht, was ich hinsichtlich des betreffenden Menschen unternehmen soll, sondern verdeutlichte, wie ich im allgemeinen mit Beziehungen umgehe. An dieser Stelle wenden wir die Methode der Traumobjektivierung an, um die tatsächliche Problemstellung und die zugrundeliegenden Verhaltensmuster aufzuspüren, die von der Traumquelle dargestellt werden. *Um das Problem lösen zu können, müssen wir uns über das Verhaltensmuster bewußt werden.*

○ Untersuchen Sie ebenfalls, auf welche Frage oder welches Thema der fragliche Traum tatsächlich eingeht. Seien Sie bereit, Ihre ursprüngliche Frage abzuwandeln und sich dem Energiefluß des Traums anzuschließen. Wozu sich überhaupt die Mühe machen zu fragen, wenn man nicht wirklich etwas Neues erfahren will?

○ Versuchen Sie zu begreifen, daß erbetene Träume einer anderen Quelle entspringen und nicht unbedingt mit Ihrer persönlichen Ansicht übereinstimmen. Sie lehnen den empfangenen Traum ab, weil Sie vielleicht hofften, daß der fragliche Sachverhalt durch die geträumte Aussage bestätigt werde. Ändern Sie lieber Ihren Standpunkt, und freunden Sie sich mit der Aussage des Traums an, statt den Traum zu verdrehen oder zu verwerfen.

○ Erbitten Sie nichts, wenn Sie nicht bereit sind, die Antwort entgegenzunehmen. Wer ernsthaft einen Traum erhofft, der das fragliche Thema erhellt, verhält sich unbestechlich. Daher sollten Sie sich vorab prüfen, ob Sie empfangsbereit sind, alle denkbaren Möglichkeiten anzunehmen und ihnen Rechnung zu tragen. Wenn das nicht der Fall ist, sollten Sie warten.

○ Hinterfragen Sie Ihre persönliche Neigung, nach Antworten auf Lebensthemen zu forschen. Auf nichts in dieser Welt gibt es Antworten, aber Sie werden ein Leben lang suchen und forschen, um die Wahrheit dieser Behauptung zu erfassen. Statt auf Antworten zu hoffen, empfiehlt es sich, nach Bewußtwerdung zu streben, um besser zu verstehen, welche Verhaltensmuster bestimmend sind und wie man den Anforderungen des Alltags gerecht wird.

○ Verzichten Sie auf »Warum«-Fragen, stellen Sie statt dessen »Wie«-Fragen: »Wie verhalte ich mich in dieser Situation?« oder: »Wie bewältige ich dieses Problem?« »Warum«-Fragen bergen die Tendenz, Sie »abheben« zu lassen. Die irdischen Angelegenheiten sind nun einmal so, wie sie sind. Für nichts auf der Welt gibt es Gründe. Was auch immer geschieht, es ist real. Stellen Sie sich der Wirklichkeit. Die Traumquelle unterstützt jeden von uns und zeigt, wie wir mit den alltäglichen Dingen verfahren sollen. Wer jedoch der Meinung ist, die Traumquelle gleiche einem allwissenden Orakel, und sie mit sinnlosen Fragen bestürmt, warum es in der Welt so und nicht anders zugehe, bemüht sich vergeblich.

○ Vermeiden Sie Fragen, die sich nur mit einem Ja oder Nein beantworten lassen: »Soll ich eine Sache tun?« Unterlassen Sie es, Ihre Entscheidungen fremdbestimmen zu lassen, sie sind Sache des Ichs. Jeder ist verantwortlich, seine Entscheidungen im Leben selbst zu treffen. Für diese Aufgabe ist das schöpferische Ich zuständig. Die Traumquelle kann uns einen erhabenen Überblick verschaffen und daher auch eine größere Palette an Wahlmöglichkeiten vorstellen, doch für unsere Entscheidungen ist sie nicht zuständig. Ein jeder faßt seine eigenen Entschlüsse und muß sich mit den Folgen auseinandersetzen. So läuft es in der Welt, ob es uns gefällt oder nicht.

○ Vergleichen Sie bei der Traumbearbeitung Ihre Fragestellung mit dem Traumgeschehen. Erstaunlich ist, daß die Traumquelle bisweilen ohne Umschweife auf erbetene Themen eingeht. Es ist durchaus möglich, daß in dem erhaltenen Traum ähnliche Sachverhalte, Themen und Bildwelten erscheinen. Untersuchen Sie, welche Verhaltensmuster im Traum vorkommen, und setzen Sie sich damit auseinander.

Ein Beispiel für Traumarbeit: Der Amethyst

Vorbereitung der Trauminkubation

Ich habe vor, am kommenden Abend in einer Frauengruppe das erste Treffen zu leiten. Ich bitte um ein Geschenk für die Frauen, das mir anhand des Traums gezeigt werden möge.

Der Traum

Ich bin in einem Schmuckgeschäft und entdecke einen schönen Amethyst-Kristall. Er gefällt mir sehr, und ich nehme ihn in die Hand. Er hat einen Sprung, bei dessen näherer Betrachtung ich einen winzigen Buddha im Kristall erblicke, der auf einem kleinen Teppich sitzt. Daneben steht eine Gestalt. Die Frau im Geschäft sagt mir, daß die Gestalt Nicole sei. Ich sage: »Oh, seine Schülerin!« und mustere sie eindringlich. Die Frau sagt mir, daß die Gestalt zu jedem auf andere Weise sprechen würde. Gleichzeitig blickt mich die Gestalt lächelnd an und sagt: »Er gehört dir.« Ich drehe den Kristall um und frage, ob er für mich oder für meinen Mann sei, denn ich hatte daran gedacht, ihm einen Kristall zu schenken. Plötzlich sind die Gestalten scheinbar verschwunden, doch dann sehe ich sie wieder. Auf Nicoles Hand sitzt offenbar ein Vogel. Ich spüre, daß der Amethyst für mich bestimmt ist. Ich möchte ihn unbedingt haben und frage die Frau, ob ich ihn gegen irgend etwas eintauschen könne. Ich will ihr dafür ein paar mit Perlen bestickte Lederwaren anfertigen, die sie im Laden verkaufen kann. Dann verlasse ich den Laden und mache mich auf den Heimweg, der über einen Hügel führt. Ich treffe ein paar Bekannte und lade sie zu mir nach Hause ein. Ich zeige ihnen meinen ledernen Kräuterbeutel und den Kristall. Wir unterhalten uns darüber, und einer sagt, daß er den Amethyst schon einmal gesehen habe.

Kommentar

Dieser Traum hatte für die Träumende entscheidende Bedeutung. Er bestätigte ihr, wie sie in ihrer Arbeit mit anderen vorging und hob damit ihr Problem noch deutlicher hervor. Aufgrund ihrer Tätigkeit hatte sie sich mit anderen eingehender als mit ihrem Leben und ihrer Psyche beschäftigt, eine übliche berufsbedingte Gefahr für alle Therapeuten. Die Traumquelle erkennt ihre Aufrichtigkeit an und geht davon aus, daß die Träumende bereit ist, sie ernst zu nehmen und ihren Unterweisungen Folge zu leisten. Doch im Alltag war es fraglich, inwieweit diese Frau nicht doch ihren persönlichen, ichbestimmten Neigungen nachgeben würde, statt ihrem wahren Selbst zu folgen. Meistens verhalten sich hochspirituelle Menschen äußerst selbstsüchtig. Unentwegt ringen sie mit Gott, denn instinktiv wissen sie, daß sie in ihrem Leben für andere Menschen eine Art Gott, eine Quelle der Weisheit sind und sein wollen. Die Träumende erkennt wohl, daß in ihrem Traum die Quelle der Weisheit weder in ihrem Traum-Ich noch in der Feministin, ein anderer Aspekt in der Psyche der modernen Frau, beheimatet ist. Gegen Ende des Traums befaßt sie sich endlich mit sich selbst, statt sich um andere Personen zu kümmern wie beispielsweise um die Frauengruppe oder ihren Ehemann. Bedeutsam an diesem Traum ist, daß es die Träumende ihrer natürlichen spirituellen Begabung verdankt, daß sie einen derart anschaulichen Traum empfangen konnte, der in Erwiderung ihrer vorbereiteten Frage das erbetene Geschenk in passender Bildsprache überbrachte.

Zum Gebrauch der Übersichten zur Traumarbeit

Alle in diesem Buch vorgestellten Methoden der Traumarbeit werden am Ende des jeweiligen Kapitels in Stichworten zusammengefaßt, um die Anwendung zu erleichtern. Der erfolgreichen Bearbeitung eines Traums steht nun nichts mehr im Wege. Alles, was Sie zu tun haben, ist, den Leitfaden zur Hand zu nehmen und die angegebenen Bearbeitungsschritte nacheinander zu befolgen. Nach Beendigung der Traumarbeit überprüfen Sie nochmals, ob Sie alle Schritte ausgeführt haben. Vielleicht lesen Sie das Kapitel, in dem die betreffende Traumarbeitsmethode beschrieben wird, ein zweites Mal. Beim wiederholten Lesen werden Sie viel mehr aufnehmen können, weil Sie sich nun bereits eigene Erfahrungen erworben haben.

Übersicht zur Trauminkubation

O Erstellen Sie in Ihrem Traumtagebuch eine Liste der Hauptthemen, die momentan Ihr Leben bestimmen.

O Wählen Sie anhand dieser Liste eine zentrale Frage aus, und formulieren Sie dazu eine spezifische oder allgemeine Frage, die das ausgesuchte Thema in Kurzform zusammenfaßt.

O Erstellen Sie eine Liste der verschiedenen Einstellungen und Wahlmöglichkeiten, die denkbare Lösungen zu Ihrem Problem oder Ihrer Frage bieten.

O Welche Problemlösung würde Ihnen gefallen?

O Welche Problemlösung wäre am sinnvollsten für alle Beteiligten?

O Verfassen Sie anschließend eine kurze Erklärung oder Beschwörungsformel, die das gewählte Anliegen direkt an die Traumquelle richtet und einen Traum zu dem Thema erbittet. Hinterlegen Sie die schriftliche Bitte an einer besonderen Stelle, zum Beispiel unter Ihrem Kopfkissen.

O Meditieren Sie kurz vor dem Einschlafen über Ihr Anliegen und Ihre Bitte um einen passenden Traum. Vielleicht besitzen Sie einen privaten Altar oder ein Symbol, das für Sie die Mitte repräsentiert. Richten Sie Ihre Bitte an jenes Zentrum, und wiederholen Sie sie mehrmals während der Meditation und beim Einschlafen.

O Falls möglich bewahren Sie auch im Schlaf einen Bewußtseinsschimmer zu Ihrem Thema und der Tatsache, daß Sie träumen. Schärfen Sie sich ein, gleich nach Beendigung des Traums zu erwachen und ihn aufzuschreiben.

O Schreiben Sie nach dem Aufwachen Ihren Traum auf und/oder alles, was Ihnen in den Sinn kommt. Wenn der Traum unvollständig zu sein scheint, versuchen Sie, ihn fortzusetzen, indem Sie wieder einschlafen, sich in den Traum zurückversetzen und den Traumhergang nochmals erleben.

O Führen Sie, sobald Sie können, anhand Ihres Traums die geeignete Traumarbeitsmethode durch. Vergleichen Sie Ihr ursprüngliches Anliegen mit dem tatsächlich erhaltenen Traum.

○ Wenn Sie zu Ihren Anliegen keinen Traum erhalten oder sich nicht an ihn erinnern können, versuchen Sie es in den drei darauffolgenden Nächten weiter. Fassen Sie Ihren Entschluß trotzdem, auch wenn sich bis dahin noch immer kein Traum eingestellt hat. Stellen Sie fest, ob nach der erfolgten Entscheidung Antwortträume kommen.

○ Übertragen Sie schließlich Ihren Traum auf Ihre äußeren Lebensumstände, indem Sie angemessene Entscheidungen treffen. Achten Sie in der folgenden Zeit auf weitere Träume.

○ Dann ist die Phase der Trauminkubation beendet. Wie lautet nun die Kernaussage des fraglichen Sachverhalts, die sowohl Ihren Standpunkt und den des Traums ausdrückt?

4. Die Traumobjektivierung: Einsichtnahme in die Realität der Träume

Sie wachen morgens auf und haben geträumt. Vielleicht liegt ein Partner neben Ihnen oder auch nicht. Vielleicht kommt Ihr kleines Kind ins Schlafzimmer und klettert zu Ihnen ins Bett. Sie schmusen miteinander und tollen herum. Ihr Traum ist Ihnen inzwischen schon beinahe entschlüpft. So sieht nun einmal die Wirklichkeit aus. Sie haben sich entschieden, im Rahmen Ihrer Möglichkeiten mit Ihren Träumen zu arbeiten. Sie sind entschlossen, sich an Ihre Träume – die innere Wirklichkeit – zu erinnern und sich nicht ausschließlich von der äußeren Alltagsrealität in Beschlag nehmen zu lassen.

Sie wissen, daß die »Traummaschine«, das heißt die Traumquelle, nachts einen Teil der äußeren Ereignisse des Tages durchspielt. Andererseits werden Sie von ihr auch unvermittelt in neue Erlebnissphären eingeführt, die nichts mit Ihrem Alltagsleben gemein haben. Ehe Sie sich auf den Weg zur Arbeit oder Schule machen, sich Ihrem Liebhaber, Ehemann oder Ihren Kindern widmen, sollte es Ihnen also gelungen sein, sich an Ihren Traum zu erinnern oder ihn bestenfalls sogar aufzuschreiben.

Doch wie geht es nun weiter? Was haben Sie da überhaupt aus der Tiefe geboren? Ist dafür ein Preis zu zahlen? Was ist die Sache wert? Wie ein Fischer haben Sie Ihr Netz ausgeworfen und einen lebenden Schatz heimgebracht, der nun nutzbar gemacht werden will.

Sie tragen den Traum vorzugsweise auf der linken Seite des Traumtagebuchs ein, versehen ihn mit einer Überschrift, die einem Schlüsselsymbol oder einer Haupthandlung im Traum entspricht, und fügen das Datum ein, um sich später zurechtfinden zu können und zu wissen, wann jeder einzelne Traum stattgefunden hat. Auf der rechten Seite oder gleich im Anschluß an den Traumbericht notieren Sie persönliche Anmerkungen und einfach alle auftauchenden Gedanken, Assoziationen, Erinnerungen und Gefühle zu dem Traum.

Sie sollten in Ihrem Tagesplan der Traumarbeit Zeit einräumen. Sie sollten zumindest fünfzehn Minuten dafür vorsehen. Doch gönnen Sie sich besser eine halbe Stunde oder bis zu einer Stunde Zeit für diese Arbeit. Gehen Sie zu diesem Zweck sogar aus dem Haus, oder verlassen Sie Ihren Arbeitsplatz. Gehen Sie in einen Park, ein Café, an einen Ort, wo Sie sich mit einer Erfrischung belohnen können, wenn Sie Ihre Traumarbeit verrichten.

Jetzt bietet sich nämlich die Gelegenheit, einen Blick in ein Logbuch zu werfen, in dem nicht nur entscheidende Ereignisse und Spannungsfelder aus der Vergangenheit, sondern auch zukünftige Möglichkeiten festgehalten sind. Vielleicht fällt es Ihnen schwer, den Text zu entziffern. Es handelt sich um eine allumfassende Bildersprache, die in allen Völkern zu Hause ist, wenn es auch nur wenige geben mag, die noch imstande sind, sie zu lesen. Doch neuerdings lernen Sie die Sprache der Bilder zu verstehen. Jede Nacht spricht die Traumquelle in dieser Sprache zu Milliarden von Erdbewohnern. Es ist für Sie von Vorteil, wenn Sie die Möglichkeit wahrnehmen, Einsichten unmittelbar aus der Quelle zu schöpfen. Vielleicht ist demgegenüber Ihr Partner, genau wie viele andere Menschen, noch nicht daran interessiert, die Sprache der Träume zu erlernen. Halten Sie Ausschau, und versuchen Sie Menschen zu treffen, die bewußt träumen. Es gibt sie, die Träumenden, doch nur wenige lernen und entdecken in sich selbst, wofür Sie sich entschieden haben. Nun aber soll die Arbeit beginnen.

Traumarbeit

Behalten Sie stets im Auge, daß es nicht darum geht, den Traum mit eigenen Einstellungen und Kategorien zu überfrachten, vielmehr liegt uns daran, den tatsächlichen Trauminhalt zu erfahren. Aus diesem Grunde nennen wir die dafür entwickelte Methode *Traumobjektivierung*. Bei der sachlichen Untersuchung des Traums werden Sie zudem lernen, sich selbst und ihre Lebensumstände wirklichkeitsgetreu zu sehen.

Traumarbeit ist ein äußerst geheimnisvoller Prozeß, der ein ausgezeichnetes Lernfeld bietet und den Realitätssinn fördert. Wer sich mit seinen Träumen beschäftigt, soll sich nicht in subjektiven Anschauungen verlieren, denn Träume dienen als Spiegel, in dem man sich ungeschminkt betrachten kann. Um sich neutral und sachlich zu verhalten, muß der Traum zunächst objektiviert werden.

Was ist nun eine Objektivierung? Damit etwas objektiviert werden kann, muß ein Objekt vorhanden sein. Wenn etwas sachlich untersucht werden soll, muß auch ein Subjekt zur Stelle sein, das in diesem Fall der Betrachter ist. Als Leser sind Sie das Subjekt, vor dessen Augen die Wörter als Objekte stehen. Während Sie die Wörter lesen, sorgt Ihr Gehirn dafür, sie in Konzepte zu verwandeln. Sie lösen in Ihnen Reaktionen aus, die nichts mit den Wörtern gemein haben. Sie sind es nämlich, der reagiert. Womöglich sind Sie anhand des Texts ins Tagträumen geraten und waren sekundenlang abwesend. Vielleicht haben Sie auf manche Sätze zustimmend oder ablehnend reagiert. Ihre innere Erfahrung hat nichts mit dem Buch zu tun. Wenn eine zweite Person dieselben Worte liest, empfindet sie vielleicht ganz anders. Somit sind Sie nicht die einzige Person, die reagiert und deren innerer Wertekatalog somit sichtbar wird. Hinter den hier geschriebenen Wörtern stehen ebenfalls Werturteile, verbirgt sich eine Weltanschauung, eine Sammlung von Grundsätzen und Überzeugungen über Gott und die Welt. Vielleicht steht diese Weltanschauung im Widerspruch zu Ihrer Sicht der Dinge und Ihren Erfahrungen, oder aber sie bestätigt, was Sie bereits wissen.

Lustvolle Spiritualität

Falls Sie imstande sind, immer mehr Wissen anzuhäufen, ohne sich dabei wesentlichen Wandlungsprozessen zu unterziehen, würde ich gerne erfahren, wie Sie es bewerkstelligen. Die Methodik der Traumarbeit bedingt, daß durch jede neugewonnene Information Veränderungen ausgelöst werden, die sich auf den gesamten Menschen auswirken. Betrachten Sie sich als ganzheitliches Lebewesen mit vielen Facetten. Die Berührung einer bestimmten Stelle verursacht einen Energieausschlag, der, an die verschiedenen Schaltstellen im ganzen Körper weitergeleitet, wie ein spiritueller Orgasmus erlebt wird. Was in einem Energiezentrum (Chakra) geschieht, strahlt auch auf die übrigen aus. Wer etwas Bedeutsames erlebt, überläßt sich dem Geschehen viel bereitwilliger und kann auf diese Weise neu belebt und umgewandelt werden. Das mag als Andeutung dienen, was das Leben eines heilen, organisch gesunden Menschen ausmacht.

Lassen Sie Ihr abwehrendes, wirklichkeitsfremdes Alltags-Ich verstummen, das verzweifelt versucht, sein Wertesystem aufrechtzuerhalten. Öffnen Sie sich, werden Sie empfänglich, und lassen Sie den Wandel zu. Damit wird keinesfalls verlangt, alles aufzugeben, was Sie bisher gelernt haben, sondern es geht darum, Altbekanntes anhand des neuen Wissens auf den Prüfstein zu stellen. Ackerboden wird wieder fruchtbar, wenn man ihm Humus und organischen Dünger zuführt, jedoch nicht, wenn man weiterhin das bereits Vorhandene auspreßt. Wer sich eine neue Blüte herbeisehnt, muß dem Unbekannten aufgeschlossen begegnen. Angesichts einer neuen Realität haben wir weder das Recht noch das Bedürfnis, auf der Stelle zu treten. Tag und Nacht stürmen neue Eindrücke auf uns ein und eröffnen Möglichkeiten zur Veränderung. Die Schlüsselfrage lautet: Sind wir bereit, uns zu verändern, um es mit den neuen Gegebenheiten aufnehmen zu können? Oder wollen wir weiterhin – wie der Großteil der Menschheit im Leben und in den Träumen – auf unserer altgewohnten Verteidigungshaltung beharren?

Der Traum wird objektiviert, wenn wir die Aufzeichnungen des

Traumberichts sorgfältig untersuchen, der gleich nach dem Aufwachen im Anschluß an das Traumerlebnis angefertigt wurde. Wir gehen davon aus, daß die Niederschrift des Traumhergangs das ursprüngliche Traumerlebnis getreulich erfaßt, somit ist es möglich, den Traumbericht tatsächlich wie den eigentlichen Traum zu bearbeiten. Uns ist bekannt, daß das Wachbewußtsein Dinge verzerrt wiedergibt oder die Erinnerung an das ursprüngliche Traumerlebnis nach Gutdünken selektiv verändert, da wir Menschen bei der wiederholten Schilderung unserer Träume erfahrungsgemäß dazu neigen, sie im Vergleich zur ersten, unmittelbar nach dem Erwachen niedergelegten Fassung zu verändern. Natürlich ist es bedeutsam, auf welche Weise wir die Beschreibung unserer Träume abwandeln.

Vom Umfang mit der eigenen Subjektivität

Aufgrund der Tatsache des selektiven Erinnerungsvermögens können wir entweder die Ansicht vertreten, daß Realität nicht existiert, sondern nur unsere sich verändernde Sicht der Realität, und daß jeder seine eigene Wirklichkeit erschafft. Oder wir akzeptieren die eigene Subjektivität, gehen aber trotzdem davon aus, sie in beträchtlichem Maß objektivieren zu können. Für Zyniker, Phantasten und harte Realisten hört hier der Spaß auf. Wir meinen jedoch, daß jeder Mensch durchaus in der Lage ist, seine Subjektivität zu objektivieren. Nachfolgend erbringen wir dafür anhand unserer Hauptmethoden, Traumobjektivierung und Beobachten des Traum-Ichs, den Beweis.

Falls Sie den Wunsch haben, einen soliden Realitätssinn zu entwickeln, werden Sie auch die Zeit und Energie aufbringen, um sich diese Techniken anzueignen. Dabei ist das Denken gefragt. An sich ist es ein sehr wertvolles Werkzeug, obwohl man es auch mißbräuchlich anstelle des Gefühls verwenden kann.

Wie wird ein Traum objektiviert?

Wenn Sie nach einem Traum erwachen, schreiben Sie alles auf, an das Sie sich erinnern. Lesen Sie so bald wie möglich das Geschriebene durch, machen Sie Verbesserungen und Zusätze, ordnen Sie den Text nach der zeitlichen Abfolge des Traums. Behalten Sie während dieses Vorganges Ihr *Beobachter-Ich* im Auge. Es ist der Teil in uns, der zuschaut und uns gelegentlich seine Beurteilung über unsere Handlungen wissen läßt. Sie hören dann Kommentare von einer Stimme, die Ihnen eingibt: »Das schreibst du besser nicht«, »Das ergibt doch keinen Sinn« oder ähnliches. Bleiben Sie Ihrer ursprünglichen Verpflichtung treu, und schreiben Sie möglichst viele Einzelheiten des gesamten Traumverlaufs auf, ohne dabei auf irgendeine Art wertend oder selektiv vorzugehen.

Sie haben nun den *Traumbericht,* die wortgetreue Niederschrift des Traums, vor sich liegen. Am Ende der Darstellung können Sie beliebige Kommentare, Assoziationen oder Gefühle festhalten, die womöglich nur wenig mit dem Traum selbst zu tun haben.

Bezeichnend für die meisten bestehenden Traumarbeitsmethoden ist, daß sie sich vom Traum entfernen. Sie springen unvermittelt in die Lebensumstände des Betreffenden und fördern eine Menge entsprechender Assoziationen und Erinnerungen zutage. Nur ein Taucher benutzt ein Sprungbrett, um anderswo als am Ausgangsort zu landen. Wir bitten Sie an dieser Stelle, zuerst das Boot zu erforschen, ehe Sie Ihren Blick zum Horizont schweifen lassen. Lernen Sie zunächst einmal Ihren Standort kennen, später können Sie ferne Orte bereisen. Halten Sie sich an Ihren Traum. Schreiben Sie zusätzliche Eindrücke auf, aber bürden Sie diese nicht dem Traum auf.

Es folgt ein Arbeitsbeispiel der Traumobjektivierung von einer fortgeschrittenen Schülerin, die von mir in Traumarbeit ausgebildet wurde. Ihre Aufgabe bestand darin, die Methode mit eigenen Worten vorzustellen und dann praktisch anzuwenden.

Anes Arbeitsbeispiel zur Objektivierung eines Traums

Träume zu objektivieren heißt, zur Kenntnis zu nehmen, was im Traum zum Ausdruck kommt. Bloße Spekulationen über den Verlauf des Traums oder über mögliche Verbindungen zur eigenen Persönlichkeit oder zum alltäglichen Leben führen nicht weiter. Ehe wir untersuchen, welche Verbindungen zwischen dem Traum und anderen Lebensbereichen vorhanden sind, konzentrieren wir uns allein auf den Traum und analysieren dessen Inhalte. Wie ist er aufgebaut, wie verhält sich das Traum-Ich im Traumgeschehen, welche Gegensätze und Gemeinsamkeiten werden darin deutlich, welche Konflikte, Potentiale und Themen wirft der Traum auf? Objektivieren heißt also, die Einzelheiten genau zu registrieren, ehe man dazu übergeht, allgemeine Aussagen über den Traum zu machen.

Die Traumobjektivierung ist die Vorbereitung für die Anwendung weiterer Traumarbeitsmethoden. Sie trägt dazu bei, einen Realitätsbezug herzustellen, der dem Traum angemessen ist. Was geschieht eigentlich in dem Traum und was nicht? Was unterstellt der Träumende seinem Traum? Traumobjektivierung kann uns vor Aussagen über den Traum bewahren, die zu sehr vom Verstand bestimmt sind.

Geeignete Fragen zur Traumobjektivierung sind:

○ Welche Gegensätze und welche Gemeinsamkeiten kennzeichnen den Traum?
○ Welche Kernsymbole kommen im Traum vor, und in welchem Verhältnis stehen sie zueinander?
○ Was tut das Traum-Ich im Traum, und was unterläßt es?
○ Welche Handlungsabläufe lassen sich im Traum beobachten?
○ Welche Themen und Konflikte sind vorhanden, welche Situation bleibt im Traum ungelöst?

○ Welche positiven Symbole, Problemlösungen, Beziehungen und Potentiale sind im Traum enthalten?
○ In welcher Beziehung steht dieser Traum zu früheren Träumen?

Beim Erlernen der Methode der Traumobjektivierung sind unter anderem folgende Streitfragen und Einwände aufgetreten:

○ Ist eine objektive Haltung in bezug auf eigene oder fremde Träume überhaupt möglich? Ist unser Verhalten nicht immer bis zu einem gewissen Grad subjektiv bestimmt?

Das mag wohl der Fall sein. Wir sind dennoch in der Lage, den Traum losgelöst wahrzunehmen. Wir können mit dem Trauminhalt ähnlich verfahren wie bei der Untersuchung eines Romans oder eines Gedichts. Wer die Urfassung des eigenen Traums quasi buchstabengetreu nachvollzieht, ehe er zu allgemeinen Aussagen übergeht und die Inhalte des Traums anderen persönlichen Lebensbereichen zuordnet, ist annähernd objektiv.

○ Ist die Art, wie wir unsere Umwelt, uns selbst und daher auch unsere Träume wahrnehmen, nicht teilweise von unvermeidlichen Vorurteilen und Erwartungen gefärbt?

Ich gehe davon aus, daß Vorstellungen über den Lauf der Welt und das eigene Dasein eine entscheidende Rolle spielen, um zu überleben. Zu engstirnige Ansichten allerdings verhindern womöglich, daß wir zweckmäßig oder gar mit neuen Einsichten an die Dinge herangehen. Werden wir uns über die Art unserer Überzeugungen bewußt und erkennen wir, daß die Wirklichkeit nicht in jedem Fall mit der eigenen Wahrnehmung übereinstimmen muß, könnten wir durchaus der Realität gerecht werden, statt sie ausschließlich durch die Brille von Annahmen und Vorurteilen zu sehen. Wenn wir sowohl unsere Träume als auch unseren Alltag objektiv sehen, gelingt es uns vielleicht, unsere Welt und unsere Träume nicht mehr durch den Zerrspiegel unserer Überzeugungen wahrzunehmen, sondern sie so zu sehen, wie sie sind.

○ Was ist ein Symbol? Ist alles symbolisch zu verstehen? Kann in allem eine tiefere Bedeutung liegen? Gelten Gegenstände deshalb als Symbole, weil wir ihnen Bedeutung beimessen? Können Handlungen Symbole sein? Wie steht es mit dem Traum? Ist unser Traum ein Symbol?

Wenn wir die Methode der Traumobjektivierung anwenden, bemühen wir uns, ein möglichst wirklichkeitsgetreues Bild des Traums zu zeichnen. Wir verzichten zunächst auf den Versuch, dem Traum gewisse Bedeutungen zuzuschreiben. Ein Traum kann sowohl eine wortwörtliche als auch eine symbolische Bedeutung haben. Möglicherweise trifft dies auch auf die Gegenstände und Handlungen der Außenwelt zu. Demnach sind Symbole vielschichtig, haben vielerlei mögliche Bedeutungen und stimulieren Energien in der Person, die ihnen ausgesetzt ist.

○ Wie erkennt man das Thema des Traums?

Um das Thema eines Traums formulieren zu können, müssen wir erst herausfinden, wie der genaue Traumablauf aussieht. Im Anschluß daran kann verallgemeinert werden. Als erstes untersuchen wir die Frage, welche Situationen im Traum dargestellt werden und wie das Traum-Ich damit umgeht. Welche Konflikte behandelt der Traum, und welche Möglichkeiten werden sichtbar?

Bei der Traumobjektivierung werden wir uns über Sachverhalte bewußt und formulieren sie. Die Lösungsfindung steht auf einem anderen Blatt. Wir bemühen uns, die wesentlichen Kräfte und die hauptsächlichen Spannungsfelder des Traums herauszufinden.

Beispiel einer Traumobjektivierung: Brand und Abbruch eines Schuppens

Der baufällige Schuppen in der Nähe des Hauses, wo ich meine Kindheit verbracht habe, brennt. Zusammen mit anderen Personen versuche ich, das Feuer mit Wasser zu löschen. Es ist vergebens. Ein Feuerwehrmann kommt und löscht das Feuer. Ein großer bärtiger Mann ist im Begriff, den Schuppen abzubrechen. Über diesen Mann wird gesagt, er sei depressiv und ängstlich, aber er spricht nicht darüber. Ich will einige alte Gegenstände aus der Scheune holen, deshalb bitte ich den Mann, mit dem Abbruch etwas zu warten. Das mißfällt ihm, deshalb kommt es zwischen uns zu einer Art von Zerwürfnis. Strephon und ich befinden uns im Haus, und ich teile ihm mit, daß wir als Kinder viel Spaß in diesem Haus gehabt haben. Er sagt, daß die Spielsachen wertlos seien. Ich bin nicht seiner Meinung, aber ich schweige dazu. Später kündigt er an, daß wir unsere Haare schneiden und färben sollen. Innerlich bin ich dagegen. Jemand sagt, meine Freunde seien gescheit. Ich empfinde, daß diese Aussage ungerecht ist.

1. Welche Gegensätze und Gemeinsamkeiten kommen hauptsächlich vor?

○ Der Schuppen brennt sehr schnell ab, obwohl das Traum-Ich zusammen mit anderen versucht, dem Feuer Einhalt zu gebieten.
○ Der Mann versucht, den Schuppen rasch abzureißen, obwohl das Traum-Ich ihn bittet, noch zu warten.
○ Der Mann ist für seine Depressionen bekannt, er ist aber offensichtlich sehr motiviert zu arbeiten.
○ In dem Schuppen befinden sich Spielsachen und Kindheitserinnerungen. Mittlerweile ist er jedoch baufällig geworden und muß abgerissen werden.
○ Einerseits will man Gegenstände aufbewahren, andererseits werden sie vernichtet.

2. Was tut das Traum-Ich im Traum, und was unterläßt es?

○ Das Traum-Ich versucht, das Feuer mit Wasser zu löschen. Es streitet sich mit dem Mann, weil es von ihm verlangt, den Abbruch des Schuppens auf später zu verschieben. Es holt keinerlei Gegenstände aus dem Schuppen. Das Traum-Ich hört von Strephon, daß die Spielsachen im Schuppen wertlos seien. Es hört auf seinen Vorschlag, alle sollten sich die Haare schneiden lassen. Das Traum-Ich äußert sich nicht dazu. Es hört, daß jemand seine Freunde für klug hält.

3. Welche allgemeinen Aussagen können jetzt schon über den Traum gemacht werden?

○ Eine wesentliche Verallgemeinerung ist, daß das Traum-Ich und andere Traumgestalten der Vernichtung des Schuppens entgegenwirken.

○ Ferner besteht zwischen der angeblichen Depressivität des Mannes und seinem tatkräftigen Einsatz ein Widerspruch.

○ Allem Anschein nach herrscht im Traum ein wichtiger Konflikt zwischen dem Bewahren und Loslassen von Gegenständen. Anders ausgedrückt: Zwischen der Absicht, etwas zu retten, zu sichern und aufzubewahren, und der entgegengesetzten Absicht, es zu entwerten und aufzugeben, zeichnet sich ein Widerspruch ab.

4. Welche Handlungssequenzen lassen sich im Traum beobachten?

○ Ein Schuppen brennt; das Traum-Ich und andere versuchen, dem Feuer Einhalt zu gebieten. Ein Feuerwehrmann löscht das Feuer.

○ Ein depressiver Mann ist tatkräftig mit dem Abbruch des Schuppens beschäftigt. Das Traum-Ich möchte, daß er damit wartet.

○ Strephon und das Traum-Ich befinden sich im Haus und unterhalten sich über Spielsachen.

○ Strephon schlägt vor, wir sollten uns die Haare schneiden und färben lassen.

○ Ein Freund sagt, die anderen seien gescheit, aber er erwähnt nichts über mich.

5. Welche Hauptsymbole sind vorhanden und in welchem Verhältnis stehen sie zueinander?

○ Der Schuppen, der Mann, das Feuer, die Spielsachen, Strephon: Das Feuer verbrennt den Schuppen mit großer Geschwindigkeit. Strephon hält nichts von den Spielsachen, die im Schuppen aufbewahrt werden.

6. Welches Verhältnis hat das Traum-Ich zu diesen Symbolen?

○ Das Traum-Ich versucht, den alten Schuppen zu retten. Es hängt an den Spielsachen und legt sich mit dem Mann an, der vorhat, den Schuppen abzureißen. Das Traum-Ich verhält sich schweigend gegenüber Strephon.

7. Welche Themen, Konflikte oder ungelöste Situationen bestimmen diesen Traum?

○ Eine ungelöste Situation ist, daß das Traum-Ich sagt, es wolle einige Gegenstände aus dem Schuppen holen, es jedoch unterläßt.

○ Es herrscht ein Konflikt zwischen Strephons Aussage, die Spielsachen seien wertlos, und den nicht laut ausgesprochenen Gedanken des Traum-Ichs, das an den Spielsachen hängt. Allgemein gesagt: Das Traum-Ich drückt seine Meinung nicht aus.

○ Es herrscht ein Konflikt zwischen einem Freund, der meint, die anderen Freunde seien gescheit, und dem Wunsch des Traum-Ichs, auch gelobt zu werden.

○ Ein Problemkomplex zeigt sich darin, daß das Traum-Ich sich nicht dazu äußert, als Strephon und der Freund ihre Beurteilungen abgeben. Verallgemeinernd läßt sich zum Thema sagen: Das

61

Traum-Ich drückt seine Wünsche und Meinungen vor den Autoritätspersonen des Traums nicht aus.

8. Welche Potentiale, vorteilhaften Lösungen und maßgebenden Heilfaktoren zeigen sich im Traum?

O Ein Potential ist, die Spielsachen aus der Kindheit in Sicherheit zu bringen. Das Haareschneiden und -färben könnte ein Heilfaktor sein. Einige Gegenstände aus der Kindheit an sich zu nehmen, könnte eine positive Lösung beinhalten.

9. Welche Beziehungen und Lösungsmöglichkeiten werden in diesem Traum nicht wahrgenommen?

O Das Traum-Ich hätte den Schuppen niederbrennen lassen können.

O Das Traum-Ich hätte den Schuppen betreten und Dinge herausholen können, anstatt sich mit dem Mann zu streiten.

O Das Traum-Ich hätte sich mit dem Mann einigen können und ihm womöglich geholfen, den Schuppen abzureißen.

O Das Traum-Ich hätte überlegen können, wofür der Schuppen zukünftig zu gebrauchen wäre.

O Das Traum-Ich hätte sich gegenüber den beiden Männern entschiedener äußern können.

10. Welche anderen Möglichkeiten sind geeignet, um mit diesem Traum zu arbeiten?

O Man kann die Methode des Zwiegesprächs mit den Traumgestalten anwenden, indem man die im Traum begonnene Unterhaltung zwischen dem Bärtigen und dem Traum-Ich fortsetzt.

O Um festzustellen, was im Schuppen aufbewahrt wird, kann man sich wieder in den Traum zurückversetzen oder die Symbolvertiefung durchführen.

O Man kann untersuchen, welche Haltung den Entscheidungen und Gefühlen des Traum-Ichs im Traum zugrunde liegt.

O Man kann hinterfragen, inwieweit zwischen Handlungen, Gefühlen und Einstellungen, die im Traum zum Ausdruck kommen, Übereinstimmung herrscht.

11. Fragen bezüglich der Übereinstimmung:

○ Warum ist der Mann so lebhaft daran interessiert, den Schuppen abzubrechen, wo er doch angeblich depressiv ist?
○ Warum bemühen sich das Traum-Ich und die anderen Figuren so sehr, den Schuppen zu retten, obwohl er bereits baufällig ist?
○ Warum empfindet es das Traum-Ich als ungerecht, wenn es nicht auch lobend erwähnt wird?

Strephons Kommentar

Ganz allgemein sehe ich in Anes Arbeit eine ausgezeichnete, klare Aufgabenlösung, die ein Beispiel einer Traumobjektivierung der Stufe I liefert. Sie verdeutlicht auch, was in Eigenarbeit geleistet werden kann. Ane hat die Kernthemen des Traums formuliert und beinahe herausgefunden, inwiefern dieser Traum ihr Alltagsleben widerspiegelt. Eine weitere Traumbearbeitung könnte folgende Wirkungen erzielen:

○ Die Träumende muß lernen, den Standpunkt ihres Traum-Ichs und die Meinung ihres wachen Ichs besser zu unterscheiden. Ferner ist noch ein dritter Aspekt zu berücksichtigen: den Einblick des Traumreise-Ichs. Als Traumarbeitstrainer nehme ich häufig den Standpunkt des Traums ein, der der Ansicht des Träumenden entgegensteht. Eine irrige Meinung besagt, daß der Träumende die Bedeutung seines Traums normalerweise am besten abschätzen könne und das letzte Wort habe. Aber weshalb sollte man sich überhaupt die Mühe machen zu träumen, wenn die eigene Ansicht angeblich doch am besten ist? Traumarbeit verlangt von jedem eine grundsätzliche Aufgeschlossenheit, denn im Verlauf der Traumarbeit lernt man, die Dinge allmählich aus höherer Warte nicht mehr mit den Augen des Ichs zu sehen.
○ Das Traum-Ich wehrt sich im Traum dagegen, daß Altes im Feuer verbrennt. Es möchte die alten Gegenstände und Spielsa-

chen aus der Kindheit retten, es tritt allerdings in Gestalt eines Erwachsenen auf. Der gegenteilige Standpunkt wird von ihrem Lehrer Strephon eingenommen. Er lautet, sich von den Kindheitserinnerungen loszusagen und erwachsen zu werden. Warum sollte sie ihr Herz noch länger an Dinge aus Kindertagen hängen? Anhand ihrer Traumarbeit hat die Träumende diesen Zusammenhang noch nicht in vollem Umfang erfaßt. Ihr geht es in erster Linie darum, sich gegen Autoritätspersonen zu behaupten.

○ Das Autoritätsproblem ist im wesentlichen die Abhängigkeit von Personen, die über mehr Wissen als man selbst verfügen. Man ist auf ihre Unterstützung und Lebenserfahrung angewiesen, doch zugleich lehnt man sich gegen ihre Vorschläge auf und fordert sie bisweilen heraus. Diese Trotzphase ist unerläßlich, um die Projektion in bezug auf die Vertreter der Macht zurückzunehmen. Das Traum-Ich wird mit dieser Problematik konfrontiert.

○ Sollte die Träumende sich gemäß des Vorschlags der Autoritätsperson von ihrem alten Spielzeug trennen? Nein, denn sie ist nicht imstande, eigenständige Entscheidungen zu treffen, solange sie ihre innere Autorität nach außen projiziert und obendrein noch Widerstand leistet. Gelänge es ihr, brauchbare Hinweise von anderen anzunehmen und trotzdem selbständig zu entscheiden, könnte sie vergleichbaren Situationen lockerer entgegentreten. Ihr Bedürfnis nach Lob und Anerkennung von anderen verdeutlicht ebenfalls ihr Abhängigkeitssyndrom aus der Kindheit. Eine reife Erwachsene kann sich selbst einschätzen und ist nicht auf Lob und Tadel von seiten der Mitmenschen angewiesen. Das Traum-Ich ist noch nicht so weit entwickelt.

○ Dieser Arbeit fehlt außerdem die Erfahrung der Auflösung der Traumkonflikte. Hierzu bedarf es selbstverständlich zusätzlicher Methoden, die bisher noch nicht vorgestellt worden sind. Ane hat jedoch ihre Aufgabe vorzüglich erfüllt, da sie die Urfassung des Traums und dessen eigentliche Probleme erkannt hat.

○ Die Träumende wendet in diesem Beispiel offensichtlich eine weitere Hauptmethode an: das Beobachten des Traum-Ichs. Da das Traum-Ich in fast allen Träumen eine Rolle spielt, wird im Rahmen der Traumobjektivierung ausführlich beschrieben, was es tut und was es unterläßt.

○ Wären wir bereits in einem fortgeschrittenen Stadium der Traumbearbeitung, könnte dieser Traum auf natürliche Weise fortgesetzt werden, indem man ihn auf das aktuelle Alltagsgeschehen überträgt: Um welche Themen geht es in diesem Traum, und inwieweit beeinflussen sie Anes äußere Lebensumstände? Wie könnte sie sich im Sinne der Traumsymbolik anders verhalten, und welche Einstellungen sollte sie ändern? Ein bewährtes Verfahren ist stets die Hinterfragung anhand der Traumbilder. Man müßte daher fragen: Welches Kinderspielzeug in ihrem derzeitigen Leben sollte sie behalten, oder wovon sollte sie sich nun besser trennen? Ungeachtet der Erinnerungen, die der Schuppen aus Kindertagen in ihr wachruft, wie würde sie sich fühlen, falls sie zuließe, daß er niederbrennt? Was müßte in ihrem Erwachsenendasein verbrannt werden, das sie noch zu retten versucht? Diesen Vorgang bezeichnet man auch als freies Assoziieren in bezug auf den Traum. Solange der Traum noch nicht objektiviert worden ist, hüten wir uns allerdings – im Gegensatz zu anderen Traumarbeitstechniken – vor Assoziationen, da es zu verlockend ist, sich auf Spekulationen zu stürzen, wobei aber die eigentliche Aussage des Traums übersehen wird.

Zusammenfassende Auswertung

Konnten Sie sich mittlerweile für diese Traumarbeitsmethode erwärmen? Wer die Methode der Objektivierung praktiziert und im Lauf der Zeit gut beherrscht, indem er eigene und fremde Träume damit bearbeitet, dem kommt sie auch in anderen Lebensbereichen, zum Beispiel in Partnerbeziehungen und im Berufsleben, zugute. Da die meisten nicht gewöhnt sind, ihre Situation objektiv einzuschätzen und Dinge abzuklären, wird viel unnötiger Konfliktstoff ausgetragen. In der Kindheit haben wir gelernt, in Phantasiewelten zu leben, die wir nur ungern aufgeben wollen (wie etwa Kinderspielzeug), besonders dann, wenn wir im Erwachsenenalter die Härte des Lebens zu spüren bekommen und unzufrieden sind.

Diese unglaublich wirksame Methode ist nach meinem Wissen bisher von niemandem anders vorgestellt worden. Machen Sie guten Gebrauch davon. Geben Sie sie an Ihre Kinder, Freunde und an andere Mitmenschen weiter. Durch sie werden Gefühle keinesfalls abgewürgt oder spontane Reaktionen im Keim erstickt, sie bietet vielmehr eine sichere Ausgangsbasis. Sie ist eine Grundlage, die Raum für weitere Lebensäußerungen bietet und daneben Objektivität gewährleistet. Man soll das Kind nicht mit dem Bade ausschütten, noch nicht einmal das Badewasser wegkippen. Statt dessen kann man es als Teil des Ganzen achten und es als Gießwasser für junge Lebenspflänzchen verwenden.

Übersicht zur Traumobjektivierung

Setzen Sie sich an einem geeigneten Ort bequem nieder und konzentrieren Sie sich. Nehmen Sie sich fest vor, mindestens eine halbe Stunde für diese Traumarbeitsmethode aufzuwenden, auch wenn es zwischendurch schwerfällt. Lesen Sie Ihre Traumberichte nochmals durch. Wählen Sie einen Traum aus, der besonders gehaltvoll ist und eine Menge Konfliktstoff aufweist. Es ist nicht ratsam, sich in der Anfangsphase einen Traum vorzunehmen, der zu langwierig oder unzusammenhängend ist. Fangen Sie mit einfachen Inhalten an, später können Sie sich mit komplexeren Themen beschäftigen.

O Erstellen Sie eine Liste der Handlungsabläufe und Kernsymbole, die den Traum bestimmen. Halten Sie sich an die zeitliche Abfolge. Was steht am Anfang des Traums, womit endet der Traum?
O Im Anschluß daran fertigen Sie eine Liste an, die alle wesentlichen Verhaltensweisen des Traum-Ichs im Traum zusammenfaßt. Führen Sie auch alle Gefühle auf, die innerhalb des Traumgeschehens vorkommen. Empfindungen, die erst nach dem Traum im Wachstand aufgetreten sind, lassen Sie beiseite.
O Erstellen Sie eine Liste, die eine Reihe von wesentlichen Handlungen enthält, die das Traum-Ich während des Traums hätte durchführen können.
O Wenden Sie das Gesetz der Gleichheit und des Gegensatzes an, um aufzudecken, in welchem Verhältnis die Symbole zueinander stehen. Eine Kernhandlung stellt ebenfalls wie ein Bild ein Symbol dar. Erstellen Sie eine Liste aller wichtigen Symbole.
O Im Anschluß daran erstellen Sie eine Liste der Handlungssequenzen des Traums. Womit fängt die Handlung an? Aus welchen Konstellationen entwickelt sich ein Kernproblem, oder wo entsteht ein

Konflikt? Wie zeichnet sich der Beginn der Konfliktlösung, falls vorhanden, ab?

○ Erstellen Sie eine übersichtliche Liste der Kernthemen, wesentlichen Probleme und Konflikte, die der Lösung bedürfen.

○ Zeichnen sich Lösungsansätze im Traum ab? Eine Lösung ist dann zustande gekommen, wenn eine Konfliktsituation entweder beendet wird oder einen Wandlungsprozeß durchläuft.

○ Welche möglichen Potentiale kommen im Traum noch nicht zum Ausdruck? Diese Möglichkeiten können sich auf die im Traum aufgeworfenen Themen sowie auf wachbewußten Alltag und Persönlichkeit beziehen.

○ Verallgemeinern Sie die Kernprobleme und die entscheidenden Spannungsfelder des Traums, die anhand der Traumobjektivierung herausgefiltert wurden. Formulieren Sie allgemeine und essentielle Aussagen. Was sind allem Anschein nach die allgemeinsten und was die spezifischsten Themen des Traums? Welche Haltung nehmen Sie selbst als Traum-Ich im Traum ein, wie stehen Sie inzwischen als äußerer Betrachter dazu?

○ Welche zusätzlichen Traumarbeitstechniken sind für die weitere Bearbeitung des Traums geeignet und können zur Auflösung des vorhandenen Konfliktstoffs beitragen? Beschreiben Sie in allen Einzelheiten, was Sie tun würden, nehmen Sie sich dabei auch die Bildwelt des Traums zu Hilfe.

○ Auf welche Weise könnten sich die gleichen Dynamiken und Problemstellungen, die im Traum erscheinen, auch in Ihrem äußeren Leben, Ihren Beziehungen und Ihrer Persönlichkeit abzeichnen? In welcher Form spiegeln sich die Kämpfe Ihres gegenwärtigen Lebens in diesem Traum wider?

○ Schreiben Sie eine kurze Zusammenfassung der Ergebnisse Ihrer Traumobjektivierung. Formulieren Sie am Schluß eine besondere Traum-Leben-Aufgabe, zu deren Durchführung Sie sich anhand der erfolgten Traumobjektivierung verpflichten.

5. Das Traum-Ich beobachten: Selbsterkenntnis anhand von Träumen

Nachts, wenn wir schlafen, betreten wir das Reich der Träume. Uns erwartet eine Reise in die geheimnisvolle innere Wirklichkeit, in der seltsame Ereignisse und Begegnungen stattfinden. In Träumen erproben wir, uns dem Leben zu stellen.

Sie sind – ob Sie es wissen wollen oder nicht – ein *Traumkrieger*. Während des Schlafs tritt unsere Alltagswirklichkeit in den Hintergrund, in der wir zumindest das Gefühl haben, die Dinge einigermaßen steuern zu können. Wer vom Mantel der Nacht umhüllt ist, dessen Befehl gilt nichts. Niemand hat Kontrolle über seine Träume. Es gelingt uns nicht einmal, ihnen neutral oder unbeeinflußt wie ein Außenstehender zu begegnen.

Es ist eine aufregende Tatsache, daß wir in unseren Träumen anwesend sind. Nacht für Nacht stellt uns eine Kraft, die unser Fassungsvermögen übersteigt, mit oder ohne unser Einverständnis, in ein Lernfeld, das nicht unserer Herrschaft untersteht.

Wie wehren wir uns üblicherweise gegen die Erfahrung des Traums? Kein Mensch ist in der Lage, sich der Traumwelt zu entziehen, doch häufig gelingt es uns, den Inhalt der Träume zu vergessen oder uns ablenken zu lassen.

Für die eigenen Träume sind wir zum Glück nicht verantwortlich

Vielleicht stimmen Sie mit der Meinung des heiligen Augustinus überein. Der große Kirchenlehrer hat vor vielen Jahrhunderten folgenden Ausspruch getan: »Ich danke Gott, daß ich nicht für meine Träume verantwortlich bin.« Als junger Mann liebte er die Frauen, doch als er sich später zum christlichen Glauben bekehrte, gelobte er, fortan enthaltsam zu leben. Es gelang ihm allerdings nicht, seine natürlichen sexuellen Bedürfnisse willentlich abzutöten. Als er im Schlaf die Kontrolle über seine Gedanken aufgeben mußte, brachte ihm die Traumquelle seine vernachlässigten Lebensaspekte vor Augen. Sie konfrontierte ihn mit Träumen von erotischen Begegnungen mit Frauen und bot ihm Gelegenheit, sich damit auseinanderzusetzen und sich von seiner Traumwelt unterrichten und führen zu lassen. Statt dessen zog er es aber vor, einen Treueeid auf die Kirche und ihre körperfeindliche Gesinnung zu schwören, die in der Sexualität eine Ablenkung vom spirituellen Lebenswandel sah. Augustinus war nicht bereit, die Verantwortung für seine Träume zu übernehmen – weder Gott zuliebe noch zu seinem eigenen Heil, noch aus Rücksicht auf seinen Körper. Die Ergebnisse der jüngsten Schlafforschung belegen, daß alle Männer auf der ganzen Welt ausnahmslos Nacht für Nacht – gewöhnlich in den Traumphasen – eine Erektion haben. Diesem Los kann sich kein Mann entziehen, sei er Priester oder Bettler, es betrifft den einfachen Mann gleichwohl wie den Papst.

In unserer Epoche gelten andere Wertmaßstäbe, und wir sehen uns neuen Zerstreuungen ausgesetzt. Die Sexualität spielt als ganz natürliche Lebensäußerung aber nach wie vor eine wichtige Rolle, wenn sie auch in vielen Fällen wie schon in der »guten alten Zeit« mißbraucht und entstellt wird. Mittlerweile sind jedoch viele Menschen überzeugt, daß ihre spirituelle Entwicklung keinen Schaden nimmt, wenn sie ein erfülltes Geschlechtsleben führen. Was offenbaren die Träume zu dieser Thematik?

69

Wenn Sie Ihrer Traumquelle gestatten, Sie zu diesem Themenkomplex zu schulen, werden Sie es erfahren. Anhand Ihrer sexuellen Träume erhalten Sie ausgezeichnete Einblicke in den Zustand Ihres Geschlechtslebens. Sie finden Antworten, wie Sie Erfüllung und Bewußtseinserweiterung in der Sexualität finden können. Aber zunächst einmal müssen Sie den festen Vorsatz dazu fassen. Im Gegensatz zur Haltung des heiligen Augustinus sollten wir uns unseren Träumen stellen, denn im Traum ist eine uns überlegene größere Macht am Werk, die unser Bewußtsein heilt und erzieht und uns lehrt, daß wir in die Ganzheit eingebunden sind.

Traumerziehung innerhalb der Psyche

Wir haben die Methode, das Traum-Ich zu beobachten, entdeckt und weiterentwickelt. Mit dieser grundlegenden Technik können wir uns der *Traumerziehung innerhalb der Psyche* zuwenden. Um aus dem Erlebnis des Traums zu lernen, untersuchen wir detailliert, was das Traum-Ich, das heißt das Bild, das wir in der Traumphase über uns selbst haben, tut und was es unterläßt. Will man ein neues Bewußtsein in sich wachrufen, so erweist sich die Beobachtung des Traum-Ichs als eine der ursprünglichsten und faszinierendsten Techniken der Traumarbeit. Der beste Weg herauszufinden, wer man ist, ist das exakte Studium, wer man in seinen Träumen ist.

In keiner anderen Traumbearbeitungsmethode oder psychologischen Richtung finden wir diese spezielle Technik der Analyse des Traum-Ichs anhand der Traumsituationen, um Klarheit über den Zustand des wachen Ichs im Alltagsleben zu erlangen. Wenn Sie diese Methode häufig und mit zahlreichen Träumen anwenden, steigern Sie im Lauf der Zeit Ihr Selbstwahrnehmungsvermögen in unglaublichem Maß.

Es ist nur natürlich, wenn das Ich die Kontrolle prinzipiell nicht aus der Hand geben will. Auf diese Weise entwickelt sich die Ich-Funktion in der Kindheit. Nur ein echtes spirituelles Bekehrungserlebnis vermag das Ego einzuladen, auf die Vorherrschaft im alltäglichen Leben zu verzichten und sich statt dessen der Leitung einer Quelle anzuvertrauen, die größer ist als es selbst.

Bis zu einem gewissen Grad steht es einem jeden von uns frei, inwieweit er tatsächlich bereit ist, sich auf die Erziehung durch die Traumquelle einzulassen, indem er sich am Traum beteiligt, ohne dabei zu versuchen, die Kontrolle an sich zu reißen. Wer sich ernsthaft darin üben will, kommt nicht umhin, die wesentlichen Methoden – das Traum-Ich beobachten, Zwiegespräch mit den Traumbildern halten, den Traum wiedererleben und den Traum darstellen – zu praktizieren.

Fallstricke auf dem Weg, das Ich loszulassen

Die religiösen Lehrer und Gurus in Ost und West predigen beide die Aufgabe des Egos, und das ist es, was ihnen Anhänger verschafft. Denn irgend jemand muß dann die Funktion des Ichs übernehmen und uns sagen, was wir tun und was wir glauben sollen. Ihre Unterweisungen hinsichtlich der spirituellen und alltäglichen Lebensführung verpflichten zur Hingabe.

Eine derart starke Bindung gehen wir ein, wenn wir unsere ureigenste Autorität, unser inneres Selbst, einem äußeren spirituellen Führer übertragen. Unter diesen Umständen wird die Ich-Funktion, die für eigenständige, selbstkritische Entscheidungen zuständig ist, einem anderen Menschen überlassen. Wir geben zugleich unsere persönlichen Überzeugungen auf und ersetzen sie durch das Glaubenssystem des geistigen Führers. Noch entscheidender ist die Tatsache, daß die Fähigkeit, sich einen eigenen Sinnzusammenhang zu bilden, ungenutzt bleibt, auf deren Grundlage normalerweise selbständige Entschlüsse gefaßt werden, wie man mit der inneren Wirklichkeit und der Außenwelt umgehen will. Man zieht es dann vor, die Lehren des Gurus zu studieren und verzichtet darauf, seine persönliche Weltanschauung zu entwickeln.

Irrtümliche Vorstellungen über das schöpferische und das egozentrische Ich

Die östlichen Traditionen und andere Religionen verwechseln häufig das schöpferische Ich mit dem egozentrischen Ich. Das ist der entscheidende Irrtum. Das egozentrische Ich beschäftigt sich ausschließlich mit sich selbst und ist bei sämtlichen Entscheidungen nicht auf das Gemeinwohl, sondern auf persönlichen Vorteil bedacht. Es wurde im Westen geprägt und entstammt möglicherweise dem Zeitalter des griechischen Rationalismus, als die großen Künstler begannen, ihre Werke individuell zu signieren. Alles spricht dafür, daß man sich in der Kindheit egozentrisch verhalten muß, um die Ich-Funktion entfalten zu können. Das kindliche Ich muß sich mit sich selbst auseinandersetzen, um sich von elterlichen Erwartungen und Hoffnungen abgrenzen zu können. Vielleicht ließe sich die ichbezogene Abwehrhaltung des Kindes umgehen, wenn die Eltern ihre eigenen unverwirklichten archetypischen Kindheitsbilder nicht auf ihre Kinder übertragen würden, wodurch sich im Lauf der Zeit immense Erwartungen aufbauen. Wir leben allerdings in einer unvollkommenen Welt, daher gibt es auch jede Menge Egozentrik.

Spätestens im Erwachsenenalter lernen wir, daß es nicht immer möglich ist, ausschließlich für unser eigenes Wohlergehen einzutreten. Wir müssen berufliche Leistungen erbringen und die von Vorgesetzten erteilten Anordnungen ausführen. Wir sind auf Beziehungen mit Freunden und Intimpartnern angewiesen und müssen deshalb unsere eigenen Wünsche und Erwartungen zurückschrauben. Jedes Ich hat auf das Ich seiner Mitmenschen Rücksicht zu nehmen. Wer weiterhin egozentrisch bleiben will, kreist nur noch um sich selbst, wird weltfremd und büßt letztlich seinen Realitätssinn ein. Vielen Erwachsenen gelingt es nicht, über jenen infantilen Zustand hinauszuwachsen, sich selbst als Herrscher des Universums zu sehen, auch wenn sie das entschieden leugnen. Fordert man sie auf, ihre Kontrollversuche auch nur einen Moment lang aufzugeben, wird ihr Gesichtsausdruck etwas ungehalten, die Augen verengen sich, und vielleicht greifen ihre Hände nervös nach einer Zigarette oder nach einem Gegenstand, um sich daran festzuhalten.

Das egozentrische Ich befindet sich im Chaos. Daher ist es kein Wunder, daß die Nachfrage nach spirituellen Gemeinschaften so angestiegen ist. Zumindest bieten sie einen Weg an, sich aus persönlichen Verstrickungen und aus der Selbstbezogenheit zu lösen. In einer gewissen Lebensphase mag es richtig sein, ein solches Angebot aufzugreifen. So war es auch bei mir der Fall. Doch dann ist es Zeit für den Schritt zur geistigen Umwandlung.

Geistige Umwandlung findet statt, wenn sich der Mensch entschlossen hat, einer Quelle zu dienen, die noch zentraler ist als unser persönliches Ich. Dabei muß man weder sich selbst noch seine schöpferischen Ich-Funktionen aufgeben. In Wirklichkeit verhält es sich folgendermaßen: Je deutlicher wir unser schöpferisches Ich entfalten, um so besser sind wir in der Lage, einer Quelle zu dienen, die sich von uns unterscheidet.

Wenn wir uns den wirksamen Kräften der Quelle überantworten, ereignet sich Erstaunliches. Neue Lebenskraft und Entschlossenheit stellen sich ein, und eine erhebliche Bewußtseinserweiterung findet statt. Es ist eine erstaunliche Tatsache, daß uns Nacht für Nacht mindestens ein Traum geschenkt wird – gelegentlich sogar bis zu fünf Träume –, in denen das Traum-Ich herausfordernden Lernsituationen gegenübergestellt wird, die entscheidende Veränderungen im Innen und Außen nach sich ziehen können.

Die Macht, wählen zu können

Eine weitere kaum beachtete Tatsache sollten wir uns ebenfalls vergegenwärtigen. Keine reguläre Schule der Welt unterrichtet eine der wichtigsten Techniken, die unseren gesamten Alltag bestimmt. Die Rede ist von der schlichten, doch höchst wirksamen Technik, eine Wahl zu treffen.

Zu den Ich-Funktionen der Persönlichkeit zählen die freie Entscheidung und die konzentrierte Wahrnehmung, die neue

Bewußtseinszustände wachruft. Viele der geistigen Fähigkeiten, wie beispielsweise das Wahrnehmen und das Fühlen, laufen halbautomatisch oder ohne bewußtes Zutun ab. Eine Wahl zu treffen erfordert hingegen waches Bewußtsein. Manche Zeitgenossen behaupten, daß alles im Leben auf einer bewußten Wahl beruhe. Doch wie geht man bei der Auswahl seiner Eltern vor? Wie entscheidet man sich, krank zu werden? Wenn man sein Bein infolge eines Unfalls eingebüßt hat, muß man es wohl so gewählt haben – oder?

Einige Grundsätze über das Ich und die Möglichkeit der Wahl

○ Ein schwaches Ich ist wundergläubig und bleibt dennoch stets auf der Verliererseite des Lebens.

○ Ein starkes Ich lebt in der Alltagsrealität und trifft seine Wahl unter den tatsächlich vorhandenen Möglichkeiten.

○ Die Fähigkeit, unter mehreren Alternativen wählen zu können, stellt die Grundlage für alle Entscheidungen dar.

○ Wer eine Wahl trifft, setzt die Fähigkeit ein, Kräfte und Energien in eine gewünschte Richtung zu bewegen, ohne sich dabei ablenken zu lassen.

○ Wenn uns kein Ausweg mehr bleibt, stehen wir vor einer Entscheidung. Fühlen wir uns jedoch zu etwas getrieben, bleibt uns so gut wie keine Wahl. In diesem Fall haben Verhaltensmuster, archetypische Spannungsfelder oder äußere energetische Einflüsse dem Betreffenden die Entscheidung aus der Hand genommen.

○ Wir können nicht über alles entscheiden, doch bei einigen Angelegenheiten haben wir immer die Wahl.

○ Der zum Tode Verurteilte hat auf dem Weg zu seiner Hinrichtung sicher nicht die Wahl, eine andere Richtung einzuschlagen, doch selbst dann steht es ihm frei, in welcher Haltung er sich zum Richtplatz begibt. Wir sind außerstande, unser Schicksal zu ändern, aber aufgrund unserer Entscheidung können wir ein unausweichliches Schicksal in eine selbsterwählte Bestimmung umwandeln.

○ Eine Wahl zu treffen bedeutet, mit allen Konsequenzen für eine Sache einzutreten und alle Dinge, die sich ihr entgegenstellen, mit einem klaren Nein abzulehnen.

Weitere Eigenschaften des Ichs, die zu beachten sind

Eine weitere bedeutende Ich-Funktion ist die Hervorbringung und Steuerung des Bewußtseins, die Fähigkeit, über sich selbst nachzudenken, um den eigenen Standort in der Welt zu verstehen. Bewußtsein ist Wahrnehmung in Verbindung mit entsprechenden Taten. Bewußtsein ist nicht mit einer durch Drogen ausgelösten Erfahrung gleichzusetzen, in der die Grenzen und Zielsetzungen des Ichs aufgelöst werden, um das Unbewußte unmittelbar zu erleben.

Der Ich-Komplex umfaßt außerdem Einstellungen, das heißt unausgesprochene, unbewußte Gesetze und Lebensregeln, die den Hintergrund unserer Entscheidungen bilden. Die meisten Menschen werden sich der Tatsache niemals bewußt, daß sie ihr ganzes Leben damit verbracht haben, fremdbestimmte Ansichten über das Leben auszuagieren, die ihnen in der Kindheit aufgeschwatzt worden sind. Sie leben an ihrer Bestimmung vorbei, sie bemühen sich nicht herauszufinden, was für sie richtig oder falsch ist, welche Lebensweise sie befürworten und welches Verhalten sie ablehnen. Im Zuge der Traumarbeit werden diese Einstellungen aufgedeckt.

Das Selbstbild

Das wache Ich umfaßt auch eine Reihe von Bildern und Verhaltensmustern, in denen es sich wiedererkennt. Wer sich mit etwas identifiziert, beginnt es zu verkörpern. Den Arzt nennt man »Onkel Doktor« und sieht in ihm eine Art von Heiler, vielleicht sogar den Gott in Weiß. Die Traumarbeit versetzt uns in die Lage, eines unserer wichtigsten Ziele klar zu erfüllen, nämlich die Entzifferung der Selbstbilder und inneren Muster, mit denen wir uns unbewußt identifizieren.

Die Jung-Senoi-Traumarbeit verfolgt das Ziel, Bilder in *Aufgaben* und nicht – wie im Fall der Deutungsmethoden – in Konzepte umzuwandeln. Uns ist auch daran gelegen, die Identifikation mit den jeweiligen Selbstbildern aufzuheben, die dem Menschen persönliche Bestätigung vermitteln und ihm obendrein noch die archetypischen Kräfte verschaffen, die mit dem Rollenbild verbunden sein können. In den Träumen hat das Traum-Ich viele Rollen zu bewältigen, mit denen es jedoch nicht gleichgesetzt werden kann. Die Identifikation mit einer Rolle ist im äußeren Leben jedoch gang und gäbe. Man ist aber weder ein Bankdirektor noch eine Lesbe, sondern man arbeitet im Rahmen der Rolle des Bankdirektors beziehungsweise findet Gefallen an gleichgeschlechtlichen Sexualkontakten. Viele homosexuelle Männer und lesbische Frauen finden es vorteilhaft, sich mit dem Image einer gesellschaftlichen Minderheit zu identifizieren, um sich einerseits innerhalb der Gruppe beschützt zu fühlen, und um andererseits dadurch ihr eigenes Selbstbild einigermaßen zu stärken. Wer sich aber als Homosexueller, Jude, Mann, Frau, Mutter, Vater, Feministin, Anhänger einer bestimmten Religion, Traumarbeiter oder als sonstiges ausgibt, schränkt möglicherweise den Spielraum seiner persönlichen Entscheidungsfreiheit ziemlich stark ein und schwächt auch sein schöpferisches Ich, weil es infolge dieser Gleichsetzung anfechtbarer wird, sich archetypischen Kräften auszuliefern.

Wir greifen auf Selbstbilder zurück, die im äußeren Leben mit entsprechendem Rollenverhalten einhergehen, um das Gefühl zu haben, jemand zu sein, und um unsere persönliche Existenz zu rechtfertigen. In Wirklichkeit geschieht aber genau das Gegenteil: Wer sich mit seinem Selbstbild identifiziert oder sich nur in seiner gesellschaftlichen Rolle sieht, schmälert seine Individualität.

Möglichkeiten, sich von einem engen Rollenverständnis zu lösen

Die Lösung liegt darin, sich mit den eigenen Rollenbildern auseinanderzusetzen, anstatt sich mit ihnen zu identifizieren.

Eines Tages suchte mich eine Mutter von zwei kleinen Kindern auf, die aufgrund eines Traums äußerst beunruhigt war. Im Traum hatte sie wütend und aufgebracht ihre Kinder geschlagen. Es ließ ihr keine Ruhe, weil dieses Verhalten nicht ihrem Bild von einer »guten« Mutter entsprach. Ihre beiden quicklebendigen Kinder hielten sie stets auf Trab und zerrten an ihren Nerven. Weshalb sollte sie sich nicht wütend und entmutigt fühlen, wenn sie rund um die Uhr ihre Kinder betreuen mußte? Bei jedem anderen Menschen wäre diese Reaktion ganz natürlich, im Rollenbild einer Mutter ist sie allerdings nicht vorgesehen. Anhand des Traums wurde ihr Traum-Ich mit einer entsprechenden Lernaufgabe vertraut gemacht. Das Traumgeschehen vermittelte ihr außerdem, daß noch andere Kräfte in ihr steckten, die nach Ausdruck verlangten und denen der enggefaßte Spielraum nicht genügte, den das Selbstbildnis der »guten« Mutter zuließ. Nachdem sie dies eingesehen hatte, war sie in der Lage zu begreifen, daß die Mutterschaft nicht ihr gesamtes Leben ausmachte, sondern eine Rolle war, in der sie wirkte. Später gelang es ihr, ihren Kindern ihre Wut und Frustration zu zeigen, ohne sie – wie im Traum – schlagen zu müssen. Der Traum führte ihr vor Augen, daß sie sich in einer unerträglichen Lage befand und gut daran täte, ihren Zustand ernsthaft zu untersuchen, ehe es dazu kommen würde, daß alle ihre unterdrückten Gefühle, wie Enttäuschung und Zorn, sich in Wutanfällen entluden. Sie würde ihre Kinder trotzdem quälen, selbst wenn sie sich soweit beherrschte, sie nicht zu schlagen. Viele »gute« Väter und Mütter sind mit diesem Problem leidlich vertraut.

Unsere Lektion heißt also, sich nicht mehr mit unseren Selbstbildern und den jeweiligen Rollen zu identifizieren, sie statt dessen zu untersuchen und ihnen in geeigneter Weise Ausdruck zu verleihen. Wollen Sie etwa auch die Mutter Ihres Geliebten oder Ehemannes sein? Um die Wahl zu haben, wann und wie Sie Ihre Mutterrolle spielen, rate ich Ihnen, sich aus dieser Rollenfixierung zu lösen.

Die Methode der Beobachtung des Traum-Ichs

Unser Traum-Ich entspricht gewöhnlich unserem Selbstbild im Traum. Mitunter betrachtet unser Traum-Ich das Geschehen als passiver Beobachter oder flieht vor einem Verfolger. Manchmal steht es aktiv im Mittelpunkt oder geht auf Entdeckungsreise. Nur in seltenen Fällen werden wir Zeuge, wie unser Traum-Ich bewußt eine Wahl trifft oder wie es die Möglichkeiten, die das Traumgeschehen bietet, ganz klar einschätzt und schließlich entscheidet, was es tun will oder was es unterläßt. Die Mehrzahl der Traumarbeiter stellt also in der Anfangsphase der Traumerkundung fest, daß ihr Traum-Ich meist nicht tatkräftig oder selbstbewußt vorgeht. Größtenteils sind die anderen Traumgestalten und das Traum-Ich passiv in die Traumhandlung eingebunden.

Im Land der Träume geht es genauso wie im Leben zu. Das Leben ist eine Wirklichkeit, jeder Tag ist ein Wachtraum. Womöglich handelt unser nach außen gerichtetes Alltags-Ich meistens auch nicht so entschieden und entschlußfreudig. Depressive neigen zu schwermütigen Träumen. Wer im realen Leben die Tendenz hat zuzuschauen, ist auch im Traum eher ein Beobachter. Ängstliche Menschen scheuen sich im Alltag vor Auseinandersetzungen und fliehen im Traum vor ihren Gegnern. Sollten wir uns im Traum einmal ganz anders als im Alltag verhalten, führt uns die Traumquelle ein Beispiel vor Augen, was passieren könnte, wenn wir davon abrücken, was uns unsere Verhaltensmuster und Einstellungen normalerweise vorschreiben.

Die Erfahrung aus Tausenden von Stunden mit Traumarbeit läuft auf die Tatsache hinaus, daß wir es vorziehen, daß sich unser Traum-Ich im Traum aktiv, selbstbewußt und entschlossen verhält. Dasselbe gilt natürlich auch für die äußeren Lebensumstände. Je mehr wir uns im Alltagsgeschehen – im sogenannten Wachtraum – einbringen, um so freier und geübter treffen wir unsere Entscheidungen und verwirklichen die Möglichkeit, die die Alltagsrealität uns bietet. Ein schöpferisches Ich mit ausreichendem Selbstvertrauen weiß normalerweise auch, wann und ob die Zeit reif ist, eine Wahl zu treffen.

Wir können lernen, das schöpferische Ich zu aktivieren, indem wir das Traum-Ich mit Hilfe der Traumarbeit anregen. Beobachten Sie, was das Traum-Ich in den Träumen unternimmt und was es unterläßt, wenn Sie sich ein zutreffendes Bild Ihrer Ich-Funktion machen wollen. Häufig sehen wir das Traum-Ich im Traum Dinge tun, die wir uns im äußeren Leben nicht zutrauen würden. Was spricht dagegen, dieses Verhalten auch im Alltag auszuprobieren, wenn Sie der Meinung sind, daß Ihre Traumhandlungen gut, einfallsreich, neu oder sinnvoll sind?

Wenn Ihnen Ihre Traumhandlungen unpassend oder zerstörerisch erscheinen, sollten Sie sich die Mühe machen zu prüfen, ob Sie in der Alltagswirklichkeit nicht auch nach dem gleichen Muster vorgehen. Stellen Sie sich folgende Fragen: Wenn ich im Traum als Beobachter auftrete, bin ich dann im Leben womöglich auch ein Zaungast? Wenn ich im Traum davonrenne, fliehe ich dann auch im Alltag? Wenn ich im Traum töte, kann es dann sein, daß ich auch im Leben unterschwellig töte?

Wenn wir der Meinung sind, daß sich das Traum-Ich im Traum mutlos oder schädlich verhält, könnten wir den Traum untersuchen und prüfen, ob sich vielleicht noch weitere Wahlmöglichkeiten bieten. Außerdem wäre es möglich, den Traum durch Wiedererleben fortzusetzen oder ihn neu zu schreiben, indem wir das Traum-Ich in den gegebenen Umständen anders handeln lassen.

Wenn Ihnen Ihre Traumhandlungen negativ erscheinen, erkunden Sie einen konstruktiven Weg, wie die vorhandene Energie zum Ausdruck kommen kann. Wir sind nicht auf Erden, um uns ausschließlich tugendhaft zu verhalten. Will man jedoch der Ganzheit Ausdruck verleihen, muß man seine Einstellung ändern und alle Dinge des Lebens akzeptieren!

Die Vorgehensweise

Bei der Beobachtung des Traum-Ichs schildern Sie so detailliert wie möglich, was das Traum-Ich tut und was es unterläßt. Erstellen Sie im Anschluß daran eine Liste der Anschauungen und Motive des Traum-Ichs, die seine Handlungsweise bestimmen.

Beschreiben Sie auch, welche Gefühle das Traum-Ich möglicherweise haben könnte. Gefühl ist inneres Handeln. Gefühle können einerseits durch Einstellungen hervorgerufen werden, aber sie können andererseits auch Einstellungen erzeugen.

Eine Einstellung ist ein persönliches Gesetz. Ein jeder von uns verfügt über ein Repertoire von gewissen Standardsätzen, die er zu seiner Entscheidungsfindung heranzieht. Eine geistige Haltung oder Einstellung ist gewöhnlich ein Werturteil oder eine bewertende Aussage über sich selbst oder das Leben.

Wenn ich beschlossen habe, dem Gegner davonzulaufen, rede ich mir innerlich gut zu. Meine Worte könnten etwa so lauten:»Es ist sicherer, wenn ich davonrenne.« Oder:»Ich ziehe immer den kürzeren im Leben.« Oder:»Wenn ich nicht hundertprozentig dafür bin, will ich es auch nicht tun.« Oder:»Ich bin nicht stark genug, um es mit dem Gegner aufzunehmen.« Es kann auch sein, daß ich Angst habe, voller Anspannung bin und befürchte, vernichtet zu werden.

Sobald Sie deutlich genug erkannt haben, was das Traum-Ich eigentlich beabsichtigte und welche Motive seinen Handlungen vorwiegend zugrunde lagen, definieren Sie die Maßnahmen und Eintellungen, die Ihnen demgegenüber geeignet, sinnvoll und dynamisch erscheinen. Anschließend entwickeln Sie einen Plan, aufgrund welcher positiver Anschauungen und Grundsätze Sie in späteren Träumen und in der äußeren Realität handeln wollen.

Gehen Sie daran, Handlungen und Einstellungen neu zu formulieren oder umzuwandeln, die Sie als ungeeignet oder zerstörerisch empfinden. Ein tiefgreifender Gesinnungswandel ist dank Traumarbeit zustande gekommen, wenn es gelingt, die unwillkürliche Einstellung »Es ist sicherer, dem Feind davonzulaufen« in folgenden Satz umzuändern:»Es ist meistens sicherer, sich dem Gegner zu stellen und Hilfe anzufordern.« Damit kommt ein wichtiger Grundsatz der Senoi-Traumarbeit zum Tragen: Wer bereit ist, es mit dem Feind aufzunehmen, wird in den meisten Fällen Unterstützung finden. Wer dagegen vor dem Feind Reißaus nimmt, vergrößert dessen Macht nur noch mehr.

Einige charakteristische Eigenschaften des Traum-Ichs

○ Im Traum sehen wir das Traum-Ich gewöhnlich als unser Abbild. Doch auch hier sind Variationen möglich. Das *Bewußtsein* eines Ichs, oder des wahrnehmenden und handelnden Zentrums, ist noch entscheidender als das Bild, das wir uns machen. Das wird durch zahlreiche Berichte von Menschen bestätigt, die sich im Traum als andersgeschlechtliche Wesen, Tiere oder leblose Gegenstände gesehen haben.

○ Sind mehrere Ichs am Traumzustand beteiligt? Ein Mitspieler im Traum ist das Traum-Ich selbst, das unser Selbstbild verkörpert.

○ Traumerlebnisse sind auch mit einem »Nicht-Ich« möglich. Ist das der Fall, ist man selbst nicht als erkennbare Person beteiligt.

○ Des weiteren gibt es das Beobachter-Ich, ein wahrnehmender Mittelpunkt, der den gesamten Traum mitverfolgt, erinnert, ihn im Gedächtnis behält und nach dem Erwachen wieder abspult.

○ Möglich ist, daß die verschiedenen Aspekte des Traum-Ichs in Form von anderen Figuren auftreten. Diese Gestalten verkörpern innere Einstellugen, die bisweilen auch ziemlich stark im Widerspruch zu der Haltung des Traum-Ichs stehen können. Es kann durchaus sein, daß die anderen Traumgestalten Beschlüsse fassen oder gefühlsmäßig reagieren.

○ Gibt es einen wesentlichen Unterschied zwischen dem Traum-Ich und anderen Traumwesen? Auf diese Frage findet man nur spärliche Antworten, doch es besteht ein bezeichnender Unterschied. Einen Mord im Traum mitzuerleben ist eine Sache, aber es ist nicht vergleichbar mit dem Erlebnis, wenn man selbst als Mörder im Traum auftritt.

○ Teilweise läßt sich dies vielleicht auf die Identifikation des
wachen Ichs mit dem Traum-Ich zurückführen. Bei Alpträumen
kommt diese Übereinstimmung klar zum Vorschein. Welches Ich
weckt den Träumenden voller Angst auf? Es muß das Traum-Ich
sein, das die Bedrohung des Alptraums unmittelbar erlebt. Die
Reaktion tritt ein, wenn das Beobachter-Ich sich mit dem Traum-
Ich identifiziert. Was würde geschehen, wenn das Beobachter-
Ich die Oberhand behielte und dem Traum-Ich nicht gestattete,
den Traum willentlich zu unterbrechen? Der Träumende würde
weiterschlafen und die Handlung zu Ende führen. So sollte man
mit Alpträumen auch am besten verfahren. Wir schlafen weiter
und ermutigen das Traum-Ich, in der Traumsituation auszuhar-
ren und mit der Bedrohung fertig zu werden. Entweder läßt es zu,
daß die drohende Gefahr bis zum Schlimmsten anwächst, und
verfolgt mit, was weiter passiert, oder es tritt der gegnerischen
Kraft entgegen und wandelt sie um. Die Verarbeitung des Alptraums kann mit der Technik des Neuschreibens des Traums
erfolgreich unterstützt werden, indem man sich mit der Bedrohung auseinandersetzt und für die vorhandenen Konflikte Lösungsmöglichkeiten findet.
○ Es ist ohne weiteres möglich, daß Verlust, Tod und Alpträume
ein Versuch des Unbewußten sind, den Betreffenden dazu zu
bewegen, seine Ich-Funktionen besser unterscheiden zu lernen.
Ein Beispiel: Die meisten Menschen bezeichnen den Wachzustand, in dem man nach außen orientiert ist, als reale Welt,
während sie die Welt der Träume, Gefühle oder Phantasien als
unwirklichen Zustand einschätzen. Viel sinnvoller ist es, die
Begriffe *innere* und *äußere Wirklichkeit* zu verwenden und den
Unterschied zwischen dem wachen Ich und dem Traum-Ich
anzuerkennen, ohne damit gleich zu werten.

Eigenschaften eines vollentwickelten schöpferischen Ichs

Fragen wie »Wer bin ich?« (Ramana Maharshi) oder sogar »Was bin ich?« (C. G. Jung) werden bedeutungslos, wenn wir einfach fragen: »Was tut das Ich?« Oder: »Wie funktioniert mein Ich?« Aus diesem Blickwinkel heraus erscheint das Ich nicht als statisches Wesen, sondern als höchst potente, schöpferische Einheit, die stets aktiv ist – wie schwach oder wie tatkräftig auch immer.

Wenn Sie mich in diesem Augenblick fragten: »Wer bist du?«, würde ich antworten: »Ich höre dir zu. Ich beobachte dich und mich. Ich lasse die Energie wirken, die zwischen uns fließt.« Sollten Sie darauf erwidern: »Schon gut, doch sag jetzt, wer du bist!« würde ich antworten: »Einer, der deine Frage als irrelevant betrachtet. Wir wollen doch unsere Zeit nicht mit solchen Debatten vergeuden. Ich schlage vor, wir unternehmen etwas miteinander.«

Wo gehandelt wird, besteht kein Wunsch nach Erleuchtung. Eine erleuchtete Tat ist Erleuchtung. Wenn Erleuchtung nicht in die Tat umgesetzt wird, ist sie belanglos.

Die reinste Form des Ichs trifft Entscheidungen oder verwaltet als oberste Instanz die ihm verfügbare Energiemenge. Es wirkt als Gedächtnis, die Fähigkeit, sich mittels Sprache an frühere Vorkommnisse zu erinnern. Das Ich stellt auch den Mittelpunkt des Bewußtseins dar, es ist Wahrnehmung, die mit der entsprechenden Tat gekoppelt ist. Das Ich übernimmt anscheinend auch organisatorische Aufgaben. Es sortiert die einzelnen Eindrücke und stellt zwischen ihnen Verbindungen her oder deckt auf, in welcher Beziehung sie zueinander stehen. Gleichzeitig entwirft es ein Wertesystem, aus dem sich allmählich eine Lebensgrundlage entwickelt und nach dessen Maßgabe Entschlüsse gefaßt werden. Schließlich kann das Ich eine bewußte Wahl treffen, sich bestimmten Werten zu verschreiben. Und letzten Endes wird es die umfassendste und sinnreichste aller Quellen, die ihm zugänglich ist, durch sich in Erscheinung treten lassen.

Das kraftlose und desinteressierte Ich kennt noch nicht einmal seine wesentlichen Funktionen. Seine Entschlußkraft und Wahrnehmungsfähigkeit werden im Normalfall von unbewußten Einstellungen, Gefühlen und zwanghaften Verhaltensmustern überlagert. Statt mit den unterschiedlichen archetypischen Wesenheiten und Rollen (beispielsweise Mutter, Kind, Seelsorger, Therapeut, Schriftsteller und viele andere mehr) in bewußten Kontakt zu treten, begnügt es sich lieber mit einer Unmenge von Übertragungen. In diesem Entwicklungsstadium hat sich das Ich noch nicht mit seiner eigenen Vernichtung auseinandergesetzt, weshalb es gewöhnlich auch ängstlich und besorgt handelt, um sicherzugehen, daß seine momentane Erscheinungsform gewahrt bleibt.

Die Entfaltung eines gesunden Ichs

Die Umwandlung eines schwachen Ichs in ein schöpferisches Ich verlangt, daß wir uns lebenslang bewußt für diesen Prozeß einsetzen. Durch die Traumarbeit lernen wir die unterschiedlichen inneren und äußeren Ich-Zustände zu unterscheiden, außerdem bemühen wir uns, unsere Ganzheit zu verwirklichen.

Beobachten Sie beispielsweise bei einer Reihe von Träumen Ihr Traum-Ich, werden Sie viele bis dahin unbewußt gebliebene Handlungen feststellen, die Ihre Entscheidungen beeinflußt haben. Sie werden zudem entdecken, daß diese Haltungen nicht nur gegensätzlich sind, sondern einander auch widersprechen. Mit anderen Worten, Sie haben sich mit Ihren Entscheidungen kontinuierlich selbst ein Bein gestellt.

Sobald Sie sich mit diesen Anschauungen befassen und sie durcharbeiten, werden Sie wohl einige aufgeben, andere positiv umwandeln und kreative Einstellungen sogar noch stärker betonen. Ihr Leben und Ihre Persönlichkeit werden sich dadurch in Übereinstimmung mit der in Ihnen angelegten Ganzheit entfalten und ordnen. Wer seine Vervollkommnung ernst nimmt, sollte zwischen seinen bestehenden Glaubensmustern und gleichzeitig zwischen seinen mehr archetypischen Anteilen schöpferische Querverbindungen herstellen. Überspitzt ausgedrückt: Einstellungen können mit Hilfe des Bewußtseins in Werte umgewandelt werden. In diesem Sinn sind Werte bewußt verwirklichte Überzeugungen.

Die Beobachtung des Traum-Ichs ist eine Hauptmethode, die sich bei jeder Art von Traum durchführen läßt. Auch wenn die Symbole und das Traumgeschehen nahezu unverständlich erscheinen, können wir auf alle Fälle anhand der Untersuchung des Traum-Ichs an Einsicht und Handlungsfähigkeit gewinnen.

Der Aufbau eines gesunden Ichs erfordert hingebungsvollen Einsatz und fortwährendes Bemühen. Das Ich ist nötig, um ein Ich zu erwerben. In der überwiegenden Zahl der Fälle zieht es das Ich vor, entweder zu schlafen oder in ekstatische Verzückung zu geraten. Am wenigsten interessiert das Ich die gleichmütige, doch lebensbejahende Befriedigung, die sich bei der entschlossenen Umsetzung großer, starker Zielsetzungen einstellt. Doch weder unbewußte noch entrückte Erlebnisse bewähren sich bei der Entfaltung des Ichs. Nach Überprüfung aller Möglichkeiten kommt man zu dem Schluß: Das Ich ist auf sich gestellt, um sich zu entwickeln. Wenn dem so ist, wollen wir nicht länger warten, sondern mit dem Aufbau eines gesunden Ichs beginnen! Das Zentrum des Universums, die Quelle, wartet auf die Begegnung mit einem starken Ich.

Ein Beispiel zur Methode der Beobachtung des Traum-Ichs

Der Zugriff auf innere Muster, die durch äußere Vorfälle aufgedeckt werden, hilft bei der Entschlüsselung unserer Träume. Um eine Partnerschaft trotz aller Versuchungen und Kämpfe aufrechtzuerhalten, ohne dabei eine Menge Gefühle zu unterdrücken, ist es erforderlich, eine Methode zu entwickeln, mit deren Hilfe die inneren Spannungsmomente verarbeitet werden können, die durch die äußere Beziehung hervorgerufen werden. Vor einigen Jahren träumte ich den nachfolgend geschilderten Traum, dessen Lernaufgaben mich auch heute noch in starkem Maß beschäftigen. Mittlerweile habe ich gute Ergebnisse mit diesen Lektionen erzielt und folge ihnen noch immer. Anhand dieses Beispiels kann ich den Wert der Traumarbeit in bezug auf die Auseinandersetzung mit dem Thema Partnerschaft und ihrer Dynamik nur bestätigen. Inzwischen erlebe ich meine Beziehungsfähigkeit unter neuen Gesichtspunkten.

Der Traum veranschaulicht ein verbreitetes Beziehungsproblem in der äußeren Welt: Wie werden Sie damit fertig, wenn Ihr Partner mit einem anderen eine ernsthafte intime Verbindung eingeht und deshalb nicht mehr ausschließlich Zeit für die Beziehung mit Ihnen aufbringt? Wie sollen Sie sich verhalten, wenn die Partnerschaft in einer solchen Weise gefährdet ist? Wenn sich einer der Partner deutlicher in einer anderen Beziehung engagiert, ist damit meist das Ende des bisherigen Verhältnisses besiegelt. Mit welchen Maßnahmen kann einer Trennung vorgebeugt werden? Ist der Versuch, den Partner von Beziehungen mit anderen abzuhalten, überhaupt statthaft und realistisch?

Wir untersuchen im folgenden auch die Eigenarten der Eifersucht, der Kehrseite der Liebe. Sie ist eine ernstzunehmende dunkle Emotion. Wodurch wird Eifersucht ausgelöst, und wie soll man mit ihr umgehen? Handelt es sich um ein natürliches Gefühl, oder ist das Vorhandensein von Eifersucht ein Fingerzeig, daß in der Gefühlswelt des Betreffenden Unordnung herrscht? Inwieweit kann uns die Traumarbeit von Nutzen sein, das Thema der Eifersucht und weitere Partnerschaftsprobleme in den Griff zu bekommen?

Mit Hilfe der Traumarbeit sieht man Beziehungen realistischer und lernt, sie zu akzeptieren. Unser Einfluß auf die Abläufe der Außenwelt ist begrenzt, dennoch sollten unsere Reaktionen möglichst kreativ und konstruktiv sein.

In diesem Traumbeispiel wird meine damals aktuelle Partnerschaftssituation gespiegelt. Die Traumquelle führt mir meine äußeren Lebensumstände vor Augen und stellt mich in den Mittelpunkt des Geschehens. Es fällt sofort auf, daß mein Traum-Ich in der Traumhandlung weder besonders bewußt noch sinnvoll reagiert. Erst mit Hilfe der Techniken und Traumarbeit eröffnet sich eine reiche Palette an Reaktions- und Wahlmöglichkeiten. Mir hat die Traumarbeit geholfen, in diesem Konflikt

Klarheit über meine Gefühle zu gewinnen, was mir auch einen besseren Zugang zu meinen Anschauungen und Wertmaßstäben verschaffte. Wie hat dann der nächste Schritt auszusehen? Besteht der Zweck eines Traums einzig und allein darin, die Außenwelt lediglich widerzuspiegeln? Keinesfalls, denn das Traum-Ich verdeutlicht auch, wie unsere typische Reaktion auf die äußeren Umstände aussieht. Wenn wir uns erst einmal mit unseren Reaktionsmustern, Gefühlen und Standpunkten vertraut gemacht haben, können wir dazu übergehen, sie voneinander zu unterscheiden und zu verwandeln. Auf diese Weise verlagert sich das Schwergewicht von einer äußeren Situation auf eine innere Wirklichkeit. Deshalb liefert die folgende Traumbearbeitung ein gutes Beispiel dafür, wie man sich Klarheit über die Einstellungen verschaffen kann, die eine Beziehung beeinflussen. Ferner zeigt es, welche Möglichkeiten es gibt, schöpferisch mit ihnen umzugehen. Anstelle der Eigennamen wurden im folgenden Beispiel nur Rollenbeziehungen verwendet. Der Ehemann erhielt den Decknamen »Otto«.

Traumtitel: Partnerschaft

Ich träume, daß ich mit meiner Geliebten telefoniere und sie frage, wie es ihr tagsüber ergangen sei. Sie schluchzt ein bißchen, denn sie hat sich gerade von einem sehr lieben, warmherzigen Besuch verabschiedet.

»War Otto bei dir?« frage ich. Otto ist ihr Ehemann, von dem sie schon mindestens ein Jahr getrennt lebt.

»Ja, er war da. Und er will sich nun wirklich ändern. Er beschäftigt sich jetzt mit seinen Träumen«, antwortet sie.

»Wer hilft ihm dabei?«

Meine Freundin schweigt, und so frage ich ein zweites und ein drittes Mal: »Wer hilft ihm dabei? Man kann seine Träume doch nicht ohne Anleitung objektivieren.«

Da sagt sie, daß ihr Mann sich ihre Träume über ihn und seine Träume über sie vorgenommen und sie studiert habe. Er habe aber nicht lange bleiben und darüber berichten können, weil der Fahrer des Lastwagens, mit dem er gekommen war, wieder fort mußte.

Hinweis

Dieser Traum entsprach der äußeren Situation insofern, als meine Freundin sich tatsächlich zwischen mir und Otto hin- und hergerissen fühlte. Wir hatten alle drei erst vor kurzem eine Krise durchgemacht, weil sie ihre zwiespältige Haltung aufgeben und sich für einen von uns entscheiden wollte.

Anmerkung

Diesen Traum träumte ich in der Nacht, in der ich allein schlief, nachdem ich zwei wunderschöne Tage mit meiner Freundin verbracht hatte. Ihr Mann kam am nächsten Tag zurück, und ich war besorgt, ob sich die beiden wohl aussprechen würden. Zudem hatte er Besuch von seiner sehr selbstbewußten Schwester gehabt. Es war zu befürchten, daß er nun plötzlich einsichtiger geworden war – Grund genug für sie, wieder eine Beziehung mit ihm anzufangen. Womöglich schliefen die beiden gerade miteinander. Ich selbst war mit dem Wunsch zu Bett gegangen, einen telepathischen Traum hervorzurufen. Ich telefonierte also mit meiner Freundin, um den Inhalt des Traums nachzuprüfen. Sie sagte jedoch, daß sie nicht mit ihrem Mann gesprochen hätte, dafür aber mit ihrer Tochter, die ihr einen Traum ihres Mannes erzählt habe. Ferner hatte ich plötzlich die Vision, daß meine Freundin mit einem Schwert der Länge nach entzweigehauen wird und immer noch weiterlebt.

Aufgabenstellungen zum Traum

○ Ich muß das Traum-Ich beobachten, um den Grund meiner Unsicherheit abzuklären. Es geht weniger um die Handlungen als vielmehr um die Gefühle des Traum-Ichs. Durch welche Einstellungen werden sie verursacht?
○ Reagiere ich im Traum gefühlsmäßig auf meine Geliebte? Um das herauszufinden, muß ich den Traum neu schreiben und alle vorhandenen Gefühle einbringen.
○ Ich habe mir auch überlegt, was Unsicherheit in bezug auf eine Partnerschaft bedeutet. Welche Kräfte verstärken die Beziehung, und welche Kräfte reißen sie wieder auseinander? Hat eine

Partnerschaft nur dann Bestand, wenn die Pluszeichen die Minuszeichen überwiegen? Geht es um Wettbewerb und Erfüllung von Erwartungen?

Beobachtung des Traum-Ichs

Man erstellt eine Liste sämtlicher Handlungen und Gefühle, die das Traum-Ich im Verlauf des Traums zeigte:

○ Telefonat mit der Freundin und die Frage, wie es ihr tagsüber ging.
○ Versteckte Befürchtung: Hat sich irgend etwas mit Otto ereignet?

Innere Einstellung: Ohne Kontrolle der Situation werde ich vom Geschehen überwältigt und verliere das, was ich am meisten liebe.

Innere Einstellung: Ich bin nicht besonders liebenswert, deshalb macht es meiner Geliebten nicht viel aus, mich zu verlassen.

Versteckte Gefühle: Ich liebe sie mehr, als ich vor mir zugeben will – und zwar trotz aller Schwierigkeiten. Eine weitere innere Einstellung lautet: Wenn sie mich abweist, werde ich leiden.

○ Mein Traum-Ich reagiert auf die Sympathie meiner Freundin für ihren Mann mit zweifelnden Fragen, mit Überheblichkeit und (unterdrücktem) Zorn. Es ist unfähig, seinen Gefühlen Ausdruck zu verleihen, und es versucht, die Situation unter Kontrolle zu bringen, indem es Urteile fällt und bohrende Fragen stellt. Das entsprach ganz sicher meinem damaligen Verhalten im Alltagsleben. Ich versteifte mich lieber auf die Angreiferposition, anstatt meine Gefühle und Ängste ohne Umschweife auszudrücken. Ich versuchte mit Logik zu bestechen und meine Freundin geistig zu dominieren, um ihre Zuneigung und ihren Körper zu bekommen. Ihr Frauen auf der ganzen Welt, verzeiht mir bitte und haßt mich deswegen nicht allzusehr! Mir ist bewußt, daß es sich hier um ein bekanntes Problem beider Geschlechter handelt.
○ Ferner versucht das Traum-Ich, Informationen zu erhalten,

um seine Befürchtungen durch Tatsachenmaterial zu erhärten: Handelt es sich um eine Projektion, oder ist tatsächlich etwas passiert?

○ Versteckte Befürchtung: Meine Freundin könnte mich zugunsten eines anderen Mannes zurückstoßen.

Innere Einstellung: Ihre positive Reaktion auf einen anderen Menschen bedeutet automatisch, daß mein Ich nicht mehr den ersten Rang einnimmt und folglich an die letzte Stelle zurückfällt oder sogar verstoßen wird. Das Traum-Ich kann nicht einsehen, daß meine Freundin positive Gefühle für ihren von ihr getrennt lebenden Ehemann hegen und gleichzeitig auch mir Zuneigung entgegenbringen kann.

Innere Einstellung: Durch den Versuch, jemanden zu dominieren, der eine Beziehung beenden will, kann ein Bruch vermieden werden. Dies ist möglich, indem das Ich zornig aufbraust und logische Argumente vorbringt, die den anderen gewissermaßen dazu zwingen, bestimmte Entscheidungen zu treffen, auch wenn sie seinem Gefühl widersprechen.

Innere Einstellung: Logik und Tatsachenmaterial sind stärker als alle Gefühle.

Innere Einstellung: Gefühlen ist nicht zu trauen, weil sie weder erklärt noch bewußt gewählt, noch mit logischen Argumenten kontrolliert werden können.

Kommentar

Ich hätte mich – wie schon so oft – schämen können, daß meine Partnerbeziehungen so und nicht anders verliefen. Des weiteren hätte ich sagen können, ich sei völlig daneben, einfach ein kaputter Typ. Ich hätte mich gnadenlos niedermachen können. Doch wozu? Diese Gefühle und Einstellungen sind in mir infolge einer Unmenge von Zurückweisungen in der Vergangenheit entstanden. Ich bin dankbar, daß ich nun endlich einen Weg gefunden habe, ihnen auf die Spur zu kommen und sie umzuwandeln, damit sie mir nicht länger den Zugang zu einer ehrlichen, vertrauensvollen Partnerbeziehung verwehren können. Wenn ich auch manchmal zerknirscht und mutlos bin und meine Reaktionen abscheulich finde, so weiß ich doch, daß ich gesund werden und meinen Weg fortsetzen kann. Ich habe inzwischen schon so viele innere Umwandlungen erlebt und sehe zukünftigen Veränderungen in mir hoffnungsvoll entgegen, sofern ich mich auch weiterhin darum bemühe. Und ich ändere mich tatsächlich! Ich werde meinen Lohn nicht im Himmel, sondern hier auf Erden empfangen – für alles, was ich erleiden mußte, und auch für das, was ich anderen angetan habe.

Das Neuschreiben des Traums

Bei einer Unterhaltung mit Rosaline Cartwright bin ich zum erstenmal auf den Gedanken gestoßen, Träume neu zu schreiben, ohne dabei das Traum-Ich zu beobachten. Die Forscherin berichtete mir über ihre Arbeit mit depressiven Frauen, die ihre schwermütigen Träume in einer Weise umgeschrieben haben, daß sie einen zufriedenstellenderen Ausgang nahmen.

Die Jung-Senoi-Methode, Träume neu zu schreiben, erfolgt auf der Grundlage einer ehrlichen Auseinandersetzung mit dem eigenen Traum-Ich. Sie hat nichts mit Phantasieren oder Wunschdenken zu tun. Uns liegt nicht daran, den Traum in einer Weise umzuschreiben, daß er auf ein gefälliges Happy-End hinausläuft, das ganz in unserem Sinne ist. Wir schreiben den Traum deshalb bewußt neu, um die aufgeworfenen Themen beim zweiten Durchlauf sinnvoller anzugehen. Das ursprüngliche Traumerlebnis konfrontiert den Träumenden mit den Problemen, die Beobachtung des Traum-Ichs reiht die Konflikte deutlich auf. Beim Neuschreiben des Traums setzen wir uns mit ihnen auseinander, bringen sie noch stärker zum Ausdruck und können sie sogar überwinden. Die Methode der Traumarbeit zielt in erster Linie und unwiderruflich auf Umwandlung ab und gibt sich mit bloßen Einsichten nicht zufrieden, die denjenigen, die mit Deutungsmethoden arbeiten, zu genügen scheinen. Es folgt nun die Neufassung meines Traums.

Ich träume, daß ich meine Geliebte anrufe und ihr sofort gestehe, daß ich mir Sorgen wegen ihres Treffens mit Otto mache. Ich sage ihr auch, daß ich alles über diese Begegnung wissen wolle, sofern sie bereit sei, darüber zu sprechen. Ferner sage ich ihr, daß ich mich ihr in letzter Zeit sehr eng verbunden gefühlt und richtige Angst davor gehabt habe, Otto könne wieder auf der Bildfläche erscheinen, sie durcheinanderbringen und unsere Beziehung gefährden.

Meine Freundin antwortet mir daraufhin, daß sie eine angenehme, freundschaftliche Unterhaltung mit Otto geführt habe und daß er seine Träume über sie und ihre Träume über ihn – die sie ihm gegeben hätte – studiere.

Aber ich schreie sie nun an, daß ich es nicht ertragen könne, wenn sie zur gleichen Zeit mit ihm und mit mir intim verkehre. Meiner Ansicht nach sei das gegenseitige Erzählen von Träumen ebenso vertraulich wie eine Liebesbeziehung. Außerdem würde ich befürchten, sie könne zu ihm zurückkehren, wenn er sich ändern sollte und anfange, ebenso an sich selbst zu arbeiten, wie sie und ich es zum jetzigen Zeitpunkt täten.

Sie entgegnet, daß sie sowohl ihrem Mann als auch mir positive Gefühle entgegenbringen könne, und fragte mich, ob es mir trotzdem möglich sei, das zuzulassen.

Ich gebe zu bedenken, daß ich mir dies wohl wünschte, aber eben auch nur ein Mensch sei. Und schließlich werde doch alles immer wieder auf dieses Tauziehen »er oder ich« hinauslaufen. Ich könne mir meiner Beziehung zu ihr nicht sicher sein, solange sie den vertraulichen Kontakt zu ihm nicht abbreche oder ihm noch eine Tür offenhalte. Ich sage, daß ich konkurrenzlos geliebt und nicht ständig einem Vergleich ausgesetzt werden wolle. Meine Freundin erwidert, sie habe verstanden und sei froh, nun meine Gefühle zu kennen. Wir belassen es dabei, ohne daß sie einen Entschluß faßt, wie sie in Zukunft mit ihrer Doppelbeziehung verfahren will. Meine Entscheidung hängt auf jeden Fall von ihrer ab. Danach möchte ich laut aufschreien. Weshalb bin ich bloß in eine Lage geraten, in der ich niemals Sicherheit und Geborgenheit finden kann? Vielleicht müßte ich mich einfach nur lieben lassen und selbst lieben? Sollte ich Schluß machen und mir eine andere suchen? Wäre es dann vielleicht wieder so, daß alle begehrenswerten, lebensfrohen Frauen bereits einen anderen Mann an ihrer Seite hätten? Sind meine Gefühle zu oberflächlich?

Und könnte sich dies jetzt ändern? Ich weiß nur so viel: Ich will meine Angst überwinden. Wenn ich sie in der konkreten Alltagssituation nicht zu bewältigen vermag, würde es mir dann innerlich gelingen? Ist es möglich, daß überhaupt alles zuerst innerlich eine Lösung finden muß?

Mit dieser Frage beendete ich das Neuschreiben meines Traums und stellte mich wieder auf das Tagesbewußtsein ein.

Auswertung

Das alles hatte mich getroffen. Beim Aufschreiben spürte ich starke Spannungen und durchlebte viele Gefühle. Es ging mir förmlich unter die Haut. Noch war mir nicht alles klar, obwohl ich vieles deutlicher erkannte. Aber ich wußte jetzt, womit ich es zu tun hatte. Ich stellte mir folgende Fragen, die Hinweise für spätere Aufgabenstellungen im Hinblick auf die Partnerschaft lieferten:

○ Kann man sich jemals einer Beziehung absolut sicher sein? Lauert nicht stets ein anderer hinter der nächsten Ecke? Wie könnte ich dies positiver ausdrücken? Stimmt es, daß jemand, den ich liebe, so viel Liebe zu geben hat, daß sie in mehrere intime Partnerschaften einfließen kann?

○ Wie soll ich mich in bezug auf meine Freundin entscheiden? Was muß ich tun?

○ Wie komme ich unabhängig von den jeweiligen Umständen direkter an meine Gefühle?

○ Welche inneren Ängste und Widerstände sind momentan umzuwandeln?

Kommentar

Ich kann berichten, daß meine Geliebte und ich uns nach diesem Vorfall noch jahrelang mit der Thematik der Dreiecksbeziehung auseinandergesetzt haben. Wir warfen den Konflikt wie eine heiße Kartoffel zwischen uns hin und her, denn ihr Problem war auch zugleich meines. In gewisser Weise fand ich ebenfalls Gefallen daran, gleichzeitig mit zwei verschiedenartigen Frauentypen befreundet zu sein, als ob die Ganzheit besser zum Ausdruck käme, wenn die vorhandenen Gegensätze sich verkörperten. Uns fiel jedoch auch auf, daß wir beide jedesmal dazu neigten, uns anderen Partnern zuzuwenden, wenn eine ungelöste Spannung oder ein Problem in unserer Beziehung überhandnahm.

Aufgrund unserer intensiven Beziehung entwickelte sich ein offenes Gespräch zwischen uns, in dem wir auch ehrlich Stellung zu den Konflikten nahmen. Wir sahen ein, daß keiner den anderen beherrschen konnte, und es gelang uns, neben der sexuellen Bindung noch in vielen anderen Bereichen ein offenes, vertrauliches Verhältnis aufzubauen. Wir leisteten beide Traumarbeit und tauschten bisweilen unsere Ergebnisse aus. Als echte Freunde teilten wir auch unsere Probleme miteinander. Stets bemühten wir uns beide, die aufgeworfenen Themen und Probleme einerseits auf unsere individuellen inneren Entwicklungsprozesse zurückzuführen und uns andererseits auch mit Liebe klar mitzuteilen, welche Konflikte wir im äußeren Leben miteinander auszutragen hatten. So stritten und liebten wir uns, und unsere Beziehung gewann an Boden. Mein von Feindseligkeit geprägtes Verhältnis zu dem getrennt lebenden Ehemann ist eine eigene Geschichte. Ob ich es wollte oder nicht, meine Freundin trat zusammen mit ihrem Expartner in mein Leben. Ich machte es mir nicht leicht zu lernen, anpassungsfähiger, nachgiebiger und zuversichtlicher zu werden. Zu guter Letzt versöhnten auch wir beiden Männer uns. Jeder konnte über den anderen eine Menge Geschichten erzählen, die er lange mit sich herumtragen mußte. Ich hatte meine Anima »geheiratet«, der Schatten war aber auch ein Bestandteil unserer Partnerschaft.

Alles, was eine Partnerbeziehung in uns auslöst, will angeschaut und verarbeitet werden. Nur so sind Wachstum und Beständigkeit in der Verbindung möglich. Traumarbeit ist ein sehr effektives Hilfsmittel in diesem Prozeß.

In welchen Fällen ist die Beobachtung des Traum-Ichs geeignet?

○ Die Methode der Beobachtung des Traum-Ichs ist anzuraten, wenn Sie das Bedürfnis haben, besser zu verstehen, wer Sie sind und wie Sie auf eine bestimmte Traumsituation oder eine besondere Problemstellung reagieren, die im Traum zum Vorschein kommt.

○ Falls Sie nur wenig Zeit für Traumarbeit zur Verfügung haben, erhalten Sie am schnellsten einen Überblick über Ihren Traum, wenn Sie einfach nur verfolgen, was Ihr Traum-Ich tut und was es unterläßt. Behalten Sie die Ergebnisse im Gedächtnis, und denken Sie im Lauf des Tages über sie nach, um vielleicht auf neue Prinzipien und Anschauungen zu stoßen, die Ihnen einen größeren Spielraum an Wahlmöglichkeiten bieten könnten.

○ Verwenden Sie diese Traumarbeitsmethode, um ein Gespür zu bekommen, welchen Persönlichkeitstyp Sie verkörpern. Je öfter Sie das Verhalten Ihres Traum-Ichs beobachten, um so stärker entwickeln Sie Individualität.

○ Wenden Sie diese Traumarbeitsmethode an, um sich von überkommenen und beengenden Einstellungen und Überzeugungen über sich und das Leben zu befreien. Damit fördern Sie Ihre Selbstverwirklichung und Lebensqualität.

○ Es ist ratsam, jeden vierten Traum mit dieser Methode zu bearbeiten, um sich einen ständigen Überblick über die eigene Entwicklung in der Traumwelt und der äußeren Welt zu verschaffen.

○ Diese Methode kann auch vorteilhaft sein, wenn Sie Ihre Eigenständigkeit und Bestimmung leben wollen und aus diesem Grund die Mitgliedschaft in einer Gruppe aufkündigen, eine Partnerschaft beenden oder Ihre bisherige Lebensweise umstellen. Träume verdeutlichen uns immer wieder, welche Art von Beziehung wir mit einzelnen und Gruppen unterhalten und welche Glaubensmuster wir vertreten.

○ Diese Methode eignet sich ausgezeichnet, um im Traumgeschehen stärker die Initiative zu ergreifen. Mit Hilfe der Beobachtung des Traum-Ichs und des Neuschreibens des Traums können Sie sich dazu bringen, im Traumablauf beherzt und positiv zu handeln, ohne dem Bedürfnis nachgeben zu müssen, sich aus dem Schlaf zu reißen und in die Traumbilder einzugreifen. Auf diese Weise sind Sie schöpferisch am Geschehen beteiligt und heben somit den Kontrollzwang des egozentrischen Ichs auf.

○ Neben der Traumobjektivierung schafft diese Technik die Grundlage für tiefere Ebenen der Traumarbeit anhand der Methoden Zwiegespräch mit den Traumgestalten, Wiedererleben des Traums oder Darstellen des Traums.

Positive Folgen aus der Beobachtung des Traum-Ichs

○ Diese Methode ist vorteilhaft, wenn Sie sich über Ihre inneren Motive Klarheit verschaffen wollen und willens sind, nicht die äußeren Faktoren für das eigene Verhalten und für alles, was Ihnen zustößt, verantwortlich zu machen. Wenn Sie Ihre persönlichen Anschauungen und Tatmotive kennen, besteht kein Grund mehr, fortgesetzt andere vorzuschieben und sie ändern zu wollen. Es geht darum, vor der eigenen Haustüre zu kehren.

○ Des weiteren verhilft Ihnen diese Technik zu einer klareren Vorstellung von sich selbst und dem Leben. Mit dieser Bewußtseinserweiterung gehen auch eine deutlich erhöhte Tatkraft und Kreativität einher.

○ Die regelmäßige Anwendung dieser Methode hilft Ihnen auch bei der Formulierung persönlicher Ziele und Weltanschauungen. Wer seine Einstellungen ändert und durch neue Prinzipien ersetzt, auf deren Grundlage er handelt, löst einen entscheidenden Bewußtseinswandel in sich aus, der letzten Endes ein sinnvolles, reiches Leben zur Folge hat.

○ Wenn Sie sich aus einem inneren persönlichen Antrieb entschlossen haben, Ihre Ansichten und die Art der Wahrnehmung zu ändern, hilft diese Methode – obwohl sie größtenteils den Verstand fordert – bei der Aufdeckung und Lösung tiefsitzender

Verhaltens- und Denkmuster. Einstellungen verändern Verhaltensmuster und umgekehrt.

○ Auf einige Zeitgenossen wirkt diese Methode manchmal etwas abschreckend, weil sie eine Menge Denkarbeit beinhaltet. Wenn Sie für eine tiefgreifende Umwandlung auch Ihren Verstand einsetzen, führen Sie eine zusätzliche Dimension der Bewußtseinswerdung ein, die durch Emotionen allein nicht zustande kommen kann. In diesem Buch werden auch wichtige Traumarbeitstechniken beschrieben, die mehr die Gefühlswelt berühren. Wir bitten Sie aber, ebenfalls die Denkarbeit zu verrichten. Sie bildet die notwendige Grundlage, um seinen Gefühlen Ausdruck zu verleihen. Folgen Sie einfach den Übungsschritten, und finden Sie dabei Ihr eigenes Tempo. Sollten Sie einmal doch nicht weiterkommen, suchen Sie sich den geeigneten Ratgeber.

Zum Gebrauch der Anleitungstabellen

Die Anleitungstabellen bieten spezielle Hilfe bei der Anwendung der Traumarbeitsmethoden. Sie haben nicht den Anspruch, endgültig und vollständig zu sein, da nicht alle Aspekte zu den entsprechenden Themen einzeln aufgeführt sind. Sie erweisen sich jedoch als ein wertvolles Hilfsmittel zur Hinterfragung des Traumberichts hinsichtlich des inneliegenden Konfliktstoffs.

○ **Anleitungstabelle zu typischen Einstellungen des Traum-Ichs:** Sie hilft Ihnen bei der Erforschung der Einstellungen, die als mögliche Motive des Traum-Ichs in Frage kommen. In der Anleitungstabelle finden Sie typische Ansichten des Traum-Ichs, die unser Forschungsteam anhand der Bearbeitung von Hunderten von Träumen entdeckt hat.

Die Anleitungstabelle vermittelt Ihnen einen Eindruck davon, was innere Einstellungen eigentlich sind und in welcher Weise sie als Teil unserer Entscheidungsprozesse das Verhalten festlegen. Hunderte, wenn nicht Tausende von Grundeinstellungen beeinflussen das Traumgeschehen. In der Anleitungstabelle sind nur die wichtigsten Anschauungen aufgeführt. In vielen Fällen sind

Sie womöglich darauf angewiesen, spezielle Einstellungen, die auf ein besonderes Ereignis zugeschnitten sind, anhand eigener Schlußfolgerungen selbst zu benennen.

Meistens kommt eine Reihe von verschiedenen Einstellungen als mögliche Motive bei ein und derselben Handlung in Frage. Hier sollten Sie die besondere Verhaltensweise des Traum-Ichs in Zusammenhang mit dem Kontext des Traums sehen, um die zentrale innere Einstellung auswählen zu können. Handeln die anderen Traumgestalten in ähnlicher Weise? Liegt womöglich eine bestimmte einzelne Einstellung einer Vielzahl gleichartiger Tätigkeiten zugrunde? Vielleicht überprüfen Sie, ob in mehreren Traumszenen oder in aufeinanderfolgenden Träumen im Lauf einer Nacht nach einem ähnlichen Handlungsmuster verfahren wird.

Bei Ihren Schlußfolgerungen sollten Sie auch in Betracht ziehen, mit welcher bewußten Haltung das Traum-Ich begründet, weshalb es sich so und nicht anders verhält. Sie kann mit der Einstellung und den Tatmotiven des Traums übereinstimmen oder ihnen auch widersprechen. Es hat sich nämlich vielfach erwiesen, daß die vermeintlichen Beweggründe des wachen Ichs oder des Traum-Ichs nicht ausschlaggebend waren. Um den wahren Sachverhalt klären zu können, untersuchen Sie, welche Haltungen der Handlung tatsächlich am meisten entsprechen.

Prüfen Sie auch, welche inneren Überzeugungen im Hinblick auf die äußere Wirklichkeit oder das Traumgeschehen angemessen wären. Sind die Einstellungen und deren Auswirkungen im Einklang mit der Rahmenhandlung und den Problemstellungen des Traums? Ist das nicht der Fall, muß das Traum-Ich sinnvollerweise seine innere Haltung ändern, um sich besser bewähren zu können.

○ **Anleitungstabelle über Gefühle:** Gefühle sind unmittelbare Reaktionen. Emotionen setzen sich über Gefühle hinweg, sind nicht an den Augenblick gebunden und überdauern eine längere Zeit. Oft scheinen Gefühle und Emotionen im Traum nicht genügend zum Ausdruck zu kommen. Hier gilt es, intuitiv zu erfassen, welche Empfindungen den Ereignissen im Traum – oder auch den äußeren Lebensumständen – gerecht werden. Auch im Alltag wissen wir häufig nichts über unsere Emotionen und Gefühle. Gewöhnlich unterlassen wir es, sie zur rechten Zeit am rechten Ort zum Ausdruck zu bringen. Wenn diese Lebensfunktion ausfällt, sind wir jedoch außerstande, ein Geschehen bewußt mitzuverfolgen und aktiv einzugreifen. Gefühle und Emotionen werden vorwiegend mit Hilfe des teilnehmenden Ichs, nicht des Beobachter-Ichs, ausgedrückt. Das letztere erklärt sich eher für Wahrnehmung, intuitive Erkenntnisse und Denkprozesse zuständig, dagegen läßt es Gefühle, sinnliche Eindrücke und aktives Handeln eher außer acht.

Der Unterschied zwischen Gefühl und Emotion läßt sich im wesentlichen folgendermaßen darstellen. Gefühle sind spontane Reaktionen, das heißt Reaktionen auf Energien. Hingegen sind Emotionen alles überlagernde energetische Zustände, die sich über einen langen Zeitraum aufrechterhalten können und deswegen kurzlebige Gefühlsreaktionen auszulöschen vermögen. Vieles spricht dafür, daß Emotionen aufgrund unterdrückter Gefühle entstehen. Emotionen werden durch tiefe Erlebnisse stimuliert und kehren energetische Spannungsfelder stärker nach außen, als es – von der Ebene des Gefühls betrachtet – in der gegebenen Situation angemessen wäre. Wer leidenschaftlich liebt, drückt weit mehr aus als eine momentane Zuneigung. Der Liebende bezeugt sämtliche liebevollen, fürsorglichen Gefühle aus vergangenen Augenblicken, die bislang nicht ausgedrückt worden sind.

Zwischen Gefühlen und inneren Haltungen herrscht eine Wechselbeziehung. Man weiß nicht genau, ob Gefühle der Anlaß für bestimmte Einstellungen sind, zum Beispiel nach einem Schockerlebnis oder Trauma die Haltung einzunehmen, das Leben wolle einen vernichten. Starre Einstellungen können wir auflösen, in dem wir die Emotionen herausfiltern, die zusammen mit dem traumatischen Erlebnis gespeichert wurden. Träume bringen das Schockerlebnis normalerweise auf unterschiedliche Arten zum Vorschein, damit es wiedererlebt und verarbeitet werden kann. Doch außer der emotionalen Klärung müssen wir auch die inneren Einstellungen bewußt erkennen, verändern und wirklichkeitsnahen Lebensgrundsätzen unterordnen, die wiederum die Grundlage zukünftiger, neuer Wahlmöglichkeiten sind.

○ **Anleitungstabelle über Emotionen:** Einiges über Emotionen wurde bereits unter dem Stichwort Gefühle ausgeführt. Häufig kommt es vor, daß emotionale Zustände sich Bahn brechen und dabei sowohl Gefühle als auch unsere Entscheidungsfähigkeit ausschalten. Wer unter dem Diktat seiner Emotionen steht, muß ihnen unweigerlich nachgeben.

Mit Hilfe dieser Anleitungstabelle hinterfragen wir, welche offenen oder unterdrückten Emotionen in Träumen auftauchen. Das Traum-Ich drückt gelegentlich nur eine einzige Emotion innerhalb eines Traums offen aus, zum Beispiel die Angst vor Verfolgung. Bei näherer Untersuchung wird offenkundig, daß das Traum-Ich gewisse Ängste nicht zeigt, doch aufgrund des übermächtigen Zugriffs der Emotion, unter deren Einfluß es steht, reagiert es mit panischer Angst. Hinter einer übermächtigen Emotion verbirgt sich oft eine übertriebene, unbegründbare innere Haltung, die keinesfalls der Wirklichkeit entspricht. Ein Verfolgungswahn entspringt der realitätsfernen Einstellung, daß alle anderen es nur auf Sie abgesehen hätten. Doch trifft es wirklich zu, daß die Mitmenschen Sie derart wichtig nehmen? Die extreme Angst wird in diesem Fall durch Ihre Vorstellung verursacht. Sie muß in eine realistischere Einstellung umgewandelt werden.

Man tut gut daran, seiner Angst unmittelbar in der Situation Ausdruck zu verleihen. Die spontan empfundene Angst kommt dann einer Gefühlsreaktion gleich. Wenn aber die Angst einer inneren Haltung entspringt, handelt es sich um eine überwältigende, zwanghafte Emotion, die in die Zukunft hineinreicht und wenig mit der augenblicklichen Situation zu tun hat, selbst wenn diese zum betreffenden Zeitpunkt furchteinflößend ist.

Mit dieser Anleitungstabelle hinterfragen wir also, welche Emotionen im Traum vorhanden oder angedeutet sind. Dadurch läßt sich einfacher feststellen, durch welche Einstellungen und Motive die Traumhandlung bestimmt wird. Mit unseren äußeren Lebensumständen können wir genauso verfahren, wenn wir sie als Wachtraum verstehen.

○ **Anleitungstabelle über Grundregeln:** Die Beobachtung des Traum-Ichs führt zu positiven Resultaten, wenn wir die inneren Einstellungen an der Wurzel packen und abklopfen, inwieweit sie der Wirklichkeit standhalten, und sie durch realistische und allgemeine Grundregeln ersetzen, die sich bei Entscheidungssituationen im Leben wie auch im Traum anwenden lassen. Grundregeln sind bewußt verwirklichte Einstellungen.

Es ist stets von Vorteil, sich darüber klar zu sein, vor welchem inneren Hintergrund Entscheidungen getroffen werden. Lassen wir uns von Glaubensmustern leiten, bleiben uns die Motive unserer Handlungen über weite Strecken verborgen. Grundregeln können hingegen nur bewußt angenommen werden. Richten wir unsere Lebensweise nach ihnen aus, steigert sich unser Lebenserfolg, denn wir haben uns nun für praktische und wirkungsvolle Lebensregeln entschieden, statt weiterhin unbewußt nach dem Diktat von Glaubensmustern zu leben, die uns bereits im Kindesalter von seiten der Eltern und der Gesellschaft eingetrichtert worden sind. Die vorliegende Sammlung von Grundregeln stellt eine der wichtigsten Tabellen dar. Sie ist eine große Hilfe bei der Bewältigung von Traum- und Lebenssituationen.

Die aufgelisteten Lebensregeln – und das ist das Faszinierende – entstammen »großen« Träumen. Was die Traumquelle vorwiegend anhand der inneren Bilder lehrt, wurde hier in Worte gefaßt. Wir haben eine spezielle Technik entwickelt, mit deren Hilfe bestimmte Träume unmittelbar in eine sinnvolle Lehrgeschichte übersetzt und die inneliegenden Grundregeln herausgearbeitet werden können. Die Beschreibung der Technik der metaphorischen Bearbeitung in Kapitel 13 erläutert dies näher.

Mit Hilfe dieser Liste beginnen wir, die unbewußten und realitätsfernen Einstellungen des Traum-Ichs allmählich durch bewußte Grundregeln zu ersetzen. Im nächsten Schritt übertragen wir die neugewonnenen Lebensregeln der Situation angemessen auf das Traum-Ich und motivieren es dadurch, sich auf den Traum und die vorhandenen Problemstellungen neu einzulassen.

Anleitungstabelle: Typische Einstellungen des Traum-Ichs

Mit Hilfe der vorliegenden Anleitungstabelle fällt es Ihnen leichter, innere Einstellungen aufzudecken.

Bearbeitung von Träumen: Überprüfen Sie nach gründlicher Überlegung der Verhaltensweise des Traum-Ichs anhand dieser Liste, welche Einstellungen für sein Handeln ausschlaggebend gewesen waren. In der Liste sind nicht sämtliche in Frage kommenden Glaubensmuster angegeben. Es mag auch sein, daß eine der Formulierungen für Ihren Fall etwas abgewandelt werden muß. Ebenso ist es möglich, daß mehrere innere Überzeugungen zutreffen. Entscheiden Sie sich dann für die Formulierung, die Ihrer Einstellung am nächsten kommt. Berücksichtigen Sie auch Ihre Anschauungen und Handlungsmotive im äußeren Leben, die dem Trauminhalt gleichkommen. Dadurch verbinden Sie die innere mit der äußeren Wirklichkeit, obwohl es hin und wieder den Anschein hat, als ob die Traumquelle uns anders handeln läßt und uns andere Einstellungen zuschreibt als in der äußeren Welt.

Bearbeitung von Einstellungen: Studieren Sie die Liste, und legen Sie fest, welche Anschauungen in Ihrem Fall ausschlaggebend sind. Treffen Sie eine Auswahl, auch wenn Ihnen vermutlich bis zu einem gewissen Ausmaß alle angegebenen Haltungen entsprechen. Betrachten Sie jeden Satz als Selbstaussage, die zugleich aber auch eine allgemeine unpersönliche Feststellung ist, wie es im Leben zugeht. Sobald Sie sich für eine Formulierung entschieden haben, mit der Sie problemlos arbeiten können, untersuchen Sie, ob sie realistisch oder unhaltbar ist. Verwenden Sie Beispiele. Im Anschluß daran wandeln Sie die Formulierung ab, damit sie an Wirklichkeitsnähe gewinnt. Finden Sie eine Lebensregel, durch die sie sich gut ersetzen läßt. Sie können sich die Anleitungstabelle zum Thema Grundregeln zu Hilfe nehmen oder auf sonstige Prinzipien aus diesem Buch oder aus anderen Quellen zurückgreifen. Vielleicht halten Sie sich einfach empfangsbereit und nehmen wahr, welche Zeichen ganz von selbst auf Sie zukommen.

○ Ich muß unbedingt das Gefühl haben, verstanden und geliebt zu werden, um mich einem anderen Menschen hingeben zu können.

○ So, wie ich bin, bin ich nicht in Ordnung. Ich muß immer noch besser sein, als ich bereits bin.

○ Ich bin nicht stark genug, um mancher negativer Einflüsse Herr zu werden.

○ Ich kann alles allein erledigen.

○ Mir ist nicht mehr zu helfen, ich bin am Ende.
○ Ich kann immer den Umständen die Schuld zuschieben.
○ Das Leben sorgt immer für mich – unabhängig davon, was ich tue.
○ Ich muß mich nicht entfalten, es sei denn, ich habe mich dafür entschieden.
○ Ich bin nicht auf die Hilfe anderer angewiesen.
○ Ich muß aufgebracht oder wütend reagieren, sonst merkt keiner, daß es mich gibt.
○ Ich muß Gutes tun, damit mich die anderen mögen.
○ Ich muß mich mit dem zufriedengeben, was ich kriege, sonst gehe ich ganz leer aus.
○ Ich weiß, was für mich am besten ist.
○ Ich bin auf andere angewiesen, um mich selbst finden zu können.
○ Ich muß nur nett und freundlich sein, dann bekomme ich immer, was ich will.
○ Wenn ich mich selbst behaupte, werde ich abgelehnt oder bestraft.
○ Wenn ich das aufgebe, was ich jetzt habe, wird nur Schlimmeres folgen.
○ Ich muß nur den Kopf einziehen, und die Probleme verschwinden.
○ Damit meine Wünsche und Bedürfnisse erfüllt werden, muß ich andere ausstechen.
○ Es ist besser, Gefahren auszuweichen, als sich ihnen zu stellen.
○ Es ist besser zu schweigen, als sich Vorwürfen oder unangenehmen Situationen auszusetzen.
○ Statt Wagnisse einzugehen, gehe ich lieber auf Nummer Sicher.
○ Was mich glücklich und zufrieden macht, muß gut für mich sein.
○ Das Leben will mich vernichten, wenn ich nicht alles unter Kontrolle halte.
○ Keiner kann es besser machen als ich.
○ Mir kann niemand helfen.
○ Kein Mensch bringt es fertig, mich zu irgend etwas zu überreden, was ich nicht tun will.
○ Niemand erkennt und schätzt meinen wahren Wert.
○ Niemand kann mich verstehen oder so annehmen, wie ich wirklich bin.
○ Ich werde immer von Menschen enttäuscht, auf die ich mich verlasse.
○ Wenn ich auf andere Menschen zugehe, werde ich von ihnen enttäuscht.
○ Ich muß aufpassen, sonst werde ich von Menschen, die Macht über mich haben, vernichtet.

○ Irgendein anderer sahnt immer das Beste vom Leben ab.
○ Wenn ich mich fürchte, bleibt mir nichts anderes übrig, als vor Angst davonzulaufen.
○ Man muß die Leute hinters Licht führen, um zu überleben und seine Wünsche erfüllt zu bekommen.
○ Alles hört hier auf mein Kommando.
○ Ich werde mit meinem Leben nicht fertig.
○ Nur ich allein kann mein Leben bewältigen.
○ Menschen und Ereignisse haben es auf mich abgesehen.
○ Man muß alles im Leben selbst in die Hand nehmen, sonst geht es schief.
○ Ich muß selbst für mein Auskommen sorgen.
○ Wenn ich mich selbst bestrafe, wird es niemand anders tun.
○ Das Leben ist ein unlösbares Rätsel. (Ich kann mich auf nichts und niemanden verlassen.)
○ Nichts klappt so, wie es sollte. (Wenn ich irgend etwas falsch mache, werde ich bestraft.)
○ Niemand weiß wirklich, wer ich bin. (Die Menschen sind nicht fähig, den anderen zu erkennen.)

Anleitungstabelle: Gefühle

Diese Anleitungstabelle dient dazu, Gefühle, die in einer Traum-
oder Alltagssituation vorhanden sind, leichter aufzuspüren und
dann auch auszudrücken.

○ **Abneigung** – sich angewidert fühlen, der Wunsch, sich abwen-
den zu wollen.
○ **Ärger** – der frustrierte Ausdruck von Verletztsein und Aggression.
○ **Akzeptanz** – das Gefühl, ein anderer sieht und behandelt mich so,
wie ich bin.
○ **Angst** – die uns schaudern lassende Wahrnehmung, möglicherweise etwas zu verlieren.
○ **Berührtsein** – sich mit dem ganzen Universum verbunden
fühlen.
○ **Ehrfurcht** – die Einsicht über die eigene Kleinheit angesichts
eines Ereignisses, das gewaltiger und mächtiger als man selbst ist.
○ **Enthusiasmus** – die Erfahrung eines Energiezuwachses hinsichtlich einer Sache oder einer Person.
○ **Entsetzen** – die Empfindung von Chaos und Vernichtung sowie
eines Verlusts an Lebenssinn.
○ **Freude** – ein beschwingtes Hochgefühl, das durch die Erfahrung
von Ganzheit und Erfüllung ausgelöst wird.
○ **Frustration** – ein Gefühl der Zerrissenheit und Spannung auf-
grund von drohendem Verlust oder möglicher Erfüllung.
○ **Fürsorglichkeit** – das Gefühl, anderen gegenüber offen und groß-
zügig zu sein.
○ **Glück** – das Gefühl, mit allem verbunden zu sein, überschäu-
mende Lebensfreude.
○ **Inspiration** – ein Energiezuwachs und das Gefühl, für einen
lohnenswerten Zweck zu leben.
○ **Kälte** – die Empfindung von Energiemangel, woraufhin man sich
beschränkt oder zusammenzieht.
○ **Kreativität** – das Gefühl, sich für ein Ziel einzusetzen und voller
Lebensenergie zu sein.
○ **Langeweile** – die Erfahrung, kaum Verbindung mit anderen
Menschen oder Dingen zu haben.
○ **Leere** – die Empfindung, kein lohnenswertes Ziel zu haben.
○ **Liebe** – das Bedürfnis, Lebenskraft weiterzugeben und zu emp-
fangen.
○ **Panik** – das Gefühl, unmittelbar einer lebensbedrohlichen Gefahr
ausgesetzt zu sein.

○ **Schrecken** – die Einsicht, daß zerstörerische Kräfte auf einen selbst und andere einwirken.

○ **Schüchternheit** – seine eigene Anwesenheit übertrieben stark zu spüren, sobald man sich in Gegenwart anderer Menschen befindet.

○ **Traurigkeit** – das Erlebnis einer natürlichen Auflösung der Bindung an Gegenstände, Menschen oder Ziele.

○ **Unsicherheit** – das Gefühl von Unausgewogenheit und Fremdheit.

○ **Vergnügen** – die Erfahrung, daß die Lebenskraft ungehindert fließt.

○ **Verletzung** – die Empfindung eines unmittelbaren Schmerzes, weil die persönliche Würde angetastet wurde.

○ **Verlorenheit** – das Gefühl, mit nichts und niemandem in engerem Kontakt zu stehen.

○ **Verzweiflung** – sich weder mit Menschen, Werten noch Gegenständen verbunden zu fühlen.

○ **Vitalität** – das Erlebnis eines guten, leistungsfähigen Zusammenspiels und Einklangs aller Lebensvorgänge.

○ **Wärme** – das Erlebnis wohltuender Energie, die öffnend wirkt.

○ **Wohlbehagen** – beschwingtes Gefühl, das mit einer neuen Sichtweise des Lebens einhergeht.

○ **Zuneigung** – das Gefühl des Hingezogenseins und der Wunsch, den anderen zu umarmen.

Anleitungstabelle: Emotionen

Normalerweise tritt in jeder Traumszene vorwiegend eine Emotion auf, die allerdings nicht voll ausgedrückt wird. Finden Sie zuerst heraus, um welche Emotion es sich handelt. Als nächstes untersuchen Sie, in welche einzelnen Gefühle samt entsprechenden Verhaltensweisen sich die vorliegende Emotion unterteilen läßt. [Der vorherrschende Archetyp der jeweiligen Emotion ist in Klammern angegeben. Siehe dazu die Tabelle der archetypischen Antriebskräfte und der Ich-Dynamiken auf Seite 252.]

○ **Abgehobensein** – die Empfindung, weder eine Bestimmung noch ein Ziel zu haben und aus dem normalen Bezugsrahmen der eigenen Identität herausgefallen zu sein [das Weibliche, (33) Einsaugung, das Ich, (58) Rückgang].

○ **Agonie** – das Fühlen eines unendlichen Leidens, das nie aufhören wird [das Weibliche].

○ **Anklage** – allgemeine Unzufriedenheit über das Verhältnis zur Außenwelt [das Ich, das Weibliche].

○ **Aufdringlichkeit** – das Bedürfnis, andere beherrschen und aushöhlen zu wollen [das Männliche , (9) Aggression].

○ **Ausgelassene Heiterkeit** – das Erlebnis eines wohltuenden, positiven Energieflusses, da der Betreffende sich mit der Quelle in Einklang befindet [das Heldenhafte, (50) Ichbezogenheit].

○ **Beleidigtsein** – eine vorwiegend reaktive tadelsüchtige Gemütsverfassung, aus der erkennbar wird, daß der Betreffende aus den gegebenen Umständen ausbrechen will [bei Frauen: das Männliche – der Animus; bei Männern: das Weibliche – die Anima].

○ **Besorgnis** – die Empfindung äußerster Gespanntheit oder starken Gehemmtseins aufgrund der Vorstellung eines möglichen Verlustes [das Ich].

○ **Depression** – die Empfindung, fast keinen Lebenswillen mehr zu haben, Gefühl der Sinnlosigkeit [der Widersacher, (33) Absorbieren].

○ **Haß** – das Bewußtsein ist von einem Rachebedürfnis überschattet, das mit dem übermächtigen Wunsch einhergeht, den Gegner zu vernichten, statt ihm aus dem Weg zu gehen [der Widersacher, das Ich, (50) Ichbezogenheit].

○ **Kummer** – nagendes Verlustgefühl aufgrund einer abgebrochenen Beziehung [der Widersacher, das Ich, (54) Leiden].

○ **Leiden** – das Erlebnis, daß lebenswichtige Verbindungen abbrechen [das Ich, (54) Leiden].

○ **Liebe** – das ungeheuer starke Bedürfnis, Lebenskraft zu empfangen und weiterzugeben [das Weibliche, (17) Hervorbringen, Nähren].

○ **Mordlust** – ein zwanghaftes Bedürfnis, das, was einem zuwider ist, auszulöschen [der Widersacher, (29) Zerstören].

○ **Mutlosigkeit** – fortwährende Verzweiflung, da ein selbstgewähltes Lebensziel fehlt [das Ich, die Reise].

○ **Rache** – das Bedürfnis, etwas oder andere schädigen oder zerstören zu wollen, um sich vom eigenen Leiden zu erlösen [der Widersacher, das Ich, (54) Leiden].

○ **Sexualität** – der lebendige Drang, sich in intimster Weise körperlich zu vereinigen [die Quelle, (2) Integration, Tod und Wiedergeburt, (46) Befreien].

○ **Sinnlichkeit** – die Erfahrung körperlichen Wohlgefühls und vibrierender Energie [das Weibliche].

○ **Tadelsucht** – gereizte Stimmung, in der alles – bis auf die eigene Person – abgewertet wird [das Ich, das Männliche].

○ **Verbitterung** – das Leiden an den Folgen eines Verlusts, das mit unterdrückter Wut einhergeht [das Weibliche, der Widersacher].

○ **Vergnügen** – das Erlebnis, daß die eigene Lebenskraft ungehindert fließt und freien Ausdruck findet [das Weibliche, (21) Geben].

○ **Wahn** – eine allgemeine Überempfindlichkeit, die teilweise aufgrund von Übertragungen innerer Ängste und feindlicher Energien zustande gekommen ist; kann sich möglicherweise zerstörerisch auf die Umgebung auswirken [der Widersacher, (31) Verletzen].

○ **Widerstand** – das Bedürfnis, sich aufgrund von unterdrückten Ängsten zu versteifen, zusammenzuziehen und zu widersetzen [der Widersacher, (30) Widerstreiten, das Ich, (58) Rückgang].

○ **Wut** – tiefstes Gekränktsein und große Aggressivität, die im Verhältnis zur aktuellen Ausgangslage stark übertrieben zum Ausdruck gebracht werden [der Widersacher].

Anleitungstabelle: Grundregeln
[Übungen für das Traum-Ich und das wache Ich:]

Wandeln Sie wirklichkeitsfremde Einstellungen in die nachfolgenden oder auch in anderslautende Grundregeln um.

○ Hunde, die bellen, beißen nicht.
○ Wenn man etwas erzwingen will, klappt nichts wie vorgesehen.
○ Wer etwas nicht bekommen kann, braucht es nicht.
○ Das Leben aktiv anzugehen ist vorteilhafter, als sich passiv zu verhalten.
○ Es ist segensreicher, dem Leben zu dienen, als es bezwingen zu wollen.
○ In den meisten Fällen ist es besser, sich den Dingen zu stellen, als zu fliehen.
○ Es geht nicht darum, recht zu haben, sondern es ehrlich zu meinen.
○ Niemand wird je imstande sein, uns so viel Liebe und Fürsorge zu geben, wie wir zu brauchen meinen.
○ Wenn wir aufgeschlossen an die Dinge herangehen, erkennen wir, wie mit ihnen umzugehen ist.
○ Wenn wir den größeren Zusammenhang erfassen, bekommen wir einen Blick für die Details.
○ Die Dinge des Alltags bewältigt man am besten, wenn man ganz im Hier und Jetzt lebt und sich empfänglich zeigt.
○ Liebe zu geben ist die beste Art, Liebe zu empfangen.
○ Je mehr man sich öffnet, desto mehr kann man geben.
○ Man hat am meisten Erfolg, wenn man die Dinge so nimmt, wie sie sind, und nicht, wie man sie gerne hätte.
○ Wer etwas bekommen will, sollte die Gier danach loslassen.
○ Die Welt ist weder gerecht noch ungerecht, sie ist nur der Ort, wo wir leben und uns verwirklichen.
○ Zu jedem Problem läßt sich auch stets eine schöpferische Lösung finden.
○ Es gibt weder richtig noch falsch, sondern nur die Wirklichkeit und was sich in ihr abspielt.
○ Um das Leben meistern zu können, darf man vor Widersachern nicht die Flucht ergreifen, sondern muß es mit ihnen aufnehmen.
○ Um auf Erden Erfüllung zu finden, muß man wirklich hier sein wollen.
○ Zu leben heißt, sich ständig mit allem zu befassen, was in und um uns vorgeht.

○ In jeder Lebenslage gibt es die Möglichkeit, eine Wahl zu treffen.

○ Im Lauf der Zeit lernt man, das, was man hat, auch anzunehmen, und strebt nicht mehr nach Dingen, die man nur ersehnt.

○ Nur wer langsam geht, kommt wirklich ans Ziel.

○ Was am meisten not tut, tritt nur dann ein, wenn man sich bewußt dafür entscheidet.

○ Wir werden zu dem, wofür wir entschieden eintreten.

○ Man muß genau das zu verstehen lernen, was einem nicht einleuchtet.

○ Was wir vermeintlich brauchen, entspricht meistens nicht dem, was uns im Grunde fehlt.

○ Man muß genau das meistern, womit man nicht zurechtkommt.

○ Was man zu wissen glaubt, ist vielfach nur der Anfang dessen, was man nicht weiß.

○ Alles, was geschieht, ist wirklich, und nur der Wirklichkeit muß man sich stellen.

○ Wer imstande ist, seine Wünsche auszudrücken, ist nicht mehr zwingend darauf angewiesen, sie auch erfüllt zu bekommen.

Übersicht zur Beobachtung des Traum-Ichs

Objektivierung

○ Als erstes objektivieren Sie Ihren Traum anhand eines grundsätzlichen Fragenkatalogs: Welche Gemeinsamkeiten und Gegensätze treten auf? Welche Handlungssequenzen werden, wenn überhaupt, sichtbar? Welche Hauptsymbole, Problemstellungen und Themen sind vorhanden? Welche möglichen Lösungen bieten sich an?

○ Beschreiben Sie chronologisch, was das Traum-Ich *tut* und was es unterläßt. Erstellen Sie für beide Aspekte je eine Liste.

○ Beschreiben Sie, was das Traum-Ich *fühlt* und was es nicht fühlt. Wenn es aktiv beschäftigt ist, befindet es sich auf der Ebene des Handelns; wenn es fühlt, auf der Ebene des Seins.

○ Verallgemeinern Sie schriftlich einige charakteristische Verhaltensweisen Ihres Traum-Ichs. Der Satz »Mein Traum-Ich flieht vor einem Tiger« würde neu formuliert etwas so lauten: »Das Traum-Ich weicht der Konfrontation mit dem Feind aus.«

○ Erstellen Sie eine Liste möglicher Einstellungen, die dem Verhalten und Fühlen des Traum-Ichs zugrunde liegen könnten. Nehmen Sie dazu nach Belieben auch die Anleitungstabellen zu Hilfe. Sie werden allerdings nicht umhinkommen, die charakteristischen Anschauungen und Gefühle des betreffenden Traums mit eigenen Worten auszudrücken und noch weitere zu entdecken, die nicht in der jeweiligen Liste aufgeführt sind.

Bearbeitung der inneren Einstellungen

○ Bestimmen Sie, welche Einstellungen Sie positiv, wertvoll und lebensbejahend finden und welche negativ auf Sie wirken. Das Traumziel oder anderweitige Lebensziele oder Werte können als Bewertungsgrundlage dienen.

Ein Beispiel: Ein Tiger ist im Begriff, das Traum-Ich zu fressen. Der Träumende wacht dabei zu Tode erschrocken auf. Die Flucht vor dem Raubtier führt also zu keiner Lösung, und auch die zugrundeliegende alte Einstellung »Allen Personen und Dingen, die mir Angst einjagen, laufe ich davon« bleibt wirkungslos.

Im nächsten Schritt ersetzen Sie die betreffende Haltung durch eine Grundregel, die angibt, wie Sie angstmachenden Einflüssen erfolgreich begegnen können. Die neue Einstellung und zugleich Lebensregel lautet nun: »Es ist besser, wenn ich mich dem Gegner stelle, anstatt vor ihm zu fliehen.« Bei der Neufassung des Traums befolgt das Traum-Ich das neuentdeckte Lebensprinzip, und Sie

beobachten, was sich ereignet. Bei Erfolg übertragen Sie die Lebensregel auch auf ähnliche äußere Lebensumstände.

○ Prüfen Sie, welche negativen Haltungen Sie bevorzugt einnehmen. Diese lassen sich mit Hilfe von Affirmationen verändern.
Affirmationen bilden Sie, indem Sie die ablehnende Einstellung in
eine lebensbejahende, wirklichkeitsnahe Aussage oder eine Grundregel umformulieren. Die Einstellung »Es ist besser, Gefahren auszuweichen, als sich ihnen zu stellen«, sollte zum Beispiel durch die
Affirmation »Es ist besser, sich der Gefahr zu stellen, als ihr auszuweichen« ersetzt werden.

○ Schreiben Sie die Affirmation mehrmals hintereinander auf eine
Hälfte eines Bogens Papiers; notieren Sie alles, was Ihnen dazu in
den Sinn kommt, auf der zweiten Hälfte des Blattes. Im Normalfall
finden Sie hier die »negative Masse« aller Widerstände, die angesichts der neugewonnenen Einstellung zutage treten. Sie werden mit
den noch ungewohnten lebensbejahenden Anschauungen vertraut
und praktizieren sie im Alltag. Nun haben Sie wirklich brauchbare
Lebensregeln und Werte zur Hand, die heilsam sind. Üben Sie mit
jeder Affirmation so lange, bis sie die Oberhand gewinnt und die
Widerstände verschwinden. Damit die Affirmation realistischer
wird, können Sie sie auch so formulieren, daß sowohl die neue
Einstellung als auch die negativen Gegenargumente in ihr zum
Ausdruck kommen.
Ein Beispiel: Aus der Haltung »Es ist besser, Gefahren auszuweichen, als sich ihnen zu stellen«, wird die Affirmation »Es gelingt mir
immer besser, die Bedrohungen in meinem Leben unmittelbar anzugehen.« Sollte die Stimme der »negativen Masse« dann unüber-
hörbar dagegenhalten: »Nein, das entspricht dir nicht«, schreiben
Sie die Affirmation wie folgt um: »Es gelingt mir immer besser, *einen
Teil* der Bedrohungen in meinem Leben unmittelbar anzugehen.«
Die geschilderte Affirmationstechnik wurde auch von Leonhard Orr,
dem Begründer der Rebirthing-Methode, entwickelt. Ich nahm seinerzeit an seinen Ausbildungskursen teil.

○ Machen Sie aus Ihren Vorsätzen *Traum-Leben-Aufgaben.* Sobald
Sie Ihre wesentlichen Einstellungen umformuliert oder durch
Grundregeln ersetzt haben, sollten Sie damit beginnen, sie in die Tat
umzusetzen. Anhand Ihres neuen Lebensverständnisses können Sie
sich vornehmen, im Traum anders zu reagieren, indem Sie entweder den Traum neu schreiben oder durch Wiedererleben fortsetzen.
Sie können sich auch zu einer Aufgabe im Alltagsleben verpflichten,
um die neue Haltung zum Ausdruck zu bringen. Auf diese Weise

wird das Verfahren auf eine breitere Grundlage gestellt, und die Prinzipien werden ganz konkret verwirklicht. Wenn Sie ernsthaft vorhaben, sich den Herausforderungen Ihres Lebens immer öfter zu stellen, müssen Sie es auch wirklich tun und sich mit den Folgen auseinandersetzen. Vermutlich stellen sich neue Träume ein, die illustrieren, wie Sie Ihre neugewonnene Anschauung umsetzen können, oder die Sie sogar vor noch schwierigere Probleme stellen. Je mehr wir uns entwickeln, desto stärker wird unser Wunsch zu wachsen. Je mehr wir im Leben bewältigen können, um so größer werden unsere Aufgaben.

Umwandlung der Verhaltensmuster

○ Schreiben Sie den Traum neu, und stellen Sie sich dabei lebhaft vor, wie Ihr Traum-Ich die gleichen Stationen des Traums durchläuft, doch nun konstruktiv auf die Traumgestalten eingeht. Lassen Sie Ihren Worten und Gefühlen freien Lauf. Schreiben Sie schnell, ohne lang nachzudenken, und bringen Sie alles unzensiert zu Papier, was sich vor Ihrem geistigen Auge entfaltet. Gleich im Anschluß an die Neufassung des Traums können Sie eine verkürzte Beobachtung des Traum-Ichs durchführen.

Praktische Umsetzung

○ Vergleichen Sie, welche Haltung Ihr Traum-Ich und Ihr waches Ich zu ähnlichen Sachverhalten einnehmen.
○ Fertigen Sie eine Liste der inneren Einstellungen an, die Sie bereit sind aufzugeben und umzuwandeln.
○ Wie bereits vorgeschlagen, nehmen Sie sich konkrete Aufgaben vor, um die lebensbejahenden Einstellungen auszudrücken. Wenn Sie während der folgenden Wochen Ihren Vorsatz ausführen, geben Sie acht, ob Ihre neue Haltung durch Träume oder synchronistische Ereignisse bestätigt wird.
○ Halten Sie schriftlich fest, wie sich Ihr Traum-Ich verändern soll, und nehmen Sie sich vor, im Traumzustand entsprechend zu handeln. Notieren Sie die Ergebnisse.

Zusammenfassende Auswertung

○ Was haben Sie mittlerweile aus Ihrer Traumarbeit über das Leben, Ihre Träume und über sich selbst gelernt? Welche Einstellungen und Lebensregeln bilden den Hintergrund der Auswertungsmethode Beobachtung des Traum-Ichs?

Übersicht zum Neuschreiben des Traums

O Formulieren Sie als erstes die aufgeworfenen Themen. Wenden Sie die Methoden der Traumobjektivierung und der Beobachtung des Traum-Ichs an. Im Anschluß daran sind Sie mit der Ausgangslage und dem Konfliktstoff des Traums vertraut. Sie wissen ebenfalls, wie Ihr Traum-Ich auf die betreffenden Probleme reagiert oder ob es sich zu entziehen versucht. Vielleicht haben Sie auch neue Ansätze erkannt, wie Ihr Traum-Ich auf das Traumgeschehen eingehen könnte.

O Nehmen Sie sich fest vor, eine bestimmte Traumsituation durch Wiedererleben des Traums fortzusetzen. Bei diesem zweiten Anlauf sind Sie entschlossen, durch neue innere und äußere Strategien einfallsreicher und kreativer vorzugehen. Sie konzentrieren sich ausschließlich auf die Verhaltensänderung des Traum-Ichs, die übrigen Traumumstände bleiben unbeeinflußt.

O Wenn sich Ihr Traum-Ich aufgrund Ihres Entschlusses anders verhält, müssen Sie damit rechnen, daß sich möglicherweise auch die ursprüngliche Bildwelt des Traums ändert. Legen Sie auf keinen Fall entsprechende Bildfolgen und Gefühlsreaktionen vorab fest, mit dem Ziel, derartige Veränderungen bewußt herbeizuführen. Seien Sie einfach dafür offen, daß beliebige Ereignisse eintreten können. Schreiben Sie auf, was geschieht. Mit diesem Verhalten arbeiten Sie mit dem Traum-Ich zusammen, indem Sie empfänglich sind, sich der Traumquelle überantworten und auf Kontrolle verzichten.

O Seien Sie auch darauf vorbereitet, daß sich Ihre Handlungsweise und Ihre Reaktionen im Verlauf des Traumgeschehens ebenfalls verändern. Alles ist möglich!

O Halten Sie alles, was sich ereignet, schriftlich fest. Schreiben Sie es so schnell wie möglich nieder, ohne bewußt über den Inhalt nachzudenken oder ihn zu bewerten. Im Anschluß daran können Sie sich dann der Analyse des Traumhergangs widmen.

O Schreiben Sie eine zusammenfassende Auswertung der Beobachtung des Traum-Ichs im zweiten, neugeschriebenen Traum. Halten Sie darin fest, welche Veränderungen stattgefunden haben. Anschließend formulieren Sie anhand der Kernaussage eine Traum-Leben-Aufgabe, die Sie in den nächsten Tagen ausführen wollen.

6. Das Zwiegespräch mit den Traumgestalten

Durch die Technik des Zwiegesprächs gewinnen wir an Unmittel-
barkeit. Wer sich selbst kennenlernen und seine Lebendigkeit
spüren will, kommt nicht umhin, sich damit zu befassen, was ihm
seine Umgebung spiegelt.

Um uns selbst finden zu können, brauchen wir ein Gegenüber.
Jeder, der wissen will, wer und was er ist, ist auf den Dialog mit
dem Andersartigen angewiesen, auf den gegenseitigen Austausch zwischen dem Ich und einem Du.

Ist im Traum jeder Mensch das, was er zu sein glaubt?

In allen Träumen treten wir immer nur als eine unter mehreren
Traumgestalten auf und halten uns dabei gern zugute, selbst die
Hauptfigur zu sein. Es ist ganz natürlich, wenn wir uns im Traum
mit uns selbst identifizieren. Im Normalfall finden wir uns in der
Gestalt des eigenen Traum-Ichs wieder und glauben, uns selbst
vor uns zu haben, obgleich wir weder das Verhalten noch die
Dinge, die dem Traum-Ich zustoßen, immer gutheißen.

Was spricht eigentlich für die Annahme, sein Traum-Ich zu
sein? Stimmt es etwa – zumindest nach Meinung der Gestaltpsychologen –, daß sich in *allen* auftretenden Traumfiguren Aspekte
des Träumenden widerspiegeln? Ist er denn wirklich mehr mit
seinem Traum-Ich als mit irgendeiner anderen Gestalt des
Traums verbunden, die sich außerdem hinsichtlich ihres Ge-
schlechts und durch entgegengesetztes Benehmen möglicherweise von ihm unterscheidet?

Fragen dieser Art werfen ein Licht auf wichtige Zusammenhänge. Dem Traumarbeiter liegt daran zu erfahren, wie er mit seinen Träumen umgehen soll, wie er die Techniken am besten anwendet und wie er die frei gewordenen Energien verarbeitet. Er will natürlich auch den Grund wissen, weshalb die jeweiligen Methoden empfehlenswert sind. Um das bewerkstelligen zu können, muß er sich im klaren sein, wer er ist und was er tut. Niemand zieht gern in ein Haus ein, das er zuvor nicht besichtigt hat, doch genau so handeln wir Menschen die meiste Zeit unseres Lebens. Als Traumarbeiter haben Sie den Sprung gewagt, der zu sein, der Sie sind, ohne jedoch zu wissen, wer Sie sind!

Das Zwiegespräch oder die Kunst, sich mit sich selbst zu unterhalten

Weshalb soll man mit den Traumgestalten in Dialog treten? Ist es nicht etwas eigenartig, Selbstgespräche zu führen? Was würde wohl passieren, wenn Sie laut sprechen und andere Ihnen zuhören? Wie wäre Ihnen zumute, wenn eine seltsame Stimme plötzlich ertönte? Solche Dinge können geschehen, doch bestenfalls nehmen wir mit uns weniger bekannten Teilpersönlichkeiten von uns selbst Kontakt auf und integrieren diese Aspekte in unser Wesen.

Der Schlüssel zu erfolgreicher Traumarbeit – und eines ihrer wesentlichsten Ziele – ist gefunden, wenn es dem Traum-Ich gelingt, sich die Eigenschaften der anderen Traumgestalten immer deutlicher zu eigen zu machen. Anfängern ist es nur begrenzt möglich, das Verhalten des Traum-Ichs zu beeinflussen und die vorhandenen Wahlmöglichkeiten innerhalb des Traums zu erweitern. Die Mehrzahl der Neulinge in der Traumarbeit beschränkt sich darauf, den Traum zu beobachten, oder bemüht sich, scheinbar gefährlichen Einflüssen zu entkommen. Ob es sich tatsächlich um eine Bedrohung handelt oder nicht, steht in diesem Fall nicht zur Debatte. Wenn der Anfänger aktiv an seinen Träumen beteiligt ist, startet er Unternehmungen, die er später allerdings abbricht. Nur in seltenen Fällen scheint es dann Lösungen zu geben, doch Träume sind dazu da, mit zentralen Konfliktherden und unerfüllten Lebensbereichen aufzuräumen.

Die wichtigsten Vorteile der Dialogtechnik

O Da wir in den meisten Träumen in Konfliktsituationen stecken- bleiben, arbeiten wir mit diversen Traumarbeitstechniken, um sie zu lösen. Damit wird gleichzeitig der Heilungsprozeß der inneren und äußeren Verhaltensmuster in Gang gesetzt, die die Konflikte heraufbeschworen haben und die bisher eine Lösung verhinderten. Mit Hilfe von Gesprächen rückt der Traum bereits näher an eine Lösung heran.

O Wir verfolgen auch das Ziel, das Traum-Ich zu unterstützen, entschiedener aufzutreten und sich eine größere Bandbreite von Verhaltensmöglichkeiten im Traum zuzulegen, was sich auch im Alltagsleben bemerkbar machen wird. Träume und Traumarbeit bilden die Probebühne, auf der Veränderungen einstudiert und getestet werden können, um sie später im Alltag anzuwenden. Wer sich mit den Traumgestalten unterhält, nimmt aktiver am Traumgeschehen teil und kommt den wahren Sachverhalten auf den Grund.

O Wir führen mit den Traumgestalten Gespräche, um zwischen unseren Persönlichkeitsanteilen und der Ich-Funktion Verbin- dungen herzustellen. Uns ist daran gelegen, daß das Traum-Ich immer stärker die charakteristischen Eigenschaften der anderen Mitspieler im Traum annimmt, was nur möglich ist, wenn eine Beziehung zwischen dem Traum-Ich und den anderen im Traum Beteiligten und ihren jeweiligen Spannungsfeldern vorhanden ist. Der Dialog dient als eine der Hauptmethoden, das Verhältnis zwischen dem Traum-Ich und den anderen Traumgestalten zu festigen. Er beeinflußt die seelischen Strukturen und Muster, weil das Ich über das Gespräch seine Beziehung zu sich und anderen Teilpersönlichkeiten oder Dynamiken in der Psyche vertieft.

O Gespräche wirken zudem bewußtseinserweiternd. Wenn man mit einer Sache oder einer Person in Dialog tritt, erfahren beide Partner eine sogenannte Spiegelwirkung: Einerseits erfassen sie

117

die Zusammenhänge besser, und andererseits finden kontinuierlich innere Anpassungen statt, indem sie sich auf die jeweilige
Energie des Gegenübers einstellen. Durch das Zwiegespräch mit
den Traumgestalten werden wir uns unserer innewohnenden
unbewußten Teilpersönlichkeiten bewußt, die anhand des
Traums zum Ausdruck kommen. Wird der Traumdialog als reine
Traumarbeitstechnik praktiziert, erscheinen uns die bislang
schemenhaften Traumgestalten um vieles lebendiger. Gleichzeitig lebt auch das Traum-Ich durch Gespräche und sonstige Wechselwirkungen auf.

○ Das Zwiegespräch mit den Traumgestalten bildet – so scheint
es – eine Brücke zwischen Bewußtsein und Unterbewußtsein.
Durch einen gut geführten Dialog kommen genau die unterbe-
wußt gereiften Themen und Zusammenhänge, die bisher noch
nicht ins Bewußtse in dringen konnten, ans Tageslicht.

Das Wesen des Dialogs

Die Kultivierung des Gesprächs ist eine der bedeutendsten Errungenschaften der menschlichen Evolution. Alle Erdenbewohner
unterhalten sich Tag für Tag – ausgenommen sind Ordensange-
hörige, die ein Schweigegelübde abgelegt haben, oder Gefängnis-
insassen in Einzelhaft. Doch selbst die Schweigsamen sind gezwungen, sich den inneren Dialog anzuhören. Weshalb und wozu
schätzen wir Menschen das Gespräch so sehr? Wird dadurch
möglicherweise ein Verarbeitungsprozeß in Gang gesetzt? Vielleicht – und vieles spricht dafür – verarbeiten wir im Dialog nicht
nur die üblichen menschlichen Lebenseindrücke, sondern begreifen allmählich auch den Sinn dieser Erfahrungen.

Menschen reden, um sich selbst anzuhören. Bei jeder Beichte
wird dies bestätigt. Jeder Mensch muß das zur Kenntnis nehmen,
was er im Leben getan oder unterlassen hat.

Gibt es überhaupt einen Menschen, der keine Selbstgespräche
führt, der weder Stimmen, Geräusche oder Glockenläuten hört,
noch nach längst vergessenen Erinnerungen im Inneren lauscht?
Wem sind die Rhythmen und Melodien des Universums fremd?

Können wir besser zuhören, oder sprechen wir lieber? Manche Menschen reden viel, erläutern ausführlich ihre Ansichten und sind deshalb unfähig zuzuhören. Andere wiederum nehmen nur auf, lauschen aufmerksam, bleiben zurückhaltend, ergreifen selten das Wort und setzen sich so gut wie nie durch. Weder die eine noch die andere Vorgehensweise ermöglicht ein echtes Gespräch.

Das Zwiegespräch verlangt zwei engagierte Partner – und beide müssen sowohl »Sender« als auch »Empfänger« sein. Ein Du spricht zum Ich, ein Ich zum Du. Beide räumen sich etwa gleich viel Zeit für das Zuhören wie für das Reden ein.

Falsche Anwendung des Zwiegesprächs – ein Negativbeispiel

Wir beobachten eine Traumarbeitsgruppe, die Trauminhalte *deutet*: Eine Teilnehmerin erzählt, im Traum habe sie eine Bekannte gesehen, die in der Luft geflogen sei. Daraufhin geben ein halbes Dutzend Gruppenmitglieder ihre Vorschläge zum besten, wie das Fliegen bei der Traumgestalt und für die Teilnehmerin selbst gedeutet werden könnte. Die Träumende soll sich aussuchen, was am meisten Sinn ergibt. Der Arbeitsstil der meisten Traumdeutungsverfahren sieht etwa so aus.

Überlegen Sie einmal, wer bei dieser Angelegenheit zu kurz gekommen ist? Viele der Anwesenden – außer der Träumenden – haben ihre persönliche Meinung ausgedrückt, jeder hat eine andere Symboldeutung aufgefahren, ohne selbst in dem geschilderten Traum dabeigewesen zu sein. Woher wissen sie jedoch, worum es in dem fremden Traum geht? Und weshalb ist niemandem eingefallen, die Traumgestalt nach dem Grund ihres Fluges zu fragen?

Wer Informationen benötigt, muß mit dem direkt Betroffenen in Dialog treten, auch wenn es sich um eine Traumgestalt handelt.

Das Zwiegespräch mit den Traumbildern und -inhalten gehört zu den wichtigsten Techniken der modernen Traumarbeit. Nach dem Aufschreiben des Traums sind nur wenige Minuten für einen solchen Dialog erforderlich – und dadurch erhalten wir fast jedesmal neue Informationen hinsichtlich des Traums. Das Gespräch dient häufig auch als Ersatz für die bewußt durchgeführte Amplifikation, das heißt die Erarbeitung der dem Symbol inneliegenden Funktion, wenn uns für die Traumarbeit wenig Zeit zur Verfügung steht.

Sinnvolle Anwendung des Zwiegesprächs mit den Traumgestalten

Die Dialogmethode wird eingesetzt,

○ um das Traumsymbol deutlich zu machen, indem wir die Traumfiguren mit unserem bewußten Ich sprechen lassen;
○ um die Auflösung der im Traum aufgeworfenen Konflikte herbeizuführen. Ein gutes, flüssiges Gespräch besitzt eine Eigendynamik und bringt mühelos neue Einsichten und Informationen hervor, die eine Problemlösung in sich tragen;
○ um das Gefühl der Zusammengehörigkeit und Vertrautheit unter den einzelnen Persönlichkeitsanteilen zu stärken, für die die Traumgestalten ein Symbol sind. Im Gespräch nehmen wir bewußt Kontakt auf und überlassen uns gleichzeitig jedoch der weiteren Entwicklung. Uns gelingt ein weiterer Schritt in Richtung Ganzheit und Heilung, indem wir das Ich mit anderen Spannungsfeldern der Psyche in Verbindung bringen.

Probleme und Fragen zur Dialogtechnik

○ Die Frage »Wie weiß ich denn, ob die Informationen und die Antworten aus dem Gespräch auch wirklich zutreffen und nicht bloß eingebildet sind?« erweist sich als Hauptproblem.
Sie können sich natürlich der Meinung anschließen, daß alles aus dem Unbewußten kommt und einfach deshalb als typischer Ausdruck der eigenen Psyche bedeutungsvoll ist. Die Technik der

120

Traumarbeit geht jedoch einen Schritt weiter und gibt zu bedenken, daß es verschiedene Ebenen der Auseinandersetzung und Beschäftigung mit dem Unbewußten gibt. Eventuell besteht sogar ein maßgeblicher Unterschied zwischen der Einbildungskraft und dem richtungsweisenden Entwicklungsimpuls aus den tieferen Schichten des Selbst.

Wenn das Gespräch gut verläuft und die empfangenen Botschaften sich vom eigenen, bewußt gewählten Standpunkt unterscheiden, spricht vieles dafür, daß Sie sich das Zwiegespräch nicht bloß »eingebildet« haben.

○ Die Kernfrage der Traumarbeit ist, dem Symbol zu ermöglichen, sich mit eigenen Worten zu erklären, und nicht dem Anspruch des Ichs zu unterliegen, das die Traumsymbole interpretieren will, wie dies bei der Methode der Traumdeutung der Fall ist. Wenn das Ich die Symbole entschlüsselt, geht es der Frage aus dem Weg, ob der vom Ich unabhängige Teil der Psyche von ihm Wandlung und Veränderung verlangen könnte. Eine Botschaft, die das Ich herausfordert, wird den Filter der vom Ich kontrollierten Interpretationsverfahren nicht durchbrechen können. In erster Linie geht es hier also um Integrität. Sie ist wohl die wichtigste Voraussetzung für alle, die sich für spirituelle und psychologische Entwicklungsprozesse interessieren.
○ Wie kann ich sicher sein, ob ich mir nicht selbst etwas vormache und nicht nur ein Spiel treibe, mit dem ich mich und andere an der Nase herumführe?

Die Kunst der guten Gesprächsführung wirkt der Selbsttäuschung entgegen. Wer bereit ist zuzuhören, erfährt Neues und ist folglich dazu verpflichtet, zumindest ernsthaft zu erwägen, ob er den Hinweisen nachgehen will, wohin sie auch führen mögen. Hätte es sonst überhaupt einen Sinn, nach neuen Einsichten und Wahrheiten zu suchen, wenn man sie nicht auch leben will?

○ Lassen wir eventuell sogar zu, daß Wesenheiten aus der geistigen Welt zu uns sprechen? Und gibt es möglicherweise auch eine übersinnliche Verbindung mit dem innersten Wesensanteil

des jeweiligen Dialogpartners, die sich im Verlauf des Zwiegesprächs einstellt, unabhängig davon, ob er nun tot oder lebendig
ist?

Eine Reihe von Seminarteilnehmern des Jung-Senoi-Instituts
führte innere Zwiegespräche mit verstorben Eltern, Ehegatten
oder anderen Personen und waren danach tief bewegt. In diesen
Dialogen hat man den Eindruck, daß außer einem inneren Geist
noch eine andere Wesenheit spürbar ist. Doch wer könnte bis ins
letzte erklären, welche Dinge im Universum geschehen?

Die Bearbeitung der Träume anhand von Schlüsselfragen

Nach erfolgter Traumobjektivierung und Beobachtung des
Traum-Ichs ist es empfehlenswert, die Technik der Hinterfragung anzuwenden. Damit errichten Sie für den anschließenden
Traumdialog ein solides Fundament. Sie bearbeiten entweder
nur eine oder alle nachfolgend in der Liste aufgeführten Fragen,
die Sie entweder an sich selbst oder an den Traum richten. Alle
Gedanken und Assoziationen, die sich dazu einstellen, werden
aufgeschrieben.

Auf manche Fragen lassen sich vielleicht keine Antworten
finden, doch auf alle Fragen treten Reaktionen auf. Wie eine
Frage beantwortet wird, ist unerheblich. Entscheidend dagegen
ist, auf welche Weise sie unbeantwortet bleibt. Nicht das Wissen
zählt, warum ein Sachverhalt so ist, wie er ist. Wichtiger erscheint, wie wir auf ihn reagieren und mit ihm zurechtkommen.

Ich habe gelernt, »Ja«- und »Nein«-Fragen in zunehmendem
Maß durch offene Fragen zu ersetzen. Die entscheidende Frage
lautet nicht: »Warum?«, sondern: »Wie kann ich ...?«. Warum
eine Sache existiert, läßt sich mit: »Weil sie vorhanden ist«
beantworten. Letzten Endes geht es immer um die Kernfrage:
»Wie stelle ich mich den Herausforderungen dieser Welt?« Die
Frage nach dem Warum und Weshalb erübrigt sich, da etwas
entweder existiert oder nicht. Will jemand von Ihnen erfahren,

weshalb ein Sachverhalt so und nicht anders ist, antworten Sie ihm lächelnd mit einem Ja. Fragen sind nur gefährlich, wenn Sie sich zu dem Fehler verleiten lassen, auf alles eine Antwort haben zu wollen. Einen anderen nicht zu belügen heißt auch, ihm zu helfen, ehrlich zu sich zu sein. Hat jemand das Bedürfnis, eine Frage zu stellen, kennt er bereits die Antwort. Derjenige, dem eine Frage brennend auf der Zunge liegt, verkörpert eigentlich selbst die Antwort.

Probleme lassen sich nicht überwinden, indem wir nur mit Lösungsvorschlägen aufwarten, sondern indem wir das eigentliche Kernproblem benennen. Wer vor einer verzwickten Situation steht, hat das echte Problem keineswegs schon identifiziert. Probleme sind Lösungen, die gefunden werden wollen.

Das gleiche gilt auch für Fragen. Um die richtige Frage zu stellen, müssen wir zuerst die Kernfrage erfassen. Richtige Fragen lassen sich daran erkennen, daß sie in Wirklichkeit eigentlich gar keine Fragen sind. Fragen, die zu Antworten verleiten, sind Probleme ohne Lösungen. Probleme lassen sich nur dann lösen, wenn das Problem nicht mehr vorhanden ist. Wer das richtige Problem gefunden hat, weiß letztlich, daß es in Wirklichkeit keine Probleme gibt. Ohne Fragen kommen wir nicht zu Antworten – und ohne Antworten könnten wir niemals die richtigen Fragen stellen. Wir hinterfragen also die Fragen und beantworten die Antworten.

Anleitungstabelle: Schlüsselfragen für den Umgang mit Träumen

Obwohl jede Schlüsselfrage für Ihren Traum von Bedeutung sein kann, genügt es, wenn Sie sich nur auf die wichtigsten Fragen beschränken.

○ Wie verhält sich mein Traum-Ich in diesem Traum?
○ Welche Symbole dieses Traums erscheinen mir bedeutungsvoll?
○ Welche unterschiedlichen Gefühle kommen in diesem Traum zum Vorschein?
○ Welche einzelnen Handlungselemente sind in diesem Traum vorhanden?

○ Zeichnen sich womöglich auch Parallelen zu den aktuellen Ereignissen in meinem äußeren Leben ab? Oder hat der Traum etwas mit meiner Zukunft zu tun? Oder gibt er Hinweise auf meine Persönlichkeitsstruktur?

○ Wer oder was tritt als Widersacher in diesem Traum auf?

○ Welche hilfreichen oder heilsamen Kräfte werden in diesem Traum sichtbar?

○ Wer oder was wird in diesem Traum geschädigt oder verletzt?

○ Was wird in diesem Traum geheilt?

○ Was hätte ich in diesem Traum lieber vermeiden sollen?

○ Welche Tätigkeiten oder Verhaltensweisen sollte ich anhand dieses Traums in Erwägung ziehen?

○ Was will dieser Traum von mir?

○ Welche Fragen richtet dieser Traum an mich?

○ Welche Entschlüsse kann ich und will ich nach erfolgter Bearbeitung dieses Traums fassen?

○ Wer oder was sind die Weggefährten, die mich im Traum begleiten?

○ *Achtung!* Warum haben wir nicht gefragt: Was bedeutet dieser Traum für mich?

○ Warum war dieser Traum notwendig für mich?

○ Was möchte ich von den Gestalten in meinem Traum erfahren?

○ Warum habe ich gerade jetzt von dieser bestimmten Person geträumt?

○ Wo finde ich meine Helfer und Führer in meinen Träumen und im Leben?

○ Welcher Unterschied besteht zwischen Fragen, die mit »Warum«, und Fragen, die mit »Was« anfangen?

○ Was kann passieren, wenn ich diesen Traum entschlossen und engagiert bearbeite?

○ Was wird in diesem Traum fraglos hingenommen?

○ Welche zusätzlichen Fragen zu dem Traum kommen infolge dieser Traumbearbeitung noch zum Vorschein?

○ Auf welche Weise kann ich diesen Traum in die Tat umsetzen, damit er einen stärkeren Bezug zur Realität gewinnt?

○ Wie muß ich diesen Traum behandeln, um wirklichkeitsnah zu sein?

Anleitungstabelle: Entfaltung und Ausdruck
von Gefühlen

Die verbalen Fragen und Antworten stehen im Vordergrund der Dialogmethode. Auf einer anderen Ebene tauschen die Gesprächsteilnehmer Gefühlsinhalte aus. In einem meiner eigenen Traumarbeitsdialoge leitete ich die Unterhaltung mit einer hysterischen Traumgestalt, die ihre Tochter verloren hatte, mit der Bemerkung »Ich liebe dich« ein. Dadurch änderte sich die Qualität meiner Reaktionen und Antworten. Ich war weder auf Informationen noch auf Wissen aus, statt dessen bemühte ich mich sehr, eine Atmosphäre der Akzeptanz aufzubauen.

Bevor Sie mit dem Zwiegespräch beginnen, wäre es gut, sich einige Minuten lang zu besinnen oder zu meditieren, welche Gefühle Sie der Traumgestalt übermitteln wollen:

— Ich liebe dich.
— Ich brauche dich.
— Ich hasse dich.
— Ich ärgere mich über dich.
— Ich bin verwirrt und brauche deine Hilfe.
— Ich weiß nicht, was ich dir gegenüber empfinden soll.
— Ich öffne dir mein Herz.
— Ich habe Angst vor dir.
— Ich bin verzweifelt, kannst du mir helfen?
— Ich amüsiere mich mit dir.
— Ich bin neugierig geworden.
— Ich fühle mich wohl. Wie fühlst du dich?
— Ich habe Angst.
— Ich bin wütend.
— Ich möchte das nicht tun. Ich fürchte mich vor dem,
  was danach passieren könnte.
— Ich bin aufgeregt!

Natürlich kommen noch viele andere Gefühlsreaktionen in Frage. Fertigen Sie Ihre eigene Liste an. Oder nehmen Sie die Tabelle »Gefühle« zur Hand.

Möglich ist auch, daß Sie Ihre inneren und äußeren Dialoge überprüfen und feststellen, in welcher Weise Sie gefühlsmäßig reagiert haben. Es besteht ein Unterschied zwischen Gefühlen, die in Form einer äußeren Reaktion ausgedrückt werden, und Empfindungen, die man einfach nur in seinem Inneren spürt, aber bei sich behält.

Übersicht zur Traumarbeit mit Schlüsselfragen

Mit der Hinterfragungstechnik läßt sich ein Traum leicht bearbeiten. Sie können den Traum entweder zunächst objektivieren oder diese Methode direkt anwenden. Sie können außerdem noch Ihren eigenen Fragenkatalog hinzufügen. Empfehlenswert ist, eine Liste von Fragen zu entwerfen, die für Ihre Träume und Ihr Leben von Bedeutung sind. Die Fragenliste notieren Sie am besten im hinteren Teil Ihres Traumtagebuchs. Sie eignet sich auch für die Jahresauswertung Ihrer Traumarbeit. Anhand dieser Liste können Sie feststellen, welche Fragen und Probleme Ihnen wichtig waren.

○ Wenn Sie Ihren Traum notiert haben, nehmen Sie die Übersicht »Schlüsselfragen für den Umgang mit Träumen« zur Hand. Wählen Sie eine passende Frage aus, schreiben Sie sie auf und beginnen Sie, im Hinblick auf Ihren Traum eine Antwort zu formulieren. Durch zügiges Schreiben erhalten Sie spontan Informationen aus Ihrem Inneren.

○ Wählen Sie eine weitere Frage aus, und finden Sie – unter Bezugnahme auf den Traum – Antworten darauf. Bearbeiten Sie je nach Ihrer verfügbaren Zeit alle Fragen, die Ihnen im Augenblick wichtig erscheinen, oder so viele Fragen wie möglich.

○ Überprüfen Sie nochmals, ob Sie eine Frage aus der Liste verdrängt oder vermieden haben. Es ist ganz natürlich, wenn Ihr Ich allen Dingen ausweicht, die schmerzhaft sind oder die es einer weiteren Läuterungsphase unterziehen könnten. Genau diese Frage sollten Sie sich nun als Grundlage für die Rückbesinnung auf Ihren Traum vornehmen. Haben Sie den Mut dazu? Falls nicht, warten Sie ab, bis es soweit ist.

○ Wenn Sie Ihre Antwort schriftlich niedergelegt haben, untersuchen Sie, welche gemeinsamen Themen und neuen Einsichten daraus hervorgehen. Notieren Sie Ihre Ergebnisse in gekürzter Form. Inwieweit lassen sie sich auf Ihren Alltag und Ihr Traumleben übertragen?

○ Welche zusätzlichen Fragen haben sich infolge dieser Bearbeitung noch ergeben? Halten Sie sie schriftlich fest. Womöglich gelingt es Ihnen, Ihr ganzes Wesen von diesen Fragen durchdringen zu lassen. Günstig ist, wenn Sie Ihre Notizen zu einem späteren Zeitpunkt noch einmal durchgehen. Achten Sie darauf, welche Antworten Ihnen mittlerweile auf Ihre Fragen eingefallen sind.

○ Welche Traum-Leben-Aufgaben möchten Sie nun festlegen und ausführen, um auf diese Weise die Ergebnisse Ihrer vorherigen Traumbearbeitung in die Tat umzusetzen? Halten Sie die Aufgaben schriftlich fest, und überprüfen Sie in spätestens einer Woche ihren Wortlaut nochmals.

Anleitungstabelle: Lebensdialoge

Das Zwiegespräch macht einen wesentlichen Bestandteil des Tage-
buchschreibens aus. Einige Lebensfragen und -dialoge, die auch in
Träumen zum Vorschein kommen, sind nachfolgend beschrieben.

○ Die Auseinandersetzung mit der eigenen Geburt. Aus welchem
Grunde wurde ich geboren?

○ Die Frage nach dem eigenen Tod. Wie steht es mit der Beendigung
meines Lebens, für die ich doch letztendlich arbeite?

○ Die Beschäftigung mit dem Sinn und der Bestimmung des eigenen
Lebens oder mit dem persönlichen Schicksal.

○ Das Gespräch mit einem Verstorbenen, um die Beziehung mit
ihm/ihr wieder aufzunehmen, zu korrigieren oder zu vollenden.

○ Das Gespräch mit dem persönlichen geistigen Führer, jenem
inneren Wesen, das die wahre Lebensbestimmung des Betreffenden
womöglich besser durchschaut als dessen Ich.

○ Die Konfrontation mit dem schlimmsten Feind, sei er nun tot oder
lebendig.

○ Das Gespräch mit den inneren und den äußeren Freunden, Geliebten und Gegenspielern. Diese Methode wirkt sich bei der Klärung
vieler Beziehungsprobleme günstig aus.

○ Das Gespräch mit dem eigenen Ärger, um herauszufinden, was
ihn verursacht hat.

○ Die Auseinandersetzung mit den eigenen Krankheiten und Verlet-
zungen. Lassen Sie sie frei zu Ihnen sprechen.

○ Sprechen Sie mit Ihrer persönlichen Weisheitsquelle. Stellen Sie
ihr Fragen, reagieren Sie auf ihre Impulse.

○ Regelmäßige Gespräche mit der eigenen Anima (der inneren
Frau) und dem eigenen Animus (dem inneren Mann) unterstützen
deren beiderseitige Begegnung und Ergänzung.

○ Das Gespräch mit dem Traum selbst, um sich neue Ziele zu
stecken und neue Verhaltensweisen zu erproben.

○ Führen Sie einen Dialog mit einer Problemstellung, probieren Sie
es einfach einmal aus. Teilen Sie dem Problem mit, daß es irgendeine schöpferische Lösung geben müsse. Verfolgen Sie aufmerksam,
was danach geschieht.

○ Führen Sie mit dem Verfasser dieses Buchs ein Gespräch, und
erörtern Sie dabei seine Sicht der Dinge. Auf diese Weise erübrigt
es sich, ihm zu schreiben oder ihn anzurufen, um Antworten zu
erhalten.

○ Sprechen Sie mit einem Lehrer oder mit einer weisen Persönlichkeit, die Ihr Leben maßgeblich beeinflußt.

○ Sprechen Sie mit Ihrem Kind, um Gefühle zu übermitteln, die über Worte hinausgehen.
○ Sprechen Sie mit der Stille, denn nirgendwo gibt es tiefere Wahrheiten.

Über das Gespräch lassen sich die Widersprüche und Gegensätze der eigenen Lebensumstände versöhnen. Jeder Dialog ist ein Vorstoß in neue, bisher unbekannte Seinsbereiche, in denen wir mehr als den Widerhall unseres isolierten Einzelwesens zu hören bekommen.

Übersicht zum Zwiegespräch mit den Traumgestalten

O Zuerst objektivieren Sie den Traum, beobachten das Traum-Ich und bearbeiten den Traum anhand von Schlüsselfragen. Mit Hilfe dieser Methoden zeichnen sich die Problemstellungen ab, über die ein Gespräch zu führen ist. Wenn Ihnen diese Techniken bereits geläufig sind, genügt eine knappere Bearbeitung Ihres Traums, um herauszufinden, welches Kernproblem sich für Sie in ihm ergibt. Sie können das Zwiegespräch bereits einleiten, wenn Sie ein zentrales Thema als Frage formulieren.

O Zur Vorbereitung des ersten Zwiegesprächs, besonders wenn Sie mit Ihren eigenen Widerständen zu kämpfen haben, empfiehlt es sich, ein Vorgespräch mit dem *inneren Kritiker* zu führen. Diese psychische Dynamik tritt als Richter in Erscheinung – der Teil des Menschen, der die Dialogabsicht als Unsinn abtut. Unterschätzen Sie diesen Persönlichkeitsaspekt nicht. Schenken Sie ihm Beachtung, indem Sie ihn fragen, wer er sei, was er wolle und unter welchen Umständen er bereit wäre, den Traumdialog ungestört ablaufen zu lassen. Wer seinen inneren Kritiker zur Kenntnis nimmt, setzt sich mit ihm auseinander und unterbindet somit, daß seine möglichen Einwürfe überhandnehmen. Statt dessen können andere Stimmen ungehindert zu Wort kommen. Jeder Mensch verfügt über eine solche kritische, mißtrauische Seite in sich. Wir sind aufgefordert, sie als Bestandteil des gesamten Bearbeitungsprozesses einzubeziehen, sie einzuordnen und mit einer Aufgabe zu betrauen. Aus diesem Grund unterhalten wir uns vorab mit dem inneren Kritiker, um ihn kennenzulernen und freundlich zu stimmen. Danach wenden Sie sich anderen Gesprächspartnern zu, bis Sie nicht mehr weiterkommen. In diesem Fall erkundigen Sie sich erneut bei dem inneren Kritiker, was denn nicht in Ordnung sei und was er unter den gegebenen Umständen empfehle. Häufig genügt diese Maßnahme schon, um das abgebrochene Zwiegespräch wieder in Gang zu bringen.

O Halten Sie zwei oder drei Hauptfragen schriftlich fest, die Sie Ihren Traumgestalten vorlegen wollen. Versetzen Sie sich mit geschlossenen Augen in einen meditativen Zustand, und stellen Sie sich die Traumfigur oder das Wesen vor, mit dem Sie sich unterhalten wollen. Nun kann das Zwiegespräch beginnen. Schreiben Sie zügig, ohne über das Geschriebene nachzudenken oder es zu bewerten. Stellen Sie eine der Hauptfragen, und schreiben Sie alles auf, was Ihnen dazu einfällt. Als nächstes geben Sie entweder Ihren Gefühlen Ausdruck oder stellen eine weitere Frage. Schon bald werden Sie merken, daß das Gespräch in Schwung gekommen ist.

Auf Ihre spontanen Fragen stellen sich Reaktionen ein. Vernehmen Sie die Antworten, und schreiben so lange alles auf, bis Sie das Gefühl haben, das Gespräch sei abgeschlossen oder der Energievorrat erschöpft. Der Dialog ist auch zu beenden, wenn Sie nicht mehr weiter wissen oder bereits genug Stoff vorhanden ist, den es zu bearbeiten gilt.

○ Lesen Sie das Geschriebene nochmals durch. Welches Thema wurde behandelt, welche Antworten gab es? Wie steht es mit dem inneren Kritiker des Zwiegesprächs? Welche Lösung ergab sich? Welche neuen Einsichten können daraus gewonnen werden? Woran zweifeln Sie? Was würde geschehen, wenn Sie das befolgten, was Ihnen vorgeschlagen wurde? Wie würde Ihr Leben dann aussehen? Legen Sie Wert auf diese Art von Empfehlungen, und können Sie sich dafür entscheiden? Was fühlen Sie? Ist Ihrer Meinung nach ein Teil der Probleme gelöst worden? Fühlt es sich so an, als ob Sie mit einer Ihrer echten Teilpersönlichkeit oder gar mit einem Geistwesen aus unbekannten Dimensionen in Kontakt getreten sind? Halten Sie Ihre Erfahrungen mit dem Traumdialog in Ihrem Traumtagebuch fest.

Auswertung des Gesprächs

○ Was hat mich aufgrund des Zwiegesprächs in welcher Weise gefühlsmäßig berührt, mich betroffen gemacht, oder wurde etwas in mir in Gang gesetzt?

○ Welche Einsichten habe ich gewonnen?

○ Wie habe ich mich als Dialogpartner verhalten? Welche persönlichen Grundeinstellungen waren dafür ausschlaggebend?

○ Welche Wesensmerkmale und charakteristischen Eigenschaften waren typisch für meinen Gesprächspartner?

○ Wie lautet die Botschaft des Gesprächs?

○ Welche Konsequenzen habe ich aus diesem Zwiegespräch zu ziehen?

○ Welche speziellen Aufgaben wären geeignet, den Gesprächsinhalt in die Tat umzusetzen?

○ Ergeben sich aus dem Gespräch zusätzliche Fragen oder Probleme?

○ Welche Rückschlüsse ergeben sich aus diesem Dialog hinsichtlich des ursprünglichen Traums?

○ Inwieweit hat dieses Zwiegespräch mich emotional berührt?

7. Die Symbolvertiefung: Übertragung der Symbole auf die Wirklichkeit

Unser Leben wird Tag für Tag von Symbolen begleitet. Mit einigen Symbolen sind wir vertraut, doch die meisten kennen wir nicht. Vergegenwärtigen Sie sich die ersten Sinneseindrücke des neugeborenen Kindes, das Sie einst waren. Nehmen Sie wieder mit dessen Augen und Ohren wahr, und werden Sie innerlich empfänglich. Was sehen und hören Sie? Welche Zusammenhänge können Sie nun verstehen?

Sieht das Baby alle Dinge in ihrem natürlichen und ursprünglichen Zustand? Oder muß es alle Sinneseindrücke erst übersetzen und herausfinden, was sie bedeuten? Ist das vielleicht einer der Gründe, weshalb Babys sehr viel schlafen und häufig träumen? Sie sind eifrig dabei, die Inhalte ihrer Wahrnehmungen zu verarbeiten, und entdecken die Spannungsfelder der Außenwelt, soweit sie in ihr Gesichtsfeld rücken. Es ist durchaus möglich, daß Neugeborene im ersten Lebensjahr viel über das Wesen der tiefsten Wirklichkeit erfahren, von dem Erwachsene nur eine verschwommene Ahnung haben. Das läßt sich durch die reine, unverfälschte Sinneswahrnehmung des Kleinkinds erklären, die noch nicht von erzieherischen und kulturellen Einflüssen und dergleichen mehr getrübt wird. Mit Hilfe der Traumarbeit gelingt es dem Menschen möglicherweise, sich wieder in den ursprünglichen Zustand der symbolischen Wahrnehmung der Realität zurückzuversetzen.

Als Heranwachsende verlassen wir allmählich die Welt der Symbole, wo die Dinge mehr zu sein scheinen, als sie objektiv gesehen sind, und wenden uns der Wirklichkeit zu, wo wir uns mit der Analyse der äußeren Gegebenheiten beschäftigen. Doch selbst im Erwachsenenalter bleiben folgende Fragen ungelöst:

O Was wissen wir überhaupt über die Dinge, die wir für wirklich halten?

O Wieviel von all dem, was wir für wirklich halten, existiert tatsächlich?

O Wie setzt sich Ihr persönlicher Katalog der Realitäten zusammen, und welche Symbole sind Bestandteil Ihres Symbolinventars? Ist es Ihrer Meinung nach gerechtfertigt, wenn Symbole vergegenständlicht werden? Oder wäre es besser, wir lebten in einer Phantasiewelt? Sind Sie der Ansicht, daß wir in der sogenannten Realität leben sollten? Wie kann man überhaupt bestimmen, ob und wann dies der Fall ist?

Sind Träume etwas Reales oder sind sie symbolisch zu verstehen?

Sind Sie der Ansicht, daß Träume wirklich sind? Oder sind sie symbolisch zu verstehen? Welche Meinung trifft zu? Stimmen vielleicht beide? Glauben Sie, daß Ihr Auto und alles, was Ihr Auto betrifft, real ist – auch alle Ihre Empfindungen zu Ihrem Wagen? Wie steht es mit Ihrem Bankkonto, Ihrem Ehegatten, Ihrem Kind oder Ihrem Feind? Erkennen Sie bei den genannten Objekten und Personen deren tiefste Wirklichkeit, oder *projizieren* Sie auf sie? Lassen sich Fragen dieser Art überhaupt mit Sicherheit beantworten?

Erforschen Sie alle Dinge des Lebens. Wie steht es mit Ihren Überzeugungen, Ihrer Religion, Ihrer Vaterlandsliebe, Ihren Hobbys, Ihrer Freizeit und Ihrem Beruf? Ist es überhaupt möglich, daß irgend jemand objektiv wissen kann, ob er diese Themen tatsächlich realistisch beurteilt oder ob sie in Wirklichkeit ganz anderer Natur sind? Ist Ihre jeweilige Landesfahne eine Flagge oder nur ein Stück Stoff? Sind die beiden Stöcke an der Wand zwei überkreuzte Holzleisten, oder handelt es sich etwa

132

um ein christliches Kreuz? Und wodurch sind wir überhaupt imstande, den Unterschied festzulegen?

Woran wir glauben, dazu entwickeln wir uns. Wir kommen dem großen Geheimnis auf die Spur, wenn wir den Bezug zur Wirklichkeit herstellen, das symbolische Denken aufgeben und allem auf den Grund gehen. Weshalb finden wir es notwendig, Symbole als etwas Greifbares, Konkretes zu verstehen? Weshalb denken und fühlen wir, daß es ganz in Ordnung ist, die Symbole, die wir als real einstufen, einer besonderen Kategorie zu unterstellen, wie zum Beispiel der Religion, der wir uns nur sonntags widmen?

Wer die Dinge einerseits realistisch sieht, ihnen andererseits aber symbolische Eigenschaften zumißt, beeinträchtigt seinen Wirklichkeitssinn. Gehören Sie zu der Gruppe von Menschen, die symbolische Inhalte nicht als Symbol, sondern als greifbare Wirklichkeit verstehen? Wenn dem so ist, wie wirkt sich dieser Sachverhalt auf Ihre Psyche und Ihren Realitätssinn aus?

Von der Stimmigkeit innerer Überzeugungen

Das *Ganzheitsprinzip* verlangt, daß wir folgerichtig handeln und in allem, an das wir glauben und was wir tun, eine universelle Übereinstimmung wahrnehmen. Das versetzt uns in die Lage, uns zu gesund empfindenden Individuen zu entwickeln, die weder in sich gespalten sind, noch sich für widersprüchliche Ziele einsetzen. Alle Zwiespältigkeiten verzerren den Realitätsbezug. Wer an einer Stelle von einer Sache überzeugt ist und sie in einem anderen Zusammenhang nicht mehr für richtig hält, wird irgendwann nicht mehr wissen, was wahr ist, weil sein Verständnis der Wirklichkeit von seiner jeweiligen Stimmung und von dem Ort abhängt, an dem er sich gerade befindet. Um wissen zu können, ob und wie wir existieren, benötigen wir unbedingt einen Bezug zur Realität, denn es geht nicht darum, den Projektionen oder der Erwartungshaltung eines anderen gerecht zu werden. Wichtig ist zu wissen, was wir für real halten und wer wir tatsächlich sind, ohne daß wir dafür Archetypen heranziehen. Sind wir mehr als ein zusammengesetztes Puzzle der unterschiedlichen Energien und Kräfte des Lebens? Verfügen wir über eine Individualität, sind wir eigenständige Wesen?

Paradoxerweise zeichnen sich alle Menschen, die ein starkes Interesse an ihren Träumen haben, durch größte Wirklichkeitsnähe aus. Wurde Ihnen von anderen jemals vorgeworfen, daß Sie abgehoben seien oder nicht mehr alle Tassen im Schrank hätten, weil Sie die Welt der Träume ernst nehmen?

Träume versetzen uns in die Lage, die Wirklichkeit besser zu verstehen. Wir halten Ausschau nach Symbolen, die sowohl in Träumen als auch im äußeren Leben auftreten. Doch wenn wir uns nicht in jeder Hinsicht auf die Traumarbeit einlassen, bleiben wir an der Oberfläche kleben. Wir müssen uns eine Sache ganz zu eigen machen, um sie begreifen zu können. Wir kommen nicht umhin, in die andere Person hineinzuschlüpfen, um sie verstehen zu können. Handelt es sich hier nun um eine Projektion? Gibt es jemanden, der diese Frage wirklich beantworten könnte?

Ist ein Sonnenuntergang ein Sonnenuntergang oder etwas anderes? Richte ich meine Liebesbriefe an meine Geliebte oder an irgendeine seelische Projektion, schreibe ich vielleicht an eines meiner zahlreichen Symbole? Genau dieser Frage gehen wir nach – handelt es sich eigentlich um eine Frage? Ist es einem Menschen überhaupt möglich, eine beliebige Sache in ihrer ureigensten Form zu begreifen, ohne daß er sie zuvor bereits mit seiner Persönlichkeit vermischt hat? Wird sie auch von den tieferliegenden Schichten der menschlichen Psyche eingefärbt, die nicht der Ich-Funktion angehören?

Ist es für den Normalbürger nicht schrecklich zu wissen, daß Jesus auf dem Wasser wandeln konnte, wenn ihm selbst diese Fähigkeit verwehrt bleibt? Wie kann sich ein gewöhnlicher Sterblicher Zugang in das Reich des Geheimnisvollen verschaffen?

Wir befassen uns mit Symbolen und begegnen ihrem Mysterium auf konkreten Seinsebenen. Unsere Absicht ist nicht, das jeweilige Symbol seiner Kraftquelle zu berauben, sondern es umfassender und vielschichtiger zu erleben, bis wir fühlen, daß wir uns seine Energie als eine persönliche Funktion und Fähigkeit zu eigen gemacht haben und zugleich verstehen, was es für uns bedeutet.

Aus dem Bild entsteht eine Aufgabe, aus dem Symbol erwächst Begeisterung – auf diese Weise findet eine neue Antriebskraft ihren Ausdruck im Leben. Wer sich erfolgreich auf festem Boden bewegt, für den erübrigt sich die Kunst, auf dem Wasser zu wandeln.

Die Symbolamplifikation

Ehe wir näher auf die Technik der Symbolvertiefung eingehen, die im Mittelpunkt dieses Kapitels steht, sollte der Leser wissen, was mit Symbolamplifikation als Teil der Deutungsmethoden gemeint ist.

Die Deutungstechniken waren jahrhundertelang – und sind auch heute noch – Kern verschiedener Ansätze der Beschäftigung mit Träumen. Jeder Mensch vermag die Träume einer anderen Person auszulegen. Das allein ist noch keine beachtliche Leistung, die Geld wert ist. Wer die Absicht hat, den Träumenden zu unterstützen, die Bedeutung seiner Träume aus eigener Kraft zu finden, muß größere Fähigkeiten aufbieten können als nur die Kunst, Träume zu deuten. Die Auslegung von Träumen richtet letzlich mehr Schaden an, als daß sie nützt. Aber fänden Sie nicht auch Gefallen daran, wenn jemand – ein ausgewiesener Fachmann, nicht etwa Ihre Eltern – Ihre Verhaltensweisen für Sie interpretierte und Ihnen genau sagte, was sie bedeuten – ganz gleich, ob Sie dem zustimmen oder nicht? Weshalb wird in diesem Buch jedoch davon abgeraten, eine fremde Person mit der Deutung der eigenen Träume zu beauftragen?

Wer sich darauf einläßt, die Träume seiner Mitmenschen zu deuten, begegnet der Schwierigkeit, daß er als Traumdeuter höchstwahrscheinlich seine eigenen psychischen Inhalte und Symbolsysteme auf den Traum des Ratsuchenden überträgt. Wenn in der Traumarbeitsgruppe Träume mitgeteilt werden, melden sich Anfänger häufig gleich zu Wort, als ob sie die Antwort wüßten. Woher nehmen sie dieses Recht? Wer seine

Bemerkungen als offene Fragen an die betreffende Person formuliert, handelt allemal überlegter, weil er auf diese Weise seinem Gegenüber ermöglicht, ohne Abwehrhaltung zu reagieren. Er hat dann auch nicht das Gefühl, sich der Übermacht des Deuters beugen zu müssen.

Die Symbolamplifikation im Rahmen der Traumarbeit unterscheidet sich grundsätzlich von der Symbolinterpretation. Mit Hilfe der Amplifikation entdecken wir Symboleigenschaften, die symbolspezifisch und symbolinhärent sind, wohingegen die Deutungsmethode mit Berufung auf ein äußerlich festgelegtes Symbolsystem die Kennzeichen des Symbols bestimmt.

Ein Symbol hat eine *funktionelle* Eigenschaft, wenn es den Impuls zum Handeln signalisiert. Im Gegensatz zu einem See vermag ein Fluß Fließen und Strömen zu symbolisieren, weil das Wasser des Flusses sich in seinem Flußbett vorwärts bewegt. Die Dynamik des Fließens haben wir funktionsgemäß dem Archetyp des Weiblichen zugeordnet, der seiner Wesensart nach vorwiegend ein Sammelarchetyp ist. In den Augen eines Jungianers könnte ein Fluß die Individuation symbolisieren, weil er als Rinnsal beginnt und schließlich ins Meer mündet. In den großen Mythen der Weltliteratur wird der Fluß außerdem als Sinnbild für die Lebensreise verwendet. Ein Jungianer zieht also sein Symbolsystem zu Rate, um die mögliche Eigenschaft des Symbols zu bestimmen, statt das Symbol selbst zu untersuchen, um herauszufinden, welche Funktion ihm von Natur aus zu eigen ist. Bei der Traumarbeit schließen wir hingegen nicht von einem Symbol auf ein zweites Symbol, sondern versuchen, die spezifische Dynamik zu erkennen und konkret umzusetzen.

Die Symbolvertiefung

Die *Symbolvertiefung* ist eine Technik, die direkt über das Unbewußte ein Symbol erweitert oder wiedererlebt.

Wenn wir uns auf eine innere Bilderreise oder in die Meditation begeben, ermöglichen wir dem Symbol, unterschiedliche Bewußtseinsschichten anzurühren. Auf diese Weise wird das Symbol eingekreist. Als Traum-Ich treten wir mit dem Symbol in Verbindung. Wir versetzen uns in einen entspannten Zustand und konzentrieren uns mit geschlossenen Augen auf das Symbol, lassen es durch unsere Vorstellungskraft lebendiger erscheinen und tauchen immer tiefer in den Kern des Symbols ein. Gewisse Regeln sind allerdings zu berücksichtigen.

Wenn wir uns in ein Symbol nur vertiefen, belassen wir das Symbol in seinem gegenwärtigen Seinszustand. Bei der Vertiefungsmethode erlauben wir dem Symbol nicht, sich über den Rahmen der *Symbolentfaltung* hinaus zu entwickeln: Man meditiert über das Symbol und läßt zu, daß es sich in alle gewünschten Richtungen ausdehnt.

In der Symbolvertiefung gehen wir auch nicht rückwärts wie bei der Technik der *Symbolregression*.

Beispiel einer Symbolvertiefung: *Das Feuersymbol*

Im folgenden Beispiel einer Symbolvertiefung wurde eine Träumende angeleitet, ein rasendes Feuer aus ihrem Traum nachzuempfinden. Aus ihrer Schilderung des ursprünglichen Traums ging hervor, daß das Feuer nur eines der Hauptelemente der Traumhandlung war. In der Traumarbeitsgruppe äußerte sie allerdings den Wunsch, mehr über das Feuersymbol zu erfahren. Laut ihres Geburtshoroskops war sie ein Feuerzeichen; gab es hier Zusammenhänge? Welche Bedeutung hatte das Feuerelement für sie? Statt sich darüber weiter den Kopf zu zerbrechen, empfahl ich ihr, das Symbol wiederzuerleben und sich sowohl unmittelbar auf das Feuer einzulassen, als auch zugleich Stärke und Kraft daraus zu beziehen. Als sie einwilligte, wurde ich mit der Leitung ihrer ersten Symbolvertiefung betraut.

Ich bat sie, die Augen zu schließen und sich innerlich einen geräumigen, offenen Platz vorzustellen. Danach sollte sie das Feuer aus ihrem Traum vor ihren Augen entstehen lassen. Sie befolgte die Anweisung, konnte das Feuer jedoch nur in der Ferne sehen. Eine Weile blieb alles unverändert. Das Symbol war für sie nach wie vor nur ein Symbol, das sie als entfernten

Gegenstand wahrnahm. Noch hatte sich kein direktes energetisches Erlebnis eingestellt. Deshalb bat ich sie, sich dem Feuer behutsam zu nähern und zu schildern, was währenddessen mit ihr und dem Feuer geschah. Als sie auf das Feuer zuging, wurde es unablässig größer. Sie empfand starke Hitze und fürchtete sich etwas. Ich schlug ihr vor, noch näher heranzutreten, was sie auch befolgte. Sie meinte, nun sei das Feuer riesengroß und sie stehe unmittelbar davor. Als nächstes gab sie an, das Feuer habe sich in eine Wasserfontäne verwandelt. Als ihr Begleiter schlug ich nun vor zu beobachten, ob es ihr gelinge, das Feuer in seiner ursprünglichen Beschaffenheit zu belassen und es nicht umzuwandeln. Vor ihr befand sich wiederum das Feuer. Sie spürte seine intensive Naturgewalt noch deutlicher, und schließlich war sie einverstanden, sich in geziemender Entfernung von dem Feuer aufzuhalten. Sie trat ein Stück zurück, bis ihr der Abstand angenehm erschien. Auch jetzt konnte sie noch die gewaltige Feuerenergie spüren, aber sie fühlte sich nicht mehr davon überwältigt und hatte auch nicht das Verlangen, das Feuer in Wasser zu verwandeln. Das Symbol verlor im Verlauf des Prozesses sein symbolisches Gewicht, denn die Frau begegnete anhand der geschilderten Symbolerfahrung ihrer eigenen Feuerenergie und bezog Stellung zu ihr, was auch eine Veränderung ihrer Persönlichkeit zur Folge hatte.

Obiges Beispiel verdeutlicht, wie wichtig es ist, strikt bei dem gewählten Symbol zu bleiben und es wirken zu lassen, doch zugleich auch das Wachbewußtsein teilweise präsent zu halten. Wäre ein anderer Therapeut ihr Sitzungsleiter gewesen, hätte er ihr womöglich empfohlen: »Laß es geschehen, wenn das Symbol sich verändern will. Die Traumquelle fließt stets nach ihrer inneren Gesetzmäßigkeit.« Jungianer nennen diesen Vorgang aktive Imagination. Für sie nimmt die Psyche eine Vorrangstelle ein, sie wird beinahe wie eine göttliche Eminenz behandelt. Sie respektieren und befolgen alle Regungen und Wünsche, die von der Psyche ausgehen. Nach Jungs eigener Aussage praktizierte er selbst die Methode der aktiven Imagination, bei der sich alle inneren Elemente frei zeigen dürfen. In diesem Fall behalte ich mir allerdings vor, seine Behauptung anzuzweifeln, daß das wirklich so uneingeschränkt der Fall war, da mir die Aufzeichnungen seiner aktiven Imaginationen sehr stilisiert erscheinen.

An dieser Stelle wollen wir betonen, daß die Traumquelle einen Traum hervorbringt, damit er vom Träumenden bearbeitet wird. Und unsere Verpflichtung gilt der Traumarbeit. Aus diesem Grund empfehlen wir, bei der Methode der Symbolvertiefung dem ursprünglichen Symbol treu zu bleiben. Gestatten Sie nicht, daß es sich verwandelt, beziehungsweise versuchen Sie nicht, es zu ändern. Befolgen Sie diese Regel mindestens so lange, bis Sie Ihr Symbolerlebnis gemeistert haben. Ihr Abwehrmechanismus ist imstande, das Symbol in einer Weise abzuwandeln, daß der Eindruck entsteht, es sei in seiner neuen Form problemloser zu bearbeiten.

Im oben angeführten Beispiel fällt es der Kandidatin augenscheinlich leichter, dem Wasserelement zu begegnen. Die Träumende braucht allerdings eine Erfahrung, an der sie lernt, der ungeheuer starken Feuerenergie standzuhalten, um letztendlich eine Position einnehmen zu können, in der es ihr gelingt, das Feuer einerseits unmittelbar zu erleben und andererseits nicht davon überwältigt zu werden.

Gibt es überhaupt jemanden, der genau weiß, was das Feuersymbol in ihrem Traum bedeutet? Fragen dieser Art spielen bei der Jung-Senoi-Methodik keine Rolle, weil wir Techniken anwenden, bei denen das Symbol erneut vergegenwärtigt wird. Im nachhinein entpuppt es sich dann als lebensspendende Kraft in unserem Leben. Dieses Ziel liegt uns viel mehr am Herzen, als Träume zu interpretieren. Wir konzentrieren uns darauf, bewußt zu handeln, neue Verhaltensweisen und neue Lebenskraft zu entfalten, woraus letzten Endes Verständnis und Einsicht erwachsen.

Symbolentfaltung und Symbolregression

Das folgende Beispiel veranschaulicht die Methode der *Symbolentfaltung:* Man steigt in das neue Auto, das man im Traum gesehen hat, und stellt sich vor, wohin es wohl fahren oder was mit ihm passieren könnte.

Bei der Methode der *Symbolregression* geht es darum, herauszufinden, wie es zu einer bestimmten Situation im Traum kommen konnte. Ein Beispiel: Man versucht, sich auf das im Traum gesehene Haus, das in Flammen steht, zu konzentrieren, um dann Schritt für Schritt zu visualisieren, welche Ereignisse dem Brandausbruch vorausgingen, und um schließlich zu ermitteln, welcher Funke das Feuer entzündete.

Der Wert der Symbolentfaltung liegt darin, zu einem bestimmten Symbol einen Bilderfluß in Gang zu setzen, der dem Symbol entspringt und in neue Formen und in eine neue Thematik einmündet. Auf diese Weise entfaltet sich in der Tat eine progressive, dynamische Entwicklung. Symbolentfaltung heißt keineswegs, von einem Symbol zum andern zu springen wie bei der *Symbolassoziation*. Nur durch einen kontinuierlichen Prozeß kommt eine wirklich spürbare Symbolentfaltung zustande.

Die Symbolregression erweist sich als wertvoll, um Ursachenforschung zu betreiben. Gefragt wird danach, wie alles angefangen hat, welche Entwicklungen dazu notwendig waren, daß etwas aktuell geschieht. Auch das Verfahren der Symbolregression hat nichts mit assoziativem Kombinieren zu tun, denn es verlangt, daß ein kontinuierlicher, folgerichtiger Ablauf gewahrt bleibt.

Mit diesen drei Verfahrensweisen − Vertiefung, Entfaltung und Regression (wobei die letzteren beiden als Sonderformen der Symbolvertiefung aufgefaßt werden können) − ist es möglich, die spezifische Aussagekraft eines Symbols herauszuarbeiten. Die erste Methode, die Symbolvertiefung, erweist sich dabei allerdings als am vorteilhaftesten.

Bei der Traumbearbeitung kommt die Symbolvertiefung bevorzugt zum Einsatz, weil sie sich auf die gegebene Form des Symbols konzentriert. Warum taucht zum Beispiel gerade diese Frau und keine andere im Traum auf? Sie verhält sich in ganz besonderer Weise, und das Traum-Ich reagiert ihr gegenüber ebenfalls in seiner charakteristischen Art. Nun nehmen wir uns vor, die Frau mit Hilfe der Symbolvertiefung in ihrem Gesamtpotential zu erfassen und uns wesentlich stärker und differenzierter, wenn nicht sogar auf ganz neue Art, mit ihr zu beschäftigen.

Die intensive Vertiefung in das Symbol hilft uns bei der Klärung des Sinnzusammenhangs des ursprünglichen Traums. Das Symbol gewinnt dabei an Lebendigkeit, Ganzheit und Eigenständigkeit, und gleichzeitig ist ein Vergleich zum allerersten Symbolerlebnis im Traum möglich.

Eine Symbolvertiefung, das Eintauchen in das Symbol, kann entweder selbständig oder unter Anleitung durchgeführt werden.

Am wichtigsten ist vielleicht, daß ein Strom von Gefühlen und Bildern, die spontanen Äußerungen des Symbols, ausgelöst wird und erhalten bleibt. Ein Helfer unterstützt von außen diesen Prozeß, indem er uns bei der Entspannungsphase und der Überwindung von Blockaden zur Seite steht und das gewählte Symbol unter einem anderen Blickwinkel betrachtet.

Wer die Symbolvertiefung selbständig durchführt, entwickelt seine Fähigkeit, die Grenzen zwischen dem Bewußten und dem Unbewußten fließender werden zu lassen und leichter umzuschalten. Diese Methode dient auch als Vorbereitung für ein nachfolgendes Zwiegespräch mit einer Traumgestalt.

Die Erzeugung von Bildern innerhalb der Psyche – ein Modell

Wenn wir uns auf den Bilderfluß aus den tieferen Schichten der Psyche einlassen, das heißt, wenn wir mit der Traumquelle arbeiten, haben wir keine genaue Vorstellung darüber, wie dieser Vorgang funktioniert. Im folgenden stelle ich ein Modell vor, wie Träume ablaufen könnten.

Im Mittelpunkt steht die elementare Energie, die wir als Traumquelle oder als regulatives Zentrum innerhalb der Psyche bezeichnen. Die Traumquelle ist ebenfalls mit einer lenkenden Kraft verbunden, die angesichts synchronistischer Ereignisse erfahrbar wird und weit über die inneren Prozesse oder die individuelle Seele hinausreicht. Einigen wir uns darauf, die Traumquelle als sich selbst regulierende, lenkende Energie zu definieren, deren Sitz letzten Endes ungeklärt bleibt.

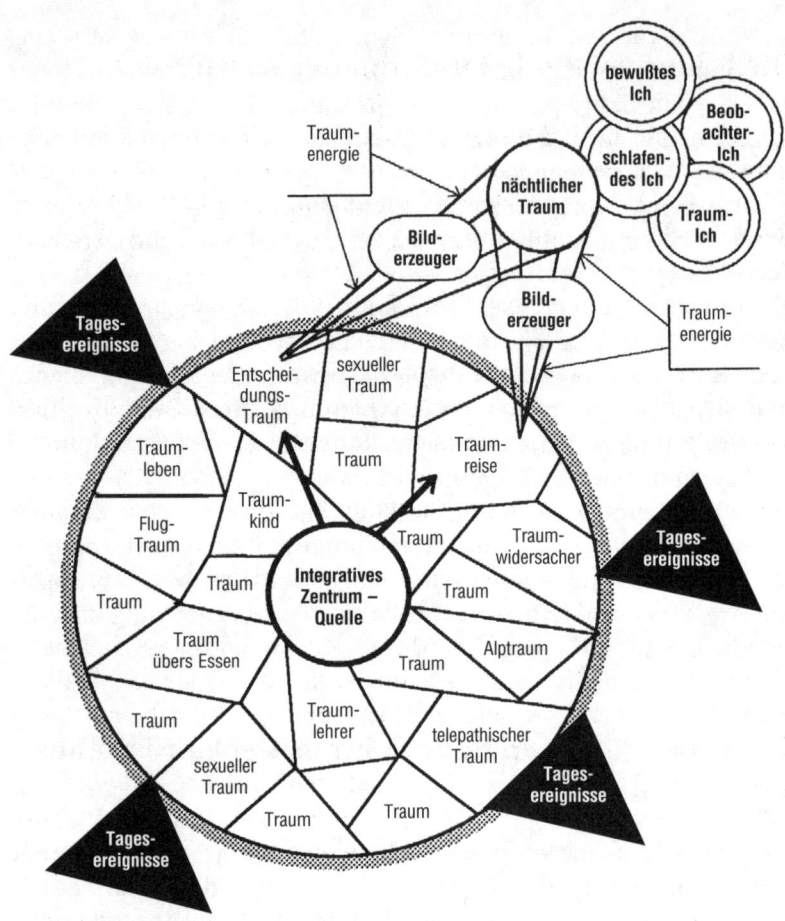

Die Psyche erzeugt Trauminhalte, die den Zweck haben, das Ich zu erziehen, seine Widerstände aufzugeben und sich in den Dienst des heilsamen Wandlungsprozesses zu stellen, der von der Quelle gesteuert wird.

Die bilderzeugende Funktion der Psyche

Innerhalb der Psyche gibt es zusätzlich die bilderzeugende Funktion, die im allgemeinen als Imagination bekannt ist. Die von uns nicht bis ins letzte durchschaubaren Bilder werden nicht durch die bewußte Ich-Funktion hervorgerufen. Gedankliche Konzepte lassen sich im Gegensatz dazu leichter aufschlüsseln. Doch aufgrund der Methode der *Visualisierung* weiß man, daß auch Bilder ebenso wie Begriffe mit dem Verstand erzeugt werden können. Die Anweisung lautet dann etwa: »Schließe die Augen, und sieh dich auf einer wunderschönen Wiese.« Diese Technik kann allerdings nicht garantieren, daß man mit der Traumquelle, dem Kern der Psyche, in Berührung kommt, weil die Ich-Persönlichkeit die bilderzeugende Funktion für ihre eigenen Belange einsetzt und den Ablauf bis zu einem gewissen Grad noch kontrollieren kann. Die Vorstellung einer Wiese wird gern gebraucht, um die betreffende Person zu beruhigen und in einen entspannten Zustand zu versetzen. Da dieser Prozeß das seelische Energieniveau verändert, ist anzunehmen, daß er nicht ausschließlich auf Bildern beruht, dennoch wird bei einer Visualisierungsübung die Führung nicht ausdrücklich einer inneren Instanz übertragen, auf die das Ich keinen Einfluß hat, um den Bilderstrom hervorzubringen. Durch die Führung einer inneren Instanz könnte langfristig jedoch eine heilsamere Wirkung erzielt werden.

Bei der Symbolvertiefung wird das Symbol, auf das man sich konzentriert, nicht bewußt hervorgerufen. Wer in das Symbol eintaucht und sich dabei von der Traumquelle führen läßt, erfüllt sehr viel eher die eigentliche Absicht dieser Methode, nämlich den vorausgegangenen Traum erneut nachzuempfinden. Da sich das Ich der Führung der Traumquelle anvertraut hat, ist es auf natürliche Weise bereit, den ursprünglichen Traum wiederzuerleben.

Ich sage ganz offen, daß ich anstelle eines Ichs, das eine Visualisierungsübung erfindet, der Führung der Traumquelle den Vorzug gebe. Zur Heilbehandlung von Krebskranken wird beispielsweise folgende Visualisierung verwendet: »Geh in das Innere deines Körpers und sieh, wie kleine Arbeiter die Krebszellen in deiner Milz beseitigen.« Hat diese Methode Erfolg? Einige Ansätze funktionieren durchaus hin und wieder, dennoch erwekken Visualisierungen aller Art den Eindruck eines aufgesetzten Willensaktes, als ob wir imstande seien, die Seele einfach nach Belieben zu manipulieren. Am Ende kann auch dieses rational gesteuerte Spiel mit Ursache und Wirkung fehlschlagen, und dem Krebspatienten bleibt es trotz alledem nicht erspart, sich mit der Krankheit und der Frage auseinanderzusetzen, wem das letzte Wort über sein Leben zusteht. Die Grundsätze der Jung-Senoi-Methodik lauten, stets mit der Traumquelle zusammenzuarbeiten, jeden Versuch, sie dirigieren zu wollen, zu unterlassen und ihr auch nicht die bilderzeugende Funktion zu entziehen, um sie dem Ich zu übertragen. Krebs bricht vorwiegend bei Menschen aus, die ihre Lebensumstände übermäßig beherrschen, als ob diese Krankheit der Kontrollfunktion des Ichs sagen wollten: »Entspanne dich und gib deine Herrschsucht auf, damit die Quelle des Lebens in dir wirken kann.« Krebs ist ein Geheimnis unserer modernen Zeit, eine Art Mysterienschule. Unsere Vorfahren wußten besser, wie man solchen Mysterien Form verleiht und sie in die Welt des Übersinnlichen erhebt, auf das sich Wandlung und Sinnfindung einstellen können. Das moderne Weltbild der westlichen Zivilisation ist dermaßen verstandesorientiert, daß nur noch die heutigen Geißeln der Menschheit – todbringende, unheilbare Krankheiten – die tiefgreifende und herausfordernde Wirkung der altertümlichen Mysterien zu entfalten scheinen, wie sie uns durch Schriften und Kunstwerke der Antike überliefert worden sind. Wir versuchen, nach ähnlichen Grundsätzen vorzugehen, indem wir uns der Seele anvertrauen und darauf verzichten, sie zu dirigieren oder zu interpretieren, sondern unser Leben aus ihren Wurzeln speisen zu lassen, die bis zur Quelle reichen.

Wodurch unterscheidet sich die Symbolvertiefung von anderen Arbeitstechniken?

Symbolvertiefung und andere Techniken, die Erfahrungen mit dem Unbewußten herbeiführen, unterscheiden sich insofern von der Methode der Visualisierung, als die letztgenannte eher verstandesorientiert vorgeht. Bei der Traumarbeit bearbeitet jeder einzelne seine persönlichen Hauptsymbole, daher erübrigt es sich, weitere Symbole einzuführen.

Symbolvertiefung unterscheidet sich von der gestalttherapeutischen Traumarbeit durch die Aufrechterhaltung der Ich-Selbst-Achse während der Auseinandersetzung mit den unbewußten Inhalten. Ein Gestalttherapeut würde dem Klienten zum Beispiel empfehlen: »Seien Sie selbst das Meer, von dem Sie geträumt haben.« Und der Betreffende antwortet: »Ich bin das Meer, ich zerfließe, in meinen Tiefen schwimmen große Fische, ich bin flüssig und unbeständig. Ich steige und falle, bin Ebbe und Flut...« Diese Technik vermittelt unter Umständen ein bewegendes Erlebnis, birgt aber auch die Gefahr, daß das Ego daran gewöhnt wird, sich mit den Inhalten des Unbewußten zu identifizieren, statt sich mit ihnen auseinanderzusetzen. Eindrückliches erlebt das Ich der betreffenden Person ebenfalls bei der Symbolvertiefung, aber es bleibt dabei als handelnde Instanz erhalten und erlebt die Wechselwirkungen bewußt mit.

Es geht nicht darum, sich mit dem Leben zu identifizieren, sondern sich mit dem Leben auseinanderzusetzen – wie man sich ja auch nicht mit der geliebten Person gleichsetzt, sondern sich in bestimmter Art und Weise auf sie bezieht. Man identifiziert sich nicht mit dem Vaterland, mit seinem Beruf, mit der Rolle als Mann oder Frau, sondern bezieht sich jeweils auf diese Erfahrungshorizonte. Wer sich mit einem Wesen oder einem Gegenstand gleichsetzt, gibt seine eigene Identität allmählich zugunsten von etwas anderem auf. Ein Ich, das sich identifiziert, verharrt im Unbewußten oder taucht dorthin ab. Wer sich mit einer Erfahrung identifiziert, verschließt sich gegenüber anderen

Erfahrungsmöglichkeiten. Bei der Symbolvertiefung wird keineswegs eine Verschmelzung mit dem Symbol angestrebt.

Eine Aufgabe der Symbolvertiefung besteht darin, daß das Ich eines der vielen verfügbaren Traumsymbole auswählt, um es nachzuempfinden, damit es bewußter erlebt werden kann. Es ist nämlich unmöglich, sich mit jedem einzelnen Traum und dessen Symbolgehalt zu beschäftigen. Während nun das Ich eine Auswahl trifft, eröffnet es sich selbst einen Zugang zum Unbewußten.

Die Symbolvertiefung verfolgt das Ziel, die Bedeutung eines Archetyps in Erscheinung treten zu lassen. Die dabei gemachten Erfahrungen haben Auswirkungen auf das Bewußtsein. Unter Umständen entspringen daraus neue Einsichten und Einstellungen, ein Wohlgefühl oder sogar eine neue Lebensphilosophie. Die Symbolvertiefung beeinflußt auch das Unbewußte, denn das Ich lenkt seine Aufmerksamkeit auf einen bestimmten Aspekt des Unbewußten und konzentriert sich darauf. Dabei kann es sich um eine Lebensfrage, ein ungelöstes Trauma, ein Problem von Anima oder Animus oder ein anderes Thema handeln. Die so gelenkte Kraft scheint im Unterbewußten Umwandlungen zu bewirken und neue Lebensenergien strömen zu lassen.

Ein Beispiel für Symbolvertiefung unter Anleitung

Strephons einleitender Kommentar

Der hier als Beispiel angeführte Traum und die damit verbundene Traumarbeit weisen eine zentrale Problematik auf, die für die Bewußtwerdung des spirituellen Aspekts des Menschen typisch ist. Die Träumende hatte sich mit verschiedenen esoterischen Traditionen beschäftigt und kennt eine Hopi-Indianerin (eine spirituelle Lehrerin) sowie eine medial begabte Frau. Beide erscheinen in ihrem Traum, außerdem noch der dreijährige Sohn der Träumenden, der im Traum ein Halsband geschenkt bekommt.

Dieser Traum ist für die Symbolvertiefung besonders geeignet, denn er enthält ein einziges zentrales Symbol. Mit einer vertiefen-

146

den Betrachtung des Symbols sollten dessen Eigenschaften und Zusammenhänge besser herausgearbeitet und der Träumenden damit geholfen werden, eine kreative Beziehung zur vorhandenen Problematik herzustellen.

Im Traum geht es nämlich darum, die einzelnen Teile der Halskette wieder in der richtigen Reihenfolge zusammenzusetzen. Außerdem muß die Halskette profanisiert, das heißt, in einen eher weltlichen und weniger heiligen Gegenstand umgewandelt werden.

Die unterstützende Begleitung bei der Symbolvertiefung konzentrierte sich auf die Beschaffenheit der Halskette, um zu einer Problemlösung zu kommen. Allgemein betrachtet ist die Symbolvertiefung eine Abart der Methode des Wiedererlebens eines Traums, bei der eine Reihe von Symbolen erforscht und zur Entfaltung gebracht werden.

Zu beachten sind auch die Spannungen zwischen dem Leiter der Traumarbeit und der sie ausführenden Frau. Die Träumende schildert diese Differenzen. Es kann demnach günstig oder nachteilig sein, einen Helfer zu haben, der einen anderen Standpunkt als der Ratsuchende vertritt.

Die Frau vertiefte sich nochmals in das Symbol – allerdings selbständig und ohne Anleitung –, um die Differenzen abzubauen. Sie zog dabei sowohl die traditionelle als auch die moderne Sicht der Dinge in Betracht.

Viele Menschen fühlen sich durch die Verdrängung uralter Kulturen im Zuge von moderner Technologie und Kommunikationsmittel entwurzelt. Sie bedauern den Verlust der überlieferten alten Traditionen, denn damit geht auch eine reiche symbolisch-spirituelle und über die Jahrtausende hinweg entstandene Kultur verloren. Was können wir dagegen unternehmen?

Eine Möglichkeit besteht darin, daß der Mensch wieder zum Träger archetypischer Erfahrungen wird. Dies kann auf verschiedene Arten geschehen, zum Beispiel durch Traumarbeit, rituelle Praktiken, Meditation, Musik, körperliche Bewegung, Naturverbundenheit und die ernsthafte spirituelle Suche. Die gefühlsmäßige Verbindung zur archetypischen Grundlage des Lebens bringt eine neue, lebensfähigere Kultur hervor. Es gibt keine Alternative, denn Evolution bedeutet, die Realität so zu nehmen, wie sie ist, um sie in das zu verwandeln, was sie auch sein kann.

Nun zum Traum und zur Traumarbeit. Beides wird von der Träumenden mit eigenen Worten beschrieben. Der Traum selbst gehört zu den Inkubationsträumen und wurde an einem heiligen Ort auf Hawaii vorbereitet.

Traumtitel: Die Halskette

Carla, eine mit mir befreundete ältere Hopi-Indianerin, gibt meinem Sohn Elie eine Halskette. Sie holt sie aus ihrem Beutel oder ihrer Tasche. Zuerst erkenne ich einfach nur die Heishi, aber dann sehe ich an der Vorderseite verschieden große Steine oder Glasperlen (blaue, wie ich mich erinnere), die herunterhängen. Carla legt die Kette Elie um den Hals.

Irgendwie (vielleicht legt Elie die Halskette ab, oder er zerrt daran) fallen ein paar Steinkugeln auf den Boden. Alle sind verschieden, nur die Kügelchen dazwischen beziehungsweise die (kleineren) Steine sind gleichartig. Ich lasse nun mehrere Personen je eine andersartige Steinkugel in die Hand nehmen und sich in einer Reihe aufstellen. Dann versuche ich, die einzelnen Steine nacheinander aufzufädeln. Es ist schwierig, die Kette wieder in der richtigen Reihenfolge zusammenzusetzen. Ständig muß ich Personen und Steine aufs neue zusammenstellen. Irgendwann taucht auch meine andere spirituelle Beraterin (das Medium namens Iris) auf, und schließlich versuche ich, die Kette ohne fremde Hilfe aufzufädeln. Jetzt sehen die verschiedenen Steinkugeln aus wie Abziehbilder aus buntem, durchsichtigem Plastik mit Jagdmotiven: verschiedene Szenen mit einem Jäger (vielleicht zu Pferd) samt Gewehr und Jagdhund. Ich stelle noch immer alles neu zusammen. Schließlich spreche ich mit Iris darüber (da weckt Elie mich auf, denn er träumt und ruft laut: »Nein! Nein!«).

Anmerkung

Das war ein wichtiger Traum. Tags zuvor saß ich am Nachmittag meditierend in einem hawaiianischen Hula-Tempel auf Kaui. Bevor ich dann zu Hause einschlief, bat ich den Geist dieses Tempels, mir im Traum zu erscheinen und mir einen Hinweis zu geben, wie es weitergehen könnte.

Die Symbolvertiefung

Strephon (der Leiter der Traumarbeit) bittet mich, zeitlich an den Punkt zurückzukehren, bevor die Halskette zum Vorschein kam: Ich sehe Carla auf einer Bank sitzen, neben ihr liegt ihre schwarze Handtasche. Elie steht in der Nähe.

Carla greift in ihre Handtasche und holt eine Halskette aus hellbraunen Heishi hervor. Vorne hängen an der Kette acht unregelmäßig geformte blaue und braune Steine herab. Die Heishi liegen verdreht und zusammengefaltet in ihrer Hand. Sie nimmt die Kette und legt sie Elie über den Kopf. Er will sie berühren und zerrt an den größeren Steinen, um sie zu betrachten. Die Halskette ist wohl ein wenig zu schwer für ihn, ihm scheint sie aber zu gefallen. Ich fühle mich nicht recht wohl; ich merke, daß ich die Halskette selbst haben möchte. Aber sie wäre viel zu klein für mich, und ich hätte sie wohl nicht über den Kopf ziehen können. Als Elie die Kette berührt und an den Steinen zieht, reißt sie. Die länglichen Steinperlen fallen herab, zusammen mit einigen Heishi, aber die meisten Heishi bleiben an der Schnur, die ich ergreife und neben Carla auf die Bank lege. Dann hebe ich die Steine und die Heishi vom Boden auf. Ich habe jetzt sechs oder sieben Steinperlen in der Hand, und Elie findet noch eine. Die Steine sind blau und braun und von dunklen Schatten durchzogen. Manche sind glatt, andere rauh, aber alle fühlen sich kalt an. Einige scheinen alt, andere neuer zu sein. Damit sie aufgefädelt werden können, sind sie durchbohrt worden. Mir kommen die Halsketten in den Sinn, die die polynesischen Männer tragen – kleine Perlen mit größeren, die dazwischen eingestreut sind –, aber diese Halskette sieht nicht polynesisch aus. Es ist aber auch keine Hopi-Halskette. Ich frage mich, woher die Steine wohl kommen. Einige davon sehen wirklich sehr alt aus.

Strephon fragt mich, ob ich sie wieder aufreihen könne. Ich habe ein Stück Nylonfaden und eine Nadel dabei und beginne, die Heishi von der alten Schnur auf die neue zu ziehen. Ich zerbreche mir den Kopf, wie ich die Steine ordnen kann, denn ich weiß die alte Reihenfolge nicht mehr. Strephon fragt mich, ob ich eine neue Reihenfolge schaffen könne und nach welchem Prinzip ich dabei vorgehen wolle. Ich spreche über Symmetrie und Ästhetik, und er fragt mich, ob es noch andere Möglichkeiten gebe. Ich würde am liebsten die vorherige Reihenfolge kennen, und ich weiß nicht genau, wie ich die Steine neu zusammenstellen soll. Ich wünschte, ich könnte mich an die alte Zusammensetzung der Steinperlen erinnern. Ich habe das Gefühl, daß es leichter wäre, eine neue Anordnung zu schaffen, nachdem ich die Bedeutung der alten Reihenfolge erkannt habe. Strephon sagt, daß ich herausgefordert sei, eine neue Anordnung zu schaffen, und fragt mich, ob ich die Steine auch ungeordnet aneinanderreihen könne. Es ist zwar möglich, aber ich fühle mich unwohl dabei. Deshalb schließe ich die Augen und fädle die Steine aufs Geratewohl auf. Das Ergebnis gefällt mir nicht, denn die einzelnen Steine stehen in unterschiedlichen Winkeln voneinander ab. Es sieht chaotisch aus und ist überhaupt nicht hübsch. Danach bittet mich Strephon, die Steinperlen nach meiner eigenen Vorstellung zu gruppieren. Ich entscheide mich für eine symmetrische Anordnung und plaziere den längsten Stein in der Mitte. Ich erinnere mich noch daran, daß sich außen links ursprünglich ein blauer Stein befunden hatte, und lege ihn an diese Stelle. Strephon fragt mich, ob ich ihn in die Mitte legen könne. Ich tue es, aber es widerspricht meinem Gefühl und sieht auch nicht passend aus, also lege ich ihn wieder zurück. Noch immer fühle ich mich unwohl (vor allem im Bereich meines Sonnengeflechts).

Strephon fragt, wie Carla sich fühle und wie sie über die Halskette denke. Ich sehe nun, wie Carla mir zulächelt und sagt, daß es doch nur um eine alte Halskette gehe und daß mein Wunsch, sie in der bisherigen Weise aufzufädeln, auf meinen

Mond im Sternbild der Jungfrau zurückzuführen sei. Alles wäre, so wie es ist, in Ordnung, und dies sei eine meiner Lektionen.

Strephon fragt mich, ob ich die neue Anordnung akzeptieren könne. Ich fühle mich zwar immer noch unwohl, aber ich denke, daß ich dieser neuen Reihenfolge zustimmen muß, da ich die alte offenbar nicht mehr herausfinden kann. Ich muß mich eben mit der Realität abfinden. Es fällt mir aber nach wie vor schwer, von meinem Wunsch, die alte Anordnung zu begreifen, abzulassen. Ich habe das Gefühl, daß ich dafür verantwortlich bin, die Kette wieder zusammenzufügen – und zwar in ihrer ursprünglichen Gestalt. Eine Weile halte ich die Halskette in meinen Händen. Strephon fragt mich, ob ich sie anlegen wolle. Sie ist aber zu klein für mich, und ich weiß, daß sie eigentlich für Elie gedacht war. Noch immer fühle ich mich in der Gegend meines Sonnengeflechts etwas unwohl und spürte dort einen Energiestau. Strephon schlägt mir vor, mich im Bereich des Sonnengeflechts zu massieren. Ich nehme meinen Kristall in die Hand und bewege ihn kreisförmig über der Stelle. Etwas von der Übelkeit fließt ab, und ich fühle mich ein wenig wohler, obwohl ich mich immer noch nach der alten Ordnung sehne.

Nun lege ich Elie die Halskette um. Ihn scheint das Ganze nicht weiter zu berühren. Carla amüsiert sich über mein Dilemma und lächelt.

Strephon fragt, ob ich demütig und einsichtsvoll genug sei, die Sache anzunehmen. Ich bejahe seine Frage, obwohl sich ein Teil von mir noch immer danach sehnt, die alte Zusammensetzung zu erfahren, die Steine entsprechend aufzufädeln und die innere Bedeutung dieser Anordnung zu begreifen. Jetzt fühle ich mich jedoch besser und möchte mich nun mit dem Problem der Jagdszenen beschäftigen.

Die Steine verwandeln sich in Abziehbilder aus buntem, durchsichtigem Plastik, die wie Glasmalereien aussehen. Es sind verschiedene Jagdszenen eines berittenen Jägers mit Gewehr und Hund. Sie gefallen mir nicht. Strephon schlägt mir vor, Carla über sie zu befragen. Sie sagt, die Verwandlung sei eine Folge meiner unablässigen Suche nach dem Schlüssel für die alte Ordnung.

Mittlerweile befindet sich die Kette am Rand des Tisches in

einer Ecke, während die Abziehbilder mitten auf dem Tisch liegen. Ich versuche, die Plastikgebilde aufzuheben, um sie loszuwerden, aber sie kleben fest. Strephon sagt irgend etwas über meinen Widerwillen gegenüber der Halskette. Ich antworte, daß ich sie wesentlich mehr möge als diese Plastikbilder. Nachdem ich gesehen habe, in was sich die Steine verwandeln können, wenn ich die neue Anordnung nicht akzeptiere und weiterhin nach dem alten Muster suche, gefällt mir die Halskette schon sehr viel besser. Ich nehme die Kette in die Hand und möchte sie festhalten und spüren, einfach nur so mit der Halskette in den Händen dasitzen, damit ich sie allmählich annehmen und mich mit ihr wohler fühlen kann.

Strephons Schlußkommentar

Zugegeben, das obigen Beispiel ist keine einfache geführte Symbolvertiefung, weil der Prozeß übergangslos in das Wiedererleben des Traums umgeschlagen ist, wobei der gesamte Traum auf innerer Ebene umgesetzt wird. Wir sehen hier, wie schwierig es ist, ein Symbol aus dem Traumzusammenhang sauber herauszulösen. Wenn ein Symbol gesondert erlebt wird, entsteht – verglichen mit Symbolerfahrungen aus dem ursprünglichen Traumgeschehen – ein andersartiger Eindruck. Im vorliegenden Fall haben wir uns an den Traumkontext gehalten und uns zugleich auf das spezielle Symbol konzentriert. Der Traum eignet sich deshalb gut zur Symbolvertiefung, weil sich der gesamte Handlungsablauf des Traums um das Hauptsymbol der Halskette dreht.

Als Leiter der Sitzung fühlte ich, daß ich nicht zu stark eingreifen durfte, da wiedererlebte Träume gelegentlich eine Eigendynamik entwickeln. Meine Aufgabe als Leiter bestand darin, der Träumenden zu helfen, das betreffende Symbol so lange zu erforschen, bis sie fähig war, eine ausgeprägtere Beziehung als im ursprünglichen Traum zu dem Symbol aufzunehmen.

Bei diesem Traum fällt auf, daß die Träumende ihre Aufmerksamkeit zuerst nicht auf sich selbst richtete, sondern auf die Halskette und ihren Sohn. Aus diesem Grund unterstützte ich sie, sich unmittelbar auf ihr Verhältnis zu der Halskette einzulassen und sich das Symbol zu eigen zu machen. Nach einer Weile bezog sich der Traumgegenstand nicht mehr in erster Linie auf ihren Sohn, dem sie in der Außenwelt eine äußerst liebevolle Mutter war. Als sie endlich in ihrem Sonnengeflecht Energie spüren konnte, wußten wir zumindest, daß sie Verbindung mit dem Symbol aufgenommen hatte. Daraufhin fühlte sie sich unbehaglich, verspürte Sehnsucht nach der »guten alten Zeit«, wollte, daß die Dinge wieder wie früher wären, und wünschte sich einen Zustand der Ordnung. Das Symbol entpuppte sich als Metapher ihres Lebensgefühls. Würde es ihr gelingen, durch traditionelle Überlieferungen Sinn und Ordnung zu finden? Eine indianische Schamanin und Heilerin, die aus überliefertem Wissen schöpft, stand ihr im Traum – und tatsächlich auch im äußeren Leben – zur Seite. Das Kind hatte jedoch mit der Tradition gebrochen, das heißt, es hatte die Halskette zerrissen. Die Frage, welche neue Ordnung nun aus den alten Elementen erwächst, rückte in den Mittelpunkt. Die Träumende hatte ein großes Problem: Inwieweit sollte sie altbewährten Lebensregeln folgen und inwieweit neue Pfade beschreiten? Vielleicht wäre sogar eine Art von Ordnung vorhanden, wenn sie die zerbrochene Kette und die einzelnen Perlen einfach so liegenließe? Mit diesem Standpunkt konnte sie sich allerdings nicht anfreunden.

Um ihr Eintauchen in das Symbol zu stützen, mußte ich entschieden vorgehen. Aus diesem Grund schlug ich ihr vor – mit Erfolg, wie es schien –, sich mit den Perlen und Steinen zu beschäftigen. Dabei wurde die Technik der Symbolvertiefung, das konzentrierte Wiedererleben des Symbols, keineswegs unterbrochen, auch wenn sie im Zusammenhang mit dem Wiedereinstieg in den Traum eingesetzt wurde.

Bei allen Techniken zeigt sich dasselbe Problem: Zuerst aktivieren sie die psychischen Prozesse, die sich daraufhin verselbständigen. Das hier vorgestellte Verfahren ermöglicht immerhin, die Psyche mit Methode anzuleiten. Oder zumindest kann alles, was dabei zum Vorschein kommt, angenommen und gewinnbringend eingesetzt werden.

Augenfällig ist die Tatsache, daß die Träumende in ihrem

äußeren Leben bereits starke Symbole entwickelt hatte. Ihr Sohn, Kristalle, Kraftorte und indianische Lehrer trugen ausdrücklich Symbolcharakter. Ihre Neigung, die eigene Wirklichkeit symbolisch zu deuten, schien einer inneren Notwendigkeit zu entspringen, denn damit nahm sie Kontakt zu spirituellen Kräften und Energiefeldern auf, die grundsätzlich anderer Natur waren als die Einflüsse aus ihrer vorwiegend materialistisch geprägten Kultur. Wer sich allerdings zu stark mit Symbolen abgibt, hält sich vorwiegend im unbewußten Bereich auf und kann daher kaum unterscheiden, ob es sich um innere oder um äußere Herausforderungen handelt. Dieses Verhalten diktierte, wofür die Träumende ihr Geld ausgab, und beeinflußte die Erziehung ihres Kindes. Sobald sie sich für den bewußten Weg der Integration entscheiden würde, käme sie nicht umhin, Bilder in Funktionen und Aufgaben umzuwandeln und die Energien, die sie auf die jeweiligen Symbole übertragen hatte, in ihrem eigenen Leben zum Ausdruck zu bringen. Für Außenstehende war ihr kleiner Sohn ein erstaunlich wildes Kind, das sich nicht leicht bändigen ließ, denn er wußte nicht, wer er selbst war und welches Symbol er für seine Mutter darstellte. Außerdem sah sein Vater wieder ein anderes Symbol in ihm, da seine Eltern sich inmitten eines Scheidungsverfahrens befanden. Wenn unsere Kindheit und Jugend für Vater und Mutter als Symbol dienen, wie ist es dann auch möglich, unsere eigene Identität zu finden und uns als eigenständige Persönlichkeit wahrzunehmen?

Wenn die Träumende Traumarbeitstechniken erlernt, kann sie leichter erkennen, daß ihre Symbole – für sich betrachtet – nicht ausschließlich lebendige Wesenheiten sind, sondern energetische Gebilde darstellen, in denen sich die Spannungsfelder und Funktionen widerspiegeln, die sie bewußt in ihr Leben einbauen sollte. Anhand dieser Traumarbeitssitzung konnten wir feststellen, welche Gefühle sie der Halskette entgegenbrachte. Bei ihr war ich jedoch nie ganz sicher, wie bewußt sie sein wollte oder sein konnte, da Erlebnisinhalte dieser symbolisch-spirituellen Art ihr sowohl in Träumen und Visionen als auch im äußeren Leben so leicht zuflogen. Ich arbeite mit jedem Menschen, der auf mich zukommt, um ganz natürlich dem Fluß der Dinge zu folgen.

Ich hüte mich aber davor, Personen oder Prozesse zu diagnostizieren und etwas prinzipiell als richtig oder falsch, gespalten oder heil und so weiter zu beurteilen. Ich gehe von folgender grundsätzlichen Annahme aus: Wenn man bei der Weiterentwicklung eines Prozesses unterstützend mitwirkt und beim anderen das Vorhaben bestärkt, die freigesetzten Energien bewußt zu integrieren, wird die Wandlung gelingen und sich größere Lebendigkeit einstellen. Bei Ihrer eigenen Traumarbeit jedoch werden Sie Ihre Ergebnisse selbst auswerten müssen.

Wer sich ausführlich mit der Thematik von Mythen oder Märchen befassen und deren Symbolgehalt eingehend erforschen will, ist gut beraten, wenn er die Symbolvertiefung und weitere Techniken, die mit dem Unbewußten arbeiten, anwendet.

Ist es nicht ein Unterschied, ob ein Redner oben auf dem Podium steht und einen Vortrag über die Bedeutung eines Mythos hält oder ob er die Menschen dazu anleitet, dem betreffenden Mythos selbst innerlich zu erfahren? Der erste Ansatz ist verstandesorientiert und unverbindlich, der zweite ist persönlich gehalten, setzt Prozesse in Gang und zielt auf Weiterentwicklung ab. Kein Fachmann ist imstande, mir zu sagen, wie ich meine eigenen unbewußten Inhalte erleben soll. Heutzutage sind Praktiker viel wichtiger als Experten.

Die Begegnung mit dem Außergewöhnlichen

Der Gebrauch einer beliebigen Verarbeitungstechnik, die direkt auf das Unbewußte eingeht, kann äußerst eindrucksvoll sein, insbesondere bei Personen, die bislang in diesem Bereich wenig Erfahrungen gemacht haben.

Wenn Menschen sich dem Unbewußten öffnen, bekommen sie Angst, weil sie die Entdeckung machen, daß sie plötzlich nicht mehr Herr der Lage sind. Ihr Verteidigungsmechanismus wird absichtlich außer Kraft gesetzt und Prozesse werden ausgelöst, die das kontrollierende Ich nun dadurch einzudämmen versucht, daß es sich unter Berufung auf bestimmte innere Einstellungen zusammenzieht oder abschaltet.

In einem Traumseminar für Anfänger teilte eine Teilnehmerin mit, daß sie die Eindrücke ihres Traums in sich hatte wirken lassen und wahrnehmen konnte, wie eine Energiewelle ihren ganzen Körper erfaßte. Doch danach spürte sie, daß Tränen in ihr aufstiegen, woraufhin sie ihren Körper und ihre Gefühle sogleich verschloß. Ich half ihr, anzuerkennen und zu verstehen, was bei ihr abgelaufen war. Somit hatte sie Gelegenheit, sich zu entscheiden, entweder mit Hilfe eines Traumarbeitsleiters oder eines Therapeuten Einzelsitzungen zur eigenen Traumaufarbeitung zu machen oder ihre Träume in einer Traumarbeitsgruppe oder in einem einwöchigen Traumarbeitsseminar vorzutragen.

Ein anderes Beispiel lieferte ein Mann, der während der Gruppensitzung das Gefühl hatte, die Situation nicht mehr kontrollieren zu können, und deshalb seinen Prozeß abbrach. Bei der Schilderung seines Erlebnisses gab er an, daß er zu schwitzen angefangen habe. Ich fragte ihn, ob das für ihn in Ordnung gewesen sei. Ganz und gar nicht – es war ihm peinlich, daß er geschwitzt hatte. Das gab uns – dem Team der verantwortlichen Gruppenleiter – Gelegenheit, das Wesen der *Persona* zu erklären. Wer sich ausschließlich mit seiner Schokoladenseite, mit seinem positiven Selbstbild oder seiner Persona identifiziert, hat natürlich ein befremdliches Gefühl, sobald eine Erfahrung auftaucht, in der beispielsweise Symptome zum Vorschein kommen, bei denen er letztlich die Kontrolle verliert. Jeder Traumarbeitsleiter sollte bei der Arbeit mit einzelnen oder Gruppen Sorgfalt walten lassen, indem er die Reaktionen der anwesenden Teilnehmer beobachtet, sie um Rückmeldungen bittet und anschließend eine Diskussion leitet, die allen Beteiligten verstehen hilft, was zuvor abgelaufen ist.

Was geschieht eigentlich in einer Traumsitzung? Das Ich gibt im wesentlichen seine Kontrollfunktion auf, damit der Betreffende ein Traumsymbol – und somit die Macht seiner tieferen seelischen Schichten und der Traumquelle – unmittelbar erleben kann. Für einige Teilnehmer bedeutet es, daß sie sich zum erstenmal der Traumquelle oder einer ähnlichen Instanz überantworten. Vielleicht sind sie überrascht oder haben Angst vor dem, was mit ihnen geschieht. Meistens sind die Betroffenen allerdings beeindruckt und freuen sich über die Chance, auf diese Weise direkt mit einer lebendigen inneren Quelle Kontakt aufnehmen zu können. Sie sind mit Gefühl dabei und haben den Eindruck, neue Erkenntnisse über sich gewonnen zu haben. Und sie wissen nun, wie bedeutsam die eigenen Träume sein können, wenn man näher auf sie eingeht.

Wenn Sie in eigener Regie arbeiten, gehen Sie nicht weiter als bis zu der Stelle, wo Sie sich noch wohl fühlen. Sollten Sie sich allein ein wenig fürchten, ist es sogar möglich, an einem öffentlichen Ort, etwa in einem Café, oder draußen in der Natur die Symbolvertiefung durchzuführen. Lassen Sie sich begleiten, wenn Sie befürchten, die Situation könnte Ihnen über den Kopf wachsen. Lassen Sie sich von den obigen Anmerkungen nicht abhalten, diese Traumtechnik auszuprobieren. Wer auf diese Weise der Quelle begegnet, erzielt möglicherweise Ergebnisse, die ihm Lebenskraft schenken.

Beispiel: Traumarbeit bei Krebsverdacht

Da wir gerade angsterregende Erfahrungen ansprechen, erinnere ich mich an eine meiner Schülerinnen, der von ihren Ärzten Verdacht auf Brustkrebs bescheinigt wurde. Danach hatte sie einen Traum, in dem sie sich auf dem Flur des Krankenhauses befand. Sie blieb vor einer bestimmten Tür stehen. Sie wachte dann auf und hatte keine Ahnung, was sich hinter der verschlossenen Tür verbarg. Anstatt die Möglichkeiten dieses Traums zu deuten oder noch heftiger zu diskutieren, beschlossen wir, das Geheimnis des Symbols zu wahren. Sie entschied sich dafür, täglich vor der verschlossenen Tür zu meditieren, bis sich etwas ereignen würde.

Auch in diesem Fall handelt es sich um eine Art von Symbolvertiefung, da die Frau sich mit dem Symbol des ursprünglichen Traums ausgiebig beschäftigte und es immer stärker nachempfand. Oder war sie es selbst, die sich immer stärker erlebte, wenn sie in ihrer Meditation vor dieser Tür stand? Während einer Meditationssitzung war sie schließlich bereit, die Tür zu öffnen und das Krankenzimmer zu betreten. Die Sache nahm einen guten Ausgang, und sie mußte sich weder im Traumzustand noch in der äußeren Realität einer Brustkrebsoperation unterziehen.

Beachtenswert an diesem Fall ist, daß wir keinerlei Visualisierungsübungen empfohlen haben, bei denen das Ich durch die bewußte Veränderung der inneren Bilder die Psyche zu beeinflussen versucht. Wir verstehen es als unsere Pflicht, die Quelle in dem, was sie tut, zu unterstützen und mit ihr zusammenzuarbeiten sowie uns allen Herausforderungen zu stellen, mit denen sie uns im Lauf der Zeit konfrontiert.

In jener Situation hätte ich ebenfalls Angst gehabt, Sie nicht auch?

Übersicht zur Symbolvertiefung

Regeln

○ Nach der Niederschrift des Traums wählen Sie ein wichtiges Symbol Ihres Traums aus. Aus dem Unbewußten steigt so reichhaltiges Material auf, daß Sie gezwungen sind, eine Auswahl zu treffen. Träume stellen sich fortwährend ein, doch welches Symbol oder welche Symbole sollen wir uns anschließend zur näheren Untersuchung vornehmen? Welche Punkte sind dabei ausschlaggebend? In welchem Sinnzusammenhang treffen wir unsere Wahl? Nachfolgend werden einige Möglichkeiten aufgeführt:
– Entscheiden Sie sich für das Symbol, das Ihnen am meisten bedeutet.
– Wählen Sie das Symbol, das am meisten Sinn ergibt oder Ihnen am meisten Heilung verspricht.
– Wählen Sie das Symbol, vor dem Sie am meisten Angst haben.
– Lassen Sie sich bei der Auswahl des Symbols von Ihren Gefühlen oder von spontanen intuitiven Regungen leiten.
○ Schließen Sie die Augen, entspannen Sie sich, und versetzen Sie sich in einen meditativen Zustand. Streifen Sie alle äußeren Sorgen von sich ab, und öffnen Sie in Ihrem Inneren einen klaren, leeren Raum. Findet die Traumsitzung unter Anleitung statt, verhält sich die leitende Person in gleicher Weise. Während des gesamten Sitzungsverlaufs sollte sichergestellt sein, daß Sie nicht gestört werden.
○ Als nächstes lassen Sie Ihr Traumsymbol anschaulich und lebensnah in allen Einzelheiten vor sich entstehen. Konzentrieren Sie sich darauf, und fühlen Sie es. Nehmen Sie sich seiner an. Vergegenwärtigen Sie sich das lebendige Wesen des Symbols.

Hüten Sie sich bei dieser Übung besonders vor allen aufkommenden Tendenzen der Symbolentfaltung oder -regression. Halten Sie sich peinlich genau an das Symbol, erlauben Sie ihm, daß es vor Ihnen Gestalt annimmt und größer und einprägsamer wird. Nehmen Sie es noch aufmerksamer in seiner Essenz, Aufgabe und Daseinsberechtigung wahr. Lenken Sie Ihre Aufmerksamkeit nicht auf neue Symbole, wie dies beim Wiedereinstieg in den Traum der Fall sein könnte. Halten Sie sich konstant an das Symbol, und holen Sie alles bis zum letzten Rest aus ihm heraus. Die Absicht ist, das Symbol innerlich lebendig werden zu lassen, indem es bis zur Neige ausgeschöpft wird. Sie wissen intuitiv, zu welchem Zeitpunkt die Symbolvertiefung abgeschlossen ist und Sie aufhören können. In diesem Fall spüren Sie, daß eine Art von Lösung erreicht ist.
○ Es ist günstig, wenn Sie die aktuellen Prozesse innerhalb der

Sitzung entweder einer Begleitperson laut mitteilen oder auf Band sprechen. Vielleicht sind Sie sogar imstande, während der Sitzung mitzuschreiben. Halten Sie unter allen Umständen Ihr Erlebnis gleich nach Abschluß der Sitzung schriftlich fest.

Einige Menschen erfahren die Erweiterung eines Symbols als einen Strom von Zustandsbeschreibungen, Einsichten, Gefühlen und so weiter, die anscheinend aus dem Symbol hervorbrechen. Für andere wiederum ist es ein visuelles Erlebnis, und sie greifen vielleicht direkt in das Geschehen ein. Möglicherweise kommt dabei sogar eine Art von Zwiegespräch zustande. Bemühen Sie sich, die Art Ihrer Symbolerfahrung nicht zu bewerten. Ein Aspekt Ihres Ichs übernimmt die Rolle des Beobachters und erinnert sich an den Sitzungsverlauf, während eine andere Ich-Funktion sich konzentriert, sich möglicherweise in das Geschehen hineinbegibt und sich auch daran beteiligt.

○ Nach Beendigung der Symbolvertiefung sollten Sie Ihre Eindrücke schriftlich festhalten und auswerten. Inwiefern unterscheidet sich diese Symbolerfahrung von dem ursprünglichen Traumerlebnis? Welche Ergebnisse haben Sie aus der Symbolvertiefung gewonnen? Welches entscheidende Gefühl, welche Einsichten oder Grundaussagen sind zutage getreten?

○ Verspüren Sie ein Gefühl von Ehrfurcht, und glauben Sie, den Sinn und die Bedeutung verstanden zu haben? Bei vielen Menschen ist das der Fall. Auf irgendeine Weise wurde die Kraft des Unbewußten – die Quelle des Lebens – berührt, was mit einer besonderen Empfindung von Intensität einhergeht. Wir arbeiten mit unserem Unterbewußtsein, um unser Wesen zu beleben und zu verwandeln.

Wenn man innerhalb einer Gruppe Symbolvertiefung durchführt, bittet man die Teilnehmer, die Erlebnisse der anderen *nicht* zu analysieren. Das betrifft auch die Person, die sich mitteilt. Die Stimmung kann bereits durch Fragen von außen beeinträchtigt werden, oder Fragen werden teilweise als Zudringlichkeit empfunden. Es ist den Teilnehmern freigestellt, ihr persönliches Symbolerlebnis mitzuteilen. Wenn ich eine Übung zur Symbolvertiefung in der Gruppe leite, bitte ich stets alle Anwesenden, sich in einen meditativen Zustand zu versenken und sich auf ihren eigenen Prozeß einzulassen. Somit wird ausgeschlossen, daß die Teilnehmer sich und andere beobachten oder analysieren.

8. Die Traumaufgabe

Das Leben besteht aus Arbeit. Niemand entgeht der Notwendigkeit zu arbeiten. Selbst wohlhabende Mitbürger sind gezwungen,
sich für die Erhaltung ihres Reichtums einzusetzen. Nur ein
armer Mensch ist der Ansicht, daß für ihn keine Arbeit vorhanden sei. Wer jedoch keine Beschäftigung oder Aufgabe findet,
dessen Schwungkraft und Lebensfreude nehmen ab. Alles im
Leben, was nicht zum Einsatz kommt, schrumpft, welkt dahin
und wird unbrauchbar. Wer leben will, muß arbeiten. Daher
lernen wir, wie man mit und durch Arbeit sinnvoll leben kann.

Geht es uns im Umgang mit Träumen nicht genauso? Wenn wir
träumen, erhalten wir allnächtlich Botschaften und begegnen
herausfordernden Traumsituationen, aber mit unseren Träumen
unternehmen wir wenig, vielleicht gar nichts. Wir nutzen sie
weder, um ein sinnvolles Leben zu führen, noch lassen wir sie zu
unseren Gunsten arbeiten, noch kommen wir ihren Aufforderun-
gen nach, aktiv zu werden. Hin und wieder erleben wir es jedoch,
daß die Traumquelle uns zwingt zu handeln, wie beispielsweise
in Alpträumen, doch im Normalfall sind wir zu träge, irgend
etwas für die wichtigen Dinge im Leben zu tun.

Was bedeutet Arbeit?

Faulheit ist einer der Strohhalme, die den Rücken des Kamels
brechen. Wer sich verweigert und auf der Reise durchs Leben
seine Fähigkeiten nicht zum Einsatz bringt, dessen Reise ist
eigentlich schon zu Ende. Wer selbst nicht tätig sein will, nur auf
Vergnügungen aus ist und andere für sich arbeiten läßt, dem

entschwindet der Sinn des Lebens. Er verliert jegliches Gespür, wie man sich in der Gemeinschaft verhält. Es ist durchaus möglich, seine Arbeit lieben zu lernen, wenn man mit vollem Einsatz bei der Sache ist. Wer sich nur ernähren und unterhalten läßt, nur studiert und Bücher liest, ohne in irgendeiner Weise etwas zurückzugeben, ist auf seine Art faul. Wer unentwegt von anderen nimmt, dessen Habgier wird dadurch nicht befriedigt, sondern geschürt. Durch eigene Arbeit leistet man einen Beitrag für seine Mitmenschen und weiß daher auch, daß man tatsächlich etwas zu geben hat. Wer sich schöpferisch betätigt, findet in seiner Arbeit Bestätigung, weil er sich für ein Werk einsetzt oder an einem Projekt beteiligt, statt unentwegt nur zu empfangen. Wer dauernd nimmt, füllt sich nur seine Taschen. Machen Sie also Ihren Kopf frei, und setzen Sie Ihre Kräfte für gute Zwecke ein. Durch Ihre Erfolge und die Art, wie Sie sie erringen, bauen Sie sich auch innerlich auf.

Zerstreuung stellt eine weitere große Ablenkung von echter Arbeit dar. Viele Menschen halten Ausschau nach Dingen, die ihnen die Zeit vertreiben, um sich nicht mit sich selbst und mit dem echten Problem beschäftigen zu müssen, wie sie ihr Leben sinnvoll gestalten. Wer sich mit Arbeit zuschaufelt, ist damit allerdings auch nicht von der Pflicht entbunden, für seine Selbstverwirklichung und Sinnfindung zu sorgen. Streichen Sie einen Teil der Verpflichtungen in Ihrem Terminkalender, und räumen Sie sich statt dessen Zeiten für die Beschäftigung mit sich selbst ein. Finden Sie heraus, wer Sie sind: Wofür engagiere ich mich? Wo und inwiefern betätige ich mich an der falschen Stelle? Welchen Leuten gebe ich meine Kraft und Unterstützung? Welchen Hobbys gehe ich nach, welche zusätzlichen Aufgaben übernehme ich, und welche materiellen Dinge schätze ich besonders? Untersuchen Sie alles, was Sie tun, ganz genau. Nehmen Sie unter die Lupe, wie Sie Ihre Zeit verwenden. Wissen Sie überhaupt, wie man eine Wahl trifft, wenn es darum geht, welche Pläne man in seinem Leben verwirklichen will? Können Sie den Sinn und Zweck Ihres Lebens beschreiben und ihn mit harter und befriedigender Arbeit in die Tat umsetzen?

Widmen Sie sich den *Traumaufgaben*. Mit der Traumaufgabe

ist nicht alles getan, aber in den meisten Fällen befriedigt sie mehr, als wenn man bloß über eine Begebenheit im Traum oder im Leben nachdenkt. Wer Traumaufgaben ausführt, hat sich dazu verpflichtet, seine Träume im äußeren Leben zu verankern und in die Tat umzusetzen.

Fragen Sie nicht, was Ihre Träume bedeuten, sondern, was Sie für Ihre Träume tun können. Und fragen Sie nicht, was Sie heute unternehmen sollen, sondern was am heutigen Tag getan werden will. Für die Drehscheibe des Lebens brauchen wir einen Mittelpunkt oder einen Bewertungsmaßstab, anhand dessen erkennbar ist, was am wichtigsten ist und was funktioniert. Mit Hilfe von engagierter Traumarbeit lernen wir, die Werte des Lebens zu schätzen, und erfahren, wie sie zu erreichen sind.

Wir müssen Opfer bringen und die Dinge preisgeben, die uns ohnehin eines Tages genommen werden. Ein Opfer zu bringen heißt, sich ehrlich zu entscheiden, Verhaftungen und Zerstreuungen aufzugeben, die uns später davon abhalten könnten, den Dingen, die den größten Wert für uns bergen, Raum zu gewähren. So sagen wir nein zu allem, was sich dem neugefundenen Ja widersetzt. Und wenn man es schon einmal geschafft hat, weshalb sollte es nicht öfter möglich sein? Warum sich auch nur einen Tag länger mit dem abgeben, was bereits überwunden ist? Räumen Sie die Hindernisse aus dem Weg, geben Sie die schlechten Angewohnheiten auf, und ändern Sie Ihre Lebensweise.

Bei der Beschäftigung mit Traumaufgaben besteht die allerwichtigste Verpflichtung darin, sich bewußt vorzunehmen, die Traumaufgabe auch wirklich zu erledigen. Das eigene Leben verändert sich tatsächlich, indem man sich die Thematik und die Möglichkeiten des Traums vornimmt und sie in die Alltagswirklichkeit umsetzt. Jeder Traum fordert uns auf, die bisherigen Einstellungen und Verhaltensmuster aufzugeben und neuartige Grundsätze und Lebensweisen zu übernehmen. Die Traumquelle konfrontiert uns unentwegt mit Herausforderungen dieser Art. Einige Methoden eignen sich besonders, um festzustellen, welche Ansprüche an uns gestellt werden. Andere Techniken, wie beispielsweise die Erfüllung von Traumaufgaben, gelten der Umsetzung dessen, was wir herausgefunden haben.

Wenn Sie Ihr persönliches Engagement oder die Verpflichtung eines anderen auf den Prüfstand stellen wollen, betrauen Sie sich oder die betreffende Person mit einer Traumaufgabe. Wie gut es einem geht, wie sehr man doch erleuchtet ist und welche unwahrscheinlichen Erlebnisse einem zuteil geworden sind, kann jeder zum besten zu geben, doch nur wenige vermögen zu berichtigen, daß sie heute etwas Bedeutsames ausgeführt haben, und sind auch bereit, es vor anderen zu belegen.

Der Grundsatz der Effektivität verlangt von uns, uns auf Herausforderungen einzustellen und unser Handeln nach realistischen Prinzipien auszurichten. Ordnen und bündeln Sie Ihre Kräfte und Talente, und halten Sie sich an wirklichkeitsnahe und konstruktive Strategien. Finden Sie heraus, welche Dinge Ihrem Leben am meisten Sinn verleihen, und verwirklichen Sie sie. Die Traumarbeit unterstützt uns in diesem Bemühen. Wenn wir Traumaufgaben durchführen, lernen wir, uns für das zu entscheiden, was uns wichtig ist, und auf schöpferische Weise festzustellen, wie wir die Möglichkeiten des Traums in allem, was wir tun, in die Alltagsrealität umsetzen können. Eine Traumaufgabe ist also ein bestimmtes Vorhaben, dessen Realisierung das Ich beziehungsweise der bewußte Teil der Persönlichkeit innerhalb eines festgesetzten Zeitraums erreichen will.

Der Sinn von Traumaufgaben

Es ist eine Sache, sich von einem positiven, ergreifenden Erlebnis erheben zu lassen, beispielsweise wenn wir anschaulich und lebendig träumen. Eine ganz andere Sache ist es aber, sich dazu zu verpflichten, das Erlebte in die Alltagswirklichkeit konkret zu übertragen.

Einsicht allein genügt keineswegs, es bedarf auch bewußten Handelns. Taten zählen mehr als Worte. Wer aktiv wird, bringt sich zudem auch emotional in seine Arbeit ein. Wenn man sich an den Grundsatz hält, stets gemäß seiner Worte zu handeln, ist die Gefühlsebene einbezogen, und auf diese Weise erwachsen aus Gefühlen Taten.

Wer auf seinem Pfad der Erkenntnis von einem Übermaß an überraschenden Einsichten überrollt wird, fühlt sich oft ganz hilflos. Was tun? Man kommt nicht umhin, eine Wahl zu treffen. Man muß sich für einen bestimmten Weg entscheiden und diese Wahl immer wieder neu bestätigen. Das geschieht durch aktives Handeln. Im Tun zeigt sich der Wert allen Nachdenkens. Träume müssen mit Hilfe der Traumarbeit in die Tat umgesetzt werden, damit sie verwirklicht werden.

Aus jedem Traum ergibt sich eine Vielzahl möglicher Aufgaben, die sowohl für Projekte der inneren wie der äußeren Wirklichkeit geeignet sind. Alle Tätigkeiten, die helfen, Trauminhalte lebendig zu machen, sind der Sache dienlich. Hierzu einige Beispiele:

○ Eine Frau wollte wissen, ob echte Gespenster in Träumen erscheinen können oder ob es sich bei Wesen dieser Art nur um innere Gestalten oder Symbole handelt. Sie bat deshalb um einen Traum, in dem ein Gespenst auftreten sollte. Ihr Wunsch ging in Erfüllung, sie hielt Zwiesprache mit dem Geistwesen und konnte es dabei prüfen. Ihre Erfahrungen waren für sie äußerst aufschlußreich und haben ihren Horizont keineswegs eingeschränkt, sondern erweitert.

○ Eine ältere Dame träumte, sie würde mit der Bahn fahren und hätte zwei Koffer bei sich, die mit so viel wertlosem Plunder vollgestopft waren, daß ohne weiteres vier Koffer hätten damit gefüllt werden können. Infolge dieses Traums verringerte sie ihre Verpflichtungen im äußeren Alltagsleben, was ihrem fortgeschrittenen Alter auch mehr entgegenkam. Daraufhin träumte sie, sie würde mit zwei normal gepackten Koffern reisen, die wertloses Zeug enthielten.

○ Ein Mann träumte, er und seine ehemalige Frau hätten eine Beziehung. Er handelte dementsprechend, was beider Leben entscheidend veränderte.

○ Jemand, der aus einem Alptraum erwachte, ließ sich sofort wieder in den Schlaf zurückgleiten, um den Traum fortzusetzen, und kam zu einer Lösung.

○ Eine Frau, die nach ihrer spirituellen Berufung Ausschau hielt, träumte von einem wunderschönen Heilungssymbol. Aus Ton und Kieselsteinen, die sie am Strand gesammelt hatte, fertigte sie eine Nachbildung des Symbols an und stellte sie an ihrem Meditationsplatz auf.

○ Ein Mann meditierte über seinen Traum, versetzte sich dabei noch einmal in dessen Bildwelt zurück und durchlebte den Konfliktstoff erneut. Auf diese Weise gelang es ihm, einen Verlust wirklich zu betrauern, die dabei auftretenden Gefühle zu verarbeiten, umzuwandeln und sich von ihnen zu befreien, so daß er ein neues Leben beginnen konnte.

○ Ein Mann träumte, er habe sich mit seinem ehemaligen Vorbild und Lehrer ausgesöhnt, und schrieb daraufhin einen versöhnlichen Brief an den Betreffenden, in dem er auch seinen Traum schilderte.

Wir könnten noch eine Vielzahl ähnlich bedeutungsvoller Beispiele aufzählen. Wenn man sich pro Woche nur eine einzige Traumaufgabe vornimmt, hat man nach Ablauf eines Jahres gut fünfzig spezielle Aufgaben bewältigt. Das heißt, diese Traumarbeitsmethode erweist sich als eine entscheidende Erkenntnisquelle im Leben, zumal viele der gestellten Traumaufgaben sich ein Leben lang wiederholen lassen.

Lernschwierigkeiten bei der Anwendung der Traumarbeitsverfahren

Ich weiß wohl um die Tatsache, daß die Mehrzahl meiner Schüler den bewußten Umgang mit Träumen nicht im Zuge unserer Ausbildungskurse lernt, sofern ich sie nicht stark fordere und darauf bestehe, daß sie ihre Aufgaben auch wirklich meistern. Wir reagieren vorwiegend unbewußt auf unsere Lebensumstände, statt uns tatkräftig und gezielt mit den gegebenen Situationen auseinanderzusetzen. Die Erfüllung einer freiwillig gewählten Hausaufgabe kostet Zeit, die wir sonst unseren Mitmenschen und anderen Dingen widmen könnten.

Jahr für Jahr sind die Reisebüros darauf aus, daß wir ihnen

mindestens zwei Wochen unserer Urlaubszeit anvertrauen. Die Reisespezialisten bemühen sich darum, daß wir bei ihrer Agentur eine Urlaubsreise buchen und bezahlen. Mir erscheint es absurd, daß wir mindestens vierzehn Tage im Jahr der Touristikbranche zur Verfügung stellen und dafür auch noch bezahlen müssen. Welchen Nutzen bringen die meisten Urlaubsreisen? Man vergeudet Lebensenergie, Zeit und Geld und läßt sich von seinem Lebensziel ablenken.

Wer sich lohnenswerten Lebenszielen verschrieben hat, die alle seine Fähigkeiten und seine Suche nach Sinnfindung in Anspruch nehmen, ist nicht auf Urlaub dieser Art angewiesen. Der Großteil der Angebote und Pauschalreisen ist auf alltagsverdrossene Mitbürger zugeschnitten, die ihre berufliche Tätigkeit meist ungern verrichten. Ihre Arbeit bietet ihnen nicht genug schöpferische Möglichkeiten zur Selbstverwirklichung, sondern soll in der Hauptsache ihren Lebensunterhalt garantieren. Klüger wäre es, wenn sie hin und wieder Pausen einlegten, statt die freien Tage für die »schönsten Wochen im Jahr« zu horten.

Mit Aufgabe ist in diesem Zusammenhang nicht gemeint, anderen Menschen einen Gefallen zu tun oder irgendeinem höheren Zweck zu dienen. Traumaufgaben führt man nicht aus, um damit Geld zu verdienen, sondern weil sie schöpferisch und befriedigend sind. Wir befolgen hier den Grundsatz, in zunehmendem Maß das zu tun, was uns in persönlicher und spiritueller Hinsicht anregt und erfüllt. Wer am Arbeitsplatz müde ist, ist seine Tätigkeit dort leid. Wer nur aus finanziellen Erwägungen arbeitet, kann letztlich keine Befriedigung durch seine Tätigkeit finden, doch wer sich aus Gründen der Selbstentfaltung und Bewußtseinserweiterung beruflich engagiert, findet viel eher Erfüllung. Wer sich auf ein solches Wagnis einläßt, muß allerdings über die Gesetze der Wirklichkeit Bescheid wissen. Er kommt nicht umhin, seine Fähigkeiten und Talente in einer Art und Weise anzubieten, daß sie anderen zugute kommen und sich als wirksam und nützlich erweisen. Wir lernen, wie wir uns sinnvoll einbringen können, indem wir unsere selbstgestellten Aufgaben bewältigen, vorausgesetzt, sie stimmen auch mit den Möglichkeiten in der realen Außenwelt überein.

Auch wenn Ihre Lebensumstände, Ihre Bildung und Ihre Fähigkeiten Ihnen einen ziemlich alltäglichen Beruf beschert haben, mit dem Sie in erster Linie Ihren Lebensunterhalt bestreiten, sollten Sie sich in Ihrem Aufgabenbereich engagieren, damit Sie aus Ihrer Tätigkeit persönliche Befriedigung ziehen können. Wenn Sie in jedem Augenblick ganz bei der Sache sind und sich täglich persönlich innere Aufgaben stellen, die Sie im Rahmen Ihrer beruflichen Tätigkeit durchführen können, haben Sie Erfolg damit, weil sie sich auf die alltäglichen Dinge beziehen, die dort passieren. In der alten Stelle lediglich zu kündigen muß nicht notwendigerweise den entscheidenden Bewußtseinswandel nach sich ziehen, um fortan in allem, womit man sich beschäftigt, Erfüllung zu finden.

Die Durchführung von Traumaufgaben

Zunächst wird der ursprüngliche Traum untersucht, um festzustellen, ob die Traumquelle selbst anhand des Trauminhalts eine Aufgabe nahegelegt hat. Solche Tätigkeitshinweise müssen nicht in jedem Fall eindeutig erkennbar sein. Richten Sie jedoch Ihr Augenmerk auf bestimmte erfolgreich gelöste Traumhandlungen: Das Traum-Ich hat zum Beispiel eine Prüfung bestanden. Notieren Sie bei der Beobachtung des Traum-Ichs, welche Einstellungen und Verhaltensweisen die erfolgreiche Erfüllung der Aufgabenstellung im Traum herbeiführten. Im Anschluß daran können Sie sich vornehmen, im äußeren Leben eine ähnliche Aufgabe auszuführen, die Sie im Traum bereits bewältigt haben. Gehen Sie etwa folgendermaßen vor: Begegnen Sie allen Herausforderungen und Prüfungen mit einer Haltung innerer Zuversicht, die besagt, daß Sie Ihr Bestes geben und so den gestellten Aufgaben gerecht werden, die Ihrem derzeitigen Entwicklungsstand im Leben entsprechen.

Übrigens: Wenn es Ihnen weder in Ihrem Alltag noch im Traumleben gelingt, die Ihnen aufgetragenen Aufgaben zu erledigen, sollten Sie untersuchen, welche Ihrer Anschauungen und Verhaltensweisen geändert werden müssen. Zugleich sollten Sie aber auch prüfen, ob Sie sich möglicherweise eine Aufgabe zugemutet oder einen Auftrag von fremder Seite angenommen haben, die nicht mit Ihrer derzeitigen Verfassung übereinstimmten. Niemand hier auf Erden muß allen Bereichen des Lebens gerecht werden. Nehmen Sie sich daher nur solche Aufgaben vor, die Ihrem Entwicklungsstand angemessen sind.

Wir lassen uns oft dazu verleiten, Dinge zu tun, die nicht unseren derzeitigen Fähigkeiten und unserem Können entsprechen, und dieses vergebliche Bemühen kostet viel Zeit und Energie. Wenn uns eine Sache von Anfang an schwerfällt, sollten wir überdenken, ob das Gewählte überhaupt sinnvoll ist. Wer sich bei einem Vorhaben zu sehr abmühen muß und mit der gestellten Aufgabe nicht zurechtkommt, zeigt, daß ihm entweder die Kraftreserven fehlen oder daß sein Standpunkt revidiert werden müßte. Wie kann man das genauer feststellen? Indem man die Einwände seines Ichs aus dem Weg räumt und sich gleichzeitig von den Erwartungen seiner Mitmenschen abkoppelt. Sorgen Sie dafür, daß Sie sich zu einem empfangsbereiten Wesen entwikkeln, das auf die Quelle ausgerichtet ist und daher weder den eigenen Begierden noch denen anderer Leute dient. Nachdem Sie sich von fremdbestimmten Motiven und selbstsüchtigen Zwecken freigemacht haben, setzen Sie sich für Ihre Aufgabe ein, und beobachten Sie aufmerksam, was passiert. Sollten sich die Dinge aber immer noch nicht in Ihrem Sinn entwickeln, wäre es naheliegend, den gefaßten Plan aufzugeben. Die Verpflichtung beruht in letzter Konsequenz keinesfalls auf einer spezifischen Tätigkeit, sondern bezieht sich auf den persönlichen Entwicklungsweg in seiner Gesamtheit. Jeder mag über sein Engagement selbst entscheiden. Wer sich aber für eine Aufgabe einsetzt und voller Begeisterung bei der Sache ist, kann sich den Energiestrom zunutze machen und sich von ihm tragen lassen. Wer seiner inneren Leidenschaft nachgeht, erfährt automatisch höchstes Glück.

Die Formulierung von Traumaufgaben
durch den Gruppenleiter

Wenn Sie sich dafür entschieden haben, einzeln oder innerhalb einer Gruppe mit einem Leiter für Traumarbeit zusammenzuarbeiten, sollten Sie auch innerlich bereit sein, Hilfe und Führung anzunehmen. Wenn der Leiter auf Ihre Trauminhalte wirklich eingeht, ergibt sich seine Unterstützungsleistung ganz natürlich und ohne äußeres Zutun aus dem Geschehen. Gemeinsam formulieren Sie die spezielle *Traum-Leben-Aufgabe*. Bei einer Traum-Leben-Aufgabe setzt man eine Traumaufgabe, die infolge der Traumbearbeitung entwickelt wurde, im Rahmen der eigenen äußeren Lebensbedingungen um. Eine *Traumaufgabe* bezieht sich hingegen unmittelbar auf die Verarbeitung der Trauminhalte. Wir erfüllen deshalb Traum-Leben-Aufgaben, um die persönlichen Traumarbeitsprozesse und Umstellungen in der Persönlichkeitsstruktur im Alltag zu verankern.

Gegenüber dem Traum-Ich oder dem wachen Ich sollte ein Leiter für Traumarbeit in erster Linie den Standpunkt der Traumquelle oder der gesamten Traumaussage einnehmen, da die Warte des Ichs begrenzt ist und in den meisten Fällen nicht dem Gesamtbild des Traums entspricht. Aus diesem Grund sorgt ein guter Traumarbeitsleiter dafür, daß der Traumarbeiter Aufgaben übernimmt, die ihm hinsichtlich der ursprünglichen Traumoffenbarung einen umfassenderen Einblick verschaffen können. Ein Mensch, dem es mißfällt, anderen weh zu tun oder Gegenstände zu beschädigen, hat möglicherweise einen Traum, in dem er anderen Leid zufügt, wodurch er seine eigene ganzheitliche Orientierung und Balance bewahrt. In einem solchen Fall steht der Leiter vor dem Problem, ihn mit der Aufgabe zu betrauen, andere bewußt zu verletzen. Das bedeutet keinesfalls, daß der Betreffende seine Mitmenschen nun schlagen soll, sondern er sollte lernen, deren Anforderungen und Wünsche an ihn auch einmal abzulehnen und sie ihren eigenen leidvollen Erfahrungen zu überlassen.

An diesem Beispiel läßt sich erkennen, welchen Zweck wir mit den Aufgabenstellungen verfolgen. Einerseits wird deutlich, daß die Aufgabe ein Gegengewicht zu der gewöhnlichen Einstellung und Verhaltensweise des Ichs herstellt. Das Ich wird anhand der spezifischen Aufgabenstellung aufgefordert, etwas zu tun, was ihm zunächst mißfällt, weil es an fixe Vorstellungen und Routinehandlungen gebunden ist. Auf diese Weise werden andererseits der Verhaltensmodus und die Einstellungen des Ichs erweitert.

Wann gilt es zu handeln?

Wenn es möglich ist, etwas zu tun, soll man es auch tun – das wäre Pragmatismus in Reinkultur. Und wenn es sich nun um Mord oder Ehebruch handelt? Was möglich ist, wird auch getan, das ist nun einmal – so scheint es – der Lauf der Welt. Manche Menschen halten sich an diesen Grundsatz. Wir vertreten in unserem Fall keineswegs die Ansicht, daß die Handlungen eines Traums stets im äußeren Leben ausgeführt werden können oder sollen. Im Traum sind Konfliktsituationen und Verhaltensweisen erfahrbar, ohne daß dieselben Themen im äußeren Leben nachzuspielen wären. Für eine Tochter, die noch dazu Nonne ist, kann es beispielsweise ein tiefgreifendes Gefühlserlebnis sein, wenn sie im Traum mit ihrem Vater schläft. Die gleiche Erfahrung im Alltagsleben zu machen dürfte allerdings höchst abwegig sein. Jedoch gibt es eine Reihe von Fällen, in denen Töchter im Kindesalter mit ihrem Vater Geschlechtsverkehr hatten, sich aus diesem Grund später von der Welt lossagten und für ein Leben im Nonnenkloster entschieden. Es ist notwendig, jedes Problem, was immer es auch sein mag, symbolisch und gefühlsmäßig aufzuarbeiten. Sobald ein Konfliktstoff im Traum zum Vorschein kommt, ist die betreffende Person aufgefordert, sich mit dem jeweiligen Thema auseinanderzusetzen. Die Methoden der Jung-Senoi-Traumarbeit richten sich nach diesem Grundsatz.

Wir erfüllen Traumaufgaben, um neue Kräfte und Energien in uns aufzunehmen, denen wir bislang nicht gewachsen waren.

Aus diesem Grund empfehlen wir die Verwirklichung der eigenen Träume. Wenn eine Frau träumt, daß sie mit ihrem Vater geschlechtlich verkehrt, hat sie die Möglichkeit, sich eine Traum-Leben-Aufgabe aufzuerlegen, die geeignet ist, die Nähe zu ihrem Vater zu stärken, sofern er noch am Leben ist. Wenn der Vater allerdings bereits gestorben ist, kann sie anhand der Methode des Wiedererlebens des Traums eine gefühlsmäßige Erfahrung machen, die womöglich noch in stärkerem Maß hilft, das Verhältnis zwischen Vater und Tochter zu klären.

Ich propagiere keinesfalls, daß man sich durch erzwungene Eingriffe künstlich perversen Erfahrungen aussetzt. Um beim obigen Beispiel zu bleiben: Geschlechtsverkehr mit dem eigenen Vater soll nur symbolisch erfolgen, wenn dieses Erlebnis im Traumzustand in Erscheinung tritt oder sich im Rahmen der Traumarbeit von selbst einstellt. Wichtig ist, daß das eigene Ich nicht genötigt wird, Dinge zu tun. Das ist Sache der Traumquelle, die den gebotenen Konfliktstoff ohnehin schon herausfordernd genug zuspitzt. Richtig verhält sich derjenige, der den Hinweisen der Traumquelle nachgeht und entsprechende Traumaufgaben ausführt, weil auf diese Weise echte und nachhaltige Veränderungen zustande kommen.

Die wesentliche Aufgabe des Leiters der Traumarbeit besteht darin, dem Träumenden eine Reihe von Traumaufgaben zu einem bestimmten Traum vorzuschlagen. Der Träumende trifft nun eine Wahl und führt eine oder häufig auch mehrere Anregungen aus, die ihm passend erscheinen. Während der Bearbeitungsphase kann sich die Aufgabenstellung verändern, oder es bieten sich sogar weitere neue Gesichtspunkte an. Dieses Vorgehen unterstützt den schöpferischen Zustrom von Material aus dem Unbewußten.

In Traumarbeitsgruppen legt die leitende Person üblicherweise eine Reihe von Vorschlägen der Traumaufgaben vor, doch gelegentlich können natürlich auch Gruppenmitglieder Anregungen zu Aufgabenstellungen geben. Dabei ist wichtig, nicht auf mögliche Traumdeutungen zu verfallen, sondern die vorhandenen Intuitionen, Übertragungen und so weiter in Fragen zu kleiden, die den Weg zur geeigneten Aufgabenstellung weisen.

Antworten sind Silber, Fragen sind Gold

Wer sich wirklich im Innersten von einer Frage bewegen läßt, gesteht damit ein, daß er die Antwort auf sie nicht kennt. Doch wie viele Menschen sind willens, vom hohen Roß ihres Wissens herabzusteigen und dem Geheimnisvollen demütig zu begegnen? Nur im eigenen Leben findet man Antworten. Lediglich eine Meinung zu haben heißt nicht, alle Fragen beantworten zu können. Antworten sind nebensächlich, aber Fragen von außen sind nützlich, sofern sie den Betreffenden veranlassen, nach der eigenen inneren Wahrheit zu forschen. Und übrigens: Wie gehen Sie selbst auf Ihre Frage ein?

Im ersten Teil jeder Traumarbeitssitzung berichten die Anwesenden, wie sie ihre schon gestellten Traumaufgaben gelöst oder mit den bereits erfüllten Vorsätzen zurechtgekommen sind. Dies ist ebenso wichtig wie das Erzählen neuer Träume. Die zweite Hälfte der Traumarbeitssitzung wird dazu verwendet, um zum einen die jüngsten Träume der Gruppe mitzuteilen und zum anderen Vorschläge für die entsprechenden Traumaufgaben zu machen.

Traumaufgabenstellungen sind stets als Vorschläge zu verstehen, nicht als Vorschriften, wie jemand mit seinem Leben umgehen soll. Gefahr droht, wenn der Leiter einem Gruppenmitglied eine Aufgabe in Form eines Befehls erteilt, da er in einem solchen Fall der betreffenden Person die freie Wahl entzieht. Ein Leiter von Traumarbeitssitzungen unterscheidet sich in diesem Punkt von den meisten spirituellen Lehrern.

Gute Ratschläge sind keine Lösung

»Sie sollten mit diesem Freund Schluß machen. In dieser Beziehung erleben Sie nichts als Kummer und Leid« – dieser Ratschlag ähnelt eher einem voreingenommenen Richtspruch, aber keiner Traumaufgabe. Eine Frau, die seinerzeit ein Jahr lang an einer Traumgruppe teilnahm, hatte große familiäre Schwierigkeiten:

Ihr Sohn war an Leukämie gestorben, ihre Tochter wurde ermordet, und obendrein lebte sie mit einem gefühlskalten Ehemann zusammen. Jedesmal, wenn sie ihr Eheproblem anhand ihrer Traumarbeit zur Sprache brachte, gaben neue Teilnehmer ausnahmslos zu bedenken, daß sie – wären sie an ihrer Stelle – sich von einem solchen Kerl trennen würden. Wie könne man einer Frau zumuten, mit einem übelgelaunten, lieblosen Unhold zusammenzuleben? Welche Einstellung verbirgt sich hinter dieser Frage? Tatsache ist, daß sie ein ganzes Leben an der Seite dieses Mannes verbracht hat. Wir behalten unsere voreingenommenen Meinungen besser für uns und setzen uns nur mit dem Trauminhalt auseinander, ohne dabei gleich abzuschweifen.

Die Frau liebte ihre Träume und lebte durch sie auf. Sie träumte mehrmals von einem wunderschönen Geliebten. Es ist nicht damit getan, ihr nun vorzuschlagen, sich einfach einen zartfühlenden Liebhaber zu suchen. Darf sich jemand überhaupt das Recht herausnehmen, einem anderen Menschen zu sagen, was er tun soll? Könnte sie einen derartigen Vorschlag überhaupt annehmen? Traumarbeit geschieht subtiler: Beobachten und verstärken Sie den Ansatz, den der Traum wiedergibt. Stimmen Sie sich auf das Wesen des gefühlvollen Liebhabers im Traum ein, und malen Sie alle angenehmen Dinge aus, die der Träumenden in der Szene widerfahren sind. Später wird sie – sobald sie innerlich darauf vorbereitet ist – Veränderungen in ihrem alltäglichen Leben herbeiführen. Gedulden Sie sich, und beobachten Sie den Traum. Tasten Sie sich mit Ihren Aufgabenvorschlägen an die betreffende Person heran. Wozu ist sie beinahe bereit? Entwickeln Sie ein Gespür dafür, auf welcher Stufe seiner seelischen Entwicklung sich Ihr Gegenüber befindet und welcher Schritt als nächstes ansteht. Hüten Sie sich davor, das Leben eines anderen bestimmen zu wollen, indem Sie ihm wesentliche Lebensentscheidungen aufgrund der gemachten Vorschläge vorwegnehmen. Wenn Sie die vorhandene Energie der Quelle – die innere Führung – in der anderen Person verstärken, ist sie in der Lage, aus eigener Kraft Fortschritte zu machen. Wenn Sie das Gefühl haben, es sei an der Zeit einzugreifen, richten Sie sich nach den Vorgaben der Traumquelle, die den Verlauf der Dinge in eigentümlicher Weise zuspitzt. Sie ist in jedem Fall besser als Leiter geeignet, als Sie und ich es jemals sein könnten.

Wenn von einer aktuellen Partnerschaft die Rede ist, da der Traum und die träumende Person diesen Umstand vorbringen, bemühen Sie sich stets, sich genau an den Traumhergang zu halten und den Konflikt von beiden Seiten in Augenschein zu nehmen. Durch die Betrachtung beider Optionen wird eine Spannung erzeugt, die den Träumenden vor eine Wahl stellt, die ihm natürlich auch zusteht. Als Außenstehender, als Teilnehmer oder Leiter einer Traumarbeitsgruppe, sind Sie außerstande zu wissen, was für einen anderen richtig ist, noch können Sie Entscheidungen für ihn treffen. Welchen Sinn hat es also, Partei zu ergreifen? Beziehen Sie in Ihrem eigenen Leben Stellung, aber überlassen Sie Ihren Mitmenschen die innere Spannung, die mit allen Entscheidungsprozessen einhergeht. Stehen Sie anderen fürsorglich und bewußt wahrnehmend zur Seite, doch verschonen Sie sie mit Ihren Meinungen und Projektionen. Wenn Ihnen die Lebensbedingungen oder Träume eines Mitmenschen mißfallen, sollten Sie sorgfältig abwägen, welcher Ihrer persönlichen wunden Punkte berührt worden ist. Wenn Ihnen die Vorgehensweise des Leiters in einer gegebenen Situation unangemessen erscheint, drücken Sie Ihren Widerwillen so neutral wie möglich aus. Wem es schwerfällt, objektiv zu sein, sollte seine subjektive Haltung analysieren. Wie dem auch sei: Hassen oder lieben Sie Ihren verantwortlichen Leiter, doch setzen Sie sich unter allen Umständen mit Ihren Projektionen auseinander. Folgender Traumarbeitsvorschlag zur Bewältigung der oben erwähnten Partnerschaftskrise kann hier als brauchbares Beispiel dienen:

»Wie wird im Traum die Beziehung zwischen Ihnen und Ihrem Partner dargestellt? Vergleichen Sie, inwieweit die Situation im Traum mit den tatsächlichen Verhältnissen im Alltag übereinstimmt. Welche Unterschiede sind vorhanden, welche Gemeinsamkeiten erkennbar? Stellen Sie anhand der verfügbaren Informationen eine Liste von Beweggründen zusammen, die für die Fortführung oder Beendigung der Partnerschaft sprechen.«

Diese Vorschläge führen sehr wohl zu konkreten Aufgabenstellungen, denn sie berufen sich auf die persönliche Urteilskraft der

Betreffenden und fordern ihr Entscheidungsvermögen bewußt heraus, was eines der Hauptziele des gesamten Verfahrens ist.

Voraussetzungen für die Aufgabenstellung

Findet eine innere Wandlung statt, weil man einsichtig geworden ist? Verhält man sich allein deswegen nicht mehr destruktiv, weil man die Ursachen für abträgliche Verhaltensweisen kennt? Wodurch wird eigentlich jene Ehrlichkeit und Unschuld entwickelt, die einen Menschen befähigt, auch ungeachtet des damit verbundenen Leidens, konsequent nach seinem persönlichen Wahrheitsempfinden zu handeln?

○ Die Aufgabe beinhaltet zwei Schritte: die gedankliche Auseinandersetzung und die Tat. Sie bringt die Reflexion auf eine solide Basis und liefert auch das Testfeld für aktives Handeln. Ihre Verwirklichung vermittelt Erfahrungen und führt zu neuen Überlegungen.
○ Kreativität heißt, alles, was in der Wirklichkeit geschieht, anzunehmen und alle damit verbundenen Möglichkeiten zu einem sinnvollen Ganzen zu verknüpfen. Die Aufgabe dient als Bezugsrahmen, innerhalb dessen sich Kreativität entfalten kann.
○ Bewußtsein ist Achtsamkeit in Verbindung mit angemessenem Handeln. Ohne geeignete Aufgabenstellung ist die betreffende Person außerstande, ihre Wahrnehmung in sinnvollem Tun zu verankern.
○ Wer sich um die Erfüllung einer Aufgabe bemüht oder sie zu Ende bringt, verschafft sich eigene Erfahrungen. Die Traumaufgabenstellung bietet ein Feld für lehrreiche Unternehmungen.

Was ist Heilung? Der Heilungsvorgang ist wohl nichts anderes, als die Auseinandersetzung mit scheinbar abgespaltenen Persönlichkeitsaspekten, die teilweise nicht fähig sind, ihr innewohnendes Potential zu verwirklichen. Auch hier ist es wieder die spezielle Traumaufgabe, die für das Umfeld sorgt, ohne das der Heilungsprozeß nicht stattfinden kann. Bei der Bewältigung der

Aufgabe finden wir uns im Verlauf des Heilungsgeschehens als mitverantwortlicher Partner der Heilungsquelle wieder.

Wir müssen arbeiten, um Freizeit und Spiel genießen zu können. Arbeiten heißt nämlich, seinen Verpflichtungen nachzugehen, um ein klar formuliertes Ziel zu erreichen. Hinterher entspannen wir uns im Spiel und feiern den Erfolg. Bei der Formulierung der Traumaufgabe sollten wir stets darauf achten, daß die zu bewältigende Arbeit und das zu erwartende Vergnügen sich die Waage halten.

Bei der Erfüllung einer Traumaufgabe wird ein solides Ich aufgebaut. Es unterscheidet sich wesentlich von der Ich-Auflösung, die durch ekstatische Verzückung herbeigeführt wird. Unser Einsatz gilt der konkreten Verwirklichung archetypischer Kräfte in der dinglichen Außenwelt.

Es gibt Zeitgenossen – unter anderem auch Jungianer –, die sich fragen, ob wir überhaupt erkennen können, welche Rolle das Unterbewußtsein spielt, wenn wir Träume anhand von Traumaufgaben bearbeiten. Sie sind der Ansicht, daß es besser wäre, den Traum als solchen unverändert stehenzulassen, ohne aus ihm eine Traumarbeit abzuleiten. Man müsse nur interpretieren können, was er im Hinblick auf das Leben des Betreffenden bedeutet.

Obiger Standpunkt favorisiert die Methode der Deutung und begreift das Unterbewußtsein als ungeheuer weiten Ozean. Der Träumende darf danach seinen Beobachterposten auf der Landebrücke im Hafen auf keinen Fall verlassen. Der methodische Ansatz der Traumarbeit verlangt dagegen meistens, daß der Träumende ein Boot besteigt, auf das Meer seines Unterbewußtseins hinaussegelt und sich auf seinen Wogen tragen läßt.

Wer sich engagiert, leidet auch mit. Wir wandeln uns, weil wir bei der Auseinandersetzung mit etwas Ungewohntem neue Gesichtspunkte kennenlernen. Ohne Schmerzen und lebenssprühende Ekstase finden keinerlei Veränderungen statt. Schmerzen befreien uns aus der unnachgiebigen, starren Haltung, die neues Leben verhindert. Wer leidet, weiß zumindest, daß er existiert, denn niemand lebt oder weiß um sein Dasein, der ohne Schmerzen durchs Leben geht. Was sind Schmerz und Ekstase, Freude und Leid? In den Waagschalen der dinglichen Welt sind sie letzten Endes nichts anderes als einander ergänzende Gegensätze. Um ein erfülltes, sinnreiches Leben führen zu können, braucht der Mensch diese beiden Grunderfahrungen. Mühsam errungene, wohlverdiente ekstatische Freude vermittelt die Gewißheit, daß die Mauer des Leidens durchbrochen wurde und wir zu lebenswichtigen neuen Quellen vorgestoßen sind.

Traumaufgaben verlangen vollen Einsatz, bereiten aber auch Vergnügen – und bescheren Leid. Leiden ist die Auswirkung der Spannung zwischen dem vorherrschenden Prinzip und dem noch nicht vorhandenen. Natürlich sind Schmerzen bei der Bewältigung unserer Aufgaben unumgänglich. Wenn bei der erfolgreichen Bearbeitung einer Traumaufgabe die schmerzliche Erfahrung der Wandlung fehlen würde, könnte sie dann überhaupt als reales Geschehen begriffen werden? Ähnlich wie auch Millionen andere vor Ihnen, jammern Sie: »Es tut aber so weh!«

Wenn die Aufgabe erledigt ist und anfängt, Früchte zu tragen, können Ihnen unbeschreibliches Glücksgefühl und überschäumende Lebensfreude als Lohn beschert werden.

Die Art der Aufgabe

Aufgaben aller Art beinhalten ein Ziel und eine Strategie. Andererseits sind auch sämtliche in diesem Buch vorgestellten Methoden aufgabenorientiert und darauf ausgerichtet, den Traumzustand in bestimmter Weise auf die Ebene der Wirklichkeit zu heben und lebendig werden zu lassen. Bestimmte Aufgabenstellungen sind in jedem Traumarbeitserlebnis anwendbar. Unsere Vorgehensweise sieht im allgemeinen wie folgt aus:

○ Wir arbeiten mit dem urspünglichen Traum, um uns die Probleme, Konflikte und Spannungsfelder eingehender bewußt zu machen und ihn auf diese Weise verallgemeinernd zu erweitern.

○ Als nächstes versuchen wir, die im Traum angesprochenen Konflikte auf einer inneren Ebene zu lösen.

○ Danach ist die Frage zu beantworten, wie das Entdeckte oder

Neugeschaffene allgemein mit dem inneren Erleben zusammenhängt.
○ Anschließend klären wir die Verbindung dieses inneren Erle-
bens zur Außenwelt.
○ Zum Schluß hinterfragen wir, wie sich die bisherige Traumarbeit auf spätere Träume ausgewirkt hat.

Gewöhnlich formuliert man zuerst allgemeinere Aufgabenstellungen, die eher philosophisch klingen, um den Einstieg zu
erleichtern. Eine allgemeinere Aufgabe könnte etwa so lauten:
»Legen Sie bitte auf einem Blatt Papier nieder, welchen Stellenwert das Leiden in Ihrem Leben einnimmt, und berichten Sie
beim nächsten Gruppentreffen über Ihre Ergebnisse.« Entscheidend ist die darauffolgende konkretere Aufgabe, die persönlich-
keitsbezogener und daher allerdings auch deutlicher emotional
eingefärbt ist: »Beschreiben Sie ausführlich alle schmerzhaften
Elemente, die in Ihrem Traum vorhanden sind, und erklären Sie,
aus welchen Gründen das Traum-Ich solche Qualen erleidet.« Es
ist stets darauf zu achten, ob die Gruppenteilnehmer bereits fähig
sind, sich mit einem derart fortgeschrittenen Stadium der
Traumarbeit zu befassen. Auf welche Weise drücken sie ihr Leid
und ihre Schmerzen aus? Wenn sie den Eindruck erwecken, daß
sie sich sehr leicht vom Leidensdruck überfordert fühlen, ist es
sinnvoller, es wieder mit einer allgemeineren Aufgabenstellung
zu versuchen.

Allgemeine Regeln für die Empfehlung spezieller Traumaufgaben

○ Beginnen Sie stets dort, wo die stärkste oder geringste Energie
zu finden ist.
○ In der Regel kleiden Sie die Traumaufgabe in eine Frage.
○ Sorgen Sie für Ausgewogenheit durch einen ganzheitlich
orientierten Arbeitsstil.
○ Formulieren Sie Ihre vorgeschlagenen Aufgabenstellungen
präzise genug, damit sie auch erfaßt werden können.

○ Setzen Sie einen Zeitrahmen für die Lösung der Aufgabe. Sie sollte innerhalb einer Woche oder sogar eine Woche lang täglich ausgeführt werden. So läßt sich rasch überprüfen, ob die Aufgabenstellung realistisch ist.

○ Erläutern Sie den Sinn und Zweck der Durchführung der empfohlenen Traumaufgabe.

○ Schlagen Sie etwa bis zu fünf verschiedene Aufgaben pro Traum vor. Wenn Sie nur eine oder zwei Aufgaben stellen, könnten Ihre eigenen Motive möglicherweise zu stark einfließen. Wer die Traumaufgabe auszuführen hat, muß unter allen Umständen wählen können.

○ Achten Sie stets darauf, daß die Traumaufgaben wirklichkeitsnah und traumbezogen sind.

○ Sorgen Sie dafür, daß der Aufgabenempfänger sich an der Erarbeitung der speziellen Traumaufgaben beteiligt, und vergewissern Sie sich, ob er überhaupt zur Mitarbeit bereit ist.

○ Räumen Sie im Verlauf eines jeden Gruppentreffens oder bei jeder Sitzung genügend Zeit für die Mitteilung der Ergebnisse ein, die sich bei der Durchführung der Traumaufgabe eingestellt haben.

○ Bei der Auswertung der speziellen Traumaufgaben geht es vor allem darum, sich klarzuwerden, ob mit dem Traum neue Erfahrungen gemacht worden sind. Die Ergebnisse müssen sich allerdings nicht mit dem Traum oder der Aufgabenstellung decken. Die Kernfrage ist, ob eine lebendige Erfahrung gemacht wurde, bei der positive oder negative Energien freigesetzt wurden und ein neues Bewußtsein entstanden ist. Die Bewertung einer vollendeten Traumaufgabe obliegt demjenigen, der sie durchgeführt hat. Der verantwortliche Leiter hat nur die Aufgabe, das Erlebnis seiner Bedeutung nach zu erweitern. Es steht ihm nicht zu, etwas als positiv oder negativ zu bewerten.

Die Leitung einer Traumarbeitsgruppe

Ein aufgeschlossener Gruppenleiter für Traumarbeit kann sich selbst von der Bürde befreien, von den anderen als Autoritätsperson betrachtet zu werden, die Entscheidungen darüber zu fällen hat, wie andere ihr Leben einrichten sollen. Offenheit bedeutet in diesem Fall, jemanden, der um Rat bittet, eine Reihe von Traumaufgaben vorzuschlagen – etwa mit folgenden Worten:

»Ich kann Ihnen unmöglich sagen, wer Sie sind oder was Sie tun sollen. Ich kann Ihnen weder eine Entscheidung abnehmen, noch die Folgen Ihrer Entscheidungen tragen. Ich kann Ihnen allerdings Vorschläge machen, mit denen Sie arbeiten können. Helfen Sie mir, einige Fragen zu formulieren, in denen Ihre momentane Situation zum Ausdruck kommt. Ziemlich sicher wird es darauf weder richtige noch falsche Antworten geben, sondern nur Konsequenzen. Und Sie entscheiden sich selbst und werden dadurch zu dem, was Sie sind.«

Der Aufgabenberater kann über umfangreicheres Wissen und größere Einsichten verfügen oder auch nur einen unterschiedlichen äußeren Standpunkt vertreten. Entscheidend ist jedoch, daß er seine persönliche Meinung über einen Mitmenschen oder dessen Traum nicht als Wahrheit weitergibt, die keinen Widerspruch zuläßt.

Drücken Sie deshalb sämtliche Gefühle und Intuitionen über irgend jemand oder irgend etwas nicht als definitives Urteil, sondern als Frage aus. Wer diese Regel nicht beachtet, schränkt den Spielraum der betreffenden Person ein und vergißt dabei, daß jeder Mensch die Welt mit individuellen Augen betrachtet.

Die empfohlenen Aufgaben sollten in der Regel einer Vielfalt von Daseinsebenen gerecht werden und sich niemals nur auf eine einzige Behauptung versteifen, die angeblich die ganze Wahrheit umfassen soll, denn

○ Wahrheit ist niemals eindeutig;
○ alle Gewißheiten kommen zwangsläufig einer Lüge gleich;
○ nur den Wahrheiten, die nicht wahr sind, kann man trauen;

○ Wahrheit heißt, Möglichkeiten anzuerkennen;
○ absolute Sicherheit ist der Untergang jeder Gewißheit.

Einsichten dieser Art versetzen jeder autoritären Persönlichkeit einen Schlag, das heißt, sie erschüttern die Stellung jener Menschen, die dazu neigen Wahrheiten mit absoluter Gewißheit feilzubieten, statt andere dazu anzuregen, den Zugang zu ihrer eigenen Wahrheit zu finden.

Wahre Freiheit besteht darin, anderen nicht pausenlos sagen zu müssen, was sie tun sollen. Trotzdem werden sowohl Aufgabensteller als auch Aufgabenempfänger gebraucht. Zu den besten Traumarbeitsgruppen-Leitern und Aufgabenberatern zählen wahrscheinlich diejenigen, die aus eigenem Antrieb bereits eine Vielzahl von Aufgaben bewältigt haben, um sich selbst besser kennenzulernen. Und eine Empfehlung ist eine Art Angebot an eine andere Person, die selbst noch nicht ganz die neue Entwicklungsstufe erreicht hat, die ihr als Lebensmöglichkeit offensteht.

Wer stellt die Aufgaben?

○ Werden Aufgaben vom Leiter oder vom Teilnehmer oder von beiden gemeinsam gestellt? Oder verbirgt sich hinter allem noch eine weitere Quelle, aus der alles gespeist wird?
○ In welcher Hinsicht stellt der erinnerte Traum an sich eine Aufgabe dar, die ausgeführt werden will oder vollendet werden soll?
○ Welche Aufgaben scheinen sich unmittelbar im Traumablauf abzuzeichnen?
○ Welche Aufgaben stellt mir dieses Leben?
○ Gibt es überhaupt eine Lebensaufgabe? Und wenn ja, wie kann ich sie jemals in Erfahrung bringen?
○ Bin ich geboren worden, um bestimmte zentrale Aufgaben zu erfüllen?
○ Wird mein Leben ständig nur von Fragen begleitet, auf die es keine Antworten gibt?

○ Auf welche Frage gibt mein Leben eine Antwort?
○ Mit welcher Frage wird mein Leben enden?

Eine Aufgabe ist immer eine Frage und niemals eine Antwort. Womöglich sind die Mühen, die zur Beantwortung der Lebensfragen aufgewendet werden, die einzigen Antworten, die je von uns gefunden werden. Aber auch diese und alle anderen Antworten sollen stets neue Fragen an das Ich und an das Universum als Ganzes sein!

Möglicherweise gibt es in unserem Erdendasein tatsächlich keine Antworten auf die wesentlichsten Fragen, sondern nur Reaktionen.

Um reagieren zu können, verpflichten wir uns, die vorgezeichneten Möglichkeiten in die Tat umzusetzen. Auf diese Weise erschließen wir uns ihren Sinn und Zweck, und neues Leben wird uns geschenkt.

Übersicht zur Festlegung von Traumaufgaben

Die Absicht ist, mit Hilfe dieser Methode Träume auf die konkreten Lebensumstände zu übertragen. Was der einzelne letzten Endes aus den Möglichkeiten macht, die der Traum ihm bietet, stellt sein Engagement und seine Aufrichtigkeit bei der Traumbearbeitung unter Beweis. Die Erforschung der Träume hat nur dann Sinn, wenn man sich ihnen intensiv widmet.

○ Führen Sie zur Vorbereitung eine grobe Traumobjektivierung und die Beobachtung des Traum-Ichs durch. Prüfen Sie besonders, welche Aufgaben sich herauskristallisieren. Es kommt vor, daß die Traumquelle den Träumenden – bisweilen auch eine andere Traumgestalt – im Traumzustand ausdrücklich mit der Durchführung bestimmter Aufgaben betraut. Welche Tätigkeiten gibt das Traumgeschehen vor?

○ Bestimmen Sie, ob und welche speziellen Aufgaben oder Handlungen der Traum beinhaltet, die allem Anschein nach abgeschlossen sind und gelöst werden konnten. Bewerten Sie diese Aufgaben. Welche Art von Bewußtseinswandel war notwendig, um sie auszuführen? Welche Ergebnisse folgten daraus. Wurde alles richtig gemacht, und lassen sich der Sinn und Zweck erkennen?

○ Sobald Sie anhand des Traums eine spezielle Aufgabenstellung gefunden haben, überlegen Sie, wie Sie dieses Verhalten auf eine äußere Situation übertragen können. Die betreffende Aufgabe muß nicht buchstabengetreu ausgeführt werden, um sie in ihrem Sinngehalt zu erfassen. Doch vielleicht entschließen Sie sich, sie im Wachzustand in dem wiedererlebten Traum auszuprobieren, um feststellen zu können, auf welche Weise sie sich persönlich auf Sie und auf Ihre Lebensumstände auswirkt. Wenn dieses Vorgehen sich als schöpferisch und klärend erwiesen hat, nehmen Sie sich als nächstes vor, die entsprechende Traum-Leben-Aufgabe auch im Alltag auszuführen und sich mit den daraus entstehenden Folgen auseinanderzusetzen. Sobald wir anfangen, neue Verhaltensweisen konsequent durchzusetzen, kann viel in Bewegung kommen.

○ Wenn es schwierig ist, eine Aufgabenstellung anhand des Trauminhalts abzulesen, können Sie im direkten Zwiegespräch mit einer Traumgestalt erfahren, was Sie nach deren Wunsch in der äußeren Alltagsrealität tun sollten. Schreiben Sie diese Aufgabe zuerst wortwörtlich auf, und stimmen Sie sich dann auf sie ein. Welches Verhaltensmuster soll geändert werden? Wenn Sie diese Aufgabenstellung als innere Erfahrung verstehen, sich ernsthaft mit ihr beschäftigen

184

und die notwendigen Schritte der Umwandlung einleiten, mag es vielleicht überflüssig sein, sie auf die Außenwelt zu übertragen.

○ Sie können sich auch selbst eine Aufgabe zuteilen, indem Sie das wertvollste Potential des Traums ausloten und eine Vorgehensweise festlegen, wie es im äußeren Leben entfaltet und in Entscheidungsprozesse integriert werden könnte.

○ Sie können sich auch an erfahrene Mitmenschen mit psychologischem Verständnis und Einsicht in die Welt der Träume wenden und sie bitten, Ihnen eine Reihe von Traumaufgaben vorzuschlagen, unter denen Sie auswählen. Trauen Sie sich, einmal einen Vorschlag auszuprobieren, der Ihnen anfänglich sogar unangenehm erscheint. Es ist durchaus möglich, daß sich wichtige Resultate ergeben.

○ Hüten Sie sich davor, extreme oder exaltierte Traumaufgaben auszuführen. Passen Sie Ihr Verhalten stets – oder zumindest größtenteils – den Rahmenbedingungen Ihrer Umgebung an. Es empfiehlt sich nicht, seine Träume unter allen Umständen buchstabengetreu umzusetzen. So ist es ratsamer, den Laternenpfahl und nicht den Hund zu treten.

○ Es ist darauf zu achten, daß die gestellten Traumaufgaben erfüllbar sind. Nehmen Sie sich vor, sie entweder täglich über einen gewissen Zeitraum von etwa einer Woche auszuführen oder sie innerhalb einer absehbaren Periode von etwa einem Monat zu erledigen.

○ Halten Sie die Ergebnisse der Traumaufgaben schriftlich fest. Beobachten Sie, ob sich in weiteren Träumen bei schwierigen Traumsituationen eine Veränderung ergibt. Und werten Sie die Ergebnisse aus. Wird eine Traumaufgabe wiederholte Male ausgeführt, wandelt sie sich, und mit ihr verändern sich Einstellungen und Verhaltensmuster.

○ Teilen Sie anderen Ihre Ergebnisse mit. Wenden Sie sich vorzugsweise an eine Person, die ebenfalls engagierte Traumarbeit leistet. Doch auch ein offenherziger, verständnisvoller Zuhörer kann unterstützend wirken. Jedem Traumarbeiter ist zu empfehlen, sich auf alle Fälle mitzuteilen und auszudrücken.

9. Das Wiedererleben des Traums: die Lösungsfindung

Ein Tag beginnt, ein Tag geht zur Neige. Was hinterläßt er uns?

Und wieder sind vierundzwanzig Stunden verstrichen. Wie haben wir Erdenbürger die kostbaren Augenblicke genutzt? Wir können noch soviel über die Geschichte lesen und die Biographien historischer Persönlichkeiten studieren – sie sind Vergangenheit und nicht mehr lebendig.

Nur Sie und ich leben hier und jetzt – zusammen mit unseren Zeitgenossen. In Geschichtsbüchern wird von aufsehenerregenden Taten, von bedeutsamen, mühevollen Errungenschaften berichtet. Hier liegt unser Bezug zur Gegenwart: Jeder Mensch muß sich stets fragen, wie er den heutigen Tag genutzt hat. Ist es ihm gelungen, sein Potential zu seinem Wohl und dem anderer zu entfalten?

Was ist Lebensplanung?

Unsere Kernfrage lautet: Wie können wir den Tag, und ebenso die Nacht, am sinnvollsten nutzen?

○ Es ist möglich, im nachhinein auf bereits Geschehenes zu reagieren. Auf diese Weise hinken wir jedoch der eigenen Entwicklung und dem Fluß des Lebens stets einige Schritte hinterher. Das augenblickliche Geschehen läuft an uns vorbei, sofern nicht alle Klammern gelöst sind, die uns vom Hier und Jetzt fernhalten.

○ Wir können versuchen, uns in der Gegenwart zu verankern, indem wir Verpflichtungen übernehmen und uns bemühen, ihnen gerecht zu werden. Wer die Absicht hat zu heiraten, möge es tun – und Kinder bekommen und einen Ehemann versorgen, der sich seinerseits um seine Frau kümmert. Oder man unterschreibt einen Arbeitsvertrag, verrichtet treu und brav seine Pflicht, verdient dabei gutes Geld und legt es an oder gibt es aus – für ein Haus, einen neuen Wagen oder eine Versicherung. Somit fließt der gesamte Verdienst in die Abzahlungsraten der Schulden. Und auf diese Weise bleibt gewährleistet, daß man weiterhin arbeitet, um seine Familie, seinen Besitz und zu guter Letzt auch sich selbst unterhalten zu können. Das Beispiel schildert den Lebensstil eines Normalbürgers. Sein Tagesablauf wird gewöhnlich von seinen Pflichten und Verbindlichkeiten bestimmt, nicht durch seine jeweilige Lebensaufgabe. Die eigene Bestimmung im Leben wird gegenstandslos, wenn alles, was man tut, sich in nichts von dem unterscheidet, was alle anderen auch tun, und wenn man keinen Weg sieht, seinen sogenannten Pflichten zu entkommen.

○ Jedem steht es frei, sich neurotisch zu verhalten und den Versuch zu wagen, sich nicht zu viele Verbindlichkeiten des bürgerlichen Lebens aufhalsen zu lassen. Auf diese Weise wird derjenige zu einer Art von Außenseiter, der das Treiben in der großen Welt aus der Ferne betrachtet, die durch Umweltverschmutzung und materialistische Interessen beinahe zerfällt. Er ist zwar kritisch, aber schreitet nicht entschlossen ein. Obwohl er weiß, was schiefläuft, gelingt es ihm nicht, seine eigenen kreativen Ressourcen zu erschließen und seine Lebensaufgabe in Angriff zu nehmen. Menschen dieses Schlags haben sich also der Realität des Lebens – ohne Wenn und Aber – noch nicht gestellt und sind noch nicht bereit, sich mit der Lösung ihrer persönlichen Problematik zu befassen, die sie aus der Kindheit übernommen haben.

○ Viele unter uns – gemeint sind Raucher, Zwangsesser, Alkoholiker, Rede- und Genußsüchtige, Arbeitssüchtige und Fanatiker aller Couleur – begehen ohne ihr Wissen, doch wohlgemerkt durch ihr Tun, schleichenden Selbstmord. Allen genannten Gruppen mangelt es an Lebenssinn. Weil sie keinem Zweck dienen und keine Aufgabe erfüllen, sind sie ihrem Zwangsverhalten ausgeliefert. Ihre Verzweiflung nimmt zu, weil sie ihre Gefühle unterdrücken und verdrängen und mit ihren Problemen im Leben nicht fertig werden. Wer sich in einer solchen Lage befindet, kommt nicht umhin, sich fest vorzunehmen, seine zwanghaften Impulse aufzugeben und »durch die Hölle zu gehen«, indem er seine Lebensumstände und Gefühle auf allen Ebenen klärt. Ausgeglichene Menschen verspüren nicht den Drang, sich umzubringen. Ohne umfassende persönliche emotionale Klärungsprozesse, die sich ein Leben lang kontinuierlich fortsetzen, ist man außerstande, inneres seelisches Gleichgewicht zu erlangen. Ein Wort an alle Meditierenden und jene, die sich ausnahmslos spirituellen Praktiken widmen: Ungeachtet dessen, was Ihr Guru oder Meister auch immer sagen mag, auf diesem Weg wird es Ihnen nicht gelingen, Ihre persönlichen Probleme zu lösen.

○ Ferner gibt es noch die kreativen Menschen, die dazu bestimmt sind, ein erfülltes Leben zu führen und ihre Fähigkeiten zu entwickeln und sie wirksam in der Welt umzusetzen. Ihr Lebensweg wird von einem ganzheitlichen Verständnis geprägt. Ihnen geht fast alles im Leben leicht von der Hand, und sie tun stets das Richtige, um sich auszubalancieren. Sie nehmen sich die Zeit – manchmal auch nicht genügend Zeit –, gründlich über die Sinnhaftigkeit und die Gegebenheiten des Lebens nachzudenken. Bei näherer Überprüfung stellt sich heraus, daß diese schöpferisch Begabten sich in einem beliebigen Lebensbereich bewußt einer sinnerfüllten Aufgabe verschrieben haben, die sich gelegentlich auf innere, in den meisten Fällen jedoch auf äußere Anlässe bezieht. Die erste Hälfte unseres Lebens gleicht vielleicht einem der oben geschilderten Beispiele, doch mittlerweile haben wir diesen Lebensstil satt. Wir sind nun bereit, unsere Lebensweise zu ändern, und begeben uns auf die Suche, um das zu finden, wofür wir gekommen sind. Unser Streben und Trachten richtet sich auf etwas, das größer ist als das Leben selbst, das unser Leben im Sinne des Ganzheitsprinzips umwandelt und uns ermöglicht, der Bestimmung zu folgen, die wir uns auserkoren haben.

Die Grundwahrheiten

Nachstehend führen wir einige Postulate auf, die aus der Traumarbeitspraxis hervorgegangen sind. Unser freigewähltes Anliegen im Leben ist, unseren Träumen zu folgen, und nichts als den Träumen. Wir verbinden uns mit der Traumquelle, die hinter allen Träumen steht, und wir verwirklichen unseren Traum mit ihrer Hilfe, nicht durch äußere Anstrengungen. Ist es nicht erleichternd, das zu wissen? Hier nun unsere Grundprinzipien:

○ Wir verpflichten uns, unsere Probleme, die sich in Träumen, im Alltag und innerhalb der Persönlichkeitsstruktur ergeben, während ihrer Entstehungsphase zu lösen. Wir üben uns darin, Konflikte zu bewältigen, indem wir uns ihnen stellen und uns bemühen, heilsame Strategien zu entwickeln sowie unbekannte Wege zu beschreiten und neuen Sinn im Leben zu finden. Ferner verpflichten wir uns, uns ohne Unterlaß, das heißt Tag und Nacht, für die Lösungsfindung einzusetzen. Wir wissen um die Tatsache, daß alle Träume den Zweck haben, Probleme zur Sprache zu bringen, die nach Lösung verlangen. Und als bewußte Menschen stellen wir uns der Aufgabe, bei der Lösungsfindung der jeweils akuten Konfliktsituationen im Traum und im Leben mitzuwirken.

○ Unsere Beziehungen sind aufrichtig. Wir verpflichten uns, immer offener zu kommunizieren und die auftretenden Beziehungsprobleme, die geklärt werden müssen, nicht mehr zu verdrängen. Des weiteren verpflichten wir uns, alle Probleme und Gefühle, die innerhalb der Partnerschaft zutage treten, vollständig zu bearbeiten, da wir wissen, daß unsere persönlichen Themen angesprochen werden und unsere Werte auf dem Spiel stehen, wenn wir Streit mit dem Partner haben und mit dem Leben nicht zurechtkommen. Wir nehmen uns die Zeit, alle anstehenden Beziehungsprobleme täglich zu klären. So können wir die Lektionen, die jede Partnerschaft mit sich bringt, bewältigen.

○ Wir bemühen uns, vorhandene Projektionen und Vorurteile

gegenüber anderen Personen zurückzunehmen, ganz gleich, ob sie positiv, negativ oder neutral sind. Wir verpflichten uns, uns mit allen Ereignissen auseinanderzusetzen, die im Alltag vorkommen, weil dadurch auch innere Zusammenhänge angesprochen werden. Sie setzen innerlich einen lebhaften Prozeß in Gang, der uns die Sachverhalte bewußt macht und Wege aufzeigt, seelische Veränderungen einzuleiten.

○ Wir nehmen uns fest vor, innere Verarbeitungsprozesse nach außen zu tragen. Alles, was wir innerlich lernen, praktizieren wir auch im äußeren Leben. Auf diese Weise stellen wir unseren Realitätsbezug und unsere Praxisnähe unter Beweis. Wir bemühen uns zu gleichen Teilen um die Wandlung der äußeren Lebensumstände und unseres seelischen Befindens. Mit jeder Entscheidung, die wir treffen, können wir die innere und die äußere Welt zu einem Ganzen zusammenführen.

○ Wir verpflichten uns dazu, unser Leben den höchsten Werten, denen wir begegnen, zu widmen. Wenn wir uns dazu entschließen, haben wir unsere Bestimmung gefunden. In allem, was wir tun, suchen wir einen Sinn. Uns liegt nichts daran, gute Menschen zu sein, statt dessen bemühen wir uns, ganzheitliche Menschen zu werden, die sich zum Ziel gesetzt haben, alle Dinge des Lebens in ihrem natürlichen, ganzheitlichen Muster zu begreifen und zu verarbeiten. Wir suchen nach dem einzigartigen Selbstausdruck, der auf unsere persönliche Lebenssituation zugeschnitten ist. Dabei erweisen sich Träume oft als hilfreich, denn sie liefern uns andere Gesichtspunkte und neue Gefühle, die uns besser erkennen lassen, was wir effektiv erreichen können.

○ Wir erkennen, daß es auch unumgänglich ist, bewußt Verzicht zu leisten und Opfer zu bringen. Angesichts einer sich verändernden Umwelt können wir an den Dingen nicht starr festhalten, seien sie auch noch so wertvoll. Es ist nicht erlaubt, sich hinter Kindern, Partnern, Besitztümern, Arbeit, Religionszugehörigkeit oder sonstigen äußeren Umständen zu verstecken, denn unser Leben wird von einer ursprünglichen Quelle genährt. Wer dem Traum und der Traumquelle folgen will, ist bereit, die notwendigen Opfer zu bringen. Der heutige Tag unterscheidet sich von allen vorangegangenen Tagen, denn heute erfahre ich, was ich tun muß, um seinen Anforderungen gerecht zu werden. Während das Alte stirbt, erwächst aus jedem Opfer neues Leben.

○ Unser Leben ist in Bewegung. Es besitzt einen Mittelpunkt, um den es kreist, und es wird von Quellen gespeist, die über das persönliche Ich hinausreichen. Wir unterliegen dadurch inneren und äußeren Veränderungen, aber zugleich gewinnen wir auf unserer Reise durchs Leben unentwegt an neuer Lebendigkeit, Bedeutung, Sinnhaftigkeit und neuem Bewußtsein.

○ Wir begnügen uns nicht damit, nur über die Verhältnisse nachzudenken, sondern verpflichten uns, eine tägliche Übungspraxis einzuhalten.

Spirituelle und psychologische Klärungsprozesse

Die genannten Grundwahrheiten stellen Überschneidungen von spirituellen und psychologischen Ansätzen dar. Angehörige von vorwiegend spirituell orientierten Gruppen sind in stärkerem Maß auf emotionale Klärungsprozesse angewiesen und sollten ihre Fixierung auf Grundsätze und strenge Übungsvorschriften lockern. Menschen, die sich auf psychologische Methoden berufen, bedürfen der spirituellen Aufklärung. Dadurch werden sie von ihrer Beschränkung auf die Persönlichkeitebene und letztlich von ihrer egozentrischen Nabelschau geheilt, die sich bei ausschließlicher Konzentration auf sich selbst automatisch einstellt.

Dieses Kapitel widmet sich in erster Linie der Technik des Wiedererlebens des Traums, und bei dieser Thematik kommen nochmals die wesentlichen Probleme zur Sprache. Viele Menschen greifen nur in der Absicht, emotionale Durchbrüche herbeizuführen, zu therapeutischen Methoden und Traumarbeitstechniken. Sie haben den Wunsch, sich heil zu fühlen, sie wollen wieder – oder zum ersten Mal im Leben – gesund sein. Aus diesen Gründen unterziehen sie sich tiefgreifenden Therapien, die sie zweifelsohne verändern, und nichts ist mehr so wie früher. Nun haben sie die Chance, eine neue Lebensweise zu beginnen. Doch wozu überhaupt die Mühe? Nach Beendigung eines emotionalen transformativen Geschehens unterlassen es die meisten Menschen, sich über die Tragweite der erfolgten spirituellen Wandlung bewußt zu werden. Sie glauben, daß die Heilung der jeweils angewandten Therapieform zu verdanken sei, wenngleich diese weder ausführlich definiert wurde noch bekannt ist, ob sie wirklich zum Erfolg führt. Auch das Wiedererleben des Traums ermöglicht erstaunliche Durchbrüche. Es bleibt ebenfalls jedem selbst überlassen, was er damit macht.

Wenn wir hier eine spirituelle Grundeinstellung mit psychologisch empfohlenen Vorgehensweisen verknüpfen, drücken wir unsere Dankbarkeit und Freude über die Heilung aus. Wir richten unsere Lebensweise nach spirituellen Grundsätzen aus und nehmen heilsame Gewohnheiten an, die letzten Endes die Lösung aller Konflikte und Probleme des Lebens herbeiführen. Ohne diese emotionale Verankerung würde der spirituelle Aspekt intellektualisiert. Alle Erscheinungen des Lebens würden als ein *Kurs in Wundern* betrachtet, und wir ließen außer acht, daß das irdische Dasein ein fortlaufender Akt der Hingabe und der schöpferischen Lebensgestaltung ist.

Wir bitten die Leser, beim Studium der Fallbeispiele, die Heilungsvorgänge im Traum und beim Träumenden schildern, sich die angesprochenen Sachverhalte stets bewußt vor Augen zu halten. Wer die Methode Wiedererleben des Traums für sich allein oder als Leiter einer Traumarbeitsgruppe für andere durchführt, muß die zugrundeliegenden geistigen und emotionalen Faktoren mit einbeziehen.

Das Wiedererleben des Traums

Mit geschlossenen Augen versenken wir uns in einen meditativen Zustand und gehen aufs neue in den ursprünglichen Traumzustand hinein, das heißt, wir erleben ihn wieder. Wir vergegenwärtigen uns den Anfang des Traums und lassen, soweit wir uns zu erinnern vermögen, den Handlungsablauf abrollen. Die Bilder werden innerlich nachempfunden, Gefühle entwickeln sich, und wir nehmen am Geschehen teil. Das Traum-Ich erlebt diesmal die einzelnen sich abspulenden Szenen nachhaltiger, bis zu der Stelle, wo der erinnerte ursprüngliche Traum endet. Nun beobachten wir gelassen, wie sich die Bilder und Gespräche weiterentwickeln, bis irgendeine deutlich empfundene Lösung zustande kommt. Beim Wiedererleben wird der ursprüngliche Traumzustand einerseits erneut wachgerufen, und andererseits überlassen wir uns dem augenblicklichen Handlungsablauf und dem spontanen Bilderfluß.

Durch das Wiedererleben des Traums rufen wir die Traumquelle erneut auf den Plan. Die Psyche läßt sich wie ein vielschichtiger Organismus beschreiben. Wir müssen uns zuerst in einen empfänglichen seelischen Zustand versetzen und können dann durch unsere Konzentration den Scheinwerfer direkt auf eine bestimmte Traumfacette richten und sie wiedererstehen lassen.

Wofür ist das Wiedererleben des Traums geeignet?

Die Methode wird dazu benutzt, das ursprüngliche Traumerlebnis intensiver zu spüren sowie den Traum erneut zu erleben, bis sich eine Lösung einstellt. Laut vorliegenden Berichten zeichnet sich in den meisten Träumen keine Lösung ab, weil die Traumhandlung irgendwo in der Mitte ins Stocken gerät. Daher bleibt das Potential des Traums unerschlossen, weil das Traum-Ich sich nicht genügend einsetzt, um die Konfliktsituationen zu lösen. Durch das Wiedererleben des Traums bietet sich eine gute Chance, alle Dinge, die offengeblieben sind, zu erledigen.

Ferner stellt das Wiedererleben des Traums die erfolgreichste introvertierte Traumtechnik dar, die wir entwickelt haben. Sie bewirkt einen spürbaren Wandel, ohne dabei zu verlangen, daß die Trauminhalte mit starkem körperlichen Engagement in einer Art Psychodrama ausagiert werden, denn alle Veränderungen geschehen ohnehin im Inneren.

Zur Entwicklung der Methode

Der Senoi-Anteil des Traumwiedererlebens betont, sich darin zu üben, bereits während des ursprünglichen Traumzustands eine Lösung herbeizuführen. Das Stewart-Senoi-Konzept gibt dem Traum-Ich vor, von einer befreundeten Traumgestalt oder dem Widersacher ein Geschenk zu erbitten. Das Jung-Senoi-Konzept hingegen zielt darauf ab, die Auflösung eines Traumkonflikts allmählich herbeizuführen. Deshalb empfehle ich, sich in den Traum zurückzuversetzen, um dem Traum-Ich erneut die Gelegenheit zu bieten, im ursprünglichen Traum entscheidender zu handeln und auf diese Weise leichter zu heilsamen Lösungen zu finden. Ich hatte mir die Mühe gemacht, die »großen« Träume (nach Jung) mit einer Vielzahl von aufgezeichneten »normalen« Träumen zu vergleichen. Die »großen« Träume unterscheiden sich von den »normalen« im wesentlichen darin, daß sie entscheidende, lebenswichtige Themen vorbrachten, für die jeweils eine *Lösung gefunden* wurde. Ich wunderte mich, weshalb nicht sämtliche Traumkonflikte gelöst werden können. Anhand der Aussagen von Anfängern, die an Traumarbeitsseminaren teilnahmen, die ich leitete, fand ich heraus, daß deren Traum-Ich sich passiv verhielt beziehungsweise das Traumgeschehen entweder untätig verfolgte oder zu fliehen versuchte. Mir schien, daß ein derartiges Verhalten die Folge von mangelnder Schulung sei. Denn wer sich feindlichen Kräften oder Einflüssen nicht stellt, sondern die Flucht ergreift, handelt gewöhnlich unklug und ineffizient.

Ich folgerte daraus, daß es möglich sein müßte, den Traum aufs neue zu erleben, ihn sich noch mehr entfalten zu lassen und den Kräften des Widersachers so lange standzuhalten, bis eine Lösung der Traumsituation gefunden wird.

In den Jahren 1977 und 1978 stellte ich die Methode des gelenkten Wiedereintritts in den Traumzustand vor. Ich begann, zunächst mit großen Bedenken, mit Seminarteilnehmern zu experimentieren und zu praktizieren, aber wir erzielten erstaunlich gute Ergebnisse. Während des Wiedererlebens eines Traums gingen die Probanden durch erschütternde emotionale Zustände, wodurch ihr seelisches Befinden eine echte Wandlung erfuhr.

Mir fiel auf, daß es für die Lösungsfindung nicht erforderlich war, die Traumbilder bewußt zu manipulieren. Wichtig ist nur, daß das Traum-Ich aufgeschlossen bleibt, aktiv wird und den festen Vorsatz hat, sich engagierter mit dem Trauminhalt auseinanderzusetzen als im ursprünglichen Traumzustand. Vorausgesetzt, die Traumbilder können sich noch mehr entfalten, zeichnen sich oft völlig unerwartete Lösungswege ab, die zuvor überhaupt nicht abzusehen waren und obendrein dem Betreffenden erstaunliche Heilerfolge bescheren.

Die Kunst der Lösungsfindung

Etwas zu lösen heißt, eine Situation, die zwar bereits entwickelt, jedoch nicht weiterbearbeitet wurde oder in eine Sackgasse geraten war, zu vervollständigen und in natürlicher, integrativer Weise abzuschließen.

Sobald ein Lösungsansatz eingebracht wird, kommt die Gesamtsituation dem Ziel einen Schritt näher. Die Verhältnisse ändern sich und wechseln ihr Gesicht, Hemmnisse werden beseitigt. Das gesamte Geschehen wird aktiviert und ordnet sich neu. Es bildet sich eine Mitte heraus, welche die Gegensätze vereint und einen sich allmählich entfaltenden dritten Standpunkt vorbereitet, der ein Gegengewicht zu den vorhandenen Polaritäten darstellt.

Die Kunst der Lösungsfindung besteht darin, Umwandlungen in Gang zu setzen und Sinnzusammenhänge erkenntlich werden zu lassen.

Bei einer meditativen Lebensführung ist die Bewältigung von Konfliktstoff eine der wichtigsten Übungen.

Nicht nur im Traumzustand, sondern auch im äußeren Leben besteht Tag für Tag die Notwendigkeit, zahllose Konflikte zu bewältigen und Spannungen auszugleichen. Es empfiehlt sich, jeden Abend beim Zubettgehen über die Ereignisse des abgelaufenen Tages nachzudenken und sich vorzunehmen, das bisher

Ungeklärte aufzuklären, damit man beruhigt und empfangsbereit einschlafen kann, denn im Reich des Schlafes eröffnen sich neue Möglichkeiten. Wer auf dem Sterbebett liegend Rückschau auf sein Leben hält, bezieht auch alle Bereiche mit ein, die bisher weder gelebt noch bereinigt wurden, um inneren Frieden und Loslösung finden zu können, damit der Tod – die Auflösung der Körperlichkeit – eintreten kann. Wenn wir uns täglich den Kopf über unzählige Dinge zerbrechen, die bereits zur Vergangenheit gehören, versucht lediglich der Verstand einzugreifen.

Manche Lösungen werden mit Hilfe von großen Zeremonien, zum Beispiel Totenbestattungsrituale, oder durch außergewöhnliche Krisen und Belastungen erwirkt. Ohne Klärung hängt man seinem alten Leben nach und verhindert die Entstehung neuer Lebensperspektiven. Es gibt nichts Tragischeres als jemanden, der sich weigert, von der Bühne des Lebens abzutreten, wenn seine Zeit gekommen ist.

Die Kunst der Lösungsfindung fordert außer Umwandlung auch Verzicht und Opfer. Ehe sich Neues entwickeln kann, müssen bestimmte Verhaltensweisen und Umstände gelöst oder beseitigt werden. In Erwiderung auf jedes ausgesprochene Ja hallt auch unwiderruflich ein Nein durch die Gewölbe der Ewigkeit, die letztlich doch nichts anderes ist als die Vergangenheit. Die Zukunft enthüllt sich uns nur in dem Maß, wie wir imstande sind, Neues in der Gegenwart in Gang zu setzen.

Bei aktiver Traumarbeit nähern wir uns schrittweise der Lösung der im Traum aufgetauchten Konflikte und Potentiale, was nicht der Fall ist, wenn wir nur träumen oder das Geträumte zudem noch analysieren. Auf der Grundlage einer soliden Traumarbeit übertragen wir, soweit es den Traumsituationen entspricht, die daraus erwachsenen inneren Erfahrungen auf die persönlichen Lebensumstände und unentwickelten Persönlichkeitsanteile.

Die zwölf Schritte der Lösungsfindung

Das Schaubild teilt die Kunst der Lösungsfindung in zwölf Schritte ein. Im einfachsten Fall könnte man daran die einzelnen Schritte bei der Heilung einer Körperwunde ablesen. Das *Zwölf-Schritte-Modell* eignet sich aber auch dazu, die einzelnen Stufen der Auflösung einer Partnerschaft nachzuvollziehen.

Alles im Leben ist von Zeit zu Zeit in einem ausgewogenen Zustand. Wurde das harmonische Gleichgewicht über einen sehr langen Zeitraum beibehalten, bildet sich ein Stau, wodurch der Lebensfluß ins *Stocken* kommt. Ein *Eingriff* löst die Starre und hat ein *Ungleichgewicht* oder eine einseitige Verlagerung zur Folge. Weil ein Mangel an bestimmten Elementen herrscht, stellt

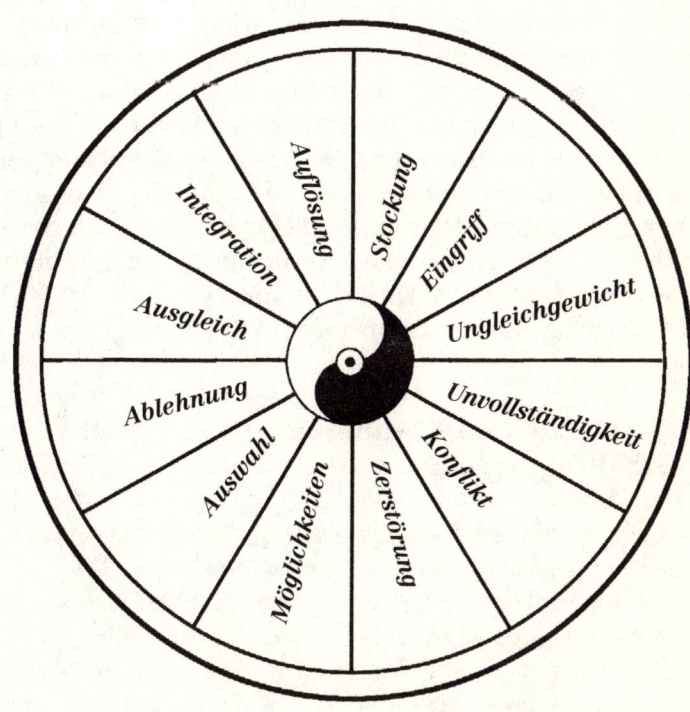

Die zwölf Schritte der Lösungsfindung

197

sich ein Gefühl der Unzufriedenheit oder *Unvollständigkeit* ein, wodurch letzten Endes ein *Konflikt* entsteht. Die Situation ist gespalten, ein Teil bleibt verborgen, der andere Teil dagegen nimmt überhand. Aufgrund dieses Umstandes kommt es zur *Zerstörung* von Teilbereichen, die zuvor für das Überleben wichtig waren. Der Freiraum, das Vakuum, das durch die Vernichtung entsteht, lockt neue *Möglichkeiten* an. Will man die ungewohnten, neuen Möglichkeiten mit den verbliebenen bisherigen Zuständen in Übereinstimmung bringen, läuft man Gefahr, sich zu verzetteln oder sich zuviel zuzumuten. Daher ist es notwendig, eine *Auswahl* zu treffen, wobei es zur *Ablehnung* einiger Teile kommt. Alle Dinge, die gebraucht werden, um wieder eine Balance herzustellen, bleiben bestehen, während alles Übrige als überflüssig und hinderlich erkannt und deshalb verworfen wird. Der Prozeß der Auswahl und Ablehnung dauert so lange, bis unter allen wesentlichen Bestandteilen wiederum ein *Ausgleich* erreicht ist. Gleichzeitig bildet sich ein Mittelpunkt, um den sich alle Teilaspekte gruppieren, die an einem harmonischen Wechselspiel – der sogenannten *Integration* – teilnehmen. Zu guter Letzt findet eine *Auflösung* statt, das heißt, der Konflikt ist beigelegt worden und im Zuge der zwölf Schritte eine neue Einheit entstanden. Innerhalb des ganzen Wandlungszyklus wurde jeder betroffene Aspekt neu gestaltet. Nachdem der anfängliche Zustand der Stockung alle Stufen der Veränderung durchlaufen hat, ist eine neuartige, höhere Ebene erreicht worden.

Eine vereinfachte Darstellung des Wandlungszyklus

○ Alle Dinge existieren in einer ursprünglichen Einheit, in der sich alles in einer harmonischen Ganzheit aufhebt.

○ Gegensätze entstehen und treten hervor, sobald sich Konflikte unter den verschiedenen Aspekten abzeichnen.

○ Ein unausgewogener Zustand ist die Folge, wenn ein oder mehrere Anteile eines bestimmten Pols zu stark betont werden oder ein Übermaß des vorhandenen Kräftepotentials erhalten.

Schließlich fordert die vernachlässigte Seite ihren Anteil, und die Gegensätze werden energetisch ausgeglichen.

○ Ein Zyklus wird in Gang gesetzt, bei dem Energie in einer Art Reißverschlußverfahren reversibel von einem Gegenpol zum anderen fließt.

○ Es besteht die Gefahr, daß man sich einer Seite bevorzugt zuwendet und sich auf sie versteift, weil man in ihr ein Mittel zu erkennen glaubt, den Konflikt beizulegen.

○ Wenn das Ich dieser Versuchung standhält und es ihm gelingt, eine ausgewogene Spannung zwischen den gegensätzlichen Polen aufrechtzuerhalten, kann der Umwandlungsprozeß einsetzen.

○ Wer die Spannung zwischen den Gegensätzen auszuhalten weiß, ermöglicht, daß beide sich im Lauf der Zeit einigen und dadurch den Konflikt aufheben.

○ Eine neue Harmonie, die sowohl den Zustand der Einheit als auch Unterscheidungsfähigkeit zu wahren weiß, entsteht. Auf diese Weise wird der alte Zustand in den neuen transformiert.

Fallbeispiele, die den Wandlungszyklus verdeutlichen

Welche Auswirkungen hat das oben Geschilderte auf unser alltägliches Leben?

Ein Beispiel: Der Wandlungszyklus könnte auf eine allgemein verbreitete Konfliktsituation in Beziehungen übertragen werden. Einer der Partner interessiert sich für eine außenstehende Person, wodurch die bestehende Partnerschaft gefährdet und die bisherige Einheit zerstört wird. Der neu verliebte Partner entschließt sich vielleicht, eine Bindung einzugehen, das heißt, er wendet sich dem anderen Gegenpol zu. Sobald dies eingetreten ist, mag er seine innere Zwiespältigkeit erfahren oder möglicherweise dazu neigen, seine Intimpartner öfter zu wechseln. Würde er sich in dieser Situation für einen der beiden in Frage kommenden Partner entscheiden und den anderen verleugnen, hätte er sich zwar mit einer Seite verbündet, doch es wäre ihm nicht gelungen, sich mit allen wachgerufenen Energiepotentialen zu versöhnen.

Gelingt es, der Spannung standzuhalten und die Vorzüge beider Beziehungen schätzen zu lernen, ist es möglich, daß alle Beteiligten eine neue Einheit bilden. Wenn die gespannte Lage durch einen Integrationsprozeß aufgehoben wird, ist die Umwandlung vollzogen.

Entschließt sich der Betreffende, doch in der Beziehung mit seinem bisherigen Partner zu bleiben, haben sich beide in der Zwischenzeit durch die Auseinandersetzung mit der anderen Beziehung verändert und die neugewonnenen Erfahrungen hoffentlich in ihre Partnerschaft einbauen können.

Vielleicht steht es an, die bestehende Beziehung zu lösen, weil keine neue Bindung aus der angeschlagenen alten Einheit erwächst. Eine wertvollere Partnerschaft mag sich statt dessen mit dem neuen Partner entwickeln und einen neuen Schritt im Leben signalisieren. Möglicherweise wählt der Betreffende auch keinen der beiden in Frage kommenden Partner, sondern bemüht sich um eine völlig neue Beziehung, die mehr Gegensätze in sich vereinigen kann als die beiden vorherigen. In einer solchen Situation gibt es eine Reihe von Wahlmöglichkeiten. Denkbar ist auch, daß man sich vielleicht überhaupt nicht bindet.

In dem geschilderten Fall verlangt die »neue Ethik«, die einzelnen Schritte des Wandlungszyklus bewußt zu durchlaufen, nicht auf irgendeiner Seite zu beharren und damit den entgegengesetzten Lebensaspekt zu verleugnen oder zu unterdrücken. Damit ist keinesfalls gemeint, daß man alle Impulse, die in einem wachgerufen werden, im äußeren Leben ausleben soll. Alle Erscheinungen, die im Lauf des Lebens zutage treten, müssen auf irgendeiner Ebene – innerlich oder äußerlich – registriert werden. Sie verlangen nach Anerkennung, damit sie schließlich verarbeitet und umgewandelt werden können.

Das obige Beispiel zeigt, daß die Umwandlung ein Prozeß ist, der mit der Auflösung endet, aus der ein neuer Seinszustand hervorgeht. Statt den »kleinen Tod«, der bei jedem Abschluß zu spüren ist, als unwiederbringlichen Verlust abzuschreiben, kann er auch als Übergang und Wandlungsphase gewertet werden.

Durch die Auflösung werden wir vorbereitet, uns dem Neuen zu öffnen. Wer am Scheideweg des Lebens steht und an seinen Gewohnheiten festhalten will und wehmütig auf das Alte zurückblickt, beschwört damit unweigerlich den Zusammenbruch herauf. Wer nicht bereit ist, Opfer zu bringen und die ausgetretenen Pfade zu verlassen, fordert das gnadenlosere und grausamere Schicksal heraus, jenen »kleinen Tod« zu inszenieren. Wer auf solche Weise »stirbt«, erleidet einen unheilvollen Schlag, von dem er sich womöglich nie mehr erholt. Dann vermag keine Verwandlung zu gelingen, und die Neugeburt kann nicht erlebt werden.

Sobald wir die Wechselwirkungen und Querverbindungen der Dinge erfassen können, leuchtet uns ihr Sinn und Zweck ein. Bei der Konfliktlösung verbindet sich das Gewohnte mit dem Ungewohnten, der Tod erweckt zu neuem Leben. Wir werden Herr unseres Schicksals, indem wir die eigene Bestimmung durch eine bewußte Wahl erfüllen. Und während die geschlagenen Wunden noch heilen, entsteht bereits die neue Einheit.

Unter solchen Umständen wird die Frage laut: Welcher Zusammenhang besteht zwischen Leiden und Sinn? Wer die unvermeidlichen Schmerzen, die mit Konfliktsituationen einhergehen, erduldet und sich dem Geschehen überantwortet, hat gelernt, *schöpferisch* zu leiden. Wer bereitwillig solches Leiden auf sich nimmt, verbindet sich stärker mit der irdischen Realität und verleiht seinem Leben Bedeutung. Auf diese Weise wird das erforderliche Gegengewicht zu echter Freude geschaffen. Wenn Freude empfunden wird, ist der untrügliche Nachweis für die vorausgegangene Umwandlung erbracht. Ein neues, reicheres Dasein entfaltet sich, nachdem etwas geopfert wurde.

Das selbständige Wiedererleben des Traums

Beim selbständigen Wiedererleben des Traums schließen wir die Augen, machen uns innerlich frei und empfangsbereit und stellen uns erneut eine bestimmte Traumszene vor, an die wir uns erinnern. Dabei können wir zusätzlich noch eine Absicht oder

Frage einbauen und beobachten, was im folgenden daraus erwächst. Diese Methode setzt voraus, daß wir bereit sind loszulassen und daß wir das Geschehen passiv mitverfolgen. Sie eignet sich dazu,

○ um sich einen bestimmten Traumausschnitt zu vergegenwärtigen oder ihn aufzuklären;

○ um das ursprüngliche Traumgeschehen wiederzuerleben und aufs neue nachzuempfinden, welche Stimmungen ausgelöst werden, oder um mitzuverfolgen, ob es sich überhaupt beziehungsweise wie es sich weiterentwickelt;

○ um die archetypischen Muster zu verändern, die in der Symbolik des Traums zum Vorschein kommen. Wenn wir uns die Traumsymbole erneut vergegenwärtigen oder zulassen, daß sie sich noch mehr entfalten oder sich aufklären, setzen wir dadurch womöglich ein eingefahrenes, verkrustetes archetypisches Schema des Denkens und Fühlens außer Kraft, was zur Folge hat, daß nun die Lebensenergie leichter pulsiert.

Die obengenannten Ziele gelten auch für die Methode des Wiedererlebens des Traums unter Anleitung. Beim selbständigen Wiedereinstieg in den Traum begibt man sich ohne Führung eines Helfers erneut in die Traumhandlung. Diese Technik hat sich bei vielen bewährt, da sie ihre Träume tiefer nachempfinden und aufklären konnten. Das geführte Wiedererleben des Traums unterscheidet sich davon insofern, daß der Leiter in die Entwicklung und Lösungsfindung des Traums eingreift. Sein Einfluß kann sich günstig oder nachteilig auswirken. In manchen Fällen gelingt es dem Träumenden im Beisein eines erfahrenen Traumarbeitsleiters, sich leichter und vertrauensvoller auf den Prozeß einzulassen.

Es läßt sich wohl kaum mit Gewißheit sagen, ob man bei der Methode des Wiedererlebens tatsächlich erneut in den ursprünglichen Traumzustand eintritt und ob diese Technik Entscheidendes bewirkt. Aufgrund der Aussagen vieler Versuchspersonen wissen wir jedoch, daß sie das Gefühl hatten, wieder in den Traum zurückversetzt zu sein, und daß ihnen in diesem Zustand jegliches Raum- und Zeitgefühl für die äußeren Bedingungen verlorenging, zumal der Prozeß des Wiedererlebens auch häufig von bewegenden emotionalen Erlebnissen begleitet war.

Beispiel für ein selbständiges Wiedererleben des Traums

Folgendes Beispiel belegt ausführlich, welche Art von Erfahrungen bei der Technik des selbständigen Wiedererlebens des Traums eintreten können. Die Träumende wird sich im Verlauf des Prozesses über bestimmte dynamische Kräfte bewußt – und zwar nicht durch Analyse oder Deutung des Traums, sondern mittels verschiedener Techniken, die den direkten Zugang zum Unbewußten eröffnen. Durch die Methode des Zwiegesprächs sowie durch den Wiedereinstieg in den Traum gewinnt sie eine eher emotionale als rationale Einsicht. Die nachstehende Schilderung spricht für sich selbst.

Traumtitel: Die Seehunde

In einem Lastwagen werden ein paar Seehunde befördert. Zwei kleinere Robben sind eingefroren und sollen später aufgetaut werden. Zwei größere Tiere wurden betäubt. Die beiden sind an Lichtquellen angeschlossen, die an der Ladeluke des Wagens befestigt sind. Eine der Lampen ist erloschen, weshalb ich vermute, daß mindestens eine der Robben tot sein könnte. Ich bezweifle auch, daß die andere den Transport überleben wird. Ich öffne die Luke und werfe einen Blick hinein. Eine Frau, die mich begleitet, schlägt vor, den Seehund – sollte er wirklich tot sein – herauszuholen. Müßte ich sie nicht alle abladen, um mir Klarheit über ihren Zustand zu verschaffen? Nein, dazu fühle ich mich nicht fähig, außerdem könnte die Situation durch mein Eingreifen gestört und deshalb verschlimmert werden. Es ist wohl besser, die Sache auf sich beruhen zu lassen. Ich schließe die Lastwagentür.

Das Zwiegespräch mit den Seehunden

○ Seehunde, wer seid ihr?
○ Wir sind deine verletzten Gefühle. Du hast uns eingefroren und betäubt.
○ Woher kommt ihr?
○ Wir sind aus der Gegenwart und möchten, daß du erkennst, daß du dich zwar sehr um alle anderen kümmerst, uns aber derart vernachlässigst, daß wir schwer krank geworden sind.
○ Was soll ich für euch tun?
○ Hol uns heraus, und schau uns an. Trenne die Lebenden von den Toten.

Das selbständige Wiedererleben des Traums

Ich öffne die hintere Tür des Krankenwagens und schaue nach den beiden Robben. Die größere hole ich heraus. Sie ist schwer und läßt sich kaum tragen, und ich lege sie in eine Mulde aus sauberem weißen Sand. Die Sonne wärmt. Die Robbe ist rundum mit Kot beschmiert. Sie hat wohl schon lange in ihrem eigenen Kot gelegen. Ich wasche sie mit Wasser aus einem nahegelegenen Bach und wickle sie in eine flauschige weiße Decke. Dann lasse ich sie liegen, um die andere zu holen. Sie befindet sich in einem noch schlimmeren Zustand. Als ich sie aus ihrer Nische heraushebe, zittert sie. Sie ist sehr krank, verängstigt und beißt mich heftig in den Arm. Ich muß ihr eine Beruhigungsspritze geben. Sie erschlafft, und ich trage sie hinüber zum Sandlager, lege sie in den Bach und wasche sie. Ihr Kot stinkt übel. Ich wickle das Tier in eine Decke und lege es neben seinen Gefährten. Nun kehre ich zum Sanitätswagen zurück, um die Lager der Robben zu säubern. Ich beginne mit dem Platz der größeren Robbe und schrubbe ihn gründlich mit Seifenlauge. Ich halte inne, greife in ein kleines Fach über den Nischen und hole eine Flasche heraus. Es ist eine Heiltinktur. Leider fehlt die Zeit, sie anzuwenden. Ich stelle die Flasche auf das Dach des Wagens. Dann schrubbe ich das Lager der kleineren Robbe und spritze beide Auflagen gründlich mit einem Wasserschlauch ab. Ich befeuchte die Wände der

Nischen mit Heilflüssigkeit – doch nein, das geht jetzt nicht. Ich sollte die Wände erst trockenreiben. Ich nehme ein frisches weißes Handtuch und trockne die Nischen. Dann bestreiche ich die Wände mit der Heiltinktur. Damit alles durchlüftet wird und die Sonne in das Wageninnere scheinen kann, lasse ich die Wagentür offenstehen. Ich gehe zurück zu den Robben und reibe sie mit Heiltinktur ein. Die größere muß nur am Kopf und an der Brust behandelt werden, die kleinere jedoch am ganzen Körper. Ich massiere sie, damit sie wieder wach und lebendig wird. Später bringe ich die Tiere einzeln zurück zum Krankenwagen und lege sie wieder in die sauberen Nischen. Für die größere schneide ich eine Fensteröffnung in die Tür, für die kleinere ein kleines quadratisches Luftloch. Dann fahre ich sie zu mir nach Hause. Die große Robbe bleibt bei mir in der Küche, die kleine lege ich ins Bett und pflege sie, bis sie sich erholt hat. Nach einer Weile bin ich es leid, ständig die Seehunde vor meinen Füßen zu haben, deshalb bringe ich sie im Hinterhof unter. Dort haben sie ein kleines Schwimmbecken für sich. Doch dieser Zustand ist immer noch nicht ideal, denn ich muß ihnen ständig Fische als Futter bringen. Sie müssen lernen, für sich selbst zu sorgen. Ich will sie aber nicht einfach im Stich lassen und sie für immer verlieren, also ziehe ich in ein Haus am Meer. Hier können die Robben sich selbst ernähren und mich gelegentlich besuchen. Diese Lösung gefällt mir sehr gut.

Das zweite Gespräch mit den Seehunden

○ Seehunde, wie möchtet ihr, daß ich mit meinen Gefühlen umgehe?
○ Beobachte sie, und wenn sie verletzt werden, stehe für sie ein, beschütze sie. Gib anderen Menschen nicht unentwegt etwas auf ihre (unsere) Kosten, und laß es nicht zu, daß andere sie (uns) kränken.

Strephons abschließende Bemerkungen über diese Traumarbeit

Diese Träumende gelangte über Fühlen, Wahrnehmen und Sehen zur Selbsterkenntnis und beeinflußt daher ihren innersten seelischen Zustand. Die Aufgabe, sich den Seehunden zu widmen, wurde eigentlich von einer weiblichen Gestalt im Traum vorgeschlagen. Das Traum-Ich war ursprünglich nicht daran interessiert, sich der Tiere anzunehmen. Echtes Engagement in Sachen Traumarbeit bedingt, daß sie den festen Vorsatz wahrmachte, ihre überkommenen Einstellungen angesichts der Traumwirklichkeit zu verändern. Sie vertraute sich der Führung ihrer eigenen Traumquelle an und ließ sich auf ein erschütterndes Erlebnis ein, das sie mit Blut, Kot, Verwahrlosung, Gefühlen, Fürsorglichkeit und Läuterung konfrontierte. Echte Traumarbeit in unserem Sinne befaßt sich ohne Wenn und Aber mit der emotionalen Wirklichkeit. Es handelt sich um eine Arbeit, die sich am Ganzheitsprinzip orientiert. Die Träumende hatte sich entschlossen, den Anweisungen der Traumquelle Folge zu leisten, statt dem Ich und seinem Verdrängungsmechanismus nachzugeben. Wie viele Menschen würden sich in ihrem Leben auch so verhalten?

Übersicht für das selbständige Wiedererleben des Traums

○ Nach dem Aufschreiben des Traums sind die wichtigsten Probleme in Form von detaillierten Fragen zu formulieren. Behalten Sie dabei die Bildhaftigkeit des Traumgeschehens möglichst umfassend bei. Es sind vor allem jene Konflikte und Situationen zu behandeln, die unverarbeitet zu sein scheinen, aber auch jene Handlungen und Gespräche, die im Traum zwar begonnen, aber nicht zu Ende geführt werden und bei der Verarbeitung und Lösungsfindung hilfreich sein könnten.

○ Nach der Bestimmung der wichtigsten Probleme ist festzulegen, welche Kernfragen und Aspekte des Traums am ehesten der Bearbeitung bedürfen – und für welche man überhaupt die dafür erforderliche Kraft aufbringen kann. Halten Sie das Resultat dieser Überlegungen schriftlich fest, gewissermaßen als Ihre Absichtserklärung für das Wiedererleben des Traums.

○ Treffen Sie die entsprechenden Vorbereitungen, um während des Wiedererlebens allein und ungestört zu sein. Niemand darf Ihre Zurückgezogenheit stören – weder Besucher noch Anrufer. Für das Wiedererleben des Traums benötigen Sie etwa eine Stunde.

○ Nach Abschluß der Vorbereitungen kann der Traum wiedererlebt werden. Der Eintritt muß nicht unbedingt am Beginn des Traums erfolgen. Das Traumgeschehen braucht auch nicht als Ganzes erlebt zu werden. Es genügt, sich mit spezifischen Traumszenen zu beschäftigen.

○ Ihr Traumtagebuch und Schreibzeug sollten griffbereit liegen, um die Resultate schriftlich festzuhalten. Wer schon während des Wiedererlebens des Traums seine Erlebnisse protokollieren möchte, verwendet dazu am besten ein Aufnahmegerät.

○ Legen oder setzen Sie sich mit geschlossenen Augen hin, und schieben Sie die äußere Wirklichkeit, den Alltag, aus dem Bewußtsein. Zum Beispiel auf folgende Art und Weise (dabei ist allerdings zu beachten, daß man im Liegen leichter einschläft und unbewußt wird als im Sitzen):

»Ich schließe meine Augen und lasse einen Teil meines Inneren ganz leer werden. Es ist meine Mitte, die ich leer mache, bis nichts mehr in ihr enthalten ist. Ich lasse alle Ablenkungen, alle Gedanken und Sorgen aus dem Alltagsleben vorbeiziehen, ohne ihnen Zugang zu meiner Mitte zu gewähren. Ich lasse aber auch alle inneren Gefühle, Bilder und Ängste von mir abfallen, so daß meine Mitte freibleibt. Ich atme regelmäßig und ohne Zwang. Ich reinige meine Mitte durch rhythmisches Atmen und gleichmäßigen Energiefluß.«

○ Sobald Ihre Mitte leer geworden ist und Sie entspannt sind, lassen Sie eine bestimmte Szene Ihres Traums in diesem inneren Raum von neuem entstehen. Nehmen Sie sich Zeit. Konzentrieren Sie sich auf die Einzelheiten, und beschreiben Sie sie in Gedanken. Auch die Traumgestalten sollen nun in Erscheinung treten und das Bild ergänzen, bis alles so ist, wie es sein soll. Jetzt können Sie die Traumhandlung erneut beginnen lassen. Behalten Sie dabei stets Ihr Vorhaben im Auge, das Sie im Verlauf des Traumgeschehens ausführen möchten. Klammern Sie sich jedoch nicht nur stur an Ihre Absicht. Denn vielleicht werden sich Ihr Traum-Ich und die anderen Traumgestalten ganz anders als erwartet verhalten, und der Handlungsablauf spult sich eher ohne Ihr Zutun ab. Lassen Sie alles fließen, und beobachten Sie, was geschieht.

○ Was geschieht jetzt in Ihrem Traum? Lassen Sie die einzelnen Szenen vorbeiziehen, und beobachten Sie, wie die Ereignisse sich entwickeln. Ihre Vorsätze sind nur ein Teil des Geschehens. Wenn Sie den Handlungsablauf ungehindert fließen lassen, erwacht der Traum zu neuem Leben.

○ Das Traumgeschehen soll sich so lange fortsetzen können, bis eine natürliche Lösung auftaucht. Sie können den Prozeß auch abbrechen, wenn das Gewünschte erreicht wurde oder wenn Sie sich einfach überfordert fühlen.

○ Nach der Übung halten Sie alles im Traumtagebuch schriftlich fest, damit es später be- und verarbeitet werden kann. Das Notieren genügt völlig, da dem Unbewußten ausreichend Energie zugeführt wurde, um die inneren Muster, die den ursprünglichen Traum hervorgebracht haben, zu beeinflussen. Sie können jedoch mit der Traumbearbeitung auch fortfahren und eine oder mehrere der folgenden Aufgaben ausführen:

– Sich der Spannungsfelder und der Ausgangsprobleme bewußt werden, mit denen Sie durch das Wiedererleben des Traums konfrontiert wurden – und zwar auf die gleiche Weise wie beim ursprünglichen Traum.

– Die Gefühle und Emotionen klar erkennen, die durch das Wiedererleben des Traums wachgerufen wurden: Handelt es sich um Sorge, Freude oder Furcht, um ein Gefühl der Sicherheit, der Erleichterung und so weiter?

– Feststellen, welche Aufgaben Sie sich im Alltagsleben vornehmen können, um die Einsichten und Neueinschätzungen, die sich aus dem Wiedererleben des Traums ergeben haben, in die Tat umzusetzen.

○ Festlegen, welche persönlichen Wesenszüge und Einstellungen aufgrund dieser Traumarbeit verändert werden müssen.

○ Sich Gedanken machen, daß der Traumquelle die Ergebnisse dieser Traumarbeit zu verdanken sind. Dankbarkeit ist die Erwiderung der Wohltat, zuerst erschüttert, danach aber gesegnet zu werden.

Das Wiedererleben des Traums unter Anleitung

Wiedererleben des Traums unter Anleitung entspricht im allgemeinen dem selbständigen Wiedererleben. Diese beiden Techniken lassen sich durch folgende Punkte unterscheiden:

Wenn das Wiedererleben des Traums unter Anleitung geschieht, greift der Leiter teilweise mit dem dafür erforderlichen Einfühlungsvermögen ein, um die Entwicklung und Problemlösung zu fördern. Man muß vor allem darauf achten, daß die Einflußnahme nicht zu stark wird, weil sonst die persönlichen Muster des Gruppenleiters zu sehr ins Gewicht fallen.

Der Leiter von Traumarbeitsgruppen braucht ein gewisses Maß an Offenheit und Feinfühligkeit und darf seine vorgefaßten Meinungen nicht zu dominant einfließen lassen. Sein wichtigstes Anliegen beim Wiedererleben des Traums sollte vielmehr sein, daß der andere sich mit den aufgeworfenen Problemen auseinandersetzt und sie löst.

Dieses Verfahren gleicht dem Psychodrama oder der künstlerischen Darstellung der Träume, jedoch spielt es sich auf einer inneren Ebene ab, denn es wird nicht ausagiert. Da die Verhaltensmuster ohnehin innerlich sind, bedarf es meistens gar nicht der hohen Energie eines Psychodramas, um einen Wandel herbeizuführen.

Die Lösungsfindung ist ein weiterer wesentlicher Aspekt des Wiedererlebens des Traums. Wenn das Schwergewicht auf der Herbeiführung einer Lösung liegt, wird ein heilendes Zentrum aktiviert. Auf diese Weise entstehen neue Gefühle und bildhafte Eindrücke, die als Lösung und Vervollständigung des ursprünglichen Materials erlebt werden.

Deshalb muß der Leiter, der den Prozeß des Wiedererlebens begleitet, einfühlsam und unterstützend vorgehen, er sollte niemals etwas erzwingen noch beschleunigen wollen. Und dennoch darf er sich nicht einfach darauf beschränken, schweigend zuzuhören. Gelegentlich bedarf es nur ein klein wenig Bewußtwerdung, um den inneren Prozeß in Heilung und Sinnfindung münden zu lassen.

Der Gruppenleiter, der Träumende und alle anwesenden Teilnehmer schließen die Augen. Der verantwortliche Leiter ist auch auf die Ebene des Unbewußten eingestimmt, wodurch möglicherweise eine seelische Verbindung zum wiedererlebenden Träumenden hergestellt wird, so daß die Vorschläge für das Vorgehen aus dem kollektiven Unbewußten emporsteigen. Was immer hier auch geschehen mag – sicher ist, daß sich sowohl die den Traum wiedererlebende als auch die leitende Person in einem Zustand von Bewußtheit und Handlungsfreiheit befinden, der sich nahezu vollständig vom gewöhnlichen Alltagsdenken unterscheidet. In dieser gemeinsamen Innenwelt kann der Gruppenleiter aufgrund seines objektiveren Standpunkts intuitiv eine bestimmte Richtung für das Wiedererleben des Traums empfehlen. Zu Beginn der Sitzung vermittelt er der Person, die die Absicht hat, einen Traum wiederzuerleben, daß sie frei wählen kann, ob sie die Anleitungen befolgen will oder nicht, und daß sie nichts zu tun braucht, wovor sie sich fürchtet oder was ihr unangebracht zu sein scheint. Es kann nicht oft genug wiederholt werden: Wer den Traum wiedererlebt, muß entscheidungsfähig bleiben und sich dem Heilungsvorgang des Unbewußten hingeben können. Der Gruppenleiter begleitet nur unterstützend den Prozeß, bestimmt jedoch nicht den Ablauf. Ich persönlich sah mich nur äußerst selten dazu genötigt, entschieden einzugreifen, um jemandem über eine Hürde zu helfen. Die Bereitschaft, alles geschehen zu lassen, gibt einem die Freiheit, gelegentlich eine eigene Position zu vertreten. Aber auch dann kann man fehlgehen – vor allem, wenn man nicht sorgfältig genug auf das lauscht, was im anderen vorgeht.

Nachteilige Auswirkungen, die bei Verwendung dieser Methode auftreten können

Das Wiedererleben des Traums ist eine sehr eindrucksvolle Erfahrung, die nicht nur heilsame, sondern auch schädliche Folgen haben kann. Nachteilig wirken sich zum Beispiel folgende Situationen aus:

○ Sie vermögen als Leiter der Traumarbeit die den Traum wiedererlebende Person aus einem Gefühlskonflikt, in dem sie sich beim Wiedererleben des Traums verfangen hat, nicht herauszuführen. Dies läßt sich dadurch beheben, daß Sie so lange weiterarbeiten, bis eine neue Einstellung beziehungsweise eine Lösung gefunden wird.

○ Beim Wiedererleben wird für oder gegen eine bestimmte Traumszene Partei ergriffen. Dieses Verhalten engt ein Symbol eher ein, als daß es seine innewohnenden Möglichkeiten zu erschließen hilft. Es besteht allgemein die Tendenz, einen Pol des im Symbol enthaltenen Gegensatzpaares überzubetonen und sich mit ihm zu identifizieren. Träumen wir beispielsweise vom eigenen Tod, so werden wir aufgrund dieses symbolischen Ereignisses von Entsetzen gepackt und meinen, das Ende sei gekommen. Der eigene Tod läßt sich aber auch als Vorstufe zur Wiedergeburt verstehen. In einem solchen Fall sollten wir uns fragen, was die Sterbeerfahrung im Traum an Positivem und Negativem beinhaltet.

○ Sie versteifen sich allzu voreilig auf eine einzige Möglichkeit. Statt sich mit nur einer Seite des einem Symbol innewohnenden Gegensatzpaares zu identifizieren, bestünde der erste schöpferische Schritt darin, sich bewußt für etwas zu entscheiden, woraus sich neue Möglichkeiten ergeben. Eine bloße Parteinahme wirkt einschränkend, denn beim Wiedererleben des Traums gibt es stets mehrere Wahlmöglichkeiten, und damit eröffnet sich die Chance, eine Lösung zu finden. Lösungsfindung heißt *nicht*, sich auf einen Aspekt des Gegensatzpaares festzulegen, sondern bedeutet, frei zu wählen und dabei beide Seiten einzubeziehen.

Konflikte zu lösen heißt, Einheit zu finden, die alle Gegensätze versöhnt.

○ Eine weitere nachteilige Wirkung entsteht aus der Übertragung unverarbeiteter Probleme auf die Situation des Träumenden. Ein derartiges Abladen des eigenen psychischen Mülls seitens des Leiters der Traumarbeit führt zur Verwirrung und belastet das seelische Befinden des Träumenden zusätzlich. Außerdem gilt zu bedenken, daß ein Gruppenleiter, der seinen eigenen verwundeten oder erkrankten Persönlichkeitsanteil auf den anderen Menschen projiziert, auf diese Weise seine eigene angeschlagene Seite verleugnet. Er versucht dann, andere gesund zu machen als Ersatz für die eigene Heilung.

Es gibt keine Heiler, sondern nur heilende Kräfte, die im Inneren wachgerufen werden können. Wer sich selbst als Heiler aufspielt, entspricht vermutlich dem Archetyp des verwundeten Heilers. Durch die überstarke Identifizierung mit dem Archetyp läuft ein solcher Mensch Gefahr, sein Menschsein zu opfern. Offensichtlich sind alle Personen, die mit »Herr Doktor« oder »Frau Doktor« tituliert werden, dieser Gefahr ausgesetzt, die sich vorwiegend in unserem Kulturkreis bemerkbar macht. Jeder Arzt, der sich mit seiner Rolle gleichsetzt, hat sein Privatleben so gut wie eingebüßt. Aber im Ernst: Wir alle wissen doch, daß es weder Könige, Königinnen, Präsidenten, Mütter, Heiler oder Erleuchtete gibt. Wir alle sind nur Menschen, die eine Rolle ausfüllen. Jeder geht lediglich seinem Metier nach, und mehr verbirgt sich nicht dahinter.

Es bestehen sicher noch andere Gefahren. Das Kernproblem scheint jedoch darin zu liegen, ob man einem Menschen durch die Anwendung von psychologischen Techniken ernsthaften Schaden zufügen kann. Was das Wiedererleben der Träume und andere Techniken im Umgang mit dem Unbewußten angeht, so können wir ziemlich sicher davon ausgehen, daß die inneren Abwehrkräfte und Widerstände des Betreffenden auf den Plan treten, sobald die Situation die wiedererlebende Person zu überwältigen droht und sie sich überfordert fühlt.

Übersicht für das Wiedererleben des Traums unter Anleitung

Das Wiedererleben des Traums wird unter Anleitung praktiziert

○ bei Schwierigkeiten im Umgang mit der aktiven Imagination;
○ wenn gewisse Trauminhalte beängstigend wirken und das Wiedererleben aus diesem Grund der Unterstützung bedarf;

○ wenn in bezug auf ganz bestimmte Trauminhalte und die Notwendigkeit ihrer Verarbeitung gefühlsmäßige Hemmungen vorhanden sind, welche die Person, die den Traum wiedererlebt, unter einfühlsamer Anleitung überwinden möchte;

○ wenn die wiedererlebende Person kundige Hilfe, die notfalls eingreifen kann, benötigt, um sich dem Fluß der Ereignisse besser überlassen zu können;

○ wenn gewährt ist, daß die wiedererlebende Person von der Darstellung eines anderen Standpunkts profitieren kann.

Wenn das Wiedererleben im Rahmen einer Traumarbeitsgruppe geschieht, werden die Teilnehmer gebeten, die Augen zu schließen und sich in einen meditativen Zustand wachsamer Bereitschaft und Leere zu versetzen. Jeder einzelne erlebt den Traum auf seine persönliche Art, indem er sich den aufsteigenden Bildern überläßt. Auf diese Weise wird der Traum eines einzelnen Teilnehmers zum Traum aller. Der Gruppenleiter der Traumarbeitsgruppe hat die Aufgabe, an die Person, die ihren Traum mitgeteilt hat, Fragen zu stellen und ihr Vorschläge zu unterbreiten. Die Reihenfolge der Fragen und Empfehlungen könnte folgendermaßen aussehen:

○ Mit welchem Teil des Traums möchten Sie beginnen?

○ Beschreiben Sie uns die Szene in allen Einzelheiten.

○ Was möchten Sie im Ablauf des Traums geändert haben?

○ Nun lassen Sie die Traumszene genau so wiederentstehen, wie sie geträumt wurde. Seien Sie offen. Das Neue soll sich ungehindert entwickeln können. Es steht Ihnen völlig frei zu entscheiden, wie Sie dabei vorgehen wollen.

○ Weshalb haben Sie sich nun so und nicht anders entschieden? Was würde wohl bei der gegenteiligen Entscheidung passieren? Sehen Sie noch andere Möglichkeiten?

○ Was geschieht jetzt gerade? Bitte fahren Sie fort, uns zu beschreiben, was sich ereignet.

○ Wäre es Ihnen möglich, dem Traum zu gestatten, sich selbst zu erfüllen?

○ Haben Sie jetzt das Gefühl, daß die Dinge sich einer Lösung genähert haben oder zur Ruhe gekommen sind? Falls Ihnen daran gelegen ist: Wie möchten Sie sich gegenüber den Traumwesen erkenntlich zeigen (bevor die Traumbühne verblaßt; sie wird allerdings nicht für immer verschwinden, sondern jederzeit als Hilfsquelle zur Verfügung stehen)? Drücken Sie Ihre Dankbarkeit aus, und kommen Sie langsam wieder in die Alltagswirklichkeit zurück. Öffnen Sie die Augen und orientieren Sie sich.

○ Nach einer derartigen Erfahrung, die zwischen zwanzig Minuten und zwei Stunden dauern kann, befinden sich alle Gruppenteilnehmer in den meisten Fällen in einem stark nach innen gekehrten, andächtigen Zustand. Jedes lineare Zeitgefühl war aufgehoben, und der Traum eines einzelnen ist nun durch das Zuhören zu einem gemeinsamen Traum geworden. Der Gruppenleiter stellt als nächstes die Frage, ob jemand seine Erfahrung mit dem Wiedererleben eines Traums mitteilen möchte. Der Bericht über das Traumerlebnis des Teilnehmers soll jedoch weder analysiert noch gedeutet werden. Das geführte Wiedererleben eines Traums innerhalb einer Gruppe eignet sich besonders als Demonstration dieser Methode. Die einzelnen Gruppenteilnehmer können anschließend auch ihre eigenen Träume meditativ und selbständig wiedererleben und danach über ihre Ergebnisse berichten.

Hinweise für die Rolle des Traumarbeitsleiters im Hinblick auf die geführte Weiterentwicklung des Traums

○ Einigen Sie sich mit dem Kandidaten, der bereit ist, den Traum wiederzuerleben, auf die Probleme und Absichten, die er angehen und verwirklichen will. Versuchen Sie nicht, Ihren eigenen Standpunkt durchzusetzen, denn es geht nicht um einen Ihrer Träume. Die Rolle des Traumarbeitsleiters besteht darin, dabei behilflich zu sein, den Strom des Unbewußten fließen und sich verwandeln zu lassen.

○ Vergegenwärtigen Sie sich nochmals die Fragen und Vorschläge, die im »Leitfaden zum Wiedererleben von Träumen unter Anleitung« aufgeführt worden sind und sprechen Sie in meditativem Zustand die Anweisungen mit ruhiger Stimme. Versetzen Sie sich als Leiter in den gleichen meditativen Zustand wie die wiedererlebende Person. Falls möglich, schließen Sie ebenfalls die Augen.

○ Der Leiter ist gegenüber der eigenen unbewußten Quelle empfänglich. Horchen Sie während des Wiedererlebens stets nach innen, um die passenden Worte der Unterstützung für den Kandidaten zu vernehmen. Geben Sie nur sparsam Anregungen weiter, verfolgen Sie das Geschehen, und erleben Sie es innerlich mit. Seien Sie sich der Tatsache bewußt, daß Sie gewisse Dinge Ihres eigenen Unbewußten anders bearbeiten würden.

○ Wenn Sie Vorschläge aussprechen, sollten Sie stets die bestehenden Gegensätze berücksichtigen. Scheint die wiedererlebende Person gehemmt zu sein, können Sie eine gegensätzliche Empfehlung oder ein ganz neues Element einbringen. Lauschen Sie auf die Stimme in Ihrem Inneren. Überlassen Sie stets dem Wiedererlebenden die Entscheidung, ob er einen Vorschlag annehmen will oder nicht.

○ In der Regel wird es im Verlauf des Wiedererlebens zu einer Lösung kommen, oder der Prozeß findet deshalb ein Ende, weil die verfügbare Energie nahezu aufgebraucht ist. Sollte dies nicht der Fall sein, können Sie eventuell folgendes vorschlagen: »Sind Sie der Meinung, daß die Angelegenheit zu einem vorläufig befriedigenden Abschluß gekommen ist?« Oder: »Welche Lösung bietet sich im gegenwärtigen Entwicklungsstand an, wie kann sie erreicht werden?«

○ Nach Beendigung des Wiedererlebens lösen Sie sich allmählich und ruhig aus dem meditativen Zustand. Jetzt empfiehlt es sich, sich darüber auszutauschen, was Sie und der wiedererlebende Kandidat soeben erfahren haben. Unterlassen Sie Deutungen, stellen Sie lieber einfache Fragen, um den Vorgang stärker zu beleuchten.

○ Als letztes gilt es herauszufinden, welche wichtigen Vorkommnisse beim Wiedererleben eingetreten sind und wie diese in spezifische Traumaufgaben umgemünzt werden können.

Wichtige Grundsätze für das direkte Wiedererleben eines Traums

○ *Eine der wichtigsten Funktionen der Träume besteht darin, auf der Seelenebene beziehungsweise innerhalb der Psyche Konfliktlösungen herbeizuführen.* Verinnerlichte, aber nicht verarbeitete Erfahrungen blockieren den Lebensstrom der Psyche – zumindest in jenen Bereichen, die vom ursprünglichen Schockerlebnis betroffen wurden. Wenn diese Annahme stimmt, folgt daraus, daß die Methoden der Traumarbeit darauf ausgerichtet sein sollten, eine Verarbeitung der wachgerufenen archetypischen und psychischen Energien zu ermöglichen. Dieser Grundsatz gilt auch für das meditative Vorgehen, bei dem versucht wird, am Abend die meisten – oder sogar alle – während des Tages wachgerufenen Energien zu verarbeiten. Unterbleibt dies, erzeugen die schwebenden Konflikte Ängste, die auch in den nächsten Tag hineingetragen werden und den einzelnen daran hindern, sich mit vollem Einsatz im Alltagsleben zu bewähren. Traumarbeit könnte daher eine besonders hohe Erfolgsquote erzielen, wenn es um Problemlösungen geht und wenn der Mensch wirklich im Leben stehen will.

○ *Alle Menschen sind fähig, sich in einen Traumzustand oder in die innere Welt zu versetzen – und zwar ausgehend vom Wachzustand beziehungsweise von der äußeren Wirklichkeit.* Ferner gilt, daß dank der Entwicklung dieser Fähigkeit die inneren Erfahrungen – mit einem Maximum an Einsicht, ganz vorsätzlich und völlig bewußt – verarbeitet werden können. Diese Methode ist sicher effektiver als die direkte Beeinflussung des Traumgeschehens noch während seines Ablaufs in einem sogenannten luziden Traum. Das läßt sich damit erklären, daß beim Wiedererleben eher die Möglichkeit besteht, absichtlich zu handeln und sich bewußt zu entscheiden. Außerdem kann die Traumhandlung beim Wiedererleben anderen mitgeteilt und leichter bewußt kontrolliert werden.

○ *Eines der wichtigsten Ziele der Traumarbeit besteht darin, eine Brücke zwischen der inneren und äußeren Wirklichkeit zu schlagen, indem eine »dritte Wirklichkeit«, die beiden zugrunde liegt, wachgerufen und dazu gebracht wird, in Erscheinung zu treten.* Dies kann durch das direkte Eingreifen in die Traumhandlung geschehen, indem inneres und äußeres Material miteinander verknüpft wird.

○ *Die innere Welt, wie sie sich in Träumen und anderen unmittelbaren, intuitiven Erfahrungen widerspiegelt, ist ursprünglicher als die äußere Realität.* Die Möglichkeiten für Umwandlung, Sinnfindung und seelisches Wachstum liegen im Bereich der

Innenwelt. Die Außenwelt ist die Bühne, auf der sich das Potential der Psyche manifestiert und verdichtet. Doch weder die eine noch die andere Welt sollte bevorzugt werden. Beide haben bloß jeweils unterschiedliche Funktionen. Die »dritte Wirklichkeit« könnte man vielleicht als »Wirklichkeit der Potentiale« bezeichnen. Demnach wäre die innere Wirklichkeit die Arena, in der die inneren Fähigkeiten zum Ausdruck kommen. Doch auch diese Begriffsbestimmungen bleiben fließend.

○ *Die Methoden der Traumverwirklichung führen zu einer direkten ursprünglichen Erfahrung der Träume und des Lebens, während die Deutungsmethoden von der unmittelbaren Traum- und Lebenserfahrung entfremden.* Paradoxerweise sind sowohl eine Distanzierung als auch die direkte Beteiligung erforderlich, damit der Prozeß sich als Ganzes entwickeln kann. Ich habe absichtlich die Umsetzung oder Aktualisierung des Traums stark hervorgehoben, weil ich damit ein Gegengewicht zu den in unserem Kulturkreis vorherrschenden Deutungsverfahren setzen wollte. Die hier geschilderte Methode des Wiedererlebens des Traums könnte sich als entscheidender Durchbruch bei der Arbeit mit Träumen und dem Heilungsprozeß innerhalb des Unbewußten erweisen. Es gibt kaum etwas Wirkungsvolleres und Beeindruckenderes als die direkte Beeinflussung und Umwandlung wichtiger psychischer Muster durch das Wiedererleben eines Traums.

Der Umgang mit Alpträumen

Anfangs befaßte ich mich nur persönlich mit Alpträumen. Dann stieß ich auf Kilton Stewarts Berichte über die Traumarbeit der Senoi, später erhielt ich bei einer Unterredung mit Rosaline Cartwright den Hinweis, daß Frauen, die unter Depressionen litten, eine Neufassung ihrer Träume schreiben konnten und dadurch imstande waren, den ursprünglich negativen Traumausgang zu verändern. Zu guter Letzt machte ich mir die Behauptung der Jungianer zu eigen, daß es innerhalb der Psyche ein heilendes Zentrum gibt.

Bei der Analyse von Alpträumen stieß ich auf folgende Zusammenhänge:

○ Normalerweise sprechen Träumende von einem Alptraum, wenn im Traumgeschehen etwas Furchterregendes zum Vorschein kam, weswegen sie aufgewacht sind.

○ Alpträume kehren häufig wieder. Sie stellen sich oft bereits in der Kindheit ein und treten immer wieder in ähnlicher Form in Erscheinung.

○ Alpträume sind unvollständig gebliebene Träume. Der Träumende gestattet sich aus Angst nicht, den Traum zu Ende zu träumen.

○ Alpträume sind deshalb furchterregend, weil das Traum-Ich angegriffen wird. Wenn in einem Traum anderen beteiligten Traumgestalten schlimme Dinge widerfahren, handelt es sich nicht um einen Alptraum, weil in diesem Fall dem Traum-Ich nicht unmittelbare Gefahr droht. Es fühlt sich auch nicht veranlaßt, den Träumenden zu wecken. Im Verlauf des Alptraums überschneiden sich die Funktionen des teilnehmenden Traum-Ichs und des Beobachter-Ichs. Soweit ich es überblicken kann, ist der Traumforschung nicht bekannt, warum es dazu kommt.

○ Häufig werden äußere Konfliktsituationen und Lebensumstände, die der Träumende nicht wahrhaben will, in Alpträumen wieder aufgenommen. Sie lassen sich also nicht aus der Welt schaffen, auch wenn sich der Betreffende noch so sehr sträuben mag.

Beim Umgang mit Alpträumen erzielten wir folgende Ergebnisse:

○ Wir übten uns und andere darin, unter allen Umständen weiterzuträumen, auch wenn die Traumhandlung grauenerregend war und das Traum-Ich angegriffen wurde. Es lief in den meisten Fällen darauf hinaus, daß das Traum-Ich sein Verhalten abwandeln mußte, so daß es nicht mehr davonlief, sondern mit dem Gegner in eine Wechselbeziehung treten konnte.

○ Durch die Technik des Wiedererlebens des Traums gelang es

uns, Alptraumserien zu beenden, indem wir die im Traum stets ausweglos erscheinende Situation aufbrachen und den ungelösten Konflikt offenlegten, dem das Traum-Ich bisher nicht gegenüberzutreten wagte.

○ Wir sind zu der Feststellung gelangt, daß Alpträume vollständig zu Ende geträumt werden können, wobei immer eine Lösung des Konflikts zu finden ist. Wir trainierten uns mit Hilfe der Methode des Wiedererlebens des Traums, dem Grauen nicht auszuweichen. Es gelang uns schließlich, dem beängstigenden Traumgeschehen so lange standzuhalten, bis endlich eine Lösung zustande kam, was sogar die Tötung des Traum-Ichs bedeuten konnte.

○ Wir fanden heraus, daß der Versuch, den Handlungsablauf des Traums zu kontrollieren oder aus der Sicht des wachen Ichs in die Bildabfolge einzugreifen, wie es bei den sogenannten luziden Träumen der Fall ist, sich ungünstig auswirkt. Aufgrund solcher Manipulationen stellte sich im Traum ein unechtes, trügerisches Gefühl ein, weil der wirkliche Sachverhalt weder gründlich erfaßt noch bewältigt worden war. Statt dessen übten wir uns darin, durch angemessenes Handeln mit der Angst und den widrigen Rahmenbedingungen fertig zu werden.

○ Die Anregung der Senoi-Traumarbeit von Kilton Stewart, zusätzliche wohlgesinnte Traumgestalten in den Traum einzuschleusen, erwies sich häufig als unnötige und gekünstelte Zugabe. Aus diesem Grund kamen wir überein, diese Idee fallenzulassen. In den meisten Fällen war die Maßnahme überflüssig. Eine schlichte Veränderung der Ansichten und Vorsätze des Traum-Ichs führte zu einer natürlichen Lösung des Traumkonflikts.

○ Wir verwarfen noch eine weitere Anregung der Senoi-Traumarbeit von Kilton Stewart: die Empfehlung, vom Widersacher entweder Geschenke anzunehmen oder ihn zu töten. In manchen Träumen ist die entschlossene Tötung der Feindgestalt ein notwendiger Schritt, um eine Traumsequenz abzuschließen. Unsere Beobachtungen ergaben jedoch, daß bei der Ermordung des Gegners dem Ganzheitsprinzip im allgemeinen nicht Rechnung getragen wurde, weil diese Tat der Einstellung Vorschub leistete, daß man alle widrigen Umstände einfach gewaltsam aus dem

Weg räumen kann. Gegner und unglückliche Begleitumstände bleiben uns jedoch stets erhalten. Daher empfiehlt es sich, sie zu akzeptieren und sich ihnen zu stellen. Mit den frei gewordenen Kräften kann Neues geschaffen werden. Wir fanden es überflüssig, die Gegner auszuschalten oder sie sich zu Freunden machen zu wollen, da sie sich von selbst verwandelten, sobald das Traum-Ich auf sie einging und eine Beziehung herstellte.

○ Wir beschlossen ebenfalls, bei der Bearbeitung von Alpträumen auf die Anwendung der Technik des luziden Träumens zu verzichten, weil sie die Kontrolle von seiten des Ichs noch verstärkte. Wir fanden, es wäre nicht ratsam, das teilnehmende Ich mit dem Beobachter-Ich auszutauschen und dadurch einen Mechanismus in Gang zu setzen, der das Bewußtsein des Traum-Ichs verfremdete, als ob es sich im Traum mit den Worten »Es ist ja bloß ein Traum« beruhigen wollte. Wir hielten diese Aufspaltung für gesundheitsschädlich, da sie dem Traum-Ich die natürliche Fähigkeit, Angst zu spüren, vorenthielt. Bei der Auseinandersetzung mit feindlichen Kräften sollte man wohlweislich über ein natürliches Gefühl der Angst verfügen und es weder unterdrücken noch von sich fernhalten. Außerdem erkannten wir, die Abtrennung von der Angst könnte zugleich auch die Entfremdung von anderen Gefühlen zur Folge haben. Wer sich luzides Träumen zur Gewohnheit machen würde, verlöre mit der Zeit wohl sein natürliches Empfindungsvermögen innerhalb des Traumgeschehens. Wir kamen zu dem Schluß, daß ein solches Verhalten sich sowohl auf das Traumleben als auch auf das Alltagsleben negativ auswirken muß.

○ Wir stellten fest, daß mit Hilfe von Techniken, die direkt mit dem Unbewußten arbeiten, wie beispielsweise die Methoden des Wiedererlebens des Traums oder der Traumdarstellung, ausweglos erscheinende Alpträume gelöst werden konnten. Die betreffende Person wurde dadurch befähigt, situationsgerechter und kompetenter auf bedrohliche Sachverhalte des alltäglichen Lebens zuzugehen und sie zu bewältigen. Die Energie der Alpträume dient tatsächlich häufig als Auslöser für entscheidende Wandlungsprozesse, durch die der Betreffende den Herausforderungen des Lebens anders begegnet.

Was ist ein Alptraum?

Als Alptraum ist jeder beliebige Traum zu bezeichnen, aus dem wir aus Furcht aufwachen. Bevor etwas Schreckliches, zum Beispiel der eigene Tod, geschehen kann, wecken wir uns in der Regel selbst auf. Damit läßt sich wohl erklären, weshalb so wenige Menschen träumen, sie würden sterben. In diesem Zusammenhang ist es wichtig, sich darüber klarzuwerden, daß das Traum-Ich, das Bild des Ichs im Traum, sich vom wachen Ich unterscheiden kann, das im Alltag Entscheidungen trifft und sich daran erinnert. Was ist jedoch, wenn das wache Ich uns weiterschlafen läßt, obwohl wir im Traum gerade erschossen werden oder in einen Abgrund stürzen?

Die Lektion ist eindeutig: Es muß ein Weg gefunden werden, um den eigenen Ängsten gewachsen zu sein. Wir sollten also versuchen, nicht aufzuwachen, und beobachten, was weiter geschieht, wenn wir Alpträume zu Ende träumen. Was passiert, wenn die Welle uns überschwemmt, das Auto sich überschlägt? Es ist allgemein bekannt, daß die Wirklichkeit des Traums anderen Gesetzen gehorcht als die Realität des Alltags. Wer sich im Traum sterben läßt, mag aufgrund dieses Erlebnisses nicht nur im Traumzustand, sondern auch im äußeren Alltag für immer ein anderer Mensch werden.

Eine Traumsituation auszuhalten, was auch immer geschehen mag, heißt, die Fähigkeit zu entwickeln, besser mit angstmachenden Erfahrungen zurechtzukommen. Wer lernt, in einem schrecklichen Traum zu bleiben, gelangt oft auf höchst beeindruckende und überraschende Weise zu Lösungen. Als ich es einmal in einem Traum zuließ, erschossen zu werden, wurde ich von den Kugeln getroffen und sah plötzlich ein blendend weißes Licht. Es war überwältigend schön, und ich hatte mich auf einer neuen Ebene mit der Angst auseinandergesetzt. Daraufhin konnte ich die Angelegenheiten meines alltäglichen Lebens mutiger in Angriff nehmen.

Wenn wir dem Traumgeschehen nicht entfliehen, sondern die Schwelle der Angst überschreiten, können wir uns in einem

Alptraum auch direkt dem Gegner stellen, gegen ihn kämpfen oder versuchen, der Gestalt, die uns zu vernichten droht, freundlich zu begegnen.

So hat sich beispielsweise eine Träumende in völliger Verzweiflung umgedreht und die sie verfolgende, furchterregende hexenähnliche Gestalt um Hilfe angefleht. Sofort verwandelte sich das Wesen und reagierte nun freundlich. Leider lassen die meisten Menschen eine derartige Wendung des Handlungsablaufs nur in seltenen Fällen zu. Wenn wir vor unseren Feinden die Flucht ergreifen, erhalten sie zu ihrer eigenen Kraft noch die unseres Traum-Ichs hinzu, und damit verdoppelt sich ihre Stärke. Durch eine Konfrontation wird dagegen ein Kräftegleichgewicht erzeugt. Manchmal gewinnen wir sogar die Kraft des Gegners hinzu. Wer sich allerdings die Macht des Gegners aneignet, stellt sich selbst ein Bein, denn nun entwickelt er immer stärker die Tendenz, selbst als Widersacher im Leben aufzutreten. Empfehlenswert ist daher nur, zu kämpfen oder sich anzufreunden.

Diese beiden Methoden – geschehen lassen, wovor man sich am meisten fürchtet, und die direkte Konfrontation mit dem Schrecken – können wir während des Traumgeschehens erlernen. In der Regel bedarf es dazu eines festen Vorsatzes, solche Träume zu verändern, indem wir uns vor dem Einschlafen zum Beispiel wiederholt sagen: »Ich werde unter keinen Umständen aufwachen, sondern mich allem, was mich im Traum bedroht, stellen und nicht davonlaufen, mag es auch noch so schlimm sein.«

In jenen Fällen, in denen sich diese Absicht nicht direkt im Traum verwirklichen läßt, sind die von uns entwickelten Methoden zu empfehlen, bei denen aus dem Wachzustand heraus Veränderungen im Traumgeschehen herbeigeführt werden können. Eine dieser Methoden ist das direkte Wiedererleben des Traums: Wir vergegenwärtigen uns den Alptraum, untersuchen die Situationen, die erschreckend genug waren, um uns aufwachen zu lassen, und treten dann meditativ wieder in den Traum ein. Diesmal stellen wir uns jedoch dem grauenhaften Geschehen und lassen eine Weiterentwicklung zu, ohne dabei aufzuwachen.

Oftmals ist das zwar beängstigend, aber wir gewinnen auch das Gefühl, etwas geleistet und Einsicht in die Hintergründe des Traums bekommen zu haben. Noch vor dem Wiedererleben müssen wir uns entscheiden, in welcher Weise der Traum – im Einklang mit seiner Dynamik – anders verlaufen soll. Dabei ist es wichtig, stets darauf zu verzichten, schlimme Träume in schöne verwandeln zu wollen. Im Traum ist es wie im Leben. Man kann nicht so tun, als ob es die Finsternis nicht gäbe. Im Gegenteil: Wir blicken der Schattenseite des Lebens ins Auge, begegnen ihr beherzt und nehmen es tapfer mit ihr auf.

Sobald wir entschieden haben, was in dem Alptraum direkt angegangen werden soll, vergegenwärtigen wir uns die Traumszene nochmals mit geschlossenen Augen. Dabei ist besonders auf alle Einzelheiten zu achten. Wir lassen den Ereignissen wie im Traum ihren Lauf – allerdings mit dem Unterschied, daß wir diesmal nicht aufwachen, sondern das Problem ohne Umschweife angehen. Das erfordert sowohl eine mutige und tatkräftige als auch eine gelassene und gewährende Einstellung. Wenn wir erlauben, daß der Traum sich nach seiner innewohnenden Gesetzmäßigkeit entwickelt, kommt häufig eine Lösung zustande. Aus einer abschreckenden blutigen Masse wird beispielsweise durch Wiedererleben des Traums ein Embryo, ein Wesen, das einer Neugeburt entgegensieht.

Unter meiner Anleitung haben viele Menschen diese Methode mit Erfolg ausgeführt, doch der Alptraum kann auch in Eigenenergie wiedererlebt werden. Beim Wiedererleben unter Anleitung wird der Kandidat in den Alptraum zurückgeführt und bei der Gegenüberstellung mit den schrecklichen Vorfällen unterstützt. Wer einen Traum selbständig wiedererlebt, muß einschätzen können, wieviel er aus eigener Kraft bewältigen kann. Sie sollten sofort aufhören, wenn das Gefühl aufkommt, daß es genug sei, denn das Erlebnis kann manchmal überwältigend sein. Wenn Sie sich dem Geschehen nicht mehr gewachsen fühlen, empfiehlt es sich, kompetente Helfer aufzusuchen.

Eine weitere, vielleicht etwas einfachere Methode, einen Alptraum zu bearbeiten, ist das Neuschreiben des Traums im Wachzustand. Hierfür müssen wir zunächst bestimmen, welche Konflikte und Probleme der Traum beinhaltet: Waren wir gehemmt oder handlungsunfähig, fühlten wir uns gelähmt, oder liefen wir einfach aus Angst davon? Als nächstes kann der Traum in Form einer Geschichte neu geschrieben werden, und zwar mit einem Traum-Ich, das sich entschlossener und selbstbewußter verhält. In diesem Fall lassen wir das Kind nicht ertrinken oder das Auto nicht auf ein Hindernis aufprallen, sondern unternehmen etwas und beobachten, was sich daraus ergibt. Dabei sollten sich die durch das aktive Vorgehen neu entstehenden Bilder frei entfalten können.

Bei dieser Art von Traumarbeit erschließen sich neuartige Handlungsmöglichkeiten. Das ursprüngliche Traumgeschehen spiegelt oft nur das eigene Normalverhalten wider. Das Traum-Ich kann deshalb seine Handlungsweise einschätzen und Änderungsmöglichkeiten ins Auge fassen. Dies ergibt sich aus der Tatsache, daß wir uns nach Vollendung der Traumarbeit sowohl in den Träumen als auch im Alltagsleben oft wesentlich kreativer verhalten. Das Unbewußte beziehungsweise die Traumquelle erkennt die Bemühungen des Ichs in Form eines Bestätigungstraums an. In ganz ähnlicher Weise setzt uns die Traumquelle alptraumartigen Situationen aus, wenn sie auf die abträglichen Verhaltensweisen des Ichs hinweisen will. Die Traumquelle ist unvoreingenommen und spielt keine der Seiten gegeneinander aus.

Der Umgang mit den Schattenseiten des Lebens

Vielleicht lernen wir besonders aus der Bearbeitung von Alpträumen, daß die Traumarbeit eine Lebensschule sein kann. Mit den hier geschilderten Methoden läßt sich der Traumarbeitsprozeß in den Wachzustand hinein fortsetzen. Die Umwandlung der gewohnten Verhaltensmuster verändert nicht nur die äußeren Lebensumstände, sondern auch die Art und Weise, wie wir mit ihnen umgehen.

Einem reichen Leben liegt meist das Prinzip zugrunde, sich stets neuen und anspruchsvolleren Herausforderungen zu stellen. Man erweitert die Grenzen für das, was man zulassen, erleben und verarbeiten kann. Der überwiegende Teil der Menschheit wendet sich zunächst den angenehmen Dingen zu und versucht, sich den leidvollen Erfahrungen zu entziehen – auch dieses Vorgehen stellt eine fundamentale Methode dar, wie man der Alltagsrealität begegnen kann. Selbstverständlich muß ein Kind sich vor Dingen wie Feuer und Gift in acht nehmen, die ihm Schaden zufügen könnten. Die Eltern schärfen ihren Kindern ein, daß das Leben Gefahren in sich birgt, indem sie mit Bestrafung drohen, wenn die Sprößlinge sich in gefährliche Situationen begeben sollten.

Junge Menschen tasten sich an Sexabenteuer heran, gehen gern tanzen, feiern Partys und frönen allerlei Freizeitvergnügungen. Gleichzeitig beginnen sie ein Studium, eine Ausbildung oder Lehrzeit, um sich im Lebenskampf bewähren zu können, was bei den meisten Heranwachsenden als weniger angenehme Beschäftigung gewertet wird. So entsteht die völlig falsche Auffassung, daß wir in erster Linie unserem Vergnügen nachgehen sollten und daß wir uns nur deshalb auf schwierige, leidvolle Unterfangen einlassen, weil sie uns anderweitige Vorteile erschließen. Man studiert zum Beispiel, um Aussicht auf eine gutbezahlte berufliche Stellung zu haben. Die alltäglichen Angelegenheiten des Lebens sind zum größten Teil langweilig und unangenehm, aber sie sind unvermeidlich.

Die vorherrschende Lebensregel lautet: *Man akzeptiere die Wirklichkeit ohne Wenn und Aber.* Es gilt, sich ihr zu stellen, Gutes wie Böses gleichmütig anzunehmen – ohne das eine dem anderen vorzuziehen. Langweilige Pflichten müssen erledigt werden, auch wenn sie trotzdem langweilig bleiben. Man erträgt Schmerzen, leidet und ist traurig, denn auf der Welt gibt es Schmerzen, Leiden und Traurigkeit. Das alles gehört zum Leben! Nun können uns die Alpträume lehren, die Schattenseiten des Lebens ganz realistisch anzunehmen und uns uneingeschränkt auf die Erfahrungsmöglichkeiten einzulassen, die diese Welt zu bieten hat. Fürchten Sie den Biß der (Traum-)Schlange nicht, wenn Sie bereit sind, es mit den von ihr freigesetzten Kräften aufzunehmen. Probieren Sie es aus!

Ein weiteres Hauptprinzip in der Auseinandersetzung mit der dunklen Seite des Lebens verlangt, sich dem Energiestrom anzuschließen. Man sucht dabei nicht ausschließlich nach positiven Kräften, sondern respektiert auch die negativen Energien. Achten Sie darauf, wo die stärkeren Energiekonzentrationen vorhanden sind – egal ob positiven oder negativen Charakters –, und gehen Sie dort auf diese Kräfte ein, um sie zu integrieren.

Ein Alptraum: Die Tat Gottes

Ein Alptraum! In dem Traum sind die normalen Grenzen der Realität nicht mehr vorhanden! Ich glaube, in einem Science-fiction-Film zu sein, und werde von allen Seiten bedrängt. Mauern brechen auseinander, so daß die Leere der absoluten Finsternis auf mich, den Stadtmenschen, herabstürzt. Verzweifelt versuche ich zu entkommen, doch es gibt keinen Ausweg. Ich bin völlig hilflos. Es bleibt mir nichts anderes übrig, als aufzuwachen.

Anmerkung
Ja, hier gab es keinerlei Fluchtmöglichkeiten. Ich fühlte mich überfordert und war der Situation nicht gewachsen. Ich konnte mich nur noch ins Wachbewußtsein retten. Doch gesetzt den Fall, im Wachzustand wäre bei mir eine Psychose ausgelöst worden und die normalen Grenzen der Realität wären über mir eingestürzt. Wohin hätte ich unter diesen Umständen fliehen können? Vielleicht hätte dann ein Nervenzusammenbruch für eine Flucht aus der Alltagsrealität in die des Traums gesorgt.

Dieser Alptraum war für mich eine große Herausforderung. Warum ich ausgerechnet einen solchen Traum erlebt hatte, wußte ich nicht. Ich wußte nur, *daß* ich ihn geträumt hatte. Ich empfand meinen Existenzkampf im Traum und den verzweifelten Versuch, in die normale Wirklichkeit des Wachzustands zurückzukehren, als erstaunlich real.

Wiedererleben des Traums unter Anleitung

Später erlebte ich das Traumgeschehen in der Traumarbeitsgruppe unter Anleitung aufs neue, und zwar als eine fürchterliche Leere, als absolute Finsternis, die auf mich einstürzte. Vor mir entstanden Bilder von einem gewaltigen Schiff, das über mich hinwegfuhr, sowie von Gegnern, die mir Seile um den Hals legten und mich hinter sich herzogen. Als der Leiter vorschlug, ein heilendes Bild in die Szene einfließen zu lassen, erblickte ich einen weißen, hellglänzenden See, der vollkommen rund war und wie ein Loch in der Finsternis aussah. Mitten aus diesem See schoß ein Turm aus dem gleichen leuchtend weißen und durchsichtigen Licht empor. Weiter konnte ich nicht gehen, denn ich war tief bewegt, sogar erschüttert.

Ich erinnerte mich daran, daß ich schon als Kind Konflikte mit dem Unbewußten auszutragen hatte, bei denen die Grenzen der normalen Wirklichkeit zu wanken und zusammenzubrechen begannen. Damals fühlte ich mich in meiner Selbstbestimmung bis zur völligen Hilflosigkeit eingeschränkt und hatte entsetzliche Ängste auszustehen. Auch im Erwachsenenalter traten solche Anfälle vereinzelt auf, aber ich hatte gelernt, sie zu ertragen und durch Rituale und Heilsprüche zu bewältigen.

Nun war etwas Ähnliches auch im Traumzustand geschehen.

Einer der Gruppenteilnehmer fragte mich, ob ich nicht um Hilfe hätte beten können, statt mich zu wehren.

Diese Frage erschütterte mich, denn ich hielt mich für einen sehr spirituellen Menschen, der sich den geistigen Quellen gewidmet und ihren Einfluß schon viele Male selbst erlebt hatte. Doch warum war mir nicht eingefallen, angesichts übermächtiger Kräfte im Augenblick der höchsten Bedrohung meines Ichs eine rettende Macht anzurufen? Hatte ich etwa eine Ebene erreicht, für die meine bisherige spirituelle Lebensführung nicht mehr genügte?

War am Ende mein Kampf ums nackte Überleben schon spirituelles Tun? War Gott eher mein Feind als mein Erlöser? Schließlich wußte ich den Widerstreit, den ich auszutragen hatte, zu schätzen. Und möglicherweise war mein kämpferisches Ringen als Ausgleich für die überwältigenden Kräfte Gottes notwendig. Stellte dieser Alptraum nun eine Herausforderung meines Gottesbildes dar? Wenn Gott tatsächlich mein Erlöser war, warum hatte er mich nicht vor dem Zugriff dieser ungeheuren Mächte errettet? Wirkte Gott nur dann als Erlöser, wenn wir ihn dazu aufrufen? In Extremsituationen schien das Ich von Gott überwältigt zu werden und mußte deshalb Gott gegen Gott anrufen.

Doch wie ließ es sich erklären, daß das Ich sich am Ende womöglich selbst erlösen muß? Oder war das einzige, was das Ich nicht zu tun vermochte, sich selbst zu retten?

Wäre es möglich, daß Gott gar kein Erlöser war, daß dieses Konzept einem unausgereiften Gottesbild entsprach, einer kindlichen Vorstellung, in der Gott als allmächtiger Vater im Himmel thront? War mein Gott etwa selbst der große Widersacher? Welche Macht besaß die Kraft, die mein Ich beinahe vollkommen auslöschen konnte? Es mußte wohl auch Gott gewesen sein.

Könnte ich womöglich mehr Gewinn daraus ziehen, mit Gott zu ringen, als von Gott erlöst zu werden?

Dies würde eine spirituelle Lebensführung nicht gerade einfacher machen. Und vielleicht existierte Gott überhaupt nicht, jedenfalls nicht auf die Weise, die ich zu kennen meinte.

Welche Rolle fiel dann dem Ich zu?

Ich wußte um meine Existenz aufgrund der unermeßlichen Anstrengung, die mein Ich auf sich genommen hatte, um gegen die Kräfte des Gegners anzukämpfen. Dieses Ringen bestätigte mich in meinem Sein. Ich wußte um mein Ringen mit Gott. Demnach war der Kampf zur Bestätigung seiner Existenz notwendig. Aber hatte ich nun – wie aus der Frage des Mitglieds der Traumarbeitsgruppe hervorging – mit dem Kämpfen tatsächlich die richtige Wahl getroffen? Wer sagte denn, daß ich alles selbst hätte tun müssen? Hätte ich nicht betend Gott um Beistand und Rettung bitten können?

Ich blieb trotzdem stur. Es schien mir zu widersprüchlich und widersinnig zu sein, mich nur deshalb von Gott überwältigen zu lassen, weil ich meinen Überlebenskampf aufgab. Bedeutete das Beten etwa, daß das Ich auf sein Vorrecht, sich in Sicherheit zu bringen, verzichtete und dadurch den anderen Kräften gestattete, es zu überwältigen? Wenn das Ich nicht kämpfte, entschied es sich dafür, von den Kräften zermalmt zu werden. Es könnte sich wünschen, ja sogar darauf bestehen, daß Gott das Ich vor Gott selbst schützte.

Und wenn Gott auch darauf nicht einging oder wenn er sogar unfähig war zu reagieren, was geschah dann? Das Ich würde auf jeden Fall überwältigt werden,die Kräfte brächen über ihm zusammen, und es wäre ausgelöscht.

Was dann?

Weiß irgend jemand eine sinnvolle Antwort auf diese Fragen?

Ich vermag nicht mit letzter Gewißheit zu sagen, ob mein hartnäckiges Ankämpfen gegen die feindlichen Kräfte angemessen und richtig war oder nicht und ob diese Reaktion die sinnvollste aller Verhaltensweisen darstellte. Durch die Traumarbeit in Form des Wiedererlebens unter Anleitung erlebte ich nochmals den Kampf und zusätzlich ein Lichtzentrum inmitten der Leere. Dies war ein neuer Aspekt, den es in der Diskussion über die feindlichen Krafte Gottes zu beachten galt. Mit dem Wort »Gott« bezeichnete ich eine Quelle der Macht, die mein Ich in seiner gesamten Existenz absichtlich bedrohte. Nun gab es zwei widerstreitende Erfahrungen und damit eine Alternative, die mir einen Freiraum erschloß, der mir zuvor nicht zugänglich war. Ich hatte im wiedererlebten Traum nicht einfach nur gekämpft, sondern mich den Problemen ehrlich gestellt. Nun war ich für das, was die Zukunft auch bringen mochte, besser gerüstet.

Was mir aber immer noch keine Ruhe ließ, war die Frage, was wohl geschehen wäre, wenn ich einfach nachgegeben und mich von Gott überwältigen lassen hätte – ohne zu beten und um Rettung zu flehen. Wäre dieses endgültige Loslassen die entscheidende Läuterung des Ichs gewesen? Wäre vielleicht meine Ich-Persönlichkeit davongekommen oder möglicherweise doch vernichtet worden? Aber handelte das Ich nicht unverantwortlich, wenn es sich *nicht* selbst behauptete? Gab es darauf eine Antwort? Ich wurde auf die Probe gestellt. Hatte ich nun bestanden, oder war ich gescheitert? Welche Einstellung war am sinnvollsten? Ich würde den weiteren Geheimnissen gespannt entgegensehen. Wie sollte ich mich verhalten?

So sah das ursprüngliche Ergebnis meiner Traumarbeit Anfang der achtziger Jahre aus. Inzwischen bin ich zu der Einsicht gelangt, daß meine Kämpfe aus Kindertagen sich gegen übermächtige innere und äußere Mächte richteten. Ich rang mit den sogenannten Archetypen und dem Unbewußten. Auch damals schon drehten sich meine Seelengefechte um komplizierte religiöse Kernfragen, um den Kampf zwischen dem menschlichen Bewußtsein und Gottes Willen. Ich beschäftigte mich außerdem mit der Frage, welche Gesetze im Universum herrschen. Aus heutiger Sicht erkenne ich, daß es nach mehr als fünfzehn Jahren Psychoanalyse nebst Erfahrungen mit anderen Therapieformen der konsequenten Traumarbeit bedurfte, um einen derart intensiven Primärtraum direkt zu erfahren. Der Traumzustand oder die Traumarbeit bietet den Vorteil, daß wir die Dinge unmittelbar an ihrer Wurzel zu fassen bekommen und uns mit ihnen in der Nachbearbeitung so bewußt und umfassend wie möglich auseinandersetzen können. In den darauffolgenden Jahren habe ich gelernt, mehr zu vertrauen, das Kontrollieren aufzugeben und weniger zu kämpfen. Die Konsequenz daraus war, daß die inneren und äußeren Widersacher mir weniger bedrohlich erschienen. Vielleicht dienen unsere Kämpfe mit widrigen Umständen nur dazu, die Widrigkeiten noch stärker zu machen.

»Gott schickt die Wunden, Gott ist verwundet, Gott ist die Wunde, Gott heilt die Wunden« lautet ein altes, weises Sprichwort, das den Mysterien des Asklepios entstammt. Anhand des geschilderten Traums und ähnlicher Träume dieser Art gelingt es mir – der ich ein Mann des zwanzigsten Jahrhunderts bin – direkte Verbindung mit solchen Mysterien des Altertums aufzunehmen. Einer der wesentlichsten Vorteile kontinuierlicher Traumarbeit ist die Tatsache, daß die eigene Traumquelle uns solche Kernfragen vorlegt. Ein direktes Erlebnis dieser Urthemen ist jedem – und zwar im Traumzustand – möglich. Dazu bedarf es keines ausgiebigen Studiums der Theologie, Philosophie, Geschichte oder der dramatischen Künste. Das bedeutet nicht, daß wir diese letzten Fragen nicht auch geistig zu erforschen suchen. Zu prüfen sind sie jedoch letzten Endes nur anhand von persönlichen Erfahrungen, die in der Welt der Träume möglich sind.

Ein umgewandelter Alptraum: Der Wille besiegt die Angst

Im folgenden werden die Themen, die sich aus der vorherigen Traumarbeit ergeben haben, weiterentwickelt. Mittlerweile war ich erfahrener und auf meiner Lebensreise ein Stück vorangekommen. Durch das Wiedererleben des Traums im Schlafzustand gelang es meinem Traum-Ich, den gegnerischen Mächten ohne Kampf gegenüberzutreten und ohne den Beistand von einem Retter zu erflehen. Es geht nun im folgenden um einen Alptraum, den ich etwa zwei Monate nach dem oben geschilderten erlebte. Hinterher war ich sehr aufgeregt und fühlte mich voller Energie.

Der Traum

Ich bin in einem Haus und sehe mich etwas Furchterregendem ausgesetzt. Ich will es nicht tun und bin ganz allein. Ich habe Angst und wache auf.

Das Wiedererleben des Traums

Ich tauche erneut in das Traumgeschehen ein. Diesmal zwinge ich mich dazu, ins Badezimmer zu gehen, wo die Ursache meiner Ängste zu liegen scheint. Ich zögere und habe so viel Angst, daß der Bilderfluß versiegt. Doch mit großer Willensanstrengung zwinge ich mich, das Badezimmer zu betreten – egal, was kommen mag. Ich denke daran, meine Machete mitzunehmen, um mir im Notfall den Weg freihauen zu können. Aber dann verwerfe ich diesen Gedanken. Ich bin entschlossen, mich meiner Angst zu stellen und die Situation unter allen Umständen zu bewältigen. Ich überlege, ob ich Aikido anwenden soll. Auf jeden Fall muß ich mich dazu bringen, hineinzugehen und alles zu ertragen. Ich will mich nun dem stellen, was mich überwältigen kann, und bin bereit, lieber damit zu leben, als es zu besiegen.

Als ich das Bad betrete, habe ich entsetzliche Angst, lasse mich aber nicht abhalten.

Ich habe nur ein Ziel: Ich will in das Badezimmer gehen und mich dem stellen, was mich dort erwartet. Was es auch sein mag, es scheint hinter der Tür zu lauern. Und wieder zaudere ich und will mich in Sicherheit bringen. Ich weiß jedoch, daß ich mich sogar in die Badewanne legen muß, um der Sache auf den Grund zu gehen und auf diese Weise meine eigenen Fluchtgedanken zu verscheuchen.

Schließlich setze ich meinen Vorsatz in die Tat um und erkenne eine plumpe, leuchtende Gestalt. Sie greift mich nicht an, sondern verwandelt sich in eine zwergenähnliche Figur mit langen Armen und kugeligem Kopf, genau wie Yoda, eine Gestalt aus dem Kinofilm *Krieg der Sterne*. Wir blicken einander an. Ich habe den kritischen Moment überwunden und werde immer noch nicht angegriffen. Nun fällt mir auf, daß mein Rücken in der Badewanne gedeckt ist. Weil ich endlich sehe, was schon seit vielen Jahren, seit meiner Kindheit, hinter der Tür lauert, weicht meine Angst. Es war die Furcht an sich, die hinter jeder Tür und an jedem grauenerregenden Ort wartet – und es ist meine Unfähigkeit, mich mit ihr auseinanderzusetzen.

Ich habe mich nun zum erstenmal in einem Traumzustand voll und ganz der Angst gestellt und mich gegen sie durchgesetzt. Und es war wirklich etwas hinter der Tür. Aber ich habe mich als Traum-Ich nicht von der Angst besiegen lassen, sondern mich in die schlimmste aller Ängste hineingewagt: in die Angst selbst.

Nachdem ich das Ding hinter der Tür genau betrachtet hatte, erwachte ich.

Anmerkung
Dieses Wiedererleben des Traums hatte als bewußter Wiedereinstieg in den Alptraum begonnen und endete mit dem Aufwachen. Ich war also eingeschlafen. Träumte ich auch den Anfang, den Einstieg in das Traumgeschehen? Das glaube ich nicht, denn ich weiß noch genau, welch großer Willensanstrengung es bedurfte, in das Badezimmer einzutreten. Beim Aufschreiben spüre ich undeutlich die Anwesenheit einer hilfreichen älteren Frau. Doch

bei der Überwindung der Angst während des Traumgeschehens hatte mir niemand zu helfen vermocht – das mußte ich allein durchstehen.

Gespräch mit der Gestalt hinter der Tür

○ Yoda-Gestalt, wer bist du?
○ Ich bin dein Alter Ego. Ich bin dein Schatten. Ich bin alles. Ich bin nichts.
○ Also gut, sag mir, was dieses Ereignis bedeutet.
○ Du hast es beim Aufschreiben gut formuliert. Du bist Gott begegnet, und das hat dir gefallen. Gott hat dich diesmal nicht gerettet und konnte es auch gar nicht. Du mußtest dich ganz allein der Angst stellen, und das hast du auch getan. Eigentlich ist es zum Lachen: Wer gegen sein eigenes Ich ankämpft, wird zu seinem eigenen schlimmsten Feind. Und als du das begriffen hattest, war ich da. Natürlich hattest du einen Grund, dich zu fürchten, solange du Angst hattest. Es war wirklich etwas da, ich oder irgendein namenloses Etwas – aber deine Angst war ebenfalls vorhanden. Da hast du deinen Willen über deine Angst gestellt, hast sie voll durchlebt, ohne ihr nachzugeben. Verstehst du, was ich meine?
○ Im Prinzip ja. Ich danke dir recht herzlich.
○ Wirklich gern geschehen.

Übersicht zum Umgang mit Alpträumen

○ Als erstes schreiben Sie den Traum auf, und zwar auch dann, wenn es Ihnen schwerfällt.
○ Als nächstes können Sie die Gefühle schriftlich festhalten, die gleich nach dem Traum zum Vorschein gekommen sind. Es ist auch möglich, das Traumgeschehen sofort nach dem Aufschreiben wiederzuerleben, wenn Sie es noch weiter mit den Kräften des Widersachers aufnehmen wollen, indem:
– Sie den Traum entweder erneut visualisieren, wobei das Traum-Ich den Zeitpunkt des Aufwachens aus dem Alptraum überspringt, um nun mitzuerleben, was sich weiter ereignet,

---

– oder indem Sie sich den Traum erneut vergegenwärtigen, um eine Heilung einzuleiten oder um sich mit dem Gegner anzufreunden und mit ihm zu sprechen, damit Sie erfahren, was er will. Das Wiedererleben läßt sich auch mit Hilfe eines segensreichen und heilsamen Symbols durchführen, zum Beispiel einer brennenden Kerze oder eines geistigen Führers oder Beschützers.

○ Wer den Traum nicht selbständig wiedererleben möchte, sollte eine Vertrauensperson bitten, die Leitung zu übernehmen, damit der Traum fortgesetzt und eine Lösung gefunden werden kann. Beim Wiedererleben des Alptraums unter Anleitung sollten jedoch alle Beteiligten äußerst behutsam vorgehen.

○ Ein Alptraum läßt sich auch unter Einsatz des Bewußtseins neu schreiben. Dabei können Sie mutiger und überlegter vorgehen, um eine Heilung und Lösung herbeizuführen.

○ Keinesfalls sollten Sie sich mit oberflächlichen Lösungen zufriedengeben. Sie müssen den Konflikt spüren und dann eine Lösung *geschehen lassen*. Wenn es im Traum zu keiner Lösung kommt, sondern die Spannung bestehen bleibt, kann dies durchaus notwendig sein. Eine spannungsgeladene Situation ist die Vorbereitung auf eine Lösung oder Verarbeitung.

Fragen für die Arbeit mit dem Traumtagebuch

○ Was blieb im ursprünglichen Alptraum ungelöst und wurde nicht verarbeitet? Nennen Sie einige der möglichen Ursachen.

○ Welche Lösungen wären in bezug auf die im Alptraum zutage getretenen Konflikte und Probleme sinnvoll?

○ Welche neuen Aspekte haben sich aus dem Wiedererleben des Alptraums ergeben? Was konnte gelöst werden, was bleibt nach wie vor spannungsgeladen?

○ Welcher Zusammenhang besteht zwischen diesem Alptraum und den früheren?

○ Auf welche Situationen und Entscheidungsmuster im Alltag verweist dieser Alptraum?

○ Welche neuen Entscheidungskriterien und Verhaltensänderungen sollen schließlich aus der Arbeit mit diesem Traum hervorgehen?

○ Welche Aussagen über das eigene Ich, über die göttliche Urquelle und die Grundlagen des Lebens beinhalten dieser Traum und die entsprechende Traumarbeit?

○ Formulieren Sie eine Strategie, die für Ihr Verhalten in künftigen Alpträumen oder in Träumen mit feindlichen Gestalten maßgeblich sein soll.

10. Traumarbeit mit Archetypen: Begegnungen mit der innersten Wirklichkeit

Ist ein Symbol nur ein Symbol und nichts anderes als ein Symbol?

Zeigt es sich als Vorgang oder als Bild, das mehr als das Symbol an sich beinhaltet?

Wenn dem so ist, was stellt ein Symbol eigentlich dar? Verbirgt sich hinter einem Symbol noch eine andere Ebene, und wie läßt sich das erklären? Wie ist es möglich, daß ein Symbol außer dem, was es ist, noch etwas anderes repräsentiert? Kann jemand behaupten, daß die bildliche Darstellung eines Gegenstands etwas anderes oder sogar mehr als das Bild selbst ist? Stellt ein Wolkenkratzer vielleicht doch ein erigiertes Glied dar? Und von welcher Quelle stammt diese Aussage? Uns ist bekannt, daß sowohl Freudianer als auch Jungianer in einem Wolkenkratzer einen aufgerichteten Penis zu erkennen glauben, zumindest wenn von Träumen die Rede ist, und möglicherweise läßt sich diese Anschauung auch auf die äußeren Lebensumstände übertragen.

Symbole und Archetypen

Wenn die Schüler von Freud und Jung Träume untersuchen, sehen sie im Fall des Wolkenkratzers nicht das vom Träumenden geschilderte hohe Gebäude vor sich. Sie glauben den väterlichen Phallus vor sich zu haben, den archetypischen Erzeuger. Und wer weiß, vielleicht haben sie damit sogar recht.

Wir haben alle gelernt, uns in symbolischer Weise auszudrükken. Sämtliche Gesten und Bewegungen können vielfach gedeutet werden. Zuerst haben wir es mit der dinglichen oder realen Ebene zu tun, die symbolische folgt später. In der dinglichen Welt signalisiert ein aufgerichtetes männliches Glied dem Geschlechtspartner: »Ich habe Lust auf Sex. Ich will dieses Ding jetzt zum Einsatz bringen – und ich dulde keinen Aufschub, es muß sofort sein!« Auf symbolischer Ebene kann der erigierte Penis auch bedeuten: »Ich will dich beherrschen. Ich werde dir zeigen, wer hier das Sagen hat. Schau mich doch an: Erkennst du jetzt, wie wichtig und groß ich bin?« In archetypischer Sicht kann ein erregtes Glied das energische Handeln und die aggressive, zupackende Wesensart des männlichen Archetyps symbolisieren. Ein Penis könnte unmöglich steif werden, wenn ihm die natürliche archetypische Energie des Vorwärtsstrebens, der Selbstsicherheit und der Aggressivität versagt bliebe. Er könnte nicht in die Scheide der Geliebten eindringen, vor- und zurückstoßen und somit ekstatische Lustgefühle und Orgasmen auslösen.

Wenn sich Freudianer auf den Deutungsversuch einlassen, was ein Symbol außer seiner vordergründigen Botschaft noch darstellen könnte, berufen sie sich auf die Lehre Freuds und auf die frühkindlichen Entwicklungsphasen. Die Jungianer hingegen beziehen sich auf die Aussagen von Jung und auf mythologische Inhalte, um die hinter dem Symbol stehende Bedeutung herauszuarbeiten. Im Rahmen der Jung-Senoi-Traumarbeit verzichten wir auf alle Schablonen dieser Art. Wir befassen uns unmittelbar mit den Bausteinen des Universums. Um Einblick in die mögliche Bedeutung eines Symbols erhalten zu können, greifen wir auf das archetypische Modell zurück.

Grundsätzliche Annahmen

Es folgen die grundsätzlichen Annahmen, von denen die Jung-Senoi-Traumarbeit ausgeht. Sie sind eher philosophischer Natur und berufen sich weniger auf psychologische Grundregeln. Die Philosophie erforscht das Wesen und Sein, um das Universum und alle Dinge, die in ihm existieren, zu erfassen. Wer eine

Philosophie, eine Weltanschauung, ein Modell der Abläufe und Funktionsweise der realen Welt entwerfen will, muß mit philosophischer Systematik vorgehen und die Methoden der reinen Vernunft und Intuition anwenden.

Eine grundsätzliche Annahme der Philosophie – die man entweder akzeptieren oder verwerfen kann – lautet: Die Vernunft, die Logik, gehorcht den gleichen Gesetzmäßigkeiten der gegenseitigen Einflußnahme und der Existenz, nach denen sich der Kosmos selbst ausrichtet. Das Universum geht genauso wie die Vernunft nach logisch folgerichtigen Prinzipien vor. Demnach ist Logik ein verstandesmäßiges Erfahrungsmoment, das sich infolge von Beobachtung und wechselseitiger Beeinflussung des Kosmos entwickelt hat. Das Universum bestand schon lange, bevor es kluge Köpfe gab, die dank logischer Schlußfolgerungen Grundwahrheiten formulieren konnten, indem sie mitverfolgten, was in der Welt da draußen geschah, und es in Kategorien einordneten. Die Logik der Mathematik ist keineswegs nur mathematische Logik. Die reine Mathematik spiegelt die Grundwahrheiten der ursprünglichen Existenz wider. Aus diesem Grund können wir uns umgekehrt der Logik bedienen und mittels fundierter Denkprozesse ergründen, nach welchem ursächlichen Prinzip das Universum aufgebaut ist und wie sein Räderwerk sich dreht.

Woran erkennt man ein brauchbares Modell?

Die nachfolgenden Überlegungen umschreiben die Grundlagen des archetypischen Modells und die Methodik der *Traumarbeit mit Archetypen*. Ein Modell hat sich dann bewährt, wenn es in sich stimmig ist und auch als brauchbares Werkzeug dient, mit dessen Hilfe wir wirkungsvoll auf die Realität Bezug nehmen und ihre Funktionsweise verstehen können. Ein gutes Modell wirkt als Spiegel der realen Gegebenheiten, da es die Aufgabe hat, die Wirklichkeit sichtbar zu machen. Wer mit dem Modell arbeitet, um mit seiner Umwelt besser zurechtzukommen, liefert damit eine Art von Beweis, daß das Modell als solches funktioniert und daß es tatsächlich das Universum beschreibt. Denn dazu wurde es ursprünglich entwickelt.

Ein brauchbares Modell sollte einfach aufgebaut sein, aber eine große Reichweite haben. Und die einzelnen Bestandteile müssen untereinander hinreichend verbunden sein, um das zugrundeliegende Beziehungsgeflecht innerhalb des Modells beschreiben zu können, das zugleich auch den fundamentalen Verhältnissen der äußeren Realität entspricht.

Im allgemeinen erwartet man von einem guten Modell, daß es imstande ist, zukünftige Ereignisse vorherzusagen. Das archetypische Modell erfüllt dieses Kriterium, weil es im Rahmen des Ganzheitsprinzips Tätigkeiten empfehlen kann, die auf die Psyche und die Träume der Menschen ausgleichend wirken. Anders ausgedrückt: Das archetypische Modell eignet sich erstaunlich gut zur Lösungsfindung – die formelle Bezeichnung für den Heilungsvorgang – und kann brauchbare Ergebnisse vorweisen. Könnte man sich einen noch größeren Nutzen vorstellen?

Nachdem wir bislang nur Behauptungen aufgestellt haben, erbringen wir nun den Nachweis, daß das archetypische Modell und die Traumarbeit mit Archetypen auch funktionieren.

Ergebnisse, die mit Hilfe des archetypischen Modells bislang von uns erzielt wurden

○ Ungelöste Konflikte in (Alp-)Träumen wurden heilsamen Lösungen zugeführt.
○ Emotionale Eindrücke und Verhaltensmuster, die durch Schockerlebnisse wie zum Beispiel Vergewaltigung, Unfall und Krieg verursacht wurden, konnten nachhaltig aufgelöst werden.
○ Mit Hilfe des archetypischen Modells haben wir eine Grundlage für die effektive Entfaltung und Umwandlung der Persönlichkeitsstruktur geschaffen. Das Modell ermöglicht einerseits die Ursachen zu klären und andererseits wirksame Eingriffe zu empfehlen. Trotz einer Unmenge diagnostischer Hilfsmittel und Methoden sehen sich normale Schulmediziner dazu außerstande.

Die Archetypen

Ein Archetyp ist eine grundlegende existentielle Einheit, die aus Energie und Form besteht. Energie bedeutet Bewegungsfähigkeit. Form besitzt das Vermögen, die Bewegung zu steuern. Die jeweilige äußere Form, durch die Energie fließt, bestimmt die Richtung und das Ausmaß des Energiestroms. Energie ohne Form wäre ziellos. Ohne Energie bliebe die Form bewegungslos und hätte keinerlei Funktion. Form und Bewegung bilden zusammen einen Archetyp, der einen fundamentalen Baustein des Universums darstellt.

Archetypen existieren auch unabhängig vom Menschen, sie sind nicht ausschließlich der Psyche zuzuordnen, wie Jung anfangs annahm. Sie halten sich in der Natur und innerhalb der Seele auf. Die Zerstörungskraft, eine der Dynamiken des Widersachers, läßt sich sowohl in Vulkanen als auch in Alpträumen finden. Im Lauf der menschlichen Evolution, die uns zu denkenden Lebewesen machte, übernahmen wir auch die natürlichen Wesensmerkmale unseres Daseins. Sie entwickelten sich zu den inneren Antriebskräften der Psyche, die ihrerseits die Verhältnisse in der Außenwelt widerspiegeln.

Innerhalb der Psyche wirken archetypische Dynamiken als *Funktionen*, das ist die Fähigkeit, in einer bestimmten Weise zu handeln. Wenn ein Mensch einen anderen umarmt, drückt er die Dynamik des Umfassens aus, die dem Archetyp des Weiblichen angehört. In der Umarmung findet auch ein Energieaustausch, ein Geben und Nehmen, statt, wodurch eine weitere Dynamik, das Pflegen und Nähren des weiblichen Archetyps zum Ausdruck kommt. Wenn die Umarmung unterbleibt, ist die betreffende Dynamik nicht als frei fließende Funktion im Menschen wirksam. Sie ist wohl potentiell als unterdrückte oder gehemmte Energie vorhanden, meistens in personifizierter Form. So läßt sich erklären, weshalb Menschen, denen zärtliche Gesten und Umarmungen schwerfallen, unter Umständen von verschlingenden Übermüttern oder ähnlichen Gestalten und Situationen träumen, deren Funktion es ist, die Betreffenden einzufangen.

Ein wesentliches Ziel und zugleich ein grundlegender Prozeß der Traumarbeit besteht darin, ein Bild in eine Funktion umzuwandeln. Deutungswillige entwickeln statt dessen aus dem Bild ein Konzept oder eine Vorstellung. Uns liegt nichts daran, die menschliche Gehirnkapazität zu vergrößern, sondern allen Persönlichkeitsanteilen zu lebendigen Ausdrucksmöglichkeiten zu verhelfen. Sofern die archetypischen Antriebskräfte nicht verschüttet oder blockiert sind, kommen sie im Menschen als natürliche Funktionen zum Ausdruck. Wir bemühen uns darum, den hemmenden Einstellungen und Verhaltensmustern, die sich der natürlichen, funktionsgerechten archetypischen Ausdrucksweise in den Weg stellen, auf die Spur zu kommen. Die jeweiligen Blockaden zeigen sich bei Anwendung des archetypischen Modells und anderer Traumarbeitstechniken. Im Rahmen der Traumbearbeitung werden die archetypischen Kräfte wieder befreit und können erneut ihre innewohnende Funktion erfüllen. Heilung ist eigentlich nichts anderes, als die natürlichen Energien freizusetzen, damit sie innerhalb ihrer spezifischen Kanäle fließen können.

Um die Theorie der Archetypen vollständig zu beschreiben, bedarf es eines separaten Buchs. Wesentliche Hinweise zum archetypischen Modell sind in meinem Buch *Dream Cards* enthalten, das die Arbeit mit einem Traumkarten-Set behandelt (derzeit noch nicht in deutscher Fassung erhältlich). Dort werden einige der hier erwähnten Grundwahrheiten näher ausgeführt. Mit dem Traumkarten-Set steht Ihnen außerdem ein nützliches Hilfsmittel zur Verfügung, das zur Erforschung der vorhandenen archetypischen Antriebskräfte dient, das heißt, einer spirituellen Ebene, die in Träumen, in der Psyche selbst, in den äußeren Lebensumständen und in schicksalhaften Ereignissen vorhanden ist.

Das Ich und das Modell der sieben grundlegenden Archetypen

In unserem Schaubild läßt sich eine Diamantform erkennen, die das System der sieben grundlegenden Archetypen darstellt und die von einem Ring umgeben ist, in dem die zehn hauptsächlichen Ich-Funktionen eingebettet sind. Wie kommt man zu sieben Archetypen, weshalb ist nicht von zehn, vier oder zwanzig Archetypen die Rede? Wie läßt sich unsere Ausgangsposition einer festgelegten Anzahl von Archetypen erklären? Wie können die Statistiker sagen, daß zu einem bestimmten Zeitpunkt 3 555 643 230 Menschen auf der Erde gelebt haben? Zu diesem Ergebnis sind sie nicht durch Volkszählungen, sondern durch Schlußfolgerung aus den vorliegenden Annäherungswerten gelangt. Will man ein ganzes Feld anhand von Zahlen umschreiben, kann man unmöglich mit genauen mathematischen Zahlenangaben aufwarten. Wir wissen wahrhaftig nicht exakt, wie viele Archetypen tatsächlich existieren. C. G. Jung hatte entweder nicht den Mut zu erwähnen, wie viele es gibt, oder er war nicht davon überzeugt, daß seine Theorie der Archetypen in Form eines Modells angeordnet werden könnte. Dies ist uns allerdings gelungen – ganz gut sogar, wie wir meinen. Es folgt noch eine weitere logisch-philosophische Definition eines Modells. Ein gutes Modell darf weder zu kompliziert noch zu einfach sein, um einen Gesamtüberblick über die Ausgangslage zu liefern und die Erfahrungsmomente des Lebens beeinflussen zu können.

Diesen Überlegungen entsprechend haben wir mit verschiedenen Zahlen gearbeitet und eine Reihe von archetypischen Konfigurationen ausprobiert. Schließlich entschieden wir uns für das reinste, eleganteste und am leichtesten anzuwendende System, das auf sieben Hauptkategorien beruht.

In diesem Modell gibt es drei elementare Gegensatzpaare: das Männliche – das Weibliche, das Heroische – der Widersacher, die Reise – Tod und Wiedergeburt. Der erste und elementarste Archetyp ist die Quelle, die den Mittelpunkt der archetypischen Grundpaare darstellt. Wir gehen davon aus, daß die Quelle unter allen vorhandenen Kräften als archetypisches Zentrum den wichtigsten Archetyp darstellt und daß es keine größere Macht oder Seinsebene als diesen Mittelpunkt gibt.

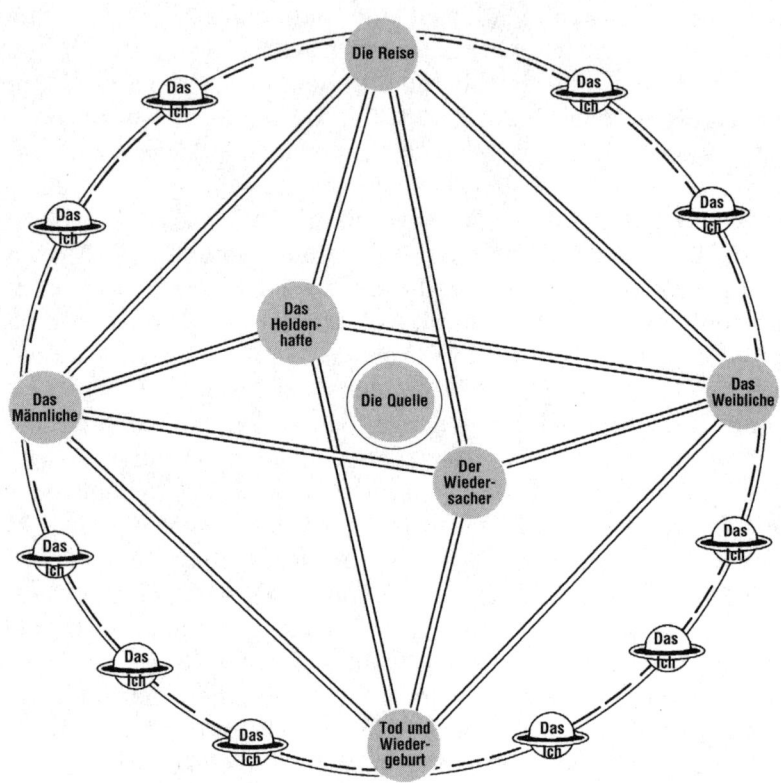

DIE ARCHETYPISCHEN ANTRIEBSKRÄFTE

Die Quelle	Das Männliche	Das Weibliche
1 Zentrieren	8 Organisieren	15 Auflösen
2 Integration	9 Aggression	16 Öffnen
3 Ganzheit	10 Strukturieren	17 Hervorbringen
4 Lösung	11 Verursachen	18 Innewohnen
5 Trennung	12 Entschiedenheit	19 Umfassen
6 Richtung	13 Form	20 Wachstum
7 Synchronizität	14 Konzentrieren	21 Geben
60 Das Kind	61 Der Animus	62 Die Anima

Das Heldenhafte	Der Widersacher	Die Reise	Tod/Wiedergburt
22 Siegen	29 Zerstören	36 Übergang	43 Umwandlung
23 Ungestüm	30 Widerstreiten	37 Schicksal	44 Kreisläufe
24 Beschützen	31 Verletzen	38 Entwicklung	45 Entstehen
25 Positives	32 Negatives	39 Steigerung	46 Befreien
26 Ringen	33 Absorbieren	40 Stockung	47 Krise
27 Verwirklichen	34 Chaos	41 Bewegen	48 Umkehrung
28 Erlösen	35 Beenden	42 Abnahme	49 Veränderung
63 Die Persona	64 Der Schatten	65 Der Reisende	66 Der Weise

DYNAMIKEN DES ICH

50 Ichbezogenheit	52 Emotionen	54 Leiden	56 Kreativität	58 Rückgang
51 Bewußtsein	53 Wohlsein	55 Ziel	57 Verbinden	59 Entscheiden

Das machtvolle Zentrum

Zu allem läßt sich ein Zentrum finden, das die Mystiker als Urgrund bezeichnen. Ohne Mittelpunkt wäre der Kompaß nicht imstande, die vier Himmelsrichtungen anzugeben. Auch die Erde hätte ohne Mittelpunkt keine runde Form. Ferner hätte das Universum ohne ein Zentrum nicht entstehen können. Sie als Leser könnten sich nicht auf die Zeilen dieser Buchseite konzentrieren, wenn Ihnen nicht die archetypische Funktion des Zentrierens zur Verfügung stünde. Das Zentrum stellt den Brennpunkt oder Ursprung dar und ist demzufolge der größte aller Archetypen. Jung bezeichnete diesen Archetyp als »Selbst«, da er verhindern wollte, daß er als Gott personifiziert würde. Als Hinweis auf seine archetypische Wesensart haben wir den Begriff »Selbst« in »Quelle« umbenannt. Man könnte diesen Archetyp in der Tat auch als »Zentrum« bezeichnen. Der Jungsche Begriff des Selbst ist zu persönlich gehalten, weil es dem Ich zu sehr gleicht, und führt daher möglicherweise in die Irre. Es könnte passieren, daß man sein persönliches Selbst mit dem größeren Zentrum, der sogenannten Quelle, verwechselt. Die Quelle entspricht nicht dem Ich, aber das Ich bezieht seine Lebenskraft aus dieser Mitte.

Die Quelle ist der Mittelpunkt der ursprünglichen archetypischen Gegensatzpaare. Sie stellt jenen dritten Aspekt dar, der sich mit den anderen elementaren Antriebskräften, die in der Tabelle unter dem Stichwort »Quelle« aufgeführt sind, verbindet und sich von ihnen abhebt.

Gegensätze verbinden sich

Die zusammenhängenden Archetypen sind jeweils als Gegensatzpaare angeordnet und durch das *Urgesetz von Gegensatz und Gleichheit* miteinander verbunden. Damit sich etwas vom andersartigen Pol unterscheiden kann und dennoch fähig ist, ein Teil des Ganzen zu sein, muß es auch ähnliche Wesenszüge aufweisen. Wenn es nur Gleichartiges gäbe, existierten keine Gegensätze, aber Dinge, die sich einfach nur voneinander unterscheiden, sind ihrem Wesen nach noch nicht gegensätzlich. Gegensätze bedingen, daß sie sich zu einem Ganzen verbinden lassen. Sie richten sich dann zuweilen nach dem Gesetz des Gegensatzes und stehen im Widerspruch zueinander, während sie sich zu anderen Zeiten decken und dem Gesetz der Gleichheit entsprechen.

Bei der Traumarbeit mit Archetypen untersuchen wir die vorhandenen Symbole in erster Linie nach dem Prinzip der Gleichheit und Gegensätzlichkeit. Auf diese Weise zeichnen sich die wesentlichen Bezugspunkte unter den Symbolen klar ab. Diese Unterscheidung ist für die Traumarbeit mit Archetypen wichtig, da hier bestehende Unausgewogenheiten im Verhältnis der Symbole untereinander, und damit die ihnen innewohnenden Energien, ausgeglichen werden.

Die Psyche und auch andere organische ganzheitliche Systeme wie zum Beispiel Gaia, das Ökosystem der Erde, sind ein sich selbst regulierender Organismus oder, noch besser gesagt, ein von der Quelle gesteuertes System, das um einen Mittelpunkt kreist, der die Gegensatzpaare vereint und voneinander unterscheidet. Abspaltungen und extreme Verlagerungen innerhalb der Psyche werden durch Unbalanciertheiten hervorgerufen. Ein jeder von uns mag einst als ganzheitliches Wesen geboren worden sein, doch ziemlich bald haben die Eltern und andere Menschen aus der Umgebung dafür gesorgt, daß innere Trennungen und Abspaltungen aufgetreten sind. Die Eltern sind es, die ein Kind nach der Geburt umsorgen und nähren, zugleich aber treten sie auch als die stärksten Widersacher ihres Kindes auf. Wie läßt sich sonst der Tatbestand erklären, daß so viele Kinder sich weder geliebt noch verstanden fühlen? Im allgemeinen sehen sich die Menschen einem Archetyp ausgesetzt, mit dem sie sich im Lauf der Zeit identifizieren. In der Familie projiziert man den Archetyp des Widersachers auf den mißratenen Sohn, während man den Archetyp des Helden, dem alles gelingt, auf das brave Kind überträgt. In beiden Fällen wurde das Ganzheitsprinzip nicht erfüllt, weil nicht auf alle Archetypen in ausgewogener Weise eingegangen wurde.

Wann sind Eingriffe in psychische Prozesse erforderlich?

Wenn wir in psychische Prozesse eingreifen, dann nur, um der Situation angemessen seelische Ganzheit anzustreben. Auch auf die Ausgangslage ist stets der Grundsatz der Ganzheit anzuwenden. Die Vertreter der Arbeitgeber und der Gewerkschaft dürfen sich am Verhandlungstisch nicht als kriegerisch gesinnte Gegner begegnen, sondern müssen sich als größere Einheit verstehen, damit eine gegenseitige Übereinkunft erzielt werden kann, bei der keine der beiden Parteien alle gestellten Forderungen erfüllt bekommt. Genauso verfahren wir bei der Ausbalancierung des psychischen Gleichgewichts. Wichtig ist, daß die inneren Widersprüchlichkeiten ununterbrochen ausgelotet und ausgeglichen werden. Aber diese Aufgabe wird nicht vom Ich wahrgenommen. Wer bewußt an seiner Selbstverwirklichung arbeitet, kommt zwar möglicherweise zu dem Entschluß, sich selbst und seine archetypischen Wesensmerkmale in Harmonie zu bringen. Dennoch hat er es in Wirklichkeit der Quelle, dem tiefsten Urgrund, zu verdanken, wenn unter den Archetypen ein Gleichgewicht herrscht. Voraussetzung ist trotzdem, daß er es sich einerseits fest vorgenommen hat und andererseits auch bereit ist, alle Blockaden aus dem Weg zu räumen, die dem ganzheitlichen Seinszustand entgegenwirken.

Der Ganzwerdungsprozeß läßt sich sowohl in der Psyche als auch im äußeren Leben am besten in Gang setzen, wenn wir mit

Hilfe der verschiedenen Traumarbeitstechniken einfach nur auf unsere Träume eingehen. Bei näherer Untersuchung aller Träume wird offenkundig, daß die Quelle uns ohne Unterlaß zu verstehen gibt, daß wir alle Einseitigkeiten im Denken und Handeln aufgeben und uns stets beiden Seiten der Medaille zuwenden sollten. Auch hier gilt der Grundsatz: Wir sind nicht nur gute, sondern ganze Menschen. Im Traum ist es möglich, jemanden zu töten oder mit ihm sexuell zu verkehren. Elementare Antriebskräfte dieser Art wirken im Leben, und die gleichen Energien halten den Kosmos in Gang. Jeder, der nur einer Kraft den Vorzug gibt, andere Energien jedoch nicht wahrhaben will, torpediert sich selbst.

Was ist mit Ganzheit gemeint?

Ganzheit bedeutet, alle Archetypen einzubeziehen. Angenommen, jemand hat im Traumzustand eine andere Traumgestalt umgebracht und versucht krampfhaft, den Leichnam zu verstecken, weil er befürchtet, als Mörder entdeckt zu werden. Der Betreffende ist aufgefordert, den Mörderaspekt in sich anzuerkennen, der seiner Natur nach nicht schlecht ist, sondern ein natürlicher Ausdruck des Widersacherprinzips, der ungeheuren archetypischen Zerstörungskraft. Damit wird dem Träumenden keineswegs nahegelegt, seine Mitmenschen im äußeren Leben zu töten, um mit jener Kraft in Berührung zu kommen und sie verkörpern zu können. Nur stark gestörte Zeitgenossen greifen im Alltag zu solchen massiven Maßnahmen, weil sie unbewußt versuchen, ihr inneres archetypisches Kräfteverhältnis durch extremes Verhalten auszugleichen.

Das Kräftepotential des Widersachers wird nicht nur zur Beendigung von Vorgängen und Situationen benötigt, es dient nicht ausschließlich der Vernichtung, sondern fördert gleichermaßen den Wiederaufbau. So will es unser Lebensgesetz, dessen Funktionsweise mit Hilfe des archetypischen Modells veranschaulicht wird. Das Modell richtet sich nach dem Grundsatz der Ganzheit, und es läßt sich nur mit einer ganzheitlichen Haltung sinnvoll anwenden. Es beurteilt nicht, ob etwas richtig oder falsch ist, sondern spiegelt die Daseinsbedingungen ungeschminkt wider. Dabei läßt es unsere Wünsche, die aus der Sicht des selbstsüchtigen Ichs entstanden sind, außer acht.

Das gewöhnliche und das ruhmreiche Ich

Das Ich, das zwar einerseits archetypische Züge, jedoch auch andere Prägungen aufweist, bildet eine weitere wichtige Kategorie des archetypischen Modells. Das Ich ist im Rahmen der sich entwickelnden Schöpfung erst seit einem äußerst kurzen Zeitraum mit seinen großen Fähigkeiten auf den Plan getreten und verfügt über die staunenswerte Funktion der Selbstreflexion. Die *Ich-Funktion* dient der Wahrnehmung all dessen, was ist, sowie der Entscheidungsfindung. Genaugenommen ist die Steuerung des Bewußtseins die ausschlaggebende Funktion eines bewußten Ichs. In den meisten Fällen beschränkt sich das Ich auf die Wahrnehmung. Wer ein bewußtes Leben führen will, muß sich selbst wahrnehmen und über sich selbst reflektieren. Es genügt nicht, nur allgemein wahrzunehmen. Wer bewußt ist, weiß um die Tatsache, daß seine bloße Existenz noch nicht alles ist. Er befaßt sich unter anderem mit Fragen folgender Art: Wie entsteht Leben? Was ist das Ich? Was hat es mit dem persönlichen Selbstbild auf sich? Wie löse ich mich aus Identifikationen oder verhüte, daß ich später erneut von ihnen heimgesucht werde?

Die Aufgaben des Bewußtseins

Die meisten nehmen sich selbst nur als einen Körper wahr, der einen Namen trägt. Jeder hat eine bestimmte Einstellung zu sich selbst und glaubt an sein selbstgeschaffenes Image. Der Mensch ist der Meinung, daß er als Individuum zu bestimmten Eltern gehört oder auch daß er der Vater oder die Mutter eines Kindes ist. Sein Selbstverständnis bezieht er durch die Ausübung beliebiger Funktionen und glaubt, ein Familienmitglied, Bürger eines

Landes, Angehöriger einer Religion zu sein, aber er ist sich nicht darüber klar, daß er als bewußtes Wesen keiner dieser Kategorien entspricht. *Bewußtsein* ist demnach die Fähigkeit, über sich selbst nachzudenken, indem man sich als Objekt betrachtet und entsprechend klare, vorurteilslose Beschlüsse faßt. Demnach vermag das bewußte Ich sich im Gegensatz zu seinem ichbezogenen Selbstverständnis zugunsten der Quelle zu entscheiden, sich also seiner eigenen Mitte zuzuwenden. Wenn man bedenkt, welch hohes Maß an Objektivität das Ich für diesen Akt aufbieten muß, so vollbringt es damit eine großartige Leistung und beweist wahren Mut.

Die Funktion der Entscheidungsfindung

Eine weitere wichtige Aufgabe des bewußten Ichs besteht darin, stets eine Wahl zu treffen. Auch unbewußte Menschen fassen Entschlüsse. Dabei leiten sie den Energiestrom in eine bestimmte Richtung und ziehen die Kräfte aus allen anderen Kanälen ab. Wer zwar wachsam seine Umgebung wahrnimmt, sich jedoch nicht über seine inneren Vorgänge bewußt ist, weiß nicht wirklich, weshalb er sich so und nicht anders entscheidet, weil er nichts von seinen unbewußten Einstellungen ahnt, die seiner Wahl letztlich zugrunde liegen. Unbewußte Menschen treffen ihre Entscheidungen generell nach den Vorgaben des Massenbewußtseins, das innere oder äußere kollektive Wertmaßstäbe setzt. Bewußt denkende und handelnde Menschen orientieren sich bei ihren Entscheidungen an kosmischen Gesetzmäßigkeiten. Wer bewußt ist, entscheidet sich bevorzugt zugunsten der Ganzheit und verzichtet auf persönliche, ichbezogene Vorteile.

Aus Träumen wissen wir, daß das Traum-Ich unablässig aufgefordert wird, Bewußtsein dafür zu entwickeln, was es tut und was es unterläßt. Der Traum schildert die konfliktgeladene Situation, in der das Traum-Ich auf bestimmte Weise scheitert. Ein Konflikt stellt eine Ausgangslage dar, in der die unterschiedlichen Antriebskräfte, einschließlich der Ich-Funktion, nicht einmütig auf der Grundlage des Ganzheitsprinzips zusammenarbeiten.

Der Konflikt läßt sich lösen, wenn im Sinne der Ganzheit eine Entscheidung gefällt wird, indem man sich die bestehenden Gegensätze und ihren Integrationspunkt vergegenwärtigt.

Die untergeordneten archetypischen Dynamiken

Unter jedem der ursprünglichen oder grundsätzlichen Archetypen sind in unserem Schaubild sieben *untergeordnete archetypische Dynamiken* angegeben sowie eine achte Kategorie, die sogenannte *Personifikation*. Die Personifikationen stellen archetypische Antriebskräfte dar, die als ausgeprägte Persönlichkeitstypen auftreten. Menschen, die sich mit einer von ihnen identifizieren, tragen den dazugehörigen Archetyp unbewußt in sich. Daher existieren sie nicht als sich selbst bewußte Einzelwesen, sondern als Archetypen. In der Kindheit und Jugend ist die Identifikation mit Archetypen ganz natürlich, doch mit zunehmendem Alter kommen wir nicht umhin, erwachsen zu werden und uns von ihrer Einflußnahme freizumachen, um besser mit dem archetypischen Prinzip umgehen zu können. Wer sich mit einem Archetyp identifiziert, vermag nicht frei zu entscheiden, denn er muß so handeln, wie es der Archetyp vorgibt. Wenn eine Frau sich mit einer Liebesgöttin (zum Beispiel Aphrodite) identifiziert, versprüht sie überall ihre Sexualität. Und wer sich mit der heiligen Göttin (zum Beispiel der Jungfrau Maria) identifiziert, wird sich allenthalben für mildtätige Zwecke einsetzen. Alle Identifikationen laufen nach demselben Schema ab, sie unterscheiden sich nur in der Art, wie sich die archetypischen Energiepotentiale ausdrücken. Ob Hure oder Heilige, beide können gleichermaßen unbewußt mit den jeweiligen archetypischen Kräften verbunden sein, was ihnen ein Leben als bewußte Individuen verwehrt. Ganz ohne Zweifel glaubt der Massenmensch mitunter, daß ein Weg dem anderen vorzuziehen sei, aber die Götter kennen weder Freund noch Feind und haben für beide ein Lächeln.

Die Methode, zur Essenz zu gelangen

Die sieben Dynamiken zu jedem der Archetypen wurden sorgfältig ausgewählt. Wie schon bei den Hauptarchetypen ging es hier wieder darum, die Essenz herauszuarbeiten und durch Kürzungen das Wesentliche zu erfassen. Die Vorgehensweise folgt weder psychologischen Methoden, noch handelt es sich um reine Persönlichkeitstheorien, sondern sie ist philosophischer Natur.

Um das Essentielle aus dem Erlebnismaterial herausfiltern zu können, muß zuerst in Kategorien eingeteilt und dann verallgemeinert werden. Man untersucht also spezifische Eigenschaften und formuliert anschließend eine allgemeine Beschreibung, um jene Wesensmerkmale benennen zu können, die generell auf eine Kategorie zutreffen. Die Dynamik, die hinter dem Bild steht, ist elementarer als das Bild an sich. Ein Archetyp entspricht somit nicht dem Bild, sondern der Antriebskraft, die bestimmt, nach welcher Gesetzmäßigkeit der Energiestrom sich in einer Reihe von Lebenssituationen verhält. Das Prinzip des Nährens wird ausgedrückt, wenn das Baby an der Mutterbrust saugt, genauso aber auch, wenn man als Erwachsener eine Rückenmassage bekommt.

Nach dem geschilderten Auswahlverfahren haben wir sieben wichtige Wesensmerkmale jeweils unter einem Hauptarchetyp zusammengefaßt. Sie schienen einerseits grundlegend und aussagestark zu sein, und andererseits hoben sie sich am deutlichsten von den anderen Dynamiken ab. Wenn diese Merkmale oder Essenzen in nur wenige Kategorien unterteilt werden, lassen sie sich mühelos voneinander unterscheiden, doch ist es dann nicht möglich, spezifischer auf Details einzugehen. Aus diesem Grund besteht das Modell nicht nur aus sieben Hauptarchetypen. Aus obigen Überlegungen haben wir uns auf ein Modell mit einer überschaubaren Anzahl von neunundvierzig Kategorien beziehungsweise archetypischen Antriebskräften geeinigt.

Nach gründlichem Studium des Modells kann man feststellen, daß auch bei neunundvierzig Zuordnungen manche Dynamiken dazu neigen, sich mit anderen zu überschneiden. Ein Beispiel:

250

Welcher Unterschied besteht zwischen dem Männlichen – Aggression (9) und dem Heldenhaften – Ungestüm (23)? Beide Antriebskräfte gleichen sich mehr, als daß sie sich voneinander abheben. Allerdings drückt sich nicht jede Art von Aggression in ungestümer und kraftvoller Weise aus, und nicht alle ungestümen Handlungen weisen aggressive Züge auf. Einen Nagel kann man mit ungestümer Wucht oder aggressiv einschlagen.

Eine weitere entscheidende Frage ist, weshalb die Dynamik der Umwandlung (43) dem Archetyp Tod und Wiedergeburt zugeordnet wird und nicht als eigene Kategorie der Quelle? Weshalb zählt der Archetyp Tod und Wiedergeburt zu den sieben Hauptarchetypen und wird nicht dem zentralen Archetyp der Quelle untergeordnet? Als innerster Archetyp durchpulst die Quelle alle anderen Archetypen samt deren innewohnenden Dynamiken, ansonsten wäre das Universum zusammenhanglos und unverbindlich, und wir Menschen wären einander nicht zugetan, noch könnten wir uns mit irgendeiner Sache verbunden fühlen. Ganz offensichtlich gehört die Umwandlung zu dem Energiekomplex von Tod und Wiedergeburt, dem aufgrund seiner bedeutsamen Rolle eine eigenständige Kategorie gebührt. Wir sind uns jedoch bewußt, daß unser Modell der Archetypen keineswegs den Anspruch auf Perfektion erhebt!

Die Funktion hat Vorrang vor der bildlichen Darstellung

Jede Dynamik beziehungsweise archetypische Energie erfüllt eine Funktion oder steuert eine Handlung. Im Gegensatz zu den orthodoxen Jungianern messen wir den Bildern nicht das Hauptgewicht zu, denn Funktionen sind auf jeden Fall maßgeblicher. Sie werden zwar in Bildern ausgedrückt, das Bild an sich übernimmt allerdings keine Aufgabe. Eine Mutterbrust allein verschafft niemandem auf der Welt die Befriedigung der Nahrungsaufnahme. Brüste traten nur aufgrund des Vorhandenseins der nährenden und Leben erhaltenden archetypischen Antriebskraft als Körperorgane ins physische Erscheinungsbild dieser Welt,

TABELLE DER ARCHETYPISCHEN ANTRIEBS-

Die Quelle	Das Männliche	Das Weibliche	Das Heldenhafte	Der Widersacher
1. Zentrieren Ausgleichen Überschneidung Wesen	**8. Organisieren** Wissen Planung Systeme	**15. Auflösen** Ursprünglich Unvollkommenheit Verschwinden	**22. Siegen** Überwinden Vervollkommnen Erfolg	**29. Zerstören** Zerschlagen Zersetzen Böse
2. Integration Gegensätze Vermischen Harmonisieren	**9. Aggression** Angriff Stoßen Beherrschen	**16. Öffnen** Fließen Enthüllen Hingeben	**23. Ungestüm** Kraftvoll Unwiderstehlich Verstärken	**30. Widerstreiten** Dagegen Begrenzen Widersetzen
3. Ganzheit Totalität Muster Verwurzeltsein	**10. Strukturieren** Bauen Enthalten Definieren	**17. Hervorbringen** Betreuen Nähren Erschaffen	**24. Beschützen** Verteidigen Stabilisieren Sicherheit	**31. Verletzen** Unfall Schädigen Schneiden
4. Lösung Vervollständigen Heilen Ausgleichen	**11. Verursachen** Tun Beeinflussen In Gang setzen	**18. Innewohnen** Innerlich Materie Sinnlich	**25. Positives** Bejahen Schönheit Gut	**32. Negatives** Schlecht Widersprechend Entziehend
5. Trennung Individuation Polarisieren Unterscheidung	**12. Entschiedenheit** Tat Klären Entfernen	**19. Umfassen** Annehmen Umkreisen Einschließen	**26. Ringen** Kampf Opposition Widerstand	**33. Absorbieren** Verschlingen Leer Nichtig
6. Richtung Führen Bestimmung Erfüllen	**13. Form** Darstellung Wahrheit Eindruck	**20. Wachstum** Fruchtbarkeit Fülle Reproduktion	**27. Verwirklichen** Erreichen Erfüllen Wirklichkeitsnähe	**34. Chaos** Gefahr Unordnung Unglück
7. Synchronizität Annäherung Sinn Spirituell	**14. Konzentrieren** Schlüssel Einstellungen Konzentration	**21. Geben** Ausdrücken Ausstoßen Versorgen	**28. Erlösen** Helfen Sühnen Retten	**35. Beenden** Tod Niederlage Ruin
60. Das Kind **Baby** Göttlichkeit Neuheit Wissen	**61. Der Animus** **Diktator** Beherrschen Zwingen Arroganz	**62. Die Anima** **Seelengefährtin** Stark Inspirierend Überweltlich	**63. Die Persona** **Heiler** Mut Ganzheit Energie	**64. Der Schatten** **Mörder** Unpersönlich Unterdrückt Primitiv
Verletztes Kind Leiden Verletzlichkeit Befreiung	**Vater** Brennpunkt Macht Weltlichkeit	**Mutter** Reife Verstehen Geerdet	**Führer** Dynamisch Unwiderlegbar Hilfsbereit	**Opfer** Besiegt Manipulativ Verletzlichkeit
Staunendes Kind Strahlkraft Gefühlsstärke Geheimnis	**Sohn** Abenteuer Lernen Bauen	**Hure** Unpersönlich Sinnlichkeit Liederlichkeit	**Held** Stärke Wagemutig Eigensinnig	**Gegner** Gegensätzlich Herausfordernd Übelgesinnt
Gesundes Kind Kreativität Offenheit Zuversicht	**Seelengefährte** Stark Feinfühlig Wild	**Tochter** Jungfräulich Narzißtisch Schön	**Sieger** Besessen Wetteifernd Zuverlässig	**Narr** Instinktiv Ungezwungen Verschmitzt

KRÄFTE UND DER ICH-DYNAMIKEN

Die Reise	Tod und Wiedergeburt	Das Ich
36. Übergang Durchqueren Reisen Verlagern	**43. Umwandlung** Entdeckung Durchbruch Wiedergeburt	**50. Ichbezogenheit** Identität Egozentrik Opfer
37. Schicksal Herausforderung Eingriff Offenbarung	**44. Kreisläufe** Zeitzyklen Feier Regelmäßigkeit	**51. Bewußtsein** Anschauungen Reflexion Auswerten
38. Entwicklung Fortschritt Reifen Entfalten	**45. Entstehen** Auftauchen Energie Ursächlich	**52. Emotionen** Wut Gefühle Freude
39. Steigerung Aufsteigen Erkennen Fülle	**46. Befreien** Ausdruck Enthüllen Befreien	**53. Wohlsein** Harmonie Wirksamkeit Vergnügen
40. Stockung Unbeweglichkeit Nichtigkeit Trotz	**47. Krise** Konflikt Spannung Prüfung	**54. Leiden** Ängste Schmerz Verlassensein
41. Bewegen Richtung Energie Zeit	**48. Umkehrung** Übertreibungen Gegenteilig Entgegenwirken	**55. Ziel** Verpflichtung Übungen Arbeit
42. Abnahme Altern Absteigen Austrocknen	**49. Veränderung** Verursachen Gegensatz Neuheit	**56. Kreativität** Spiel Inspiration Lösungen
65. Der Reisende **Mystiker** Inneres Wissen Transzendenz Fromm	**66. Der Weise** **Seher** Weisheit Vergeßlichkeit Einsicht	**57. Verbinden** Bindung Projizieren Mitteilen
Einsiedler Absonderung Einsamkeit Unbeteiligt	**Prophet** Offenbarung Intuition Herausforderung	**58. Rückgang** Verrücktheit Flucht Torheit
Sucher Drängen Selbstsicher Geführt	**Priesterin** Heilig Sinn Werte	**59. Entscheiden** Ziele Ansteuern Folgen
Reisender Ungebunden Weitläufig Furchtlos	**Lehrer** Paradox Beispiele Fähigkeiten	

Die Tabelle listet die wichtigsten Archetypen auf, die im äußeren Leben und innerhalb der Psyche auftreten. In Träumen kommen sie in Form von Gestalten und Bildern vor, die den energetischen Charakter zum Ausdruck bringen. Die sieben grundlegenden Archetypen werden jeweils in sieben dazugehörige archetypische Antriebskräfte unterteilt. Außerdem drücken sich alle großen Archetypen in Form von Personifikationen aus, die umschreiben, durch welches Rollenbild die archetypischen Dynamiken gelebt werden. Darüber hinaus sind zehn grundlegende Ich-Dynamiken vorhanden. Allen entscheidenden Antriebskräften oder Dynamiken entspricht ein numeriertes Schlüsselwort, dem noch weitere Kennworte zugeordnet sind. Häufig ist es der Fall, daß die archetypischen Antriebskräfte einer Tabellenzeile durch Querverbindung in Beziehung stehen. Anhand der Tabelle kann so bei einer bestimmten Lebenslage oder Traumszene ermittelt werden, in welchem Verhältnis die vorhandenen Dynamiken zueinander stehen, ob sie gegensätzliche Pole bilden und an welchen Antriebskräften es in der jeweiligen Situation mangelt, um das Energiepotential zu nutzen.

und nicht umgekehrt. Wird die Brust als Symbol des Nährens bildlich dargestellt, soll damit eigentlich ausgesagt werden, daß es nicht in erster Linie auf die Mutterbrust selbst ankommt, sondern auf die nährende Funktion, die mit der Abbildung der Brust versinnbildlicht wird.

Wer Träume bearbeitet, betrachtet die vorhandenen Traumbilder und -handlungen und bemüht sich, die Funktionen offenzulegen, die sich dahinter verbergen. Das Ziel der Traumarbeit besteht nicht darin, sich mit seinen Traumbildern zu bespiegeln, sondern die angesprochenen Aufgaben und Funktionen, die den bildhaften Traumsymbolen zugrunde liegen, im Leben umzusetzen, und zwar als Teil zunehmender Wahlmöglichkeiten und Wachstumschancen.

Das Wechselspiel der in der Tabelle verzeichneten archetypischen Dynamiken

Mit Hilfe der Tabelle können wir die Beziehungen der neunundvierzig archetypischen Antriebskräfte klären. Auf diese Weise wird zum einen unser archetypisches Modell untermauert und zum andern sein Nutzen deutlich. Wenn wir die Dynamiken in horizontaler Reihenfolge vergleichen, erkennen wir, daß sie häufig Gegensatzpaare bilden, die sich ergänzen.

Um organisieren (8) zu können, ist es wichtig, sich zu zentrieren (1), während das Auflösen (15) einen natürlichen Gegensatz zu der Funktion des Organisierens (8) darstellt. In der Welt der Träume und in der Außenwelt bildet das Siegen (22) einen Gegensatz zum Zerstören (29), und beide Antriebskräfte sind am Übergang (36) beteiligt, der wiederum auch einen Teil zur Umwandlung (43) beisteuert. Auf dieser Schiene liegt auch die Ichbezogenheit (50), die zu den Ich-Dynamiken gehört. Mit diesen Querverbindungen sind noch längst nicht alle Beziehungsmöglichkeiten unter den einzelnen Antriebskräften erschöpft, doch das obige Beispiel nennt besonders starke Bezugspunkte. Wenn man überlegt, wie eine Dynamik mit einer anderen verknüpft sein könnte, hilft es, sich anschauliche Beispiele vorzustellen, die sowohl in der Realität als auch in Träumen nachvollziehbar sind. Die Tabelle und das archetypische Modell sind in einem solchen Fall von Nutzen, denn sie lassen uns das Verhältnis der archetypischen Dynamiken zueinander besser verstehen.

Die Zusammenführung und Aussöhnung der Gegensätze

Will man erspüren, wie stark die genannten Antriebskräfte sind, kann man sie in ihrer reinen Form nachspielen. Dabei sollte stets ein verantwortlicher Gruppenleiter anwesend sein, der bewußt distanziert bleibt, um gegebenenfalls in das Kräftespiel, das sich unter den Darstellern der einzelnen Archetypen entwickelt, eingreifen und es in geregelten Bahnen halten zu können. Es macht riesigen Spaß, wenn man beispielsweise einen Gruppenteilnehmer, der gut organisieren kann, bittet, sich in die Mitte des Kreises zu begeben und von dort aus zu versuchen, ein anderes Gruppenmitglied zu organisieren, das großes Talent im Auflösen hat. Die beiden Kandidaten bilden zwei ungeheuer starke Gegensätze, und wie es scheint, gibt es keinen Weg oder Vermittler, der imstande wäre, sie miteinander auszusöhnen. Dieses schlichte Beispiel illustriert, was in Beziehungen oder innerhalb der menschlichen Psyche abläuft, wenn wir Gegensätzliches einfach nach außen tragen, ohne es bewußt zu machen oder zu integrieren. Die Dynamiken der Zentriertheit und Ichbezogenheit müssen ins Spiel gebracht werden, damit es dem Gegensatzpaar Organisieren – Auflösen gelingt, seine starre Haltung zu überwinden. Beide Partner haben die Aufgabe, in sich zu gehen und darüber nachzudenken, ob und in welcher Weise sie durch eine Wechselbeziehung profitieren könnten. Damit werden beide in ihrer Bemühung unterstützt, eine gemeinsame Mitte zu finden, die sich unmöglich bilden kann, solange beide Parteien versuchen, sich mit ihren konträren Dynamiken zu beeinflussen.

Das ist nur ein Beispiel aus einer erstaunlich großen Anzahl von Kombinationsmöglichkeiten, die im Rahmen der Traumarbeit mit Archetypen und auch in anderen Gruppenprozessen angewendet werden können. Mir ist es gelungen, diese Art der Energiearbeit mit Erfolg in Ausbildungsseminaren an meinem Institut für Traumarbeit sowie im Rahmen einer Psychodrama-Trainingsgruppe mit fortgeschrittenen Teilnehmern einzuführen.

Die Dynamiken des Ichs

Die mit den Nummern 50 bis 59 gekennzeichneten Dynamiken des Ichs stellen die ursprünglichsten Funktionsweisen des Ich-Komplexes dar. Ein Ich-Komplex ist eine *Sub-Persönlichkeit,* ein Ich, das sich innerhalb der Persönlichkeit aufhält und versucht, Entscheidungen und Verhaltensweisen zu beeinflussen. Wer sich mit dem Leiden (54) identifiziert, hat im allgemeinen eine Opferrolle angenommen und wählt fast halbbewußt ein Verhalten, das er sich wahrscheinlich bereits in der Kindheit antrainiert hat, um auf diese manipulative Weise seine persönlichen Bedürfnisse erfüllt zu bekommen. Das Opferverhalten kommt einerseits durch unbewußte Zwänge zustande, und andererseits handelt der Betreffende vorsätzlich. Wenn das Opfer nach den Vorgaben eines Ich-Komplexes reagiert, hat es bis zu einem gewissen Grad die freie Entscheidungsmöglichkeit.

Das wachsame und bewußt arbeitende Ich identifiziert sich mit keiner dieser Antriebskräfte, sondern setzt sich mit allen Einflüssen frei auseinander und faßt seine Entschlüsse nach unparteiischen Gesichtspunkten. Wer sich meist unbewußt mit einem Komplex identifiziert, ist außerstande oder erlaubt sich nicht, im Sinne einer anderen Funktion zu entscheiden. Der Leidende (54) vermag sich aus eigener Kraft nicht dazu zu entschließen, gelegentlich im Energiezustand des Wohlseins (53) zu leben, und wer gern ein Wohlleben führt und nichts anderes kennt, haßt leidgeprüfte Mitmenschen und kommt mitunter dennoch nicht an ihnen vorbei, wenn er beruflich als Homöopath oder Heilpraktiker tätig ist. Der bewußte Mensch, der seine Ich-Persönlichkeit mit Bedacht wahrnimmt, geht auf alle genannten Funktionen, sogar auf Regression (58), ein, denn für jeden Menschen ist es wichtig zu wissen, wann der Moment gekommen ist, sich zurückzuziehen. Dann gilt es, den Rückzug anzutreten, anstatt sich unentwegt weiterzuentwickeln und sich selbst zu verwirklichen.

Die Beziehung der Ich-Dynamiken zu den übrigen archetypischen Funktionen in der Tabelle

Jede angegebene Ich-Dynamik steht in einem Verhältnis zu den übrigen archetypischen Antriebskräften, die in derselben Zeile angegeben sind. Sie bezieht sich manchmal jedoch auch auf an anderer Stelle aufgeführte Dynamiken. Sich Verbinden (57) ist eine Funktion, die auf alle im Leben und in der Psyche vorhandenen Antriebskräfte einwirken muß, ansonsten würden Verbindungslinien unbestätigt bleiben, und bewußt erfahrbare Ganzheit wäre nicht möglich. In der gleichen Weise bezieht sich die Funktion Rückgang (58) auf sämtliche existierenden Charaktereigenschaften. Da im Leben alles vorwärts zu streben scheint, muß die gegensätzliche Richtung ins Spiel gebracht werden. Die Dynamik des Entscheidens (59) steht in einem direkten Verhältnis zu der diagonal entgegengesetzten Antriebskraft des Zentrierens (1), denn wir brauchen ein Gefühl für die Mitte, um einen Entschluß fassen zu können. Sobald wir uns entschieden haben, eine bestimmte Richtung einzuschlagen, und daher bereit sind, auf andere Optionen zu verzichten, drückt der gefaßte Entschluß eine absolute Größe aus. Die wichtige Ich-Funktion des Entscheidens ist zudem unbedingt erforderlich, um sich innerhalb eines ganzheitlichen Entwicklungsgeschehens mit allen vorhandenen archetypischen Dynamiken gleichermaßen auseinanderzusetzen. Würde uns nämlich die Entscheidungsfunktion entzogen, wären alle Menschen bestimmten vorherrschenden Archetypen ausgeliefert und außerstande, die jeweils entgegengesetzte Dynamik zu aktivieren.

Die Notwendigkeit der Ich-Funktion

An dieser Stelle kommen wir zu einer Kernfrage: Weshalb ist es überhaupt notwendig, über ein bewußtes Ich zu verfügen? Sind wir nicht einfach nur das Spielzeug der Götter und dem archetypischen Kräftespiel von vornherein ausgeliefert? Sollten wir uns nicht damit begnügen, uns so gut wie möglich abzuschotten, während wir zwar das Beste erhoffen, aber dennoch auf das Schlimmste gefaßt sind? Der Lebensstil der meisten Menschen entspricht genau diesem Muster, bis sie sich entschließen, ein bewußtes Leben zu führen. Wer hingegen unbewußt lebt, ist ohne Zweifel archetypischen Kräften ausgeliefert und verfügt nicht über die Macht, eigenständige Entscheidungen zu treffen. Mir ist schleierhaft, weshalb nicht jeder Mensch bereit ist, die Versklavung durch archetypische Einflüsse aufzugeben und ein bewußtes Leben zu beginnen. Es hat den Anschein, daß Personen, die weiterhin unbewußt bleiben wollen, gegen ihre eigenen Interessen handeln.

Im Leben jedes Menschen wird irgendwann eine Entscheidung fällig, weil sich ein großer Traum erfüllt oder er einem Meister oder Lehrer begegnet, der alle Dinge bewußt angeht. Für jeden Menschen kommt der Zeitpunkt, an dem er vor die Wahl gestellt wird, in der einen oder anderen Form eine spirituelle Umwandlung zu erleben, wodurch er tieferes Bewußtsein erlangt. Doch jeder muß mit sich selbst übereinkommen, eigenständig an sich zu arbeiten. Niemand darf es einem Außenstehenden überlassen, ihm Bewußtsein beizubringen, weil es einfach nicht möglich ist. Der Lehrer oder Therapeut begleitet den Suchenden bis zur Schwelle, bis kurz vor die Brücke. Ab dann muß jeder allein – ganz allein – entscheiden, den Übergang zur anderen Seite aus eigener Kraft zu vollziehen.

Es bedarf also der bewußten Ich-Funktion, um sich aus der Identifikation mit den Archetypen lösen zu können. Dann ist es überhaupt erst möglich, sich bewußt mit ihnen auseinanderzusetzen und sich für den ganzheitlich orientierten Entwicklungsprozeß zu entscheiden, in dem die Archetypen allmählich inte-

griert werden und auf schöpferische Weise das Leben bereichern.

Könnte möglicherweise die Quelle das gesamte Geschehen
ohne Unterstützung von seiten des Ichs regieren? Im Fall meiner
Entwicklung kann ich nicht mit Sicherheit behaupten, ob es so ist,
aber ich bin der Meinung, daß alles besser läuft, wenn ich die
Kräfte der Quelle hinzuziehe. Die Quelle ist stets gegenwärtig.
Über Jungs Haustür war der in Holz geschnitzte Spruch zu lesen:
»Gott ist immer da, ob er gerufen wurde oder nicht.« Der Satz
stimmt wohl, aber ich halte ihm entgegen: Erst wenn man bewußt entscheidet und handelt, zieht man die Götter – die Archetypen – an. Und genau darin liegt die Gefahr, denn Bewußtsein
allein kann vernichtend wirken. Ich mahne jeden zur Vorsicht,
der archetypische Antriebskräfte aktivieren will, die in der Zeit
der Antike noch Götter und Göttinnen genannt wurden. Ich
persönlich habe mich bewußt dafür entschieden, hauptsächlich
die Quelle, den Urarchetyp, anzurufen. Wer einfach nur archetypische Antriebskräfte ins Spiel bringt, ohne die ausgleichende
Funktion der Mitte hinzuzuziehen, handelt ziemlich fahrlässig.
Es bedarf ferner einer bewußten Ich-Funktion, um die in Gang
gesetzten Prozesse innerlich zu bewältigen. Was hat Jung wohl
unter dem Begriff Gott verstanden? Sah er in Gott die Quelle oder
verstand er ihn als Archetyp?

Wir sind auf die gesunde Ich-Funktion angewiesen, um mit der
Quelle zu arbeiten, damit die ungeheuren Kraftströme, die in
Aktion getreten sind, ausgeglichen und abgerundet werden können. Die Ich-Funktion wurde uns nicht verliehen, um lediglich
archetypische Energieformen darzustellen. Das ist Sache der
unerfahrenen Gemüter, und ich habe es selbst unzählige Male
getan. Meine Fähigkeiten und mein Bewußtsein sind inzwischen
gewachsen, was mich allerdings nicht zu der Annahme berech-
tigt, daß mein persönliches Ich einem Archetyp überlegen sei. Ein
jeder von uns ist stets auf Hilfe angewiesen. Ich bin bereit, mich so
bewußt wie möglich mit den herrschenden Verhältnissen auseinanderzusetzen, doch ich bin auch auf Hilfe von seiten der Quelle
angewiesen, damit der jeweilige Zustand geheilt, gelöst und
gewandelt werden kann. Es ist nicht vorgesehen, daß wir ohne

Beistand leben, und kein Mensch vermag es allein zu schaffen. Die Ich-Funktion erfüllt also erstens die Aufgabe der Selbstbehauptung gegenüber dem Einfluß der Archetypen und zweitens der Hingabe an die Quelle, die zu ihrer eigenen Entfaltung auf dem Weg zu einer umfassenderen, sinnvolleren und dem Ganzen dienenden Einheit auf das menschliche Entscheidungsvermögen und Bewußtsein angewiesen ist. Das Leben im Kosmos entwikkelt sich weiter, und ich für meinen Teil habe mich dafür entschieden, meine Kraft und mein Dasein dem größeren Sinn und Zweck des Schöpfungsplans der Quelle zu weihen, der sich auf so erstaunliche Weise in meinen eigenen und in fremden Träumen offenbart.

Die Personifikationen

Die Dynamiken der Nummern 60 bis 66 werden als *Personifikationen* bezeichnet, da sie in der Kunst und Literatur auch häufig in dieser Form dargestellt werden. Ferner ist aus psychologischer Warte bekannt, daß sich die menschliche Persönlichkeit auf ein bis zwei Personifikationen stützt. Strenggenommen handelt es sich weder um Ich-Komplexe noch um Sub-Persönlichkeiten, die sich im Kräftespiel des unbewußten Ichs bilden können. Wer sich mit Personifikationen identifiziert, verschwindet ganz hinter der jeweiligen Maske und hat, wie es scheint, fast keine eigenen Wahlmöglichkeiten mehr. Der Betreffende tritt innerhalb der achtundzwanzig hier aufgelisteten möglichen Personifikationen auf, etwa in der Rolle als Prophet, Heiler, animabetonte Frau, animusbetonter Chef, Kind, Held, Narr, Mörder, Opfer und so weiter. Die Möglichkeiten, die primären Archetypen zu personifizieren, sind damit wohl keineswegs ausgeschöpft. In der Tat ist es sinnvoll, bei bestimmten Menschen das Charakteristische in dem Zusammenschluß von zwei unterschiedlichen Personifikationen zu sehen, wie etwa Anima-Kind oder Held-Prophet. Diese Art von Zuschreibung hat sich unserer Erfahrung nach als günstig erwiesen, weil sie die Unterscheidung erleichtert, welche archetypischen Antriebskräfte der betreffende Mensch sich am stärksten einverleibt hat. Sie drücken sich in seinen Träumen aus, lassen sich aber auch anhand seiner Rollen, die er in der Außenwelt verkörpert, ablesen. Wenn sich die betreffende Person ernsthaft dazu entschließt, Traumarbeit zu praktizieren oder andere therapeutische Maßnahmen zu ergreifen, ermöglicht sie uns, sie zu unterstützen, ihre eigenen Personifikationen zu erkennen, noch zu verstärken und schließlich die entgegengesetzten Kräfte in sich zu erwecken, damit sie zu ihrer Mitte finden kann. Die Tochter muß erwachsen werden, die Mutter zur Tochter werden; die Seelengefährtin muß zur Hure werden, und aus Huren müssen Mütter werden. Der Umwandlungsprozeß versetzt uns in die Lage, eine archetypische Dynamik nach der anderen zu erfahren. Wichtig ist, nicht an einer Funktion haften zu bleiben, sondern mehrere Antriebskräfte an sich zu erleben und sich mit ihnen zu befassen, statt sich mit ihnen zu identifizieren.

Praktische Traumarbeit mit Archetypen

Die archetypische Traumarbeitsmethode wollen wir auf zwei Ebenen vorstellen. Die Anfängerstufe kann zum besseren Verständnis der eigenen Träume selbständig angewandt werden. Dabei erfahren Sie, welche Eingriffe nötig sind, um die vorhandenen Energien umzuwandeln, damit Ganzheit erreicht wird. Bei der Präsentation der fortgeschritteneren Stufe trete ich als Leiter einer Traumbearbeitung auf. Lesen Sie dazu zuerst den Bericht meiner Schülerin. Später untersuche ich den Vorgang aus archetypischer Sicht, indem ich meine Methode erkläre und die Gründe anführe, weshalb ich so und nicht anders gehandelt habe, obwohl ich während der Sitzung keine analytischen Überlegungen anstellen konnte, sondern ausschließlich dem Ablauf des Geschehens vertraute.

Folgendes Beispiel entstammt der Arbeit im Rahmen einer Ausbildungsgruppe. Die fortgeschrittenen Schüler hatten teilweise bereits über einen Zeitraum von zwei oder drei Jahren an mindestens dreißig gemeinsamen Ausbildungstagen jährlich teilgenommen. Aus folgender Darstellung der Teilnehmerin geht hervor, daß es für den verantwortlichen Leiter einer Traumarbeitssitzung unbedingt erforderlich ist, sich tief in den Prozeß einzulassen, um Wirklichkeitsnähe herzustellen. Will man einen Durchbruch erzielen, darf man sich vor Einschnitten und Veränderungen nicht scheuen, sondern muß auf sie gefaßt sein.

Die Träumende trägt in der Sitzung ihren Traum und dessen Problemstellung vor, bespricht ihn mit dem Leiter und spielt die Konflikte aufs neue unmittelbar durch. Sie wird von den übrigen Gruppenmitgliedern unterstützt, die der Sitzung als Zeugen beiwohnen und bisweilen ebenfalls aktiv eingreifen. Bei Sitzungen dieser Art liegt immer etwas Besonderes in der Luft.

Traumtitel: Die Zusammenarbeit mit Strephon

Ich komme mit einem Problem zu Strephon. Es ist mir unmöglich, in der Gruppe mitzumachen, solange ich das Gefühl habe, von einer bestimmten Person abgelehnt zu werden. Strephon löst die Sache, indem er mit der Betreffenden eine Sitzung durchführt. Er hört gar nicht mehr auf, mit ihr zu arbeiten, während ich dabeisitze und geduldig warte. Ich fühle mich sehr unglücklich und beginne zu weinen, weil es mir weh tut, übergangen und nicht ins Gespräch einbezogen zu werden. Mir scheint, daß sie nicht einmal bemerken, daß ich anwesend bin. Schließlich verlasse ich den Raum mit der Absicht, mich draußen auf meine eigene Sitzung mit Strephon vorzubereiten. Es ist schon fast zu spät, als ich zurückkomme, aber Strephon arbeitet immer noch mit ihr. Ich erwache, weil der Wecker klingelt.

Anmerkung

Zum Zeitpunkt des Traums war meine Mutter bei mir zu Besuch. Wir hatten damals Schwierigkeiten, miteinander zu sprechen. Ich habe eine Menge Gefühle zurückgehalten und bin nicht sicher, ob sie auch nur ahnen konnte, was überhaupt in mir vorging. Ich glaube, auch ich war nicht in der Lage, meine Gefühle genau zu spüren. Ich verschließe mich dann und habe den Eindruck, als ob ich den Zugang zu meinem inneren Selbst verliere. Meistens versuche ich, die Zeit irgendwie durchzustehen und alles zu machen, was meine Mutter sich meiner Meinung nach wünscht. Im Klartext heißt das: Mich gibt es nicht mehr. Bei dem damaligen Besuch meiner Mutter reagierte auch mein Körper: Ich fühlte mich erschöpft, und mein Hals war sehr gerötet und schmerzte.

Die Objektivierung des Traums

Dieser Traum ist voller Gefühle und Emotionen. Das Traum-Ich bleibt passiv und drückt seine Gefühle nicht aus. Es ist sehr zurückhaltend und wartet darauf, daß seine Wünsche irgendwie in Erfüllung gehen. Im Traum kommt das ungelöste Problem zum Vorschein: Wie gelingt es dem Traum-Ich, sich mitzuteilen und seine Bedürfnisse auszudrücken?

Es ist klar ersichtlich, daß die Träumende weder in der Außenwelt noch als ihr Traum-Ich kommuniziert. Der Traum gibt auch wieder, wie sie mit diesem Problem in ihrem Alltag umgeht. Das Traum-Ich verhält sich passiv, es bemüht sich keinesfalls um eine bessere Kommunikation, es wartet bloß darauf, daß irgendwann eine Änderung eintritt. Seine Einstellung zum Leben besagt: Alles hängt vom Schicksal ab, aber nicht von mir.

Schlüsselfragen

○ Warum habe ich diesen Traum ausgerechnet zum jetzigen Zeitpunkt geträumt?

Meine Traumquelle versucht mir zu zeigen, wie teilnahmslos ich mich verhalte.

○ Welche Beziehung zwischen dem Traum und meinem derzeitigen alltäglichen Leben wird sichtbar?
Wichtig ist hier der Besuch meiner Mutter und mein schmerzliches Gefühl, daß ich alles zurückhalte und mich verschließe, obwohl so viel passiert ist und zwischen uns steht.

○ Wovor habe ich in diesem Traum Angst?

Ich habe Angst, anderen zu sagen, wie ich mich wirklich fühle.

○ Was kann ich in meinem äußeren Leben tun, damit dieses Verhaltensmuster sich ändert?

Andere nicht mehr vorschieben, auf das achten, was innerlich hochkommt, und danach ausdrücken, was in der gegebenen Situation angemessen zu sein scheint. Mich weder anderen Menschen noch der jeweiligen Lage ausliefern.

Die Beobachtung des Traum-Ichs

Das Traum-Ich drückt zu Beginn des Traums seine Gefühle aus, zieht sich aber im späteren Traumverlauf ganz zurück. Es verhält sich teilnahmslos und unterwirft sich einfach dem Traumgeschehen. Seine Entscheidungsfunktion ist überhaupt nicht eingeschaltet, alles geschieht ohne sein Zutun. Das Traum-Ich begnügt sich damit, die Traumhandlung als Beobachter zu verfolgen.

Einstellungen im Traum

○ Das Schicksal entscheidet, was mir im Lauf meines Lebens passieren soll.
○ Die anderen haben ein Recht darauf, für sich zu wählen. Ich muß mich mit dem zufriedengeben, was ich bekomme.
○ Denke stets daran, zuerst müssen die Bedürfnisse der anderen erfüllt werden.
○ Halte dich aus allem heraus, sonst liegt es vielleicht an dir, wenn andere Schwierigkeiten bekommen.

Neuformulierte Einstellungen

○ Wenn ich lernen will, mich mitzuteilen, ist es notwenig, daß ich meine eigenen Bedürfnisse respektiere und sie nicht untergrabe.
○ Wenn ich ausdrücke, wie ich mich fühle, gebe ich den anderen Gelegenheit, auf mich einzugehen.

○ Wenn ich allem, was in mir hochkommt, Ausdruck verleihe, wird mein Leben befriedigender.

Bisherige Einstellung

○ Ich habe nicht zu entscheiden, wie mein Leben aussehen soll, weil andere dafür zuständig sind.

Neuformulierte Einstellungen

○ Ich kann den wirklichen Sinn und Auftrag meines Lebens nur erfüllen, wenn ich die Entscheidungen für mich und mein Leben selbständig treffe.
○ Ich entscheide mich für mein Leben.

Strephons Methode, diesen Traum zu bearbeiten

Bereits als ich anfing, den Traum zu schildern, war ich heftig von den Gefühlen meines Traum-Ichs ergriffen. Ich nehme an, daß Strephon mir seine Unterstützung geben wollte, denn er bat mich, mich neben ihn zu setzen, während ich noch dabei war, den Traum zu Ende zu erzählen. Da mich meine Gefühle bereits ziemlich überwältigt hatten, kann ich mich nur undeutlich zurückerinnern, wie die Sitzung weiterging. Er begann wohl, allerlei Fragen zu stellen, vielleicht habe ich auch zu erklären versucht, weshalb Gespräche mit meiner Mutter mir so schwerfielen. Strephon fragte mich, weshalb ich wollte, daß ihr Besuch bei mir so lange dauerte, die anderen fragten mich, wieso ich sie überhaupt zu sehen wünschte. Ich fühlte, wie ich wieder in mein altes Verhaltensmuster verfiel und den Zwang fühlte, mich vor anderen erklären und rechtfertigen zu müssen.

Bisherige Einstellung

○ Wenn ich spüre, daß andere mich fragen, mich kritisieren oder sich über mein Verhalten wundern, muß ich Erklärungen abgeben und mich rechtfertigen.

Ich versuchte, mein Verhalten im Traum zu rechtfertigen, indem ich über allerlei Schwierigkeiten in meinem Leben, über meinen Nervenzusammenbruch und so weiter berichtete. Strephon kam dadurch auf die Idee, mich zu fragen, ob ich verrückt sei.

Mit dieser Aussage wollte er mich provozieren!

»Verrückt zu sein ist wohl nicht in Ordnung?« fragte er mich.

Ich war ziemlich überrascht und verneinte diese Behauptung. Er drückte auch mehrere Male meine Schulter, bis ich schließlich doch reagierte und mich zu wundern begann, weshalb er das machte. Versuchte er vielleicht, mir dabei zu helfen, endlich zu sagen, wie all das auf *mich* wirkte? Wollte er mir etwa helfen, mich anderen mitzuteilen und zu zeigen, wie es mir ging und was ich fühlte, wenn ich gefragt wurde, ob ich verrückt sei – was bei mir ganz sicher nicht der Fall war. Ich drückte meine Gefühle allerdings nicht aus, als er sagte, daß ich womöglich spinne. Statt dessen fragte ich ihn, warum er meine Schulter drückte.

»Warum«-Fragen entspringen der Ebene des Mentalen.

Aus diesem Grund fuhr er fort zu fragen, ob ich denn verrückt sei. Ich spürte, daß er es auf die Spitze treiben wollte, deshalb sprach ich lauter und hoffte, daß er aufhörte. In mir schrie es: »Hör doch endlich auf zu sagen, daß ich spinne.« Allmählich kam mir die ganze Sache zu albern vor, und ich fand es unangenehm, hier zu sitzen und all diese blöden Geschichten zu erzählen.

Bisherige Einstellung

○ Sag anderen nicht, wie du dich fühlst, sonst wird es ernst, und du könntest die Gefühle der anderen herausfordern.

Neuformulierte Einstellungen

○ Teile dich anderen mit, erst dadurch erhältst du auch den Kontakt zu dem eigenen Inneren aufrecht.

○ Wenn andere dein Verhalten in Frage stellen, nimm deine innere Entscheidungsinstanz zu Hilfe, die dich wissen läßt, ob du das, was du wirklich fühlst, entweder bei dir behalten oder zum Ausdruck bringen sollst.

○ Verdränge die Reaktionen nicht, die ausgelöst werden, wenn andere dich herausfordern.

Es folgte eine längere Diskussion, ob ich verrückt sei oder nicht.

Strephon sagte: »Warum sprichst du lauter? Verhältst du dich jetzt normal oder etwa verrückt?«

Und überhaupt, Strephon betonte doch immer, daß wir keine »Warum«-Fragen stellen sollen, und jetzt tat er es selbst. Ich dachte mir: »Was bildest du dir eigentlich ein? Du nimmst dir heraus, hier zu sitzen und mich die ganze Zeit mit solchen Unterstellungen zu bedrängen, und hörst gar nicht zu, was ich überhaupt sage!«

Mir war es egal, ob das die angemessene Haltung war oder nicht. Ich wollte nur gehört werden. Trotzdem versuchte ich, auf seine Fragen zu antworten. Dann probierte ich etwas anderes: Ich sprach mit normaler Stimme und drückte statt dessen die Energie in meinem Körper aus. Nun meinte Strephon, ich nähme eine bedrohliche Körperhaltung ein. Mir reichte es nun: »Was bildet der sich eigentlich ein, nur dazusitzen und mich ununterbrochen zu provozieren? Das muß ich mir doch nicht bieten lassen. Dem zahle ich es heim!« Ich attackierte ihn nun auf die gleiche Weise, wie er es mit mir getan hatte. Zumindest war das meine Absicht. Er reagierte sofort, und ich fragte ihn, wie das auf ihn wirke.

»Ich fühle mich schwach«, antwortete er.

Mit seiner Reaktion drückte er aus, welche Gefühle bei ihm ausgelöst wurden. Was hingegen hatte ich gemacht? Meine Gefühle aufgrund seiner Frotzeleien unterdrückt! Vielleicht war ich mir nicht einmal bewußt gewesen, daß ich welche hatte.

Immerhin stieß ich endlich auf meine Gefühle. Er öffnete sich mir gegenüber auf der Gefühlsebene, was mir ermöglichte, ebenfalls mit Gefühlen zu reagieren. Strephon begann mit mir eine neue Art von Kommunikation. Er hatte den ersten Schritt gemacht. Danach fühlte ich mich sicherer, meine Gefühle auszudrücken. Das traute ich mir nämlich sonst nicht zu, weil ich es nicht hätte ertragen können, daß er sich meinetwegen verletzt fühlte. Eines weiß ich nun: Ich will nicht mehr so viele Worte machen, sondern statt dessen meine Gefühle ausdrücken. Ich befürchtete auch, daß ich die anderen Seminarteilnehmer langweilen könnte. Ich schaute in die Runde und stellte fest, daß das nicht der Fall war, denn alle waren ganz bei der Sache.

Bisherige Einstellungen

O Gestehe nicht als erster deine Gefühle ein, sonst läufst du Gefahr, andere zu reizen.

O Es ist riskant, andere zu provozieren, weil man sie verletzen könnte.

O Wenn sich andere über das, was ich mache, aufregen, bin ich wohl der Grund für ihren Ärger.

O Man sollte stets auf die Gefühle anderer Rücksicht nehmen, ehe man seinen eigenen Gefühlen Ausdruck verleiht.

Neuformulierte Einstellungen

O Stelle dich dem Gegner und den Mitmenschen, und teile ihnen deine Gefühle mit.

O Wenn du auf deine eigenen Gefühle achtest und sie ausdrückst, hilfst du anderen, mit ihren Gefühlen in Berührung zu kommen.

O Wenn du deine innere Entscheidungsinstanz einschaltest, übernimmst du die Verantwortung für dein Leben und überläßt es nicht mehr anderen, Entscheidungen für dich zu treffen.

Wir arbeiteten eine Weile miteinander, um herauszufinden, wie groß die körperliche Distanz zu anderen sein muß, damit ich meine Gefühle nicht unterdrücke und mich nicht allein auf meinen Verstand verlasse. Ich verwies auch auf meine Zeichnung an der Wand, aus der hervorgeht, daß ich Freiraum brauche, um mich sicher und beschützt zu fühlen. Ich bin es selbst, die diesen Platz und Schutz bereitstellen muß. Ich habe das Bild »Mein Haus« genannt.

Durchbruch

Nun kam Bewegung in den Prozeß. Ich glaube, Strephon war jetzt der Meinung, daß ich mit meinen echten Gefühlen und meinem innersten Selbst in Berührung gekommen war, was ihn veranlaßte, mich aufzufordern: »Erlaube dir nun zu fühlen, sei ganz du selbst. Jetzt hast du die Gelegenheit zu einem Durchbruch.« Er war tief bewegt und stichelte nicht mehr, sondern bat mich inständig, zu einem Durchbruch zu gelangen. Ab sofort waren meine Glaubensmuster wie weggeblasen, denn jetzt *fühlte* ich. Ich war überrascht und unsicher, was er wohl meinte. Ich stand einfach da und spürte eine Zeitlang den verschiedenen Energieströmen nach und versuchte herauszufinden, was für mich ein Durchbruch wäre. Ich spürte ganz stark, daß ich meinen Weg selbst gehen mußte. Wandte ich mich hilfesuchend an Strephon, so gab er keine Antwort, sondern brachte mir tiefe Gefühle entgegen. Auch er wußte nicht, wie mein Durchbruch aussehen könnte. Ich fühlte jedoch, daß er mir wahre Gefühle zeigte, die mich auf tiefster Ebene ansprachen. Eine große Herausforderung für mich! Wie schaffte er es überhaupt, sich intensiver in mich einzustimmen, als es mir selbst gelang. Hiermit wurde mir die Gelegenheit angeboten, an die Stelle zu tauchen, wo er sich befand. Ich stimmte mich daher auf seine innere Energie ein und erlaubte ihr, mich auf die Ebene einzuschwingen, auf welcher er Zugang zu mir gefunden hatte. Als ich dort ankam, ließ ich mich allmählich von der Energie durchströmen. Ich drückte sie durch Körperbewegungen und Töne aus. Zuerst zupfte ich mich am Ohr, daraufhin brach tiefes Schluchzen aus mir heraus.

Mein Körper beugte sich nach unten und richtete sich wieder auf. Die Energie bahnte sich Wege durch mich hindurch, was ich mit Worten nicht zu beschreiben vermag. Nur ein einziges Bild tauchte in mir auf: Ich sah meinen Bruder Martin, der seinerzeit in der Kindheit fast ertrunken wäre. Ich berichtete Strephon von diesem Bild, er bedeutete mir aber, auf Bilder zu verzichten, denn sie würden mich von echten Gefühlen ablenken.

Als ich alle diese Energien zuließ, konnte ich spüren, daß Strephon ununterbrochen bei mir war. Es war mir ganz neu, daß jemand mich durch den ganzen Prozeß begleitete, der meine Gefühle weder mißachtete noch ignorierte. Er hatte die ganze Zeit Tränen in den Augen und sagte: »Oh, schaut euch dieses Mädchen an!«

Ich hatte mein wahres Selbst mit einem anderen Menschen erlebt.

Ich berührte mein Gesicht. Die Bewegung führte uns auf die Erde zurück. Strephon meinte daraufhin, mein Gesichtsausdruck habe sich sehr verändert. Als mein Ausbruch vorüber war, fragte er mich, ob ich mich wieder setzen oder lieber mit einer »Familie« zusammensein wolle.

»Das ist die größte Herausforderung, deshalb entscheide ich mich für eine Familie«, antwortete ich.

Strephon sagte: »Ich weiß.«

Ich wählte einige Gruppenmitglieder aus, die einen Ring um mich bilden sollten. Ich schloß meine Augen und war dann bereit, mich in ihre Arme fallen zu lassen. Ich ging ganz behutsam vor. Nach einiger Zeit war es so weit, daß alle im Kreis mich umfingen. Schließlich öffnete ich meine Augen und fühlte mich geerdet und bereit, es mit dem Hier und Jetzt aufzunehmen. Ich schaute jedem einzeln in die Augen, während ich immer schneller von der Gruppe bewegt wurde. Ich fühlte mich wie in einer Achterbahn. Ich lachte und genoß es. Ich erlaubte mir, ich selbst zu sein. Nun vermochte ich meine innere Welt zu wahren, ohne mich selbst preiszugeben, als die anderen meine Bewegungen steuerten. Ich war imstande, die Kontrolle meines Ichs aufzugeben und mir dennoch zu vertrauen. Hingabe bedeutet nicht, sich zu verlieren. Sie ermöglicht dir, Zugang zu deinen innersten Gefühlen zu finden, deine Einstellungen hinter dir zu lassen und dein wahres Selbst zu erfahren. Dann traust du dich, du selbst zu sein.

Analyse der Traumarbeit mit Archetypen

Es folgt die Analyse des archetypischen Gehalts dieses bewegenden Berichts, der beispielhaft fortgeschrittene Traumarbeit veranschaulicht. Der Traumarbeit mit Archetypen kann man zuerst die Methoden Traumobjektivierung und Beobachtung des Traum-Ichs voranstellen, wie die Träumende es in unserem Beispiel getan hat. Sie hat auch ihre Traumarbeitssitzung in entsprechender Weise nachbearbeitet.

Als nächstes untersuchen wir die archetypische Ebene und stellen fest, welche hauptsächlichen Antriebskräfte vorhanden sind und welche Dynamiken zum Ausgleich im Sinne des harmonischen Ganzheitsprinzips benötigt werden.

Nachfolgend wiederholen wir die ursprüngliche Traumbeschreibung und fügen die Anmerkungen der Träumenden hinzu. Aus ihrer selbständig durchgeführten Traumbearbeitung ging hervor, welche ichbezogenen Einstellungen ihr Verhalten sowohl im Traum als auch im Tagesgeschehen beeinflußten, was gleichfalls in ihrer Sitzung mit mir als Leiter der Traumarbeit zum Ausdruck kam. Ferner wurde deutlich, in welcher Weise sie jene Haltungen verändern konnte und welche Motive sie mir aufgrund meiner Rolle als Leiter während der Traumarbeitssitzung gefühlsmäßig unterstellte. Wer sich in die Lage versetzen will, sich unter neuen Gesichtspunkten bewußt zu entscheiden, kommt sicher nicht umhin, seine persönlichen Anschauungen, die seine Entscheidungen und Handlungen ausschlaggebend bestimmen, bei Tageslicht unter die Lupe zu nehmen und sie gegebenenfalls samt der Wurzel zu entfernen.

Wer Traumarbeit mit archetypischen Energien durchführt, bewegt sich in einer Schicht, die sogar noch tiefer anzusiedeln ist als die unbewußten Glaubensmuster. Es genügt nicht allein zu wissen, daß innere Einstellungen zweifelsohne archetypischen Ursprungs sind. Uns ist vielmehr daran gelegen, die zugrundeliegenden Dynamiken zu fassen zu bekommen, sie mit Hilfe von Traumarbeitssitzungen darzustellen, was die Neuanordnung der archetypischen Muster sowie auch eine Verlagerung des bewußten Ich-Standpunkts zur Folge hat. Während der Sitzung ist es wichtig, sich möglichst empfänglich und vertrauensvoll der Quelle zu öffnen, damit sie die nötigen Veränderungen einleiten kann. Später geben wir ein Beispiel, wie diese Art der Zusammenarbeit aussieht.

Meine Vorgehensweise als Leiter der Traumarbeit richtet sich nach folgenden Kriterien: Ich beteilige mich engagiert an der Sitzung mit der Person, die ihren Traum mitteilt, so daß ich den Traumzustand mit verkörpere. Das lasse ich den Träumenden allerdings nicht wissen. Wenn archetypische Traumarbeit in dieser Weise gelingt, handelt es sich genaugenommen weder um eine Übung noch um eine Darstellung im Sinne des Psychodramas. Die Arbeit hat erst Hand und Fuß, wenn sowohl der Leiter als auch die Person, die ihren Traum mitteilt, sich ernsthaft und bewußt einbringen und zulassen, daß sich dabei ihre Persönlichkeitsstruktur verändert. Dieser Prozeß ist deshalb so erstaunlich, weil der Leiter zwar seine Rolle als Verantwortlicher zu erfüllen hat, aber darauf achten muß, daß er nicht ganz von ihr beherrscht wird, damit auch er während der Sitzung als Beteiligter empfänglich bleibt und spontan reagieren kann. Im folgenden wird am gleichen Fallbeispiel erläutert, welchen dramatischen Verlauf dies nehmen kann. Diese Sitzung war eine meiner wichtigsten Traumarbeitserfahrungen, die mich selbst wie auch die beteiligte Schülerin stark berührte. Ich konnte dazulernen, da ich selbst sehr tief an dem Prozeß teilnahm.

Hin und wieder kommt es vor, daß ich als Leiter während einer Sitzung weine. Wenn ich tatsächlich im Augenblick lebe und spontan reagiere, betrachte ich dieses Verhalten als situationsgerecht und finde es nicht rührselig, was zum Beispiel der Fall wäre, wenn ich nur in meiner Rolle als Leiter in Tränen ausbreche, es mir aber im Privatleben verkneife, wenn mir etwas sehr nahegeht. Sobald Tränen in mir aufzusteigen beginnen, hinterfrage ich bewußt, ob mein Weinen auf den Sitzungsverlauf des Teilnehmers hilfreich oder störend wirken könnte.

Traum

Ich komme mit einem *Problem* zu *Strephon*. Es ist mir *unmöglich, in einer Gruppe mitzumachen,* solange ich das Gefühl habe, von einer *bestimmten Person abgelehnt zu werden.* Strephon löst die Sache, indem er mit der Betreffenden eine Sitzung durchführt. Er hört gar nicht mehr auf, mit ihr zu arbeiten, während ich dabei sitze und geduldig abwarte. Ich fühle mich sehr unglücklich und beginne zu weinen, weil es mir weh tut, *übergangen* und nicht ins Gespräch einbezogen *zu werden.* Mir scheint, daß sie *nicht einmal bemerken, daß ich anwesend bin.* Schließlich verlasse ich den Raum mit der Absicht, mich draußen auf meine eigene Sitzung mit Strephon vorzubereiten. Es ist *schon fast zu spät,* als ich zurückkomme, aber *Strephon arbeitet immer noch mit ihr.* Ich erwache, weil der Wecker klingelt.

Anmerkungen

Zum Zeitpunkt des Traums war *meine Mutter* bei mir zu Besuch. Wir hatten damals *Schwierigkeiten, miteinander zu sprechen.* Ich *habe* eine Menge Gefühle *zurückgehalten* und bin nicht sicher, ob sie auch nur ahnen konnte, was überhaupt in mir vorging. Ich glaube, auch ich war nicht in der Lage, meine Gefühle genau zu spüren. Ich *verschließe mich* dann und habe den Eindruck, als ob ich den Zugang zu meinem inneren Selbst verliere. Meistens versuche ich, die Zeit *irgendwie durchzustehen* und alles zu machen, was meine *Mutter sich* meiner Meinung nach *wünscht.* Im Klartext heißt das: *Mich gibt es nicht mehr.* Bei dem damaligen Besuch meiner Mutter *reagierte* auch *mein Körper:* Ich *fühlte mich erschöpft,* und mein Hals war sehr gerötet und schmerzte.

Auflistung der archetypischen Dynamiken

- *Problem* – Leiden (54), Krise (47), Stockung (40)
- *Strephon* – Zentrieren (1), Geben (21)
- *unmöglich mitzumachen* – Stockung (40), Absorbieren (33)
- *Gruppe* – Umfassen (19)
- *abgelehnt werden* – Trennung (5)
- *bestimmte Person* – Widerstreiten (30), Negatives (32)
- *übergangen werden* – Verletzen (31), Absorbieren (33)
- *nicht einmal bemerken, daß ich anwesend bin* – Absorbieren (33), Rückgang (58)
- *schon fast zu spät* – Schicksal (37), Abnahme (42)
- *arbeitet immer noch mit ihr* – Schicksal (37)

Analyse der genannten archetypischen Dynamiken

Vergleicht man die Dynamiken miteinander, erkennt man sofort, um welche archetypische Konfiguration es sich handelt. Ehe Sie weiterlesen und meine Vorschläge über die archetypische Bedeutung des Trauminhalts studieren, empfehle ich Ihnen, daß Sie sich etwas Zeit nehmen und sich einen eigenen Eindruck verschaffen. Natürlich bewertet jeder Mensch die Einflüsse der Archetypen unterschiedlich. Doch erst nach erfolgter Analyse fällt auf, wie häufig sich doch die Schlußfolgerungen und Standpunkte gleichen.

Achten Sie darauf, wo der Schwerpunkt unter den Dynamiken in der fünften Zeile in der Übersichtstabelle der Archetypen liegt. Von links nach rechts gelesen, beginnt die Zeile mit Leiden (54), das von Stockung (40), Krise (47) und Absorbieren (33) gefolgt wird. Kräfte wie Entschiedenheit (26) und Kampf (12) sind nicht genügend vertreten. In ihren Anmerkungen läßt uns die Träumende wissen, daß sie sich von ihrer Mutter umfaßt (19) beziehungsweise von Mutterliebe erdrückt gefühlt hat. Sie verleugnete nämlich ihre Gefühle, als die Mutter bei ihrem Besuch das Kommando an sich riß.

Das Traum-Ich fühlt sich auch verletzt (31) und ist nicht in der Lage, sich mit einer negativ besetzten Figur auseinanderzusetzen, der die Aufmerksamkeit der Autoritätsperson zufließt. Sie sorgt nicht dafür, daß ihre persönlichen Wünsche erfüllt werden, denn sie unterläßt es, auf sich aufmerksam zu machen. Dazu fehlt es ihr an Energie und Durchsetzungsvermögen, also unterwirft sie sich dem Widersacher, der widerstreitend (30) auftritt und wiederum mit Stockung (40) und Absorbieren (33) antwortet. Das Schicksal (37) wird als übermächtig empfunden. In der Sitzung wird deutlich, daß ihr Verhalten insgeheim von der Ansicht geprägt ist, daß ihr Leben vorherbestimmt sei.

Während die Teilnehmerin ihren Traum erzählt, bin ich mir als Traumarbeitsleiter der archetypischen Dynamiken bewußt, da ich selbst gleichzeitig bestimmte Dynamiken direkt verkörpere. Ich gehe beim Einsatz des Modells der Archetypen keineswegs nur analytisch vor, sondern vertraue gleichsam immer meinen momentanen intuitiven Eingebungen, zumal mir das Modell noch zusätzliche Hinweise gewährt, ob ich mit meinen Gefühlen und Ahnungen auf der rechten Spur bin. Sobald die Sitzung begonnen hat, ist es notwendig, daß wir beide – ich als Traumarbeitsleiter wie auch die Person, die ihren Traum berichtet – uns auf den vorhandenen Energiestrom einlassen. Doch selbst zu diesem Zeitpunkt ist mein Beobachter-Ich als verantwortlicher Leiter im Einsatz und wertet den Handlungsablauf gleichzeitig anhand des archetypischen Modells aus.

Strephons Kommentar zu seiner Arbeitsweise

Am Anfang der Sitzung ging ich zum Angriff über. Wenn eine andere Person niedergeschlagen ist, kann man sie am härtesten treffen. Die Ausgangslage der Träumenden war, daß sie sich weder im Traum noch in der Außenwelt gegen ihre Mutter zur Wehr setzte. Es war daher abzusehen, daß sie den Verlauf der Sitzung wohl kaum hinterfragen würde. Als verantwortlicher Leiter fühlte ich mich deshalb aufgefordert, den Widersacher zu verkörpern, der vermeintlich nichts anderes im Sinn hat, als sie festzunageln, zu verletzen und ihr das Leben schwerzumachen. An ihrer Reaktion ließ sich das Charakteristische ihres Verteidigungsmechanismus ablesen: Sie spielte das Opfer, blieb passiv, wirkte kraftlos, sperrte sich und manipulierte, indem sie versuchte, andere dazu zu bewegen, ihr aus ihrer Lähmung herauszuhelfen. Das wäre allerdings zwecklos, denn es ist unmöglich, einem Hilflosen zu helfen. Er muß sich aus eigener Kraft aus seinem Jammertal herausholen, andernfalls hat er nichts anderes im Sinn, als aus den Rettern Mitgefangene zu machen, die sein Elend mit ihm teilen. Aus diesem Grund überzeichnete ich die im Traum vorgegebene Situation und trieb sie noch tiefer in ihre Lähmung hinein, in der sie wirklich verzweifelt war. Aber da sie nichts fühlen konnte, blieb ihr nichts anderes übrig, als sich aufzulösen. Als sie noch tiefer in ihr Elend hineingestoßen wurde, verstärkte es ihren Leidensdruck.

Indem ich ihre Hilflosigkeit unablässig attackierte, ja sogar Hinweise aus ihrer Vergangenheit, die sie selbst geliefert hatte, gegen sie verwendete, fiel endlich der Groschen. Wie in vielen Fällen spielte auch hier die Gruppenteilnehmerin mir, dem Leiter, unbewußt ihr Material zu. Deshalb ritt ich auf der Frage herum, ob sie nun verrückt sei oder nicht. Um die Situation nicht zu verfremden, sondern so wirklichkeitsnah wie möglich zu gestalten, mußte ich ein tatsächlich vorhandenes Problem aufgreifen. Ihr tiefstes Verhaltensmuster kam zum Vorschein: Statt Gefühle zu zeigen, erzählte sie lieber Geschichten. Es bedurfte noch eines weiteren Szenenwechsels. Nachdem sie die Rollen vertauschte und anfing, mich anzugreifen, konnte ich auf eine andere Taktik umsteigen. Immerhin reagierte sie jetzt ehrlicher. Zumindest fühlte sie etwas und zeigte es auch. Sie hatte genug von meinen Sticheleien und machte nun Anstalten, es mir heimzuzahlen. Sie kam aus eigener Kraft zu diesem Entschluß, denn niemand schlug es ihr vor oder befahl es.

Ich antwortete nicht mit Gegenangriff, sondern bekannte meine Empfindungen. Zum einen zeigte ich mich schwach und verletzlich, zum anderen vermittelte ich ihr ein Beispiel, wie man Gefühle spontan ausdrücken kann. Zunächst vermochte sie nicht, aus ihrem Panzer auszubrechen und ihren Gefühlen unmittelbar Ausdruck zu verleihen. Es fiel ihr schwer, ihre Kopflastigkeit und ihre Verteidigungshaltung aufzugeben, um eine Ahnung von der direkten Erfahrung des Augenblicks zu bekommen und wenigstens einige Gefühle zulassen zu können.

Ich wußte nun keine andere Methode mehr, um sie aus sich herauszulocken; sowohl die archetypischen als auch die Ich-Dynamiken waren ausgereizt. Nun war der Augenblick gekommen, in dem sie ohne äußeres Zutun eine Wahl zu treffen hatte, wozu es der Stärke des Ichs bedurfte, die im ursprünglichen Traumgeschehen so schwach vertreten war. Ich war nicht in der Lage, ihre Ich-Funktion zu aktivieren, da ein solches Vorgehen ganz und gar der Wesensart des Ichs widerspräche, das seine Funktionsfähigkeit nämlich aus eigener Kraft zum Ausdruck bringen muß. Menschlich und gefühlsmäßig konnte ich nichts anderes tun, als ihre Persönlichkeit einzuladen, die eigene Ich-Funktion zu behaupten und eine bewußte Entscheidung zu treffen und nicht statt dessen irgendeinen Archetyp vorzuschieben.

Als sie sich in einer unverfälschten Art, die ihrem Wesen entsprach, freiwillig dazu entschied, entluden sich die seit langem aufgestauten Energien und Gefühle in einem heftigen Ausbruch. In den meisten Fällen führen blockierte Energieströme zu Verkrustungen. Mir schien es daher geboten, alles in die Wege zu leiten, um eine Krise heraufzubeschwören und die Träumende dadurch in eine ausweglose Situation zu versetzen, in der ihr nur noch übrigblieb, eine ehrliche Entscheidung zu treffen, was ihr schließlich auch gelang. Im Anschluß an ihren Gefühlsausbruch war es ihr möglich, sich vertrauensvoll von der Gruppe berühren und bewegen zu lassen. Sämtliche Gefühle, sich fernzuhalten oder sich unsichtbar zu machen, waren verflogen. Ihre Ich-Struktur blieb dennoch erhalten, aber inzwischen hatte sie zu sich selbst gefunden und nahm zugleich als teilnehmendes und als beobachtendes Ich am Geschehen teil. Ich war sehr zufrieden mit der Sitzung.

Die Umwandlung der archetypischen Dynamiken

Im folgenden wiederholen wir nochmals die archetypischen Dynamiken, die sich in dem Traum zeigten, und fügen die entsprechenden neuen Dynamiken hinzu, die im Verlauf der Sitzung aufgetreten waren. Sie veränderten nicht nur das Bewußtsein der Träumenden, sondern lösten auch in den Schichten der archetypischen Prägung selbst, die sich weit unterhalb der Ebene des persönlichen Ichs befinden, eine Umstrukturierung aus. In dem Bericht der Träumenden über die Veränderungen ihres Bewußtseins verweist sie auf ihre jeweilige ursprüngliche Haltung und später auf die neuen Einstellungen, die sie in Zukunft einüben kann. Im folgenden Abschnitt werden außer den Anschauungen auch die Verlagerungen innerhalb des betreffenden Verhaltensmusters angegeben:

○ *Problem:* Leiden (54), Krise (47), Stockung (40).
Neu: Lösung (4), Innewohnen (18), Positives (25), Steigerung (39), Befreien (46) und Wohlsein (53).
Hinweis: In der Beschreibung des Sitzungsverlaufs hat die Träu-

mende die obige Reihenfolge der Dynamiken bestätigt. Bei ihrem Gefühlsausbruch wurden Energien freigesetzt. Ihr Eindruck, nicht beachtet zu werden, ihre Gefühlskälte, Starre, Reglosigkeit und mangelnde Tatkraft schwanden dahin. Sie fühlte sich zunehmend wohler, befand sich in recht positiver Stimmung, und am Ende der Sitzung genoß sie die Berührung durch die Hände im Kreis, den die Gruppe um sie bildete.

○ *Strephon:* Zentrieren (1), Geben (21).
Rolle des Leiters: Verletzen (31), Bewußtsein (51).
Hinweis: Um die Sitzung in Schwung zu bringen, habe ich mich in meiner Funktion als Leiter für diese Dynamiken entschieden. Verletzen (31) findet sich in derselben Querzeile wie Emotionen (52) unter der Ich-Dynamik. Die Träumende wünschte sich Gefühle, genauer gesagt, sie war dringend auf emotionalen Selbstausdruck angewiesen.

Neu: Befreien (46), Leiden (54), Emotionen (52), Verbinden (57).
Hinweis: Gegen Ende der Sitzung habe ich die oben angegebenen neuen Dynamiken übernommen. Ich zeigte mich verletzlich und empfänglich. Diese Energiezustände sind ebenso gut und echt wie irgendein anderer Lebensausdruck, den ich hätte wählen können. Sie schenkten jedoch mir wie auch der Teilnehmerin ein heilsames Erlebnis.

○ *unmöglich mitzumachen:* Stockung (40), Absorbieren (33).
Neu: Trennung (5), Kampf (26), Krise (47) und Leiden (54).
Hinweis: Es war notwendig, die Träumende von dem sie beherrschenden Archetyp zu trennen. Unter diesem Gesichtspunkt war sie eine Zeitlang verrückt. Sie war wie besessen, wirkte allerdings nur hilflos und verhielt sich keineswegs auffällig. Schließlich gelang es mir, sie so sehr zu reizen, daß sie gegen mich kämpfte, woraufhin sie in eine Krise steuerte. Ob sie wohl jetzt bereit wäre, sich zu ändern? Könnte sie mir aus eigener Wahl auf der Ebene der Gefühle entgegenkommen? Als es endlich soweit war, entluden sich ihre Gefühle in Form von heftigen Weinkrämpfen und tiefempfundenen Schmerzen. In diesem Augenblick litt sie. Leiden hilft, um aus der Starre herauszukommen. Wer leidet, nimmt am Geschehen teil und fühlt. Die Energieströme des Leidenden bewegen sich in einer tiefen Schicht der Psyche.

○ *Gruppe:* Umfassen (19).
Neu: Geben (21), Verbinden (57).
○ *abgelehnt werden:* Trennung (5).
Neu: Umfassen (19), Verbinden (57).
○ *bestimmte Person:* Widerstreiten (30), Negatives (32).
Neu: Öffnen (16), Entscheiden (59).
○ *Übergangen werden:* Verletzen (31), Absorbieren (33).
Neu: Ganzheit (3), Hervorbringen (17), Beschützen (24), Entstehen (45) und Emotionen (52).
Hinweis: Es läßt sich feststellen, daß mit dieser Umwandlung fast alle Dynamiken einer Tabellenzeile angesprochen werden. Es erübrigt sich, krampfhaft nach Verbindungslinien zu suchen, denn sie sind augenscheinlich vorhanden. Aus diesem Grund werden hier nicht sämtliche Antriebskräfte in der betreffenden Zeile aufgeführt, selbst wenn sie, vielleicht auch nur andeutungsweise, zum Vorschein kommen. Gegen Ende der Sitzung ging es ihr offensichtlich gut, sie konnte uneingeschränkt fühlen und war rundum integriert. Sie fühlte sich umsorgt und nahm sich der anderen an. Sie entwickelte eigene Gefühle, brachte sie zum Ausdruck und wußte sich beschützt. Weder innerlich noch in der äußeren Gruppensituation fühlte sie sich übergangen. Sie konnte spüren, wie ihre Lebenskraft wieder zu fließen begann. Es kamen Gefühle und Emotionen zum Vorschein.
○ *nicht einmal bemerken, daß ich anwesend bin:* Absorbieren (33), Rückgang (58).
Neu: Zentrieren (1), Siegen (22), Übergang (36), Umwandlung (43) und Ichbezogenheit (50).
Hinweis: In derselben Zeile finden wir auch die Dynamiken Organisieren (8), Auflösen (15) und Zerstören (29).
Zu Beginn war die Rede von ihrer Mutter; sie beherrschte den Alltag ihrer Tochter. Dadurch löste sich die Persönlichkeitsstruktur der Tochter auf. Ihre Fähigkeit, aktiv zu handeln, wurde zerstört. Gegen Ende der Sitzung zerstörte sie ihren Verteidigungsmechanismus und löste sich bei ihrem emotionalen Ausbruch in einem Meer von Gefühlen auf. Doch gleichzeitig konnte sie auch die Dinge ordnen und in dem Ereignis einen Sinn finden. In ihrem Fall nahmen die Antriebskräfte dieser Zeile eine beson-

dere Bedeutung ein. Die Dynamiken Auflösen (15) und Zerstören (29) ähneln den ursprünglichen Elementen Absorbieren (33) und Rückgang (58). Die beiden letztgenannten Begriffe könnte man eventuell fallenlassen, wenn man sich statt dessen näher mit den Verhaltensmustern der neuen Dynamiken beschäftigen will. Bei der archetypischen Umwandlungsarbeit geht es um Klärung der Sachverhalte, nicht um dogmatische Vorschriften. Bei dieser Arbeit können wir nichts richtig oder falsch machen. Im Verlauf der Sitzung haben wir jederzeit die Möglichkeit, anders vorzugehen.

○ *schon fast zu spät* – Schicksal (37), Abnahme (42).

An dieser Stelle lade ich den Leser ein, selbst die neuen Dynamiken einzufügen, die am Schluß der Sitzung auftraten. Schreiben Sie eine Zusammenfassung, und ziehen Sie dazu die in der Tabelle auf Seite 252 unter den einzelnen archetypischen Dynamiken angegebenen Stichworte heran. Verweisen Sie auf die vorliegenden Verhaltensmuster, und erklären Sie, in welchen Schritten die Umwandlung erfolgte.

○ *arbeite immer noch mit ihr* – Schicksal (37). Bitte versuchen Sie, die neuen Dynamiken selbständig herauszuarbeiten (siehe oben).

Als Schüler und Leser lade ich Sie nun ein, selbst eine Übersicht über die archetypischen Zusammenhänge des eben geschilderten Sitzungsverlaufs zu verfassen. Wie wurde die Sitzung begonnen? Womit war die Ich-Funktion beschäftigt? Welches archetypische Muster lag dem Traum und den äußeren Lebensumständen zugrunde? Wie ging der Leiter innerhalb der Gruppe vor, wie und wann hat er in die Traumarbeit eingegriffen? Wie sah die Krise aus, wann erreichte die Spannung ihren Höhepunkt? Welche Lösung wurde auf der archetypischen und auf der Ich-Ebene gefunden? In welcher Verfassung befand sich das Ich der Träumenden am Ende der Sitzung? In welcher Weise wurden ihre unbewußten Verhaltensmuster schließlich umgewandelt? Welche Veränderungen gingen auch im Leiter der Sitzung vor? Drücken Sie in wenigen Sätzen aus, was im wesentlichen in der Sitzung ablief.

Übersicht zur Traumarbeit mit Archetypen

○ Nach der schriftlichen Traumobjektivierung sind die wichtigsten Energiezustände im Traum in bezug auf das Traum-Ich und weiterer Traumsymbole zu ermitteln und im Text zu markieren. Halten Sie damit fest, an welchen Stellen am meisten Energie vorhanden war.

○ Ordnen Sie die markierten Symbole (Energiezustände) anhand der Tabelle der Archetypen den entsprechenden Dynamiken zu. Erstellen Sie eine Liste mit Angabe der gefundenen Symbole und ihrer Dynamiken.

○ Die vorherrschende archetypische Energie läßt sich feststellen, indem Sie nachforschen, welche Bezugspunkte unter den in Frage kommenden archetypischen Dynamiken vorhanden sind und ob wiederholt auftretende ähnliche Funktionen vorliegen beziehungsweise ob irgendeine Häufung erkennbar ist.

○ Sobald Sie ermittelt haben, welche archetypischen Dynamiken am stärksten vertreten sind, ist auch klar, welche Antriebskräfte fehlen und erweckt werden müssen, um einen ganzheitlich orientierten Entwicklungsprozeß in Gang zu setzen. Versuchen Sie, sich auf die entsprechenden Dynamiken einzulassen, wodurch das Kräfteverhältnis spürbar ausgeglichen wird. Wichtig ist, daß Sie offen sind, um zu verstehen, was die Quelle an Energien und Verhaltensweisen von Ihnen fordert. Sie spricht zu Ihnen in Form von Bildern, Gefühlen und Intuitionen, die sich mitunter auch beim Leiter der Sitzung während des Prozesses einstellen.

○ Als nächstes sind in Ihrer archetypischen Prägung, die anhand des Traums sichtbar wurde, Veränderungen vorzunehmen. Dazu eignen sich Traumsitzungen. Es genügt auch, den Traum einfach neu zu schreiben, indem Sie diesmal die im ursprünglichen Traumbericht fehlenden archetypischen Dynamiken ausgleichend hinzufügen. Bei der Neufassung des Traums darf das Traum-Ich auch anders handeln. Sie können das Wiedererleben des Traums durchführen, um dem Traum-Ich neue archetypische Funktionen zu übertragen. Seien Sie bereit, die ungewohnten Bildfolgen, die die Traumquelle daraufhin präsentieren wird, zu empfangen.

○ Wird in einer fortgeschrittenen Traumarbeitsgruppe eine Traumszene nachgespielt, geht es darum, die ursprüngliche Situation im Traumzustand samt den vorhandenen Dynamiken zu verstärken, indem Sie sie überzeichnen und auf den Punkt bringen. Die verfahrene Lage wird sozusagen noch schlimmer gemacht. Sofern es sich um eine Traumarbeitsgruppe aus hoffentlich ernsthaft arbeitenden Teilnehmern mit einem erfahrenen Leiter handelt, ist ein unterstützender Rahmen vorhanden, in dem die ursprüngliche Traumszene intensiver erlebt werden kann. Im Anschluß daran bringen Sie einige gegensätzliche oder neue wichtige Dynamiken in die Situation ein. Die Tabelle der Archetypen eignet sich dafür hervorragend als Grundlage. Vertrauen Sie ruhig auch Ihrer Intuition; Bilder und Gefühle werden sich einstellen, die mit dem gesunden Menschenverstand und dem vorhandenen Wissen über archetypische Dynamiken zu überprüfen sind. Achten Sie darauf, dem Prozeß der Transformation und Ganzwerdung zu dienen. Wichtig ist vor allem, den zentralen Archetyp herauszuarbeiten, mit dessen Beistand der Sitzungsverlauf eine Wendung erfahren kann. Der Prozeß wird abgeschlossen, wenn sich eine natürliche Lösung abzeichnet. Nun ist es wichtig, die Ich-Funktionen der Person, die den Traum mitgeteilt hat, und aller anderen Anwesenden zu stärken. Man weist dem Träumenden eine klar umrissene Aufgabe zu, durch die er das Gelernte sogleich vor der Gruppe erproben kann, damit es auch verinnerlicht wird. Es genügt keinesfalls, eine heilsame archetypische Erfahrung erlebt zu haben, man muß sich gleichzeitig auch bewußt dazu verpflichten, das Neue täglich in der Außenwelt zu praktizieren. Warum sollte man sich auch sonst die Mühe machen, durch alle diese Prozesse zu gehen?

11. Traumdarstellungen und Traumübungsgruppen

Würde sich nicht jeder Mensch ein möglichst erfülltes, kraftvolles Leben wünschen? Wer will sich schon freiwillig Verantwortlichkeiten und Konventionen beugen? Wie ermüdend das doch ist!

Wodurch lassen wir uns abhalten, unseren schöpferischen Impulsen zu folgen, wohin sie uns auch führen mögen? Vielleicht bescheren sie uns einen Aufenthalt auf einer Paradiesinsel, eine neue Liebe oder irgendeine spannende Aufgabe, die wir unter allen Umständen erfüllen wollen, weil wir uns von ganzem Herzen und mit bestem Wissen und Können dafür einsetzen. Was hält uns davon ab, unserer Intuition Gehör zu schenken, und weshalb sind wir eher geneigt, Vernunftgründe zu akzeptieren? Was hält uns eigentlich davon ab, unserer inneren Stimme zu folgen? Weshalb hören wir statt dessen lieber auf die Meinung des Ehemanns, der Ehefrau, der Lehrer, Therapeuten, Priester oder Scharen von Ratgebern und kommen Werten nach, die der kollektiven, gesellschaftlich anerkannten Norm entsprechen?

Wer kann sich heutzutage den Herdentrieb noch leisten? Was hält uns augenblicklich davon ab, im Hier und Jetzt zu leben? Wäre das etwa keine Antwort auf Ihre Träume? Sie wollen doch ein erfülltes Leben – oder etwa nicht? Wer würde darauf verzichten? Für ein solches Ziel wäre doch kein Preis zu hoch.

Ausreden sind sinnlos

Wenn doch bloß dieser verflixte, uralte Verteidigungsmechanismus nicht wäre und mich abhielte! Wenn ich nur nicht so viel Angst hätte! Wenn ich nur wüßte, was ich eigentlich will, könnte ich sicher den ersten Schritt machen. Haben Sie solche oder ähnliche Sätze schon einmal gehört? Es sind nichts als Ausreden, mit denen wir uns über die Tatsache hinwegmogeln wollen, daß wir die Möglichkeiten, die sich im Lauf des Lebens bieten, nicht voll ausschöpfen. Hätte ich doch bloß nicht so viel Verantwortung zu tragen! Mir fehlt es nur am nötigen Geld. Ich bin Vater und habe Kinder. Ich muß für unseren Lebensunterhalt arbeiten, meine Schulden abbezahlen und meinen Verpflichtungen nachkommen. Ich kann es mir gerade jetzt nicht leisten, mich zurückzuziehen, weil mich viele Menschen brauchen. Bloß nichts übereilen! Erst bringe ich mein Leben in Ordnung, und dann werde ich frei sein, das zu tun, was ich will. Ich werde reisen, studieren, meine Begabungen fördern, mich geistigen Forschungen zuwenden und mit meinen Träumen arbeiten. Bitte erlaubt mir noch etwas Aufschub! Ich bin jetzt noch nicht soweit. Erst muß ich noch ein paar Dinge erledigen, ehe ich wirklich anfangen kann zu leben.

Stimmt das wirklich? Dann werden Sie es wohl nie schaffen und nie zu dem kommen, wozu Sie dieses Leben ursprünglich gewählt haben. Im Grab ist es zu spät, sich reumütig zu zeigen. Jetzt ist die Zeit zum Handeln. Verlassen Sie Ihre Phantasiewelt, und wagen Sie den Sprung ins Leben. Jede Minute zählt, und jeder kann heute noch sein Leben ändern. Wer erst morgen damit beginnen will, wartet ewig. Und der Tod ist ewig.

Im Traumzustand sind wir ausdrucksstärker als im Wachzustand

Jede Nacht träumen wir von interessanten Dingen und bringen uns im Traumzustand häufig intensiver als im äußeren Leben zum Ausdruck. Jeder kennt seine innere Hemmschwelle und weiß, von was er träumt und was er zu gern erleben möchte, aber nicht in die Tat umsetzt. Phantasien dieser Art kommen meistens im Traumzustand zum Vorschein, weil er ausdrucksstärker ist und bedeutend weniger von kollektiven Maßstäben eingeschränkt wird. Doch selbst im Traum setzen wir uns der Kritik aus und lassen uns von Reaktionen und Anschauungen einschränken. Die Traumquelle bietet dem Traum-Ich stets spannungsgeladene Sachverhalte und fordert es auf, seine innere Freiheit zu beweisen und sich ungehindert, erfindungsreich und kraftvoll zum Ausdruck zu bringen.

Im Leben genügt es nicht, nur auf äußere Normen zu achten. Wer tiefere Vorstellungen über das Leben hat, kann es sich nicht leisten, ausschließlich im Außen zu leben und nur die bestehenden Verhaltensvorschriften zu befolgen, wie zum Beispiel dafür zu sorgen, daß immer genug Geld auf dem Bankkonto ist. Wir laden Sie ein, auf die andere Seite überzuwechseln, mitzuspielen und sich stets auf neue Abenteuer einzulassen. Das Leben ist viel zu kurz, und niemand kann es sich leisten, seine wertvolle Zeit für die Erfüllung der Erwartungen anderer zu verschwenden. Jeder sollte lernen, seinen eigenen Erfahrungen zu vertrauen, und sich davor hüten, die Vorgänge im Leben anderer zu beurteilen. Selbstverständlich verwalten auch wir unsere Einkünfte mit praktischem Sachverstand, weil man in der modernen Alltagsrealität nicht ohne Geld auskommt, doch wir achten darauf, uns nicht mit Haut und Haaren dem Kampf ums liebe Geld zu verschreiben.

Wir bemühen uns, durch symbolische Handlungen und Rituale besser an unsere tieferen inneren Lebensenergien und Antriebskräfte heranzukommen, die ausgedrückt, verkörpert und integriert werden wollen. Zweifelsohne hat jeder ein Recht darauf, seine starke Empfindungsfähigkeit auszudrücken. Wir streben dabei eine Gefühlstiefe an, die mit der dramatischen Schauspielkunst vergleichbar ist. Tiefe Gefühle zu haben ist jedem in die Wiege gelegt worden. Wer sich übermäßig stark von Konventionen kontrollieren läßt, ist schon zeit seines Lebens tot. Wer will das schon? Wenn unser kostbares Leben gut funktioniert, spielerisch verläuft und daher neuen Sinn und Zweck eröffnet, gleicht es einem funkelnden Edelstein.

Ich hoffe, lieber Leser, daß Sie Ihr Leben mit spielerischer Freude genießen.

Fortgeschrittene Traumarbeit

Wir empfehlen dem normalen Leser und zukünftigen Traumarbeiter oder Leiter von Traumarbeitssitzungen, davon Abstand zu nehmen, sofort einen ähnlichen Prozeß zu leiten, wie er im folgenden Abschnitt beschrieben wird. Anhand dieses Beispiels stelle ich die fortgeschrittene Arbeit vor. Ich möchte damit veranschaulichen, was Traumarbeit in letzter Konsequenz leisten kann. Jede Stufe der Traumarbeit vermag Wandlungsprozesse auszulösen, in einem fortgeschrittenen Stadium geschehen jedoch erstaunliche Dinge. Wer als verantwortlicher Leiter auf diesem Niveau tätig ist, muß sich in hohem Maß seiner persönlichen Entwicklung sowie der Traumarbeit verschrieben haben. Fortgeschrittene Traumarbeitsprozesse sollten Sie frühestens begleiten, wenn Sie in dieser Disziplin eine Lehrzeit von mindestens drei bis fünf Jahren absolviert haben. Es spielt dabei keine Rolle, ob Sie bereits in anderen Fächern eine fundierte Ausbildung als Therapeut oder spiritueller Mentor vorweisen können.

Die Probleme bei unfachmännischer Anleitung der Traumarbeitsprozesse

Einige Leser werden meine Worte nicht beherzigen und die Traumsitzungen anderer leiten wollen, ohne zuvor eine fachgerechte Ausbildung unter kompetenter Aufsicht abgeschlossen zu haben. Ich weiß aus eigener Erfahrung mit Mitarbeitern, die noch nicht ausreichend von mir oder anderen trainiert worden waren, daß immer etwas Unvorhersehbares eintreten kann. Bei ihnen zeigte sich dann ein hohes Maß an *Selbstüberschätzung*. Bei fortgeschrittener Traumarbeit berühren wir mit speziellen Techniken beim anderen tiefe Schichten des Unterbewußtseins. Das bedeutet für den Leiter von Sitzungen dieser Qualität, daß er in eine Rolle schlüpft, in der er sich als Meister des Unbewußten aufspielen und das Gefühl haben könnte, der liebe Gott zu sein.

Die Beispiele, die ich zu diesem Thema anführen könnte, sind zum Teil haarsträubend. Folgende Punkte veranschaulichen, was bei unfachmännischer Leitung von Traumarbeit geschehen kann, ohne näher auf Einzelheiten oder Personen einzugehen:

○ Der Leiter überschätzt seine Rolle. Er glaubt, über besondere Heilkräfte zu verfügen, die ihm von Gott verliehen worden oder die nur ihm allein zugänglich sind.

○ Der Leiter antwortet mit negativen Projektionen und Verleumdungen auf alle Beteiligten, die seine Autorität als Leiter in Frage stellen oder seine Fähigkeiten ernsthaft anzweifeln.

○ Der Leiter identifiziert sich mit den Träumen der Teilnehmer der Traumgruppe und überträgt seine persönlichen Anschauungen auf den Traum eines anderen.

○ Symptome einer geistigen Störung treten auf. Der Leiter benutzt Fetische und Rituale zu seinem Schutz oder legt übertriebene Gefühlszustände an den Tag wie zum Beispiel Wutanfälle.

○ Der Leiter gibt im Rahmen der Traumarbeit seinen egozentrischen Standpunkt nicht auf, was vergleichbar mit dem Verhalten des Traum-Ichs ist, das an seinen Ansichten festhält und der Traumquelle nicht folgen will.

○ Traumarbeitsleiter bauen sich durch allerhand Manipulationen unter den Teilnehmern ein Gefolge auf, verbreiten üble Nachrede gegen Gegner und Kritiker innerhalb und außerhalb der Gruppe und verhalten sich wie eine Glucke beziehungsweise wie ein überaus strenger Vater.

○ Der Leiter verstrickt sich bei der Betreuung der Gruppenteilnehmer, so daß er einzelnen besondere Vorteile verschafft oder von ihnen keine Bezahlung für seine Arbeit verlangt.

○ Überheblichkeit und Dünkel führen zu einem Mangel an gesundem Menschenverstand, der sich unter anderem dadurch zeigt, daß natürliche Vorkommnisse wie das Wetter als Folge der eigenen besonderen magischen Kräfte gedeutet werden.

○ Es kommt zu allerhand Vertraulichkeiten, unter anderem auch sexueller Art. Das hilft weder dem Klienten noch dem Leiter, die aufgetretenen Probleme aufzuarbeiten. Der verantwortliche Leiter muß seine persönlichen Konflikte selbständig bewältigen und die Gruppenteilnehmer über die Techniken, die er anwendet, informieren und sie stets ermutigen, ihre Meinung dazu zu äußern. Wichtig ist, daß er nicht versucht, Vertrauen durch Verhaltensregeln, Gesetze und Vorschriften im Keim zu ersticken. Wer therapeutische Arbeit leistet, kann unmöglich verhindern, daß es zu Nähe und Vertraulichkeit kommt, ungeachtet dessen, was die Hüter des gesellschaftlichen Status quo gerne jedem weismachen wollen. Der Leiter kann allerdings die Gefühle und Vorfälle, die im Raum stehen, durch Traumsitzungen aufarbeiten, damit er und der Klient sich des Erlebten bewußt werden. Die Gefahr der Selbstüberschätzung, die mit der Rolle der Autoritätsperson einhergeht, kann den Gruppenleiter zu der irrigen Ansicht verleiten, daß er es nicht nötig habe, eigene Erfahrungen zu klären. Wer sich in dieser Situation befindet, möge nicht verurteilend, sondern mitfühlend ans Werk gehen, dann nimmt die Sache meistens einen guten Ausgang.

Es hat den Anschein, daß es für starke Persönlichkeiten, die tiefgreifende innere Prozesse begleiten, unmöglich ist, all diesen Fallstricken zu entgehen. Ich für meinen Teil hoffe, daß ich die genannten Gefahren bei mir und bei anderen sehen kann und mich in diesem Punkt von der Mehrzahl derjenigen, die sich mit ihrer Rolle als Leiter identifizieren, unterscheide. Ich finde es unerläßlich, mir selbst auf die Finger zu schauen und mich bei allen Handlungen stets zu hinterfragen, weil es jederzeit möglich ist, daß Überheblichkeit ins Spiel kommt.

Ich habe Sympathie für alle, die sich dazu berufen fühlen, andere bei ihren Wachstumsprozessen zu unterstützen, und fordere sie zugleich heraus. Es ist eine wunderbare Sache, daß wir alle im Einsatz sind, der Welt und den Menschen in ihr zu helfen, sich zu heilen. Ungünstig ist, daß viele der Verantwortlichen sich bislang folgenden Grundsatz noch nicht zu eigen gemacht haben: *Wer die Welt ändern will, muß in erster Linie sich selbst verändern.*

Das Darstellen von Träumen

Eine der wesentlichen Methoden der fortgeschrittenen Traumarbeit ist das Darstellen von Träumen im Rahmen einer unterstützenden Traumarbeitsgruppe oder Ausbildungsgruppe. Als ich in Berkeley, Kalifornien, entsprechende Traumarbeitsgruppen leitete, hatten wir einen nahezu schalldichten Raum mit vielen großen Kissen zur Verfügung, um unsere Träume auszuagieren, so daß wir sie aufs neue gefühlsmäßig nachempfinden konnten und aufgrund der emotionalen Klärungsarbeit tiefgreifende seelische Wandlungsprozesse erfuhren.

Bei dieser Methode verwenden wir nur selten Stühle, weil sie sich bei der Arbeit häufig als hinderlich erweisen und nur dazu anregen, den Intellekt einzuschalten. Ein Stuhl hat eine bestimmte Form, und es ist nicht angebracht, sich starren Formen zu unterwerfen. Wer sich auf einen Stuhl setzt, paßt sich den vorgegebenen festen Begrenzungen des Möbelstücks an, was im allgemeinen ungeeignet für die Traumbearbeitung ist. Hier ist es wichtig, daß wir uns frei bewegen, uns austoben können und Verbindung mit dem Boden aufnehmen, mit der Erde, die uns alle von Anfang an getragen hat. Bei dieser Technik verzichten wir auf Schuhe, um weicher und feinfühliger reagieren zu können.

Schuhe lassen uns verkrampfen und begrenzen uns in der gleichen Weise wie gesellschaftliche Gebote, und wer möchte das schon? In der heutigen zivilisierten Welt trinkt und raucht der Normalverbraucher, um sich von Einschränkungen und Vorstellungen zu befreien. Die Lebenskraft wird allerdings erst durch die Arbeit mit Gefühlen auf entscheidende Weise wieder in Fluß gebracht. Jemand, der gerade dabei ist, das Rauchen aufzugeben, kann beispielsweise eine Reinigungssitzung durchlaufen, wobei er sich geradezu auskotzt. Später werden wir ihm nach und nach schöpferische Aufgaben stellen, die er vor den Augen der Gruppe ausführen soll, damit er seine neugewonnene Energie ausprobieren kann. Wer so vorgeht, wird Erfolg haben.

Das Darstellen des Traums ist eine fortgeschrittene Technik, die Erstaunliches leisten kann. Daher erfordert sie ausgesprochen ernsthaft arbeitende Teilnehmer und einen versierten Leiter. Es ist aber keineswegs notwendig, eine schockierende Vorstellung zu geben oder nackt durch die Straßen zu laufen, wenn wir uns mit unseren Gefühlen nackt zeigen können.

Nicht zu vergessen ist, daß sich alle Bemühungen in einem Punkt treffen werden, und zwar in dem festen Vorsatz, bewußt zu arbeiten. Unser irdisches Dasein ist nicht ausschließlich für Selbstausdruck vorgesehen. Wenn dem so wäre, könnten die inneren und äußeren Kontrollinstanzen uns schnellstens gefangennehmen oder uns schachmatt setzen. Die Maßnahmen gegen das scheinbare Chaos zielen darauf ab, den Selbstausdruck im Zaum zu halten und zu unterdrücken. Wenn wir unsere Hemmungen und Abwehrmechanismen jedoch wieder lösen, sollten wir vorsichtig ans Werk gehen, weil sich starke Energien Bahn brechen können. Sie erfordern neue Ausdrucksweisen und bewußtes Engagement, damit wir sie nicht erneut unterdrücken müssen.

Das Ziel ist nach wie vor die Ganzheit, das heißt die bewußte Integration aller Aspekte, ein Prozeß, der von der Quelle gelenkt wird. Wir sind also darauf angewiesen, uns auszudrücken, um mit unseren Antriebskräften in Berührung zu kommen und sie zu Funktionen umzugestalten, die uns im Rahmen der Persönlichkeit nach freier Wahl zur Verfügung stehen.

Beispiel für das Darstellen eines Traums

Traum über männliche Sexualenergie

Im Traum tanzt das Traum-Ich eines Mannes einen sinnlichen Samba. Eine schöne Frau kommt auf ihn zu, geht vor ihm auf die Knie und beginnt, an seinem Glied durch die Hose hindurch zu saugen. Er tanzt weiter, während seine sexuelle Erregung immer mehr zunimmt, doch ehe es zur körperlichen Entladung kommt, entfernt er sich. Der Träumende erwacht und erkennt, daß es ihm nicht möglich war, zusammen mit einer Frau einen geschlechtlichen Akt zu Ende zu bringen, daß ihm ein totaler Orgasmus versagt blieb.

Anmerkung

Der Träumende zog kurz vor dem sexuellen Höhepunkt seine Energie zurück. Richtig wäre es gewesen, wenn er sich deutlicher an ihren Mund gedrängt, sich ihr uneingeschränkt geöffnet, sich mit einem vollständigen Orgasmus in ihr entladen und sein Sperma in die Tiefe ihres Wesens abgegeben hätte. Dazu konnte es auch nicht kommen, weil er im Traum mit einer Hose bekleidet war.

Er machte seine Sache recht gut, als er diesen Traum vor der Gruppe mitteilte, denn damit betonte er seine Geschlechtlichkeit und bekannte im gleichen Zug seinen wunden Punkt in bezug auf seine Sexualität. Er gab zu, daß er Angst hatte, sich an die Frau zu verlieren, wenn er sich ganz auf sie einließe.

Darstellung des Traums

Mit Hüftschwüngen brachte er die tänzerischen Bewegungen des Sambas vor der Gruppe zum Ausdruck, der Männer wie Frauen angehörten. Wenn im Rahmen einer Gruppe natürliche geschlechtliche Regungen gezeigt werden und das Thema Sexualität zur Sprache kommt, geht es zunächst einmal um die Akzeptanz dieser menschlichen Funktion. Die Gruppe kommt sich dabei jedoch auch näher. Nicht erst bei sexuellen Berührungen liegt der Gedanke an den konkreten Geschlechtsakt nahe. Die ganze Atmosphäre wirkt stimulierend, was bis zum physischen Orgasmus führen kann. Im vorliegenden Beispiel lag das innere Spannungsmoment hingegen in dem Vermögen des Betreffenden, sich ganz hinzugeben und seine männliche Lebenskraft ohne Scham zu zeigen, was von manchen Teilen der Gesellschaft nicht erlaubt wird. Vollständig ausgelebte Sexualität ufert nicht aus, unterdrückte Sexualität hingegen gerät außer Kontrolle. Sie bringt entweder perverse Sexpraktiken oder Krankheiten hervor, sie führt zu zwanghaftem Verhalten, zu Drogenmißbrauch, Nikotinsucht, Angstzuständen, Schlaflosigkeit und Unfällen. Eine erfahrene Traumarbeitsgruppe läßt sich an der Fähigkeit, sich einzubringen, und dem Einfühlungsvermögen erkennen, das den Mitgliedern erlaubt, sexuelle und gewalttätige Trauminhalte offen mitzuteilen und zu bearbeiten. Wer sich einer Traumarbeitsgruppe anschließt, geht schließlich nicht zu einem Kaffeekränzchen, sondern ist willens, das Leben von seiner echten, auch teilweise schmerzhaften Seite anzugehen.

Prozeßarbeit mit Träumen

Prozeßarbeit innerhalb der Gruppe hat sich als eine unserer hauptsächlichen Verfahrensweisen erwiesen. Im Rahmen einer Gruppe, die sich an regelmäßigen Abenden trifft, kann das ganze Spektrum der verschiedenen Traumarbeitstechniken angewandt werden, mit deren Hilfe der Teilnehmer, der seinen Traum erzählt, mit dem emotionalen Hintergrund seines Traums in Berührung kommt. Wie bereits erwähnt, kommen normalerweise nur fortgeschrittene Schüler der Traumarbeit als Kandidaten für Prozeßarbeit in Frage. Aber auch bei dem folgenden Beispiel gilt wie überall: Regeln sind da, um gebrochen zu werden!

Beispiel
Eine Anfängerin, die bislang noch wenig Erfahrungen im Umgang mit einer Traumarbeitsgruppe hatte, nahm an einem Grup-

penabend teil, an dem ein Verarbeitungsprozeß stattfand, der noch tiefer ging als die üblichen Sitzungen bei den Treffen. Sie war sich nicht bewußt über die Tragweite der Arbeit und teilte der Gruppe einen ihrer Ansicht nach harmlosen Traum mit. Sie fühlte sich zu einem Politiker hingezogen, den sie auf dem Fernsehschirm gesehen hatte. Im Traum war sie Gast in einem Speiselokal, in das auch der besagte Politiker hereinkam. Sie hatte ihre Lippen rot geschminkt und versuchte, diese Tatsache vor ihm zu verbergen, obwohl sie dem Mann begegnen wollte.

Anmerkung

Als sie gebeten wurde, über ihr Geschlechtsleben zu sprechen, lehnte sie es freundlich, aber bestimmt ab, weil dieses heikle Thema ihre Privatangelegenheit sei. Daraufhin begannen andere Teilnehmer eine heftige Diskussion in der Gruppe. Das veranlaßte einen jungen Mann, die Frau mit dem Satz anzugreifen: »Gib doch zu, daß du ficken willst!« Sie fühlte sich durch diese Bemerkung verletzt, doch sie verhielt sich still, bis ich in meiner damaligen Rolle als Gruppenleiter sie bat, ihre Gefühle auszudrücken. Sie sagte, daß sie sich getroffen fühle, denn ihre persönliche Würde sei mißachtet und ihr Sexualleben nicht respektiert worden. Sie erinnerte sich daran, daß eine andere Frau zuvor berichtet hatte, daß ihre erste sexuelle Erfahrung eine Vergewaltigung gewesen sei. Die neue Gruppenteilnehmerin war auch verblüfft, daß ich zu bedenken gab, daß jede Frau das Recht habe, aus der ersten sexuellen Begegnung eine schöne Erfahrung zu machen. Wenn ihr allerdings ein solches Erlebnis versagt bleibe, sei als natürliche Folge Wut im Spiel. Nun fühlte sich der junge Mann angegriffen. Es ging ihm nicht gut dabei, und er bezog Stellung zu seinen Gefühlen. Er meinte, seine Worte täten ihm nun leid. Außerdem habe er mit sich gerungen, ob er eine derartig freche Anspielung machen solle oder nicht. Eine der Frauen der Gruppe brachte ihn mit Einfühlungsvermögen dazu, sich aus freien Stücken vor den anderen zu bekennen. Schließlich war auch die Träumende bereit, mehr über sich mitzuteilen, und ließ die Gruppe wissen, was es mit ihrem Liebesleben auf sich hätte, daß es nämlich derzeit gar keines gäbe. Sie nahm in der Folge noch eine längere Zeit an der Traumarbeitsgruppe teil.

Traumarbeitsprozesse dienen also dem Zweck, mit den eigenen Gefühlen in Berührung zu kommen. Jeder Teilnehmer ist aufgefordert, die Handlungselemente seines Traums anschaulich und bilderreich zu erzählen. Die betreffende Frau fühlte sich im Traumzustand von einem starken Mann angezogen. In der nachfolgenden Traumbearbeitung sollte sie mit dem emotionalen Spannungsverhältnis ihrer äußeren Lebensumstände in Berührung kommen, das in ihren Träumen zum Vorschein kam. Unsere Arbeit verfolgt das Ziel, die Menschen wieder mit ihren Gefühlen und Gemütsbewegungen in Kontakt zu bringen. Wer sich in das Fernsehbild eines Politikers verliebt, will hingegen auf Distanz bleiben. Im Traum kam der Politiker in das Restaurant, als ob die Traumgestalt der Träumenden auf diese Art vermitteln wollte, sie möge ihren Traum und dessen Möglichkeiten, ihr Gefühlsleben zu erwecken, unmittelbar umsetzen.

Beispiel
Am selben Abend erzählte noch eine andere Frau ihren Traum. Sie schickte voraus, daß sie mit einem schlimmen Hautjucken am ganzen Körper erwacht war. Die Ärzte vermochten nicht zu diagnostizieren, was ihr fehlte. Sie bat nun um eine Gruppenheilsitzung. Sie legte sich auf den Boden und begann zu sprechen, während die Gruppenmitglieder sich ganz nah um sie versammelten. Ihr Traum handelte davon, daß sie ihre Arbeit als Lehrerin nur mangelhaft erfüllt. Sie wird deshalb vom Direktor der Schule zur Rede gestellt. Sie macht sich Vorwürfe.

Anmerkung
Als sie den Traum erzählte, fing ich als Traumarbeitsleiter an, sie langsam an ihren Haaren zu ziehen, bis die Schmerzgrenze erreicht war. Schließlich begann sie zu zittern und loszulassen. Plötzlich sagte sie, daß es ihr weh tue, an den Haaren gezogen zu werden. Ich forderte sie auf, sich auf den Schmerz einzulassen und seine Energie im ganzen Körper zu spüren. Wieder begann sie, zu zittern und sich zu schütteln. Dabei waren ihre Arme und

Beine eiskalt. Schließlich gelang es ihr unter Anleitung, eine »warme« Stelle im Körper zu orten und diese in sich wachsen zu lassen. Diese heiße Energie war zuerst im Becken spürbar und stieg dann entlang der Wirbelsäule hoch. Später teilte sie mit, daß sie das Gefühl hatte, für ihre mangelhaft ausgeführte Lehrtätigkeit bestraft worden zu sein und daß sie es wohl verdient haben müsse. Sie bedankte sich auch bei mir, weil es ihr bislang – außer beim Liebesspiel – noch nie gelungen sei, aufgestaute Spannungen zu entladen.

Im Endeffekt fühlte sie sich weit besser und war zufrieden mit dem Verlauf der Traumarbeitssitzung. Im Gegensatz zu ihrem im Traum geschilderten fehlenden Selbstvertrauen und der geringen beruflichen Anerkennung führte sie der Heilvorgang zu sich selbst und in ihre Gefühlswelt zurück. Sie berichtete auch, daß ihr Vater ihr, als sie noch ein Kind war, regelmäßig kräftige Kopfmassagen gegeben hatte. Er strich ihr dabei mit seinen Fingern durch das Haar, was ihr damals gut gefallen hatte. Ich wußte nichts von dieser Vorgeschichte, doch meine Intuition ließ mich auf eine wesentliche Kindheitserfahrung der Träumenden stoßen. »Zufälle« dieser Art verstärkten ihr Vertrauen in unsere Traumarbeit. Aufgrund meiner Erfahrungen hatte ich mich als ihr Traumarbeitsleiter ebenso vertrauensvoll dem Prozeß überlassen. Das Hautjucken der Träumenden verschwand. Es bestand ja auch kein Grund mehr dafür, weil inzwischen eine emotionale Befreiung stattgefunden hatte.

Im Verarbeitungsprozeß des Traums setzen wir die wichtigen Spannungsfelder und Verhaltensmuster, die im Traum in uns aufgetreten sind, unmittelbar um. Zuerst bringt die Psyche das Verhaltensmuster zum Vorschein. Anschließend studieren wir so bewußt wie möglich die einzelnen Verhaltensschritte und spielen sie mittels intuitiver Eingebungen in eindrucksvoller, transformativer Weise durch. Der Prozeß verlangt, daß wir uns dem Energiestrom anschließen. Wie wissen wir überhaupt, wo die Energie fließt? Wir horchen auf die inneren Stimmen und arbeiten mit den äußeren energiegeladenen Verhaltensmustern. Träume verleihen uns Menschen Bodenhaftung. Ein Teil von uns hat einen viel größeren Überblick und weiß viel mehr als unser

Tagesbewußtsein. Diesem inneren Aspekt in uns übertragen wir die Leitung des Prozesses.

Beispiel
Eine Woche zuvor hatte ein Mann der Gruppe seinen Traum geschildert, in dem er und ein Junge in enger Umarmung zusammen im Bett liegen. Ein anderer Mann tritt hinzu und befiehlt dem Traum-Ich, das Bett zu verlassen, weil er den Jungen für sich allein haben will. In dem Träumenden wurden dadurch Kindheitserinnerungen an die massiven Wutanfälle seines Vaters wachgerufen, die ihm früher große Angst eingejagt hatten.

Anmerkung
An diesem Abend entstand daraus, daß drei Männer der Gruppe vermittelten, auf welche Weise sie von ihren Väter terrorisiert worden waren. Sie entschieden sich, es in Form eines Ringkampfs darzustellen, worauf ich zustimmte, das Geschehen zu leiten und zu überwachen. Keiner hatte die Absicht, zu siegen oder die Szene zu beherrschen. Die Übung sollte vielmehr in jedem einzelnen einen Energieausgleich herbeiführen. Auf diese Weise würde auch der Unterschied der physischen Kräfte in dem Team ausgeglichen. Ich bat nun die drei Männer, ihren Aggressionen durch bestimmte Körperhaltungen Ausdruck zu verleihen. Daraus entwickelte sich ein erstaunliches Geschehen: Die Männer drückten nämlich Stirn an Stirn ihre Köpfe wie kämpfende Widder gegeneinander und beschimpften sich. Anhand dieses Spektakels konnten sie ihre wahre Männlichkeit auf eine ursprüngliche Art unter Beweis stellen. Die Heilung vollzieht sich, wenn wir den Menschen helfen, ihre grundlegenden Emotionen und Gefühle in sinnvoller Weise wiederzuerleben.

Ich achtete sorgfältig darauf, daß die sich entladende Energie nicht außer Kontrolle geriet. Als Leiter des Geschehens muß man wissen, welchen Gesetzmäßigkeiten archetypische Spannungsfelder gehorchen, um in der Lage zu sein, den Energien freien Lauf zu lassen, sie allerdings auch sinnvoll zu strukturieren, damit die Beteiligten nicht zum Schluß überwältigt oder desorientiert zurückbleiben.

Um auf diesem Niveau als erfolgreicher Gruppenleiter arbeiten zu können, muß man bereits eigene emotionale Klärungsprozesse durchlaufen haben. Jeder, der für eine Gruppe verantwortlich ist, sollte in seiner Arbeit nicht weiter gehen als bis zu der Ebene, die er halten kann. Das Prinzip lautet: *Löse stets nur Prozesse aus, die auch verarbeitet werden können.* Was innerhalb der Gruppenarbeit erreicht wird, hängt also entscheidend von dem persönlichen Entwicklungsstand und der Bewußtseinsebene des Gruppenleiters ab. Bei der Darstellung des Traumgeschehens in einer Art von Psychodrama werden die Qualitäten des Gruppenleiters einer anspruchsvollen Prüfung unterzogen.

Der Umgang mit Wutausbrüchen in Traumarbeitsgruppen

Wut ist eines der Hauptthemen, die in Träumen immer wieder bearbeitet werden. Ein Sportler träumte, daß ihn ein älterer Mann persönlich angreift und einen Streit vom Zaun bricht. Der Träumende ist drauf und dran, den Angreifer zu töten, doch er fühlt sich dem Alten unterlegen, weil dieser so stark ist. Im Alltagsleben war der junge Sportler und ehemalige Footballspieler ein unglaublich kräftiger Mann von dreiundzwanzig Jahren. Im Vergleich zu durchschnittlichen Männern hatte er doppelt so große Muskelpakete, und sein Rücken war mindestens um ein Drittel breiter.

Nachdem er schon drei Monate Traumarbeit geleistet hatte, war er endlich bereit, sein Problem anzugehen. Bis zu diesem Zeitpunkt hatte er zwar einige Traumarbeitssitzungen durchgeführt, war jedoch vor einem wesentlichen Problem immer ausgewichen, weil er angeblich zuviel Angst davor hatte. Am besagten Abend wollte er sich den inneren Vorgängen stellen. Er war nun bereit, seinen Ärger ungehemmt auszudrücken, was ihm zuvor nie gelungen war.

Bei solch einer Ausgangssituation steht der Leiter einer Traumarbeitsgruppe vor einem ernsten Problem. Er muß abschätzen können, ob der junge Mann wie ein Berserker wüten wird oder nicht. Wie kann man das im voraus überhaupt wissen? Verwehrt er dem jungen Mann, seine Wut in einem Prozeß auszuagieren, verhindert er vielleicht dessen Selbstheilung. Wenn er ihm ermöglicht, seiner Wut Ausdruck zu verleihen, ohne sie unterdrücken oder dem Bedürfnis nach Zerstörung nachgeben zu müssen, kann er ihm helfen, sich vom Trauma schrecklicher Kindheitserfahrungen zu befreien.

Als verantwortlicher Gruppenleiter entschied ich, ihn gewähren zu lassen. Mittlerweile kannte ich den jungen Mann schon ziemlich gut und wußte auch, daß er mir vertraute. Ich hätte ihn körperlich nicht in die Schranken zu weisen vermocht, doch ich wußte, daß ich meine Stimme effektiv einsetzen konnte. Seine Heilung war das Wagnis wert. Außerdem war er stark motiviert.

Mit gesenktem Kopf und geballten Fäusten erzählte er folgende Geschichte: Die Freunde seines älteren Bruders hatten ihn sexuell mißbraucht, und sein Bruder war dafür verantwortlich gewesen. Er fühlte sich maßlos gedemütigt und ohnmächtig vor Wut. In einer Traumarbeitssitzung sollte das angesprochene Schockerlebnis nun aufgebrochen, nochmals erlebt, verarbeitet und losgelassen werden. Zusammen mit einem der anderen männlichen Teilnehmer stand ich ihm zur Seite. Wir halfen ihm auch, seinem Ärger freien Lauf zu lassen. Wenn man einen derart kräftigen Menschen vor sich hat, muß man alle notwendigen Vorkehrungen treffen, damit es sicher für ihn ist, seinen Ärger auszudrücken. Wir ermutigten ihn, laut zu schreien, Beschimpfungen herauszubrüllen, seine Wut über die Demütigungen herauszulassen, sich innerlich bildhaft vorzustellen, wie er in der Szene zum Angriff übergeht, sich mit allen Bildern und Gefühlen, die hochkommen, auseinanderzusetzen und mit aller Wucht auf den Fußboden einzuschlagen. Auf Kissen zu trommeln, erwies sich in seinem Fall als wirkungslos, und er ließ davon ab. Mit lauter Stimme schrie er nun, daß er sich so allein gelassen gefühlt hatte. Beim Football brachte man ihm bei, wie man anderen weh tut, und auf diese Sportart hatte er sich gestürzt, weil es seine einzige Möglichkeit war, es den anderen heimzuzahlen. Nun kam es darauf an, daß er seine Wut ausdrückte, ohne andere dabei zu verletzen und doch das Erlebnis einer vollständigen Genugtuung zu haben.

Schließlich ging er dazu über, pumpende Bewegungen mit seinem Körper zu machen. Wir feuerten ihn dabei an, denn es stellte eine Möglichkeit dar, die angestauten Kräfte zu befreien und den Energiefluß in seinem Körper wieder einigermaßen in Gang zu bringen. Er äußerte den Wunsch, sich auszuziehen, und bat darum, alle Lichtquellen zu löschen. Nun schlug er sanftere Gefühlstöne an und ging zu weicheren Körperbewegungen über. Er drückte aus, daß er seinen Körper jetzt zum erstenmal spürte und annehmen konnte. Er fühlte das Wunder seines Körpers, der nackt und warm auf dem Fußboden lag. Die Teilnehmer der Traumarbeitsgruppe streichelten ihn sanft. Später wurde er aufgefordert, wieder in den Normalzustand zu kommen und sich anzuziehen. Mit unseren Kleidern schlüpfen wir in unsere Persona oder unser Image, um uns sicher und auf dem Boden der Tatsachen zu fühlen. Er teilte der Gruppe mit, wie wichtig das Erlebnis für ihn gewesen sei und welche Gefahrenmomente er zwischendurch empfunden hätte. Als ich zu einem bestimmten Zeitpunkt befohlen hatte, die Tür abzuschließen, bekam er Angst, daß man ihn im Raum einsperren würde. Mit dieser Maßnahme wollte ich aber nur sicherstellen, daß die Nachbarn nicht hereinplatzten und daß der Prozeß ungestört verlaufen konnte. Der junge Mann gab später zu, daß er zum damaligen Zeitpunkt ohne weiteres jeden beliebigen Fremden hätte angreifen können. Wir konnten zum Schluß alle miterleben, wie in ihm ein neues, harmonisches Gefühl wach wurde und anfing, ihn zu erfüllen.

Nach dieser Aussprache gestand eine junge Frau im Alter von dreißig Jahren, daß sie den Wunsch habe, zu töten, zornig zu sein und jemandem weh zu tun. Es war ihr nur einmal im Rahmen der Traumarbeitsgruppe möglich gewesen, sich in ein tiefes Gefühlserlebnis einzulassen. Deshalb forderten wir sie auf, einige der Männer anzugreifen und gegen sie zu kämpfen. Die Kandidaten wurden zuvor angewiesen, ihre Attacken nur aufzufangen und abzuwehren, sie aber nicht zu besiegen. Eine Weile lang genügte ihr dieses Vorgehen, doch schließlich wollte sie die echte Konfrontation. Daraufhin forderte ich sie auf, mir so fest wie möglich ins Gesicht zu schlagen. Natürlich fiel es ihr schwer, und sie brach fast zusammen, als sie es versuchte. Dann begann sie plötzlich, mir etwas vorzujammern, und verfiel bald darauf in einen zornigen Weinkrampf. Wie wir vorausgesehen hatten, war in diesem Moment ihre innere Einstellung zusammengebrochen, die sonst ihre Wutanfälle auslöste und den Drang verursachte, andere verletzen zu wollen. Ich war gut gerüstet gewesen, der Schockwelle ihres Schlags standzuhalten, weil ich in einer Kampfkunst ausgebildet war und wußte, wie man Energie unmittelbar durch sich hindurch fließen lassen kann. Ich fühlte mich danach leichter und balancierter. Selbstverständlich erfordert es große Klarheit und Wachsamkeit, Energieströme auf einer tiefen Gefühlsebene entgegenzunehmen. Ich verwende diese Technik aber nur selten. Sie zielt darauf ab, den Träumenden anzuhalten, bewußt und beherzt seinen ureigensten Ausdrucksimpulsen rückhaltlos freien Lauf zu lassen, ohne dabei zu zögern oder sich um andere zu kümmern. Häufig steht ihm nämlich die Einstellung im Weg, daß er auf andere Rücksicht zu nehmen habe und er gezwungen sei, seinen Selbstausdruck abzuwürgen. Genau diese Vorstellung stellt das große Hindernis dar, das seine Lebensäußerungen einschränkt und ihm Erfüllung versagt. Wenn es überhaupt möglich ist, daß ich mich selbst als Mittelsmann für Durchbrüche zur Verfügung stellen kann, bin ich bereit dazu.

Am selben Abend mußte ein homosexueller Mann seinem Ärger Luft machen, um etwas aus seiner Opferhaltung herauszukommen, in die er durch seine derzeitige Beziehung geraten war. Er hatte von einer Frau geträumt, die einen Lastwagen anläßt und dabei einen angreifenden Hund so lange um ein Rad des Fahrzeugs wickelt, bis er völlig zerfleischt ist. Er fühlte sich genauso wie der Hund. In seiner Partnerbeziehung war er schon zwei Jahre lang herumgeschubst worden. Jetzt versuchte er sich von seinem Partner zu trennen, obwohl er ihn noch liebte. Er war ganz in der Partnerschaft aufgegangen, obwohl sein Freund ihn und die Beziehung hinterging, da er nämlich im Zeitalter von Aids gleichzeitig mit anderen Partnern geschlechtlich verkehrte. Er brauchte jetzt seinen gerechten Zorn, um sich Raum und Genugtuung zu verschaffen. Ihm war klar, daß er sich lossagen mußte, aber er fühlte sich zu schwach und verletzlich. Im Rahmen eines Psychodramas spielte er unter Mitwirkung eines anderen Mannes nahezu perfekt ein Streitgespräch mit seinem Liebespartner durch. Er verzichtete auf seine wohltönende, gleichmäßige Stimmlage und reagierte mit einem erschütternden Wutanfall, in dem er seiner Würde und seinen Persönlichkeitsrechten Ausdruck verlieh. Anhand des Rollenspiels hatte er noch eine weitere Möglichkeit von Verständigung in Beziehungen erfahren, und womöglich war er jetzt erst in die Lage versetzt worden, seine Partnerschaftsprobleme zu lösen.

All das spielte sich innerhalb eines einzigen Gruppentreffens ab. Sobald die Seelenkräfte einmal aktiviert sind, können wir nicht umhin, verantwortlich mit ihnen umzugehen und für Heilung und Bewußtwerdung zu sorgen.

Vorschläge für Aufgaben der Traumdarstellung anhand des ursprünglichen Traums

Oft kommt es vor, daß im Traum irgendeine Handlung vorkommt, die dargestellt werden kann, um dem Träumenden eine direkte Erfahrung des Konflikts und des Verhaltensmusters zu vermitteln. Diese Technik bezeichnet man als *Traumdarstellung*.

Beispiel
Eine Frau träumte, daß sie ihr Baby im Kinderwagen auf dem Kamm eines Berges spazierenfährt. Der Kinderwagen kommt plötzlich ins Rutschen und rollt den Berg hinunter. Sie bekommt das Kind gerade noch an den Füßen zu fassen und bringt den Wagen zum Stillstand. Der Schrecken sitzt ihr jedoch tief in den Knochen.

Anmerkung
Die Träumende hatte bereits an ihrem Kontrollverhalten gearbeitet. Sie litt an zwanghaften Angstzuständen, und allzuoft war sie von dem Gedanken besessen, ihren erwachsenen Kindern könnte etwas zustoßen.

Traumdarstellung

Wir hätten die Traumthemen zunächst einmal objektivieren können, doch diese waren bereits hinlänglich bekannt und lagen auf der Hand. Im nächsten Schritt wollten wir sehen, ob sie wohl bereit war, die Erfahrung des Loslassens direkt zu gestalten. Den Schlüssel dazu lieferte uns der Traum. Wie im Traum, so auch im Leben. Wir schlugen ihr also folgende Maßnahme vor, zu der sie auch ihre Einwilligung gab: Jemand sollte sie an ihren Beinen packen und sie im Zimmer herumschleifen. Eine weitere auf dem Boden liegende Person sollte als Hindernis dienen, über das sie ebenfalls geschleift werden sollte. Anfangs war sie ziemlich steif, doch allmählich überließ sie sich dem Geschehen. Sie wurde nur langsam gezogen, und schließlich gelang es ihr, nicht mehr zu kontrollieren, was mit ihrem Kopf geschah. Sie war erst der Meinung, daß die anderen auf ihn achtgeben und ihn schützen müßten, weil er nach hinten kippen würde, sobald sie über das menschliche Hindernis geschleift wurde. Sie berichtete, daß sie im Verlauf dieser Erfahrung einerseits Angst gehabt, andererseits zugleich auch angenehme Gefühle verspürt habe. Wir fragten sie, ob sie sich nun zutraue, sich in einem Ring von Menschen fallen zu lassen, der sie im Kreis bewegen würde. Ihre Aufgabe war es, ihren Körper wenigstens so steif zu halten, daß er aufrecht blieb, sie sollte sich aber ansonsten der Schwerkraft überlassen und den Dingen ihren freien Lauf gewähren. Sie wurde nun im Kreis vorwärts und rückwärts bewegt. Schließlich konnten zwei Gruppenmitglieder ihrer Schwungkraft nicht mehr standhalten, weshalb alle drei sanft zu Boden glitten. Die Freude, die in ihrem Gesicht stand, und die Gefühle, die sie ausdrückte, machten alle Anstrengungen wett.

Anmerkung

Die Träumende erinnerte sich im Anschluß an die Traumdarstellung, daß sie als Baby den Erzählungen ihrer Tante zufolge zwischen ihrem betrunkenen Vater und anderen Familienmitgliedern herumgeschubst worden sei. Aus diesem Grund war es ohne weiteres möglich, daß diese Gruppenübung sie in die gleichen Todesängste zurückversetzen konnte, die sie als Baby erlebt hatte, als sie gegen ihren Willen herumgestoßen worden war. Aus dieser Kindheitserfahrung rührten also ihre panischen Reaktionen und ihr ausgeprägtes Kontrollbedürfnis. Doch im Gegensatz zu damals empfand sie die Sitzung, in der sie von Mitgliedern der Traumarbeitsgruppe im Kreis geschaukelt wurde, als neues, heilsames Erlebnis. Der wesentliche Grundsatz lautet hier nämlich: *Wenn die gleiche Energie innerlich aufs neue wahrgenommen wird, lösen sich Projektionen auf.*

Die Träumende übertrug ihre eigenen Ängste und das übertriebene Bedürfnis nach Kontrolle auf ihre eigenen Kinder. Als sie sich bereit erklärte, ihre panische Angst erneut zu erleben und dem Wunsch, sich fallenzulassen, nachgab, war sie im Endeffekt besser in der Lage, andere weniger zwanghaft zu beherrschen, um Schlimmes von ihnen fernzuhalten. Das klingt doch relativ einfach, oder nicht? Einfach wird die Sache erst dann, wenn man ihr bis auf den Grund nachgegangen ist. Wer das erreichen will, kommt meist nicht umhin, aufmerksam mühsame Kleinarbeit zu leisten.

Professionelle Traumarbeit

Wer die angeführten Beispiele aus meiner Sammlung fortgeschrittener Traumarbeitsübungen liest, mag die Lektüre spannend oder angsterregend finden. Wer diese Art von Traumarbeit betreiben will, muß sich im klaren sein, daß sie nicht mit den üblichen Therapieformen vergleichbar ist. Das ist einer der Gründe, weshalb wir uns nicht Therapeuten, sondern Traumarbeiter nennen. Als Leiter der Traumarbeit müssen wir bereit sein, uns persönlich als ausschlaggebendes Element in die Sitzung einzubringen.

Es gibt selbstverständlich viele andere Therapeuten, die eine jahrelange Ausbildung absolviert und zugleich anspruchsvolle, heilsame Klärungsarbeit an sich selbst durchgeführt haben. Solche Zeitgenossen sind auch weiterhin bereit, an sich selbst zu arbeiten. Sie verfügen über genügend Realitätssinn, weil sie, wie auch ich, selbst im Verlauf eines langwierigen und anstrengenden persönlichen Umwandlungsprozesses Anleitung erfahren haben. Diese Menschen leisten wertvolle Arbeit, leider gibt es nie genug von ihnen.

Vor kurzem habe ich mit einer jungen Frau gearbeitet, die unter schweren Angstzuständen litt. Als sie heftige Schmerzen bekam und befürchtete, ihr Herz würde versagen, spendete ich ihr Trost und veranlaßte, daß sie sofort ins Krankenhaus gebracht wurde. Der diensthabende Arzt, der sie mehrfach untersuchte, blieb gelassen, weil er nichts Bedenkliches feststellen konnte. Der negative Befund von ärztlicher Seite brachte sie jedoch dazu, sich noch mehr auf ihre Angstzustände, die rein psychisch bedingt waren, zu konzentrieren. Sie verhielt sich mitunter ziemlich sprunghaft und kam innerlich keinen Schritt weiter. Schließlich hatte sie Träume, in denen sie im Reich der Toten lebte, und nur bei diesen Schemengestalten fühlte sie sich sicher. Mit Unterstützung einer Gruppe leitete ich eine Traumarbeitssitzung mit ihr. Ich bat die Anwesenden, die junge Frau in einer Weise zu halten, als ob sie sich im Mutterleib befände, während ich sie durch die Sitzung führte, die auf ihre Angstsymptome einging, nämlich auf die Angst vor dem Tod, die Angst, verlassen zu werden, und die Angst, in einem feindlichen Universum so gut wie nichts ausrichten zu können. Im Lauf des Prozesses fing sie an zu zittern und zu weinen; sie ließ die Spannung durch Nase, Lunge und Kehle los. Die Sitzung dauerte eine Stunde und half ihr, sich mit ihren wohl schlimmsten Ängsten auseinanderzusetzen. Es gelang ihr, die Kontrolle nicht um jeden Preis behalten zu wollen, und sie hatte keine Angst mehr, sofort sterben zu müssen, sobald sie losließ.

Ich leistete ihr während ihrer Krise Beistand, doch sie erledigte die Arbeit. Der Leidende ist der einzige Mensch, der sich selbst über das Schlimmste hinweghelfen kann. Therapeuten und Mitmenschen können unterstützend mitwirken, sind jedoch nicht für die Heilung zuständig. Sie fordern den Klienten vielmehr dazu auf, sich zu entscheiden und den Prozeß unter allen Umständen bewußt zu durchleben und die inneren Heilkräfte ihre Arbeit tun zu lassen. Nach der Sitzung ging es ihr prachtvoll, und sie fühlte sich stark genug, dem nächsten Angstanfall gelassen zu begegnen. Mittlerweile hat sie sich weiterentwickelt und ist von dem allgemeinen, diffusen Verängstigtsein zu einem Erleben von Furcht, das sich auf einen Gegenstand richtet, übergegangen. Durch ihre Träume erfuhr sie, wovor sie Angst hatte. Sie hatte Angst, sie müsse sterben, wenn sie einmal nicht mehr alles unter Kontrolle hätte. Sie glaubte allen Ernstes, die feindlichen Kräfte ihres Lebens würden sie umbringen, wenn sie nicht ununterbrochen weiterkämpfte.

Ich hoffe, daß an diesem Beispiel deutlich wird, daß ich verantwortungsbewußt gehandelt habe. Ich habe nicht versucht, sie zu heilen oder sie zu zwingen, sich zu verändern. Ich stellte mich auf die Traumquelle ein, die in einer Serie von Träumen ankündigte, womit sich die Träumende auseinandersetzen mußte. Die Aufgabe des Leiters von Traumsitzungen besteht darin, den Klienten dabei zu unterstützen, auf seine Träume einzugehen und sie mit Hilfe von Verarbeitungsprozessen aufzuklären, die ihm zu Durchbrüchen verhelfen. Als ich darauf bestand, daß sie ins Krankenhaus gebracht wurde, als sie angeblich Herzschmerzen hatte, übernahm ich Verantwortung. Gesunder Menschenverstand richtet allemal mehr aus als unangebrachter Heldenmut. Ich betrachte es keineswegs als meine Pflicht, einem anderen Menschen sein ihm gebührendes Leiden zu ersparen. Wer allerdings den echten Wunsch hat, sich zu wandeln, möge auf die Hinweise seiner Traumquelle achten und qualifizierte Hilfe aufsuchen, die ihn bei seiner Klärungsarbeit unterstützt.

Übersicht zur Traumdarstellung

Die meisten Traumdarstellungen sollten, sofern es sich nicht um eindeutige Verarbeitungsprozesse handelt, weniger als eine halbe Stunde in Anspruch nehmen. Planen Sie anschließend noch einige Minuten für das Mitteilen der Erfahrungen und Ergebnisse aus der Übung ein, und stellen Sie Traumaufgaben, damit das Gelernte im realen Leben greifbar wird. Bei der Darstellung des Traums ist darauf zu achten, nur einen ordentlichen Schluck, doch nicht den ganzen Inhalt der Flasche zu verabreichen. Träume sind mit starken energetischen Ladungen versehen. Energiearbeit dient dem Zweck, die archetypischen Spannungsfelder in Erscheinung treten zu lassen, doch der Träumende soll keineswegs den Siedepunkt erreichen. Gruppenleiter und Gruppenmitglieder mögen sich einschärfen, ihre Neigung zu Machtspielen stets wachsam zu beobachten. Wer wirkungsvolle Techniken handhabt, unterliegt leicht der Versuchung, sich übermächtig zu fühlen. Bei dieser Methode geht besonders der verantwortliche Leiter ein Wagnis ein, deshalb empfiehlt es sich, die Dosierung gering zu halten, damit alle Anwesenden, der Gruppenleiter eingeschlossen, die Möglichkeit haben, mit der sich entwickelnden Situation gut zurechtzukommen.

○ Nachdem der Traum mitgeteilt wurde, wählt man als erstes eine Schlüsselhandlung oder eine zentrale Problemstellung des Traums aus. Der Leiter bittet die Träumende, sich eine Traumszene auszusuchen, mit der sie gern arbeiten möchte, und zugleich die Beweggründe für ihre Entscheidung zu erklären. Damit wird das Arbeitsfeld abgesteckt. In den meisten Fällen will der Kandidat ein wesentliches Verhaltensmuster oder passives Untätigsein des Traum-Ichs in einer bestimmten Situation behandeln.
○ Nachdem alle über den Inhalt der Szene in Kenntnis gesetzt sind, legt der Leiter ein einfaches, zielgerichtetes Verfahren fest, wie die betreffende Situation dargestellt werden soll. Es ist nicht notwendig, und unter Umständen zu sehr verstandesorientiert, den ursprünglichen Traum detailgenau nachzuspielen. Die betroffene Frau träumte, daß ihre Mutter sie in ein Textilgeschäft mitnimmt, um ihr ein Kleid zu kaufen. Als sie ein Kleid findet, das ihr gefällt, weigert sich die Mutter, es zu erstehen. Statt dessen schlägt sie ihrer Tochter vor, ihr zu Hause ein Kleid zu nähen. Die hier geschilderte wesentliche Aussage des Traums bezog sich auf einen Vorfall aus der Kindheit.
○ Als nächstes bittet der Leiter die Träumende, sich einen oder mehrere Partner aus der Gruppe auszusuchen, die bei der gewähl-

ten Traumszene mitspielen sollen. Die Mitspieler verlassen mit ihr den Gruppenraum und treffen in längstens fünf Minuten die nötigen Vorkehrungen für die kurze Darstellung. Auch der Leiter bespricht sich draußen mit den Spielpartnern, denn er übernimmt später die Rolle des Regisseurs und muß unter Umständen in den Prozeß eingreifen können.

○ Die Träumende und ihre Helfer kehren in den Raum zurück und stellen die Szene dar. Die Frau spielt in diesem Fall selbst die Rolle ihres Traum-Ichs. Falls nötig, verstärkt der Leiter und Regisseur nach seinem Ermessen den Handlungsverlauf.

○ Als nächstes soll die gleiche Szene erneut durchgespielt werden, allerdings findet nun eine heilsame Konfliktlösung statt. In den meisten Träumen legt die Traumquelle nur die Problemstellung vor, läßt jedoch die Auflösung des Konflikts offen. Wenn die Traumdarstellung glaubwürdig und folgerichtig ist, können die Beteiligten selbst einen Lösungsweg finden. An dieser Stelle macht der Regisseur im Normalfall Änderungsvorschläge zu der betreffenden Szene, er kann aber auch die Träumende zu Rate ziehen und deren Änderungswünsche anhören.

○ Die Neudarstellung der Traumszene mit Konfliktlösung erfolgt üblicherweise mit denselben Schauspielern. Der Lösungsvorschlag bei dem genannten Beispiel lautete: Sobald die Tochter ihr Kleid ausgesucht hat, besteht sie darauf, es zu behalten, und ihre Mutter bemüht sich erfolglos, es ihr wieder abzunehmen. In diesem Fall wurde für die Träumende, die sonst eine sehr weibliche Frau mit schönen, weichen Ausdrucksformen war, die Dynamik der Selbstbehauptung ins Spiel gebracht. Alle Teilnehmer drückten ihr Mitgefühl angesichts ihrer inneren und äußeren Zerrissenheit aus.

○ Im Anschluß daran wird die neue Darstellung gewürdigt und ausgewertet. Falls angebracht, soll die Träumende an dieser Stelle eine Traumaufgabe ausführen, die ihr hilft, die Erfahrung zu erden. Alle setzen sich mit der Frage auseinander, auf welche Weise sich das Gelernte in den nachfolgenden Wochen auf die äußeren Lebensumstände individuell übertragen läßt. Ferner hält die Träumende ihr Traumarbeitserlebnis schriftlich fest, das sie wahrscheinlich für den Rest ihres wachbewußten Lebens nicht mehr vergessen wird.

12. Traumarbeit verändert das Leben

Wer wissen will, ob nun die Periode des Patriarchats oder die des Matriarchats ein stärkeres Gewicht hatte, dem steht es offen, Archäologie und Geschichte zu studieren. Der Blick auf die Frühgeschichte der Menschheit ist möglich, und er mag spannend sein. Doch er entführt uns in die Vergangenheit und entfremdet uns der Gegenwart. Wem ist letztlich damit auch gedient? Wie steht es um Sie, um mich, in der heutigen Zeit?

Die Lebenden haben die Pflicht, sich ein eigenes Bild ihrer Geschichte und ihres Lebens zu machen und eigene Quellen der Erneuerung zu finden. Wo sonst, außer in den Träumen, finden wir die dazu notwendigen Anhaltspunkte? Lassen wir also den Toten ihren Frieden, und wenden wir uns dem Leben zu.

Wenn Sie in eine Gemäldegalerie gehen, werden Sie feststellen, daß alle Bilder, die an den Wänden hängen – selbst die zeitgenössischen Kunstwerke der Moderne –, vergangene Visionen sind, die von Händen geschaffen wurden, die oft nicht einmal mehr Teil dieser Erde sind. Die Quellen der Erneuerung sind nicht in der Vergangenheit zu finden, sondern im Reich der Lebenden. Neuerdings ist die Rede von der *Traumzeit*, von dem lebendigen Tempel im Herzen, in dem noch heute die uralten Rituale abgehalten werden, wo sich Nacht für Nacht zur Traumzeit Spiritualität entfaltet. Lassen Sie die Vergangenheit ruhen, denn schon in absehbarer Zeit werden auch Sie in das Totenreich eingehen. Dann gehören Sie der Vergangenheit an, während neugeborene Lebewesen heranwachsen und nur ihre eigenen Angelegenheiten, ihre Angehörigen und ihren Freundeskreis im Sinn haben. Sie werden Ihrer nicht gedenken, weil Sie dann nicht mehr sind.

Unser Leben findet hier und jetzt statt. Wenn Sie Ihren Blick auf Vergangenes oder gar Zukünftiges richten und dabei unentwegt rätseln, was wohl war oder was werden wird, wenden Sie sich von den Dingen ab, die im Augenblick gerade aktuell sind. Jetzt ist es Zeit, aktiv zu werden. Jetzt gilt es, Ihre neuen Vorsätze umzusetzen. Es ist höchste Zeit.

Beim Studium dieses Buches – wie auch bei der Niederschrift – haben wir bereits eine Menge Stoff bearbeitet. Einige Leser werden inzwischen schon angefangen haben, ihre Träume zu bearbeiten, indem sie die hier vorgestellten Methoden verwenden. Anhand Ihrer Bemühungen schreiben Sie dieses Buch aufs neue und erschließen sich auf diese Weise Ihre persönliche Quelle der Traumweisheit und Erneuerung. Sie erfahren aus erster Hand, welche persönlichen Vorteile damit verbunden sind, wenn Sie Ihre Träume zuerst einmal bearbeiten, später Traumarbeiter und schließlich Traumkrieger werden.

Der Wert der Traumarbeit und ihre wesentlichen Elemente

Inzwischen dürfte klargeworden sein, daß es nicht sinnvoll ist, Träume zu deuten. Besser ist, sich zu bemühen, sie sowohl in inneren als auch äußeren Erlebnissen nachzuempfinden. Uns liegt mehr daran, Träume in die Tat umzusetzen, anstatt sie intellektuell auszuschlachten. Wir wandeln Bilder nicht in Konzepte um, sondern leiten aus ihnen Aufgaben ab. Wir arbeiten Hand in Hand mit der Traumquelle, die unser seelisches Gleichgewicht regelt und überwacht. Sie läßt Träume entstehen und teilt sich mit Hilfe dieser universellen Sprache dem bewußten Selbst mit. Wir hüten uns davor, unsere Träume zu kontrollieren, um auf diese Weise ihre starken Eindrücke zu verwischen oder ihre Bildfolgen auf die von uns gewünschte Weise zu beeinflussen. Wir ergreifen keinerlei Maßnahmen, um luzides Träumen – das heißt, wir wissen während des Traums, daß wir gerade träumen – hervorzurufen.

Statt dessen greifen wir lieber auf Methoden wie das Wiedererleben des Traums zurück, wodurch tiefgreifende Erfahrungen ausgelöst werden, die in der Folge zu Heilung und Konfliktlösung führen. Wir trainieren uns, im Traumzustand aktiv zu sein und uns stärker in die Traumhandlung einzubringen. Wir übertragen die daraus gewonnenen Einsichten und Veränderungen auf das Alltagsleben, um uns im Wachzustand gleichfalls weiterentwikkeln zu können. Wir haben den festen Vorsatz, die zahlreichen wichtigen Traumarbeitstechniken zu erlernen und regelmäßig anzuwenden.

Hin und wieder haben wir »große« Träume, die wir auch zu schätzen wissen. Diese Träume greifen wichtige Themen auf und führen sie bereits im Traumzustand einer Lösung zu. Wir bemühen uns stets, die Gegensätze in ein harmonisches Gleichgewicht zu bringen, und beobachten unsere Träume, die wir als unseren aufrichtigsten und gesündesten Teilaspekt betrachten. Die archetypischen Antriebskräfte, die in Träumen sichtbar werden, gleichen wir innerhalb der Psyche und in den äußeren Lebensumständen aus. Unsere Entscheidungen hinsichtlich unseres inneren und äußeren Lebens treffen wir im Hinblick auf die Traumquelle, deren Hinweise wir ernst nehmen und befolgen. Anhand der konkreten Veränderungen in unserem persönlichen Leben weisen wir uns und anderen nach, daß Traumarbeit einen ungeheuren Einfluß hat und Dinge wandelt. Wir begnügen uns nicht damit, nur über Veränderungen zu sprechen, sondern leben sie. Das steigert unsere Vitalität und Bewußtheit und befähigt uns, besser mit allen Herausforderungen angenehmer oder unangenehmer Art fertig zu werden, weil wir beiden Aspekten gleiches Gewicht beimessen.

Mitunter verfehlen wir unsere Aufgaben und halten unsere Verpflichtungen nicht ein, doch es gelingt uns auch, sie zu erfüllen. Uns liegt nichts daran, uns an die Vergangenheit zu hängen oder aus allem ein Problem zu machen. Wir leben bewußt in der Gegenwart und bemühen uns, unser Potential zu verwirklichen. Wir forschen überall nach Möglichkeiten zur Integration und Ganzheit. Wir nehmen unsere Träume ernst, weil sie unseres Wissens nach die beste Anleitung bieten, um ein erfülltes und sinnvolles Leben zu führen. Wir widmen unser Leben einem von der Quelle geführten Entwicklungsprozeß und einer Bestimmung, die viel weiter reicht und entscheidender ist als irgendein Ziel, welches das persönliche Ich vorgeben könnte. Wir haben uns für ein solches Leben entschieden, und so werden wir in unserer Todesstunde bereitwillig Abschied nehmen können. Uns ist bekannt, daß der Traum, und seine Möglichkeiten der Sinnfindung, im Leben anderer ohne Ende weiterlebt und geduldig darauf wartet, daß auch sie dieses heilsame und transformierende Geschehen, das von der Quelle gesteuert wird, anerkennen und für sich in Anspruch nehmen.

Woran erkennen wir einen Menschen, der mit seinen Träumen arbeitet?

Sowohl die diversen psychologischen Schulen als auch die Religionen äußern sich dazu, welche Voraussetzungen die Person erfüllen muß, die ihre Lehre praktiziert. An welchen Merkmalen erkennen wir einen Menschen, der regelmäßig mit seinen Träumen arbeitet? Er steigert durch Traumarbeit nicht nur sein persönliches Traumleben, sondern ermöglicht durch fortgesetzte Traumbearbeitung auch, daß seine Träume im äußeren Leben Form annehmen. Er wünscht sich die Entwicklung seiner Persönlichkeit und verpflichtet sich zu den entsprechenden Maßnahmen. Außerdem ist er bereit, seine Ziele stets ein wenig weiter zu stecken, denn allen, die wahrhaftig ihre Träume beobachten und sie in die Tat umsetzen, eröffnen sich einzigartige Entwicklungsmöglichkeiten.

Wer mit seinen Träumen arbeitet,

○ folgt ausnahmslos dem Energiefluß der Quelle, wohin er sie oder ihn auch führen mag;
○ verpflichtet sich und übt sich darin, die eigentliche Aussage des Traums dem Standpunkt des Traum-Ichs und den Ansichten des wachen Ichs gegenüberzustellen;

O ermutigt und fördert sein Traum-Ich, damit es sich im Traumgeschehen entschiedener und energischer mit den übrigen
Traumelementen auseinandersetzt;

O entwickelt sein Traum-Ich in einer Weise, daß es im Lauf der
Zeit immer deutlicher die Charaktereigenschaften annimmt, die
anfangs nur von anderen Traumgestalten verkörpert wurden.

Wer mit seinen Träumen arbeitet, übt sich darin,

O im Traumzustand Lösungen herbeizuführen. Viele Träume
bleiben im Urzustand ungelöst. Der Traumarbeiter setzt sich
dafür ein, die Konflikte in seinen Träumen zu lösen, die Traumhandlung zu vollenden und zu einem ganzheitlichen Erlebnis zu
gestalten;

O sich an alle seine Träume zu erinnern und sie nach bestem
Wissen und Gewissen unzensiert schriftlich festzuhalten;

O pro Woche mindestens einen Traum anhand der geeigneten
Traumarbeitstechniken zu bearbeiten. Mit zunehmender Übung
nimmt er sich bis zu drei Träume wöchentlich vor;

O Traumaufgaben durchzuführen. Er sieht in ihnen ein Hilfsmittel, die Trauminhalte sowohl im Traumzustand als auch innerhalb seiner Persönlichkeitsstruktur sowie im Alltagsleben in die
Tat umzusetzen;

O sich die ganze Bandbreite der Traumarbeitstechniken zu eigen
zu machen. Durch ernsthaftes Studium und persönliche Praxis
weiß er um die Vorteile und Nützlichkeit dieser Methoden. Durch
lebenslange Übung erwirbt er sich ein Können, das ihm jederzeit
zur Verfügung steht.

**Wer mit seinen Träumen arbeitet, erfüllt bestimmte
Grundsätze mit Leben:**

O Wir gehen von der Voraussetzung aus, daß alle Träume der
Quelle entspringen und daher einen Sinn ergeben, sofern man
sich mit ihnen beschäftigt;

O und daß die Traumquelle das Heilung und Ganzheit vermit-
telnde Zentrum unserer Psyche und unseres Lebens ist.

○ Wir sind uns im klaren, daß wir Menschen den irdischen Wachstumsprozeß mit Bewußtsein fördern müssen und aufgefordert sind, die Quelle bei der Auflösung von Konflikten zu unterstützen.

○ Wir sind aufgerufen, die Möglichkeiten zu verwirklichen, welche die Quelle im Traumzustand vorschlägt.

○ Wir gehen von der Voraussetzung aus, daß der Grundsatz der Ganzheit ein Urprinzip ist, das eingehalten werden muß. Da Träume alle unsere Problemstellungen, Spannungsfelder, Einstellungen und Verhaltensmuster aufrollen, setzen wir uns mit den Inhalten auseinander. Träume machen den gesündesten und ehrlichsten Aspekt des Menschen aus.

○ Wir entscheiden uns dafür, unseren Abwehrmechanismus aufzugeben und statt dessen der Traumquelle zu folgen. Wir wählen, alle Dinge, die im Leben und in den Träumen zum Vorschein kommen, nicht mehr zu unterdrücken, sondern zu bearbeiten.

○ Wir entscheiden uns dafür, mit anderen Menschen, die wichtig für uns sind, aufrichtig und offen zu kommunizieren.

○ Wir entscheiden uns, für unsere Reaktionen auf alles, was sich in unserem Leben ereignet, persönlich die Verantwortung zu übernehmen, anstatt wie bisher anderen Menschen oder äußeren Umständen die Schuld dafür zuzuweisen. Was unsere Mitmenschen und das Schicksal tun, steht auf einem anderen Blatt. Es ist unsere Pflicht, die Folgen und Auswirkungen dessen zu verarbeiten, was in unserem Beisein geschieht.

○ Wir verpflichten uns, uns mit den unterschiedlichen Formen unserer eigenen Unbewußtheit auseinanderzusetzen, die anhand von Träumen und anderen von der Quelle geschickten Erfahrungen in Erscheinung treten. Wir setzen uns also mit Überheblichkeit, Identifikationen, Projektionen, egozentrischen Verhaltensweisen und dergleichen mehr auseinander.

○ Wir verpflichten uns ebenfalls, unsere innere Entscheidungsinstanz zu aktivieren, um eine bewußte Wahl zu treffen, statt die Situation kontrollieren zu wollen. Wir befassen uns mit dem Geschehen, nehmen aktiv daran teil, werden uns über seine Aspekte bewußt und handeln stets nach dem Grundsatz der

Vervollkommnung und Ganzheit. Unsere Absicht ist keineswegs, uns mit dem Prozeß zu identifizieren oder uns darin zu verlieren, denn wir sind nicht die Entwicklung, sondern wir unterstützen sie.

○ Wir widersetzen uns nicht der Schattenseite des Lebens, sondern schließen die feindlichen Kräfte als natürlichen und dazugehörigen Teil der Schöpfung mit ein, da es allemal besser ist, sich ihnen zu stellen, als ihnen aus dem Weg zu gehen.

○ Wir bemühen uns, unserer natürlichen Voreingenommenheit entgegenzuwirken. Wenn wir bestimmte Dinge befürworten, lehnen wir gleichzeitig andere ab, die uns schlecht dünken. Nichts ist weder absolut richtig noch absolut falsch. Wir haben es nur mit der Realität und allen ihren Konsequenzen zu tun. Ihr stellen wir uns – und drücken uns vor nichts.

○ Wir setzen uns dafür ein, unseren klaren Menschenverstand und Realitätsbezug zu vertiefen. Wir nehmen sämtliche Aspekte des Lebens ernst und hinterfragen ausnahmslos alle unsere weltlichen und religiösen Anschauungen und Glaubensüberzeugungen, um festzustellen, welche Motive ihnen zugrunde liegen, beziehungsweise inwieweit sie wirklichkeitsbezogen oder echt sind. Die Frage lautet hier: Entstammen sie der Quelle, oder sind sie die Folge unserer eigenen Unsicherheit und Abwehrmechanismen?

○ Wir ersetzen unsere Glaubenssysteme durch Bewußtsein und entscheiden uns für Lebensprinzipien, die wir täglich praktizieren, um als Zeugen mitzuverfolgen, was daraus entsteht. Ferner haben wir keine absoluten, starren Überzeugungen, obwohl wir Grundsätze beherzigen, die sich vielfach anhand unserer Träume erkennen lassen und die wir in der täglichen Lebenspraxis umsetzen.

○ In allen unseren Unternehmungen beweisen wir den Mut, Vergangenes dem Zukünftigen zu opfern. Dieser immerwährende Prozeß der Offenbarung kennt keine Tabus. Nichts gilt als unantastbar oder hochheilig. Wir gehen der Spur der Traumquelle nach und achten sie als maßgebliche schöpferische und bewußtseinsfördernde Instanz unseres Lebens.

○ Unsere grundlegende Verpflichtung besagt, daß wir auf den

Energiefluß der Quelle achten und sie als Führung anerkennen. Um sowohl dem Kraftfeld der Quelle zu dienen, als auch unseren eigenen Bedürfnissen gerecht zu werden, kommen wir nicht umhin, die Kontrolle des Ichs aufzugeben und statt dessen eine starke Ich-Funktion zu entwickeln. Statt Bedürfnisse zu erfüllen, ist es in den meisten Fällen ratsamer, sie umzuwandeln.

○ Wir befolgen den festen Vorsatz, Geschehnisse auszuwerten und zu hinterfragen. Lassen sich unsere Grundsätze im Alltagsleben umsetzen? Verändern sich unsere Lebensbedingungen, und können wir neuen Sinn und Zweck erkennen, wenn wir unsere Träume auf das Leben übertragen? Wir verfolgen pragmatisch, aber voller Symbolkraft unsere Ziele.

In bezug auf die Persönlichkeit verpflichten wir uns,

○ unsere Probleme der eigenen Persönlichkeitsstruktur zu lösen, zum Beispiel Ichbezogenheit, Selbstüberschätzung und archetypische Identifizierungen. Dieser Entwicklungsprozeß nimmt Jahre in Anspruch, teilweise dauert er ein Leben lang, dennoch verpflichten wir uns, ein erfülltes Dasein zu führen und dem übergeordneten Schöpfungsplan zu dienen.

○ Wir nehmen uns vor, uns weder abwehrend noch kontrollierend zu verhalten. Um diesem Vorsatz gerecht werden zu können, verpflichten wir uns gleichfalls, sämtliche Vorfälle und Gefühle, die im Lauf unseres Lebens auftreten, ernst zu nehmen, bewußt werden zu lassen, zu verarbeiten und zu lösen.

○ Wir wollen ehrlich sein in allem, was wir tun, um auf diese Weise wirklichkeitsbezogen zu leben und einen besseren Realitätssinn zu entwickeln. Wir erklären uns bereit, auf allen Ebenen wir selbst zu sein und in der Welt etwas zu leisten.

○ Wir unterhalten engagierte Beziehungen, gehen in ausgeglichener Weise auf andere zu, tauschen Energien untereinander aus, lernen voneinander, unterstützen einander, geben den anderen und empfangen von ihnen. Und gleichzeitig lassen wir uns nicht auf Verlierertypen ein und verschwenden keinerlei Kräfte an sie. Wir halten uns von jenen willensschwachen Menschen fern, die sich weigern, ihre Probleme – egal, ob groß oder klein – selbst in Angriff zu nehmen.

○ Für die Entfaltung unseres Innenlebens nehmen wir uns Zeit und bemühen uns um inneres Gleichgewicht. Wir wenden mindestens die Hälfte unserer Lebenskraft für geistig-seelische Arbeit auf. Wir führen Traumarbeit durch, meditieren, schreiben Tagebuch, klären unser Gefühlsleben und praktizieren Körperarbeit. Wir tun alles, um uns zu einem Individuum zu entwickeln, das in seiner Mitte ruht. Die zweite Hälfte unserer Zeit und Energie widmen wir den Beziehungen zu anderen, leisten unseren Beitrag zum kulturellen Leben, arbeiten im Beruf und erkunden das Leben.

○ Wir folgen dem Grundsatz, alle Dinge des Lebens ausgewogen, integrativ und ganzheitlich zu behandeln, unabhängig davon, ob es uns immer perfekt gelingt oder nicht.

Es fördert den eigenen Wachstumsprozeß, wenn Sie die Ihnen wichtigsten Punkte selbst auflisten. Die Absicht obiger Zusammenstellung ist keineswegs, ein Glaubenssystem aufzustellen. Jede hier gemachte Aussage kann als Übungsgrundlage dienen. Wer sie beherzigt, trifft Entscheidungen, die Veränderungen im persönlichen Leben bewirken, und wird aufgefordert zu beobachten, was in der Folge geschieht. Wenn die Ergebnisse zu wünschen übriglassen, sollten Sie lieber auf die Grundsätze und ihre Anwendung verzichten. Wer die genannten Lebensprinzipien trotzdem praktizieren will, tut gut daran, seine Vorgehensweise zu hinterfragen, weiterzumachen, geschickter ans Werk zu gehen und den Wunsch nach einem Durchbruch in sich wachzurufen.

Schreiben Sie eine neue Liste mit Ihren eigenen Worten, oder erweitern Sie die obige Liste. Vergleichen Sie die vorliegende Aufstellung von Grundwahrheiten mit Ihren bisherigen Überzeugungen und Lebensgewohnheiten. Wenn Sie das Buch bis zu dieser Stelle gelesen haben, läßt sich daraus schließen, daß Sie über eine gute Portion Bewußtsein verfügen. Daher sind Sie in der Lage, wesentliche Prinzipien und Übungen zusammenzufassen, die Sie nach eigener Wahl befolgen wollen. Sie erweitern damit Ihr Bewußtsein und steigern Ihre Leistungsfähigkeit.

Auf was aber warten diejenigen, die sich zwar angesprochen fühlen, trotzdem bislang noch untätig geblieben sind? Sind Sie etwa der Meinung, daß Lektüre allein ausreicht, um den Lebensweg zu bewältigen? Sie profitieren womöglich von Bücherwissen, oder vielleicht ist es Ihnen zumindest bis heute gelungen. An dieser Stelle fordern wir Sie auf, aktiv zu werden, die Übungen selbst auszuprobieren und dabei Ihren ganz persönlichen Stil zu finden. Vertrauen Sie sich jedoch auch fachkundiger Führung an, lassen Sie sich bei der Traumarbeit unterstützen. Nehmen Sie an einer Gruppe teil. Finden Sie einen Traumarbeitspartner. Gründen Sie selbst eine Gruppe, in der sich die Teilnehmer ihre Träume mitteilen. Jeder von uns, der regelmäßige Traumarbeit zu einem wesentlichen Bestandteil seines Lebens machen will, ist auf Unterstützung anderer angewiesen.

Andere Leser haben angefangen, dieses Buch zu lesen, haben es jedoch wieder in das Regal zurückgestellt, wenngleich sie es zu schätzen wissen. Sagen diese Mitmenschen etwa: »Ich bin noch nicht bereit. Ich weiß, daß solch ein Vorhaben Zeit und Engagement verlangt.«?

Ja und nein. Worauf wollen Sie denn noch länger warten? Es zwingt Sie niemand, sich das Leben schwerzumachen und sich sofort unzumutbare Pflichten aufzuerlegen. Jeder von uns, der sich einst für Traumarbeit entschieden hat, fing meist auf einer ziemlich unbewußten Stufe an. Wir mußten uns alle vorwärtstasten, da bekanntlich aller Anfang schwer ist. Jeder soll an der Stelle beginnen, die ihm vertraut ist, und sich lediglich entschließen, den nächsten Schritt zu tun, der keineswegs der endgültige Schritt zu sein braucht. Es fördert Ihren Wachstumsprozeß allerdings in erheblichem Maß, wenn Sie sich zu einem endgültigen Schritt entschließen, auch wenn er sich erst nach jahrelanger Praxis verwirklichen läßt. Sie können sich gleich jetzt entscheiden und Ihren festen Vorsatz unmittelbar in die Tat umsetzen. Im Lauf der Entwicklung werden sich nach und nach die Aufgaben einstellen, die mit Ihrer Entscheidung verbunden sind.

Wir leben nur von Tag zu Tag. Was bringt uns der heutige Tag? Was können Sie, was kann ich heute tun? Jeder hat die Möglichkeit, zumindest etwas zu tun. Sie können heute eine Zeile Ihres

Traums niederschreiben und am nächsten Tag oder in der nächsten Woche zwei weitere Zeilen.

Sie können mit ganz kleinen Schritten anfangen, doch um den Anfang kommen Sie nicht herum. Der Beginn der Traumarbeit könnte sogar so aussehen, daß Sie nur »Traum, Traum« murmeln. Eine Reise, die ein ganzes Leben in Anspruch nimmt, fängt mit einem einzigen Schritt an, den jeder heute tun kann. Er läßt sich nicht auf morgen verschieben, denn ein Später wird es nie geben.

Traumarbeit muß keineswegs der einzige Weg in Ihrem Leben sein, um nachhaltige Erfolge zu erzielen. Fahren Sie mit Ihrer beruflichen Tätigkeit und Ihren spirituellen Übungen fort, und halten Sie Ihre Partnerschaft aufrecht. Traumarbeit verleiht Ihnen jedoch für den Rest des Lebens einen größeren Überblick, anhand dessen Sie wissen, wann und wo welche Art von Veränderungen not tut. Wer mit seinen Träumen arbeitet, wird auf alle Bereiche seines Lebens aufmerksam gemacht. Träume erinnern an eine unbewegliche Wasseroberfläche. Wir sehen uns darin widergespiegelt, und noch etwas anderes wird offenbar, etwas, das weitaus größer ist als wir selbst, ein unbegreifliches Geheimnis, das uns zu befreien vermag.

Wie ist Heilung zu erreichen?

Jeder Angehörige einer beliebigen Gemeinschaft oder (Firmen-)-Organisation weiß, wie schwierig es ist, höhere Wertmaßstäbe zu verteidigen, wenn man sich gegen Vorgesetzte in Machtpositionen durchsetzen muß. Allem Anschein nach besitzen Personen, die sich bis an die Spitze von Organisationen hinaufgearbeitet haben, nur eine geringe Portion Aufrichtigkeit, Ehrlichkeit und Integrität, sondern gehen mit Unbarmherzigkeit, Nützlichkeitsdenken und kalter Intelligenz ans Werk. Selten gibt es einen Menschen, der imstande ist, zugleich rigoros und ehrlich sowie aufrichtig und pragmatisch zu sein, der außerdem eine absolut reine Weste hat und zudem noch klug ist. So ist der wahre Krieger beschaffen: Er versteht in der Welt zu überleben, bietet ihr die

Stirn und vermag sie zu verändern, wenn auch nur in kleinen, überlegten Schritten.

Mit welcher Hingabe verehrt die Masse ihre Heiligen und wartet bei passenden Gelegenheiten mit Lippenbekenntnissen auf! Das ist bei den Christen so gewesen, nicht anders bei den Jungianern. Wer ist letzten Endes dazu bereit, für sich selbst Verantwortung zu übernehmen und seinen eigenen aufrichtigen Weg der bewußten Umwandlung zu gehen?

Ich kann niemanden dazu bewegen, sein Leben in den Dienst einer höheren Macht zu stellen. Jeder hat das Recht, sich frei zu entscheiden. Ich darf jedoch eine Empfehlung aussprechen und Ihnen vorschlagen, den Weg der Individuation zu wählen und die Vorschläge der Traumquelle in die Wirklichkeit umzusetzen. Scheuen Sie nicht vor den damit verbundenen Opfern zurück. Alles geht irgendwann einmal zu Ende; bleibt uns überhaupt eine andere Wahl?

Ein gewöhnliches Alltagsleben

Die meisten Menschen unterdrücken und verdrängen erstaunlich viele Lebensäußerungen: ihre Gefühle und Probleme, ihre Talente und ihr Können, ihre Ängste und ihre Wut, ihre Macht, ihre Hoffnungen und Wahrheiten. Aus diesem Grund leben wir größtenteils nur halbherzig und in Abwehrhaltung. Wir sind gezwungen, diesen unzumutbaren Zustand, diesen ungeheuren Mangel an persönlicher Erfüllung zu kompensieren, indem wir uns übertrieben auf Ziele fixieren. So kommt es, daß wir zuviel arbeiten, rauchen und Alkohol trinken, ununterbrochen fernsehen, die ganze Zeit in Gesellschaft zubringen oder zwanghaft viel Sport treiben. Wir versteifen uns auf rein äußere Ziele, zum Beispiel ein Haus zu erwerben, später ein größeres Haus zu kaufen und danach vielleicht noch ein viel größeres. Eventuell stecken wir auch unsere ganze Energie in den eigenen Wagen, oder wir machen uns Sorgen über die Zukunft unserer Kinder. Ebenso zwanghaft ist es um die meisten Partnerschaften bestellt, in denen Unehrlichkeit an der Tagesordnung ist und Probleme heruntergespielt werden. Aber dieses Verhalten sollte man nicht einfach als unmoralisch verurteilen. Dafür gibt es einen einfachen Grund: Es ist so schwierig, aufrichtig und bewußt zu leben. Doch was spräche dagegen, einen neuen Weg auszuprobieren?

Zur Gruppe der Durchschnittsmenschen zählen auch alle Grübler und Schwarzseher, die sich unentwegt Sorgen machen, was alles schieflaufen könnte, statt sich vorzustellen, was ihnen glücken würde, wenn sie nur bereit wären, sich für die entsprechende Möglichkeit einzusetzen. Sie verbringen schlaflose Nächte, haben körperliche Beschwerden, schlucken Medikamente und geben Geld aus, um ein bißchen Leben in ihren Alltag zu bringen. Dasselbe Verhalten übertragen sie auf ihre Kinder, Kunden, Freunde und Liebespartner. Sie setzen sich nicht unmittelbar mit dem Inhalt von Alpträumen auseinander, daher sind sie der Meinung, daß die Erde ihrem Untergang entgegensteuert. Sie sind außerstande, sich vorzustellen, daß wir eine Chance haben, eine neue gewandelte Lebenswelt aufzubauen. Ihre allgemeine Besorgnis macht sich in all ihren Lebensäußerungen bemerkbar. Sie lächeln gekünstelt, haben verhärmte Züge und einen unendlich traurigen oder hektischen Blick, der dem eines anderen teilweise nicht standhalten kann. Ihr Körper ist hölzern und steif, ihre Sexualität leben sie zwanghaft aus. Sie befinden sich in einer seltsamen, kindisch anmutenden Abhängigkeit. Ihr Arbeitsalltag hat brutale Seiten, und ihre Freizeitaktivitäten sind freudlos und übertrieben.

Der Weg der Wandlung

Es gefällt Ihnen bestimmt nicht, dem oben geschilderten Durchschnitt anzugehören, oder etwa doch? Wohl kaum, aber bislang war es Ihnen noch nicht möglich, ihm zu entkommen.

Niemand vermag sich ohne weiteres dem Unbewußten – und das ist der Durchschnitt letztlich – zu entziehen. Das Gesetz des Lebens verlangt von jedem Menschen, daß er sich dafür einem echten Transformationsprozeß unterzieht, der seine Persönlichkeit umwandelt.

Um in das Lager der Bewußten, der Lebenden, überwechseln zu können, stellen Sie aus freien Stücken die krebserzeugende Gewohnheit des Rauchens ein, vergeuden nicht mehr gedankenlos wertvolle Zeit für nutzloses Geschwätz, leben nicht mehr sinnlos in den Tag hinein und hören auf, wie besessen zu arbeiten. Was immer es auch sein mag, das einer geläuterten Lebensweise im Wege steht, Sie müssen es ohne Wenn und Aber aus Ihrem Leben entfernen.

Es gilt, Ihr zentrales Lebensproblem beim Namen zu nennen und es zu lösen. Genau dieses Wegpfand muß hinterlegt werden, um in das Lager der Lebenden überwechseln zu können. Die eigene Ichbesessenheit muß aufgegeben werden, denn Sie sind imstande, auf Weisheitsquellen zu hören, die wertvoller als die Ich-Persönlichkeit sind.

Dann spüren Sie eine überschäumende Vitalität in sich. Ihre Zeit ist zu knapp, um allen Aspekten des Lebens nachzugehen. Sie können nicht umhin, Prioritäten zu setzen. Ab sofort werden Ihre Beziehungen, Vergnügungen, Liebesspiele, schöpferischen Tätigkeiten und schmerzlichen Erfahrungen samt und sonders ursprünglich und umwerfend lebendig sein.

Damit diese Lebensqualität sichtbar wird, müssen Sie noch etwas preisgeben: Ihren Verteidigungsmechanismus. Die meisten Zeitgenossen verschanzen sich hinter ihrer defensiven Haltung und wehren sich gegen Kritik. Wir tun alles, um uns nicht ändern zu müssen, und versuchen, andere zu beherrschen und in Schach zu halten. Wir entziehen uns und opponieren gegen uns selbst und andere. Wir weigern uns, alles auf eine Karte zu setzen und halten uns an Dingen fest. Wir reagieren mit Unterdrückung und Zwang.

Wo findet die Umwandlung statt?

Wechseln Sie also in das Lager der Lebendigkeit über. Dazu müssen Sie Ihren Schutzpanzer und Ihr Verteidigungssystem aufgeben. Sobald Ihnen eines Ihrer Verhaltensmuster bewußt wird, beginnen Sie es unverzüglich umzuwandeln. Verändern Sie sich. Unterlassen Sie es jedoch, von anderen zu verlangen, sich an Ihrer Stelle zu verändern. Entwickeln Sie sich unablässig weiter, und verwirklichen Sie stets die neu erkannten Möglichkeiten. Bleiben Sie immer Ihren Träumen auf der Spur. Gehen Sie ein Wagnis ein, trauen Sie sich, unerforschtes Neuland zu betreten, doch vergessen Sie nicht, mit beiden Beinen in der Wirklichkeit zu stehen. Führen Sie nicht länger Scheingefechte, damit Sie den Blick für Ziele frei haben, für die zu kämpfen sich wirklich lohnt. Integrieren Sie Ihre Erfahrungen, und werden Sie zu dem, der Sie sind. So sieht Ihre neue, vitale und bewußte Lebensführung aus. Wer sich dafür entscheidet, verwirklicht sich und seine Ziele. Die neue Lebensweise wiegt alle Opfer auf.

Nur wenn wir mit einer solchen Entschlossenheit vorgehen, schaffen wir es, unserer inneren Zwänge und Hemmungen Herr zu werden. Sie machen sich vielleicht Gedanken über die politische Unterdrückung in der äußeren Welt, wodurch beispielsweise die Redefreiheit eingeschränkt wird. Ich dagegen mache mir genauso viele Gedanken über meine eigenen inneren Kräfte des Rückschritts und der Unterdrückung. Ich frage mich, wie ich mich selbst außer Gefecht setze, auf welche Weise ich mich schwäche und mich für geringere statt für höhere Werte entscheide.

Wer sich weit hinauswagt und tatsächlich bis an den Rand des Altbekannten vorgedrungen ist, steht vor einem gewaltigen Schritt in unerforschtes Neuland. Wer sich dem Neuen verschließt, sich keine weiteren Wahlmöglichkeiten offenhält und nicht die notwendige Bereitschaft aufbringt, dem gelingt es nicht, sein Potential zu leben. Es könnte passieren, daß er zusammen mit den Menschen seiner nächsten Umgebung den eigenen Rückschrittstendenzen zum Opfer fällt. In Beziehungen passiert es nur zu leicht, daß man sich gegenseitig das Leben schwermacht und einander von guten Vorsätzen abhält.

Das Leben ist ein großes Abenteuer, es ist die Spielwiese, auf der wir beweisen können, wozu wir geschaffen wurden, das Prüffeld für alle unsere Vorsätze, die schöpferische Grundlage, auf der wir unsere Triumphe feiern können. Wer wirklich dazu bereit ist, kann seine Bestimmung erfüllen, wobei er allerdings den vorgezeichneten Weg einhalten und sich damit abfinden muß, daß nicht alles nach seinen Wünschen geht. Dann kann er am Ende seines Lebens mit Fug und Recht sagen, daß er stets aufrichtig dem wahren Lebenspfad gefolgt ist und sich weder im Sumpf scheinbarer Sicherheiten verirrt noch seine Werte verraten hat. Er hat es geschafft, hat auf die Weisungen der Quelle gehört und ihren Plan sowie seine eigenen Absichten zum Ausdruck gebracht. Somit hat er mit der Vollendung seines Lebenskreislaufs die Ganzheit errungen und zu seiner Mitte gefunden, auch wenn noch einiges offengeblieben ist.

Probleme der Heilberufe

Das folgende Glaubensbekenntnis ist meine persönliche Antwort auf die Frage, wie man mit sämtlichen Problemen der Selbstüberschätzung und Unbewußtheit am besten verfährt, auf die ich im Rahmen meiner Tätigkeit als Therapeut und Seminarleiter gestoßen bin und die ich sowohl an mir selbst als auch bei anderen erfahren habe.

Die Gesetzgebung des jeweiligen Landes mag bestimmte Dinge verbieten, doch die Mächte, denen man als Therapeut begegnet, sind vielfach stärker als Verbote und Strafandrohungen. Es ist eine unbestrittene Tatsache, daß jeder, der in einem Heilberuf tätig ist und Erfolge erzielen will, sich eine besondere innere Haltung zulegen und Wagemut beweisen muß, womit er bisweilen auch über das Ziel hinausschießen kann. Wenn jemand den ersten Stein auf die Heiler und Therapeuten werfen will, weil sie hin und wieder zu weit gegangen sind, möge ihre Stelle übernehmen und die Bedürftigen und Notleidenden heilen. Wer an den Strafvollzug glaubt, läuft stets Gefahr, mehr Leid in die Welt zu bringen, als er zu beseitigen glaubt.

Das hier Gesagte läßt sich auch auf den mißbräuchlichen Umgang mit Geld, Sexualität, Selbstbewußtsein und Macht übertragen. Niemand entkommt dem Reich des Schattens. Aus diesem Grund ist es ratsam, sich mit den jeweiligen Konflikten im Leben auseinanderzusetzen, sobald sie in Erscheinung treten, statt sich entweder zu verhärten oder etwas vorzutäuschen. Ein ernstes Wort an alle Gesetzgeber und Gesetzeshüter: Wer menschlich handeln will, zieht den Weg der Transformation und Problembearbeitung vor und bestraft nicht. Setzen Sie alle Ihre Kräfte ein, um Bewußtsein, Ordnungssinn und Veränderung wachzurufen, und beschneiden Sie nicht das Potential des Lebens. Wer ausschließlich auf die Wunden starrt, vergißt die Heilung.

Glaubensbekenntnis und Verpflichtung im Heilberuf

Als Angehöriger eines Heilberufs verpflichte ich mich, folgende Grundsätze einzuhalten:

○ Ich entscheide mich dafür, meine persönlichen Erfahrungen und die Erlebnisse meiner Mitmenschen bereitwillig und vorurteilsfrei gelten zu lassen.
○ Ich entscheide mich dafür, die Wirklichkeit so zu nehmen, wie sie ist, nicht, wie ich sie mir vorstelle. Ich will alles tun, was in meiner Macht steht, um den Heilvorgang bewußtzumachen, der sowohl meine Klienten als auch mich betrifft.
○ Ich werde mich stets bemühen, meine Klienten zu unterstützen und ihnen die Methoden und Einsichten zu vermitteln, die dem Sitzungsverlauf zugrunde liegen, um zu verhindern, daß sie abhängig werden.
○ Ich weiß, daß ich als erfolgreicher Therapeut es nicht allein meinem Können zu verdanken habe, wenn gute Heilerfolge erzielt werden. Aus diesem Grund anerkenne ich sämtliche inneren und äußeren Quellen der Heilung, über die ich und der Klient verfügen. Ich verzichte darauf, die Heilkraft mir persönlich zusprechen zu wollen.
○ Ich weiß, daß die Rolle eines Heilers an sich betrachtet überheblich ist, und werde alles tun, um Mensch zu bleiben und mich nicht mit der Rolle gleichzusetzen. Daher werde ich mich selbst nie als Heiler bezeichnen. Ich suche fürsorgliche und fachkundige Berater auf, mit deren Unterstützung ich Probleme bewältigen kann, mit denen ich aus eigener Kraft nicht fertig werde.
○ Ich bemühe mich, die therapeutische Beziehung, die zwischen mir und meinen Klienten besteht, nicht zu meinem persönlichen Vorteil auszunutzen, wie zum Beispiel sexuelle oder finanzielle Zuwendungen, Bewunderung, unentgeltliche Hilfe, Freundschaft

entgegenzunehmen oder sonstige Forderungen zu stellen, die den Wert meiner Leistungen übersteigen. Sollte es aber dennoch vorkommen, daß ich diesen Vorsatz nicht getreulich einhalte, nehme ich für mich und die betroffenen Personen fachkundige Hilfe in Anspruch, damit uns das Ausmaß des vorliegenden Konflikts bewußt wird und er gelöst werden kann.

○ Sollte aus dem Verhältnis von Klient und Therapeut eine persönliche Beziehung jedweder Art entstehen, setze ich mich mit ganzer Kraft dafür ein, sie bewußtzumachen und mich mit dem bestehenden Sachverhalt vorurteilsfrei und ohne Schuldzuweisungen zu befassen. Mit gesundem Menschenverstand untersuche ich alles, was mit dem Sachverhalt zusammenhängt.

○ Ich übernehme sowohl in meinem Beruf als auch im Privatleben die hundertprozentige Verantwortung für alle meine Handlungen, die ich bewußt oder unbewußt ausführe. Ich erkenne, daß es keinen Sinn ergibt und den Erfolg und die Integrität des Heilvorgangs gefährdet, wenn ich in verschiedenen Situationen unterschiedliche Wertmaßstäbe heranziehe.

○ In allen Situationen handle ich so aufrichtig wie nur möglich. Ich bin mir bewußt, daß der Bezug zur Realität auf diese Weise am besten hergestellt werden kann und daß ein gesunder Menschenverstand für den Heilvorgang unerläßlich ist.

○ Ich werde stets dafür sorgen, daß ich gleich viel Zeit für die Arbeit mit Klienten und für meine persönliche Klärungsarbeit aufwende. Ich bin mir bewußt, daß alles, was ich anderen beibringe, mir gleichfalls eine Lehre ist.

○ Ich werde mir eine fundierte Wissensgrundlage aneignen, indem ich mich während meiner Berufspraxis als Therapeut persönlich weiterentwickle, regelmäßig studiere und mich von fortgeschrittenen Lehrern unterweisen lasse. Diese Vorsätze befolge ich einerseits, um meiner eigenen Machtgier und der Neigung zur Selbstüberschätzung entgegenzuwirken und andererseits, um das Können und die Erfahrung anderer Kollegen durch Anwendung der von ihnen entwickelten Methoden schätzen zu lernen. All das tue ich, weil ich den Heilberuf liebe wie auch das Abenteuer, zu lernen und Erfolg zu haben.

○ Ich verpflichte mich, entsprechend meiner Talente und der mir zur Verfügung stehenden Zeit meinem Beruf Ehre zu machen.

○ Ich werde unter allen Umständen stets dafür sorgen, daß ich als Gegengewicht zu meinem Beruf ein engagiertes und erfülltes Privatleben führe, mögen meine beruflichen Anforderungen auch noch so viel Zeit kosten. Ausgewogenheit bedeutet, daß mein Familien- und

Privatleben genauso wichtig ist wie mein Berufsleben. Ich achte darauf, daß ich meine persönlichen Interessen keinesfalls vernachlässige, obwohl ich in meiner Helferrolle leicht dazu neigen könnte.

○ Meine vornehmliche Verpflichtung besteht darin, mich für mein persönliches ganzheitliches Selbstverständnis und meine eigene bewußte Individuation einzusetzen. Dadurch bin ich in der Lage, auf andere zuzugehen. Für diese lebenslange Verpflichtung setze ich mich persönlich ein und vernachlässige sie unter keinen Umständen während meiner Arbeit mit anderen.

○ Ich anerkenne ebenfalls, daß ich einer heilenden Kraft unterstellt bin, die viel umfassender ist als ich. In allem, was ich tue, bemühe ich mich, ihr zu dienen, denn meine Fähigkeiten, neuen Einsichten und endgültigen Werte stammen letztlich von ihr.

Die vier Stufen der Traumarbeit

Die nachfolgenden Beschreibungen vermitteln dem Leser, auf welcher der verschiedenen Stufen der Traumarbeit er sich derzeit befindet. Verwenden Sie die aufgelisteten Kriterien als Grundlage, um Ihre persönliche Liste zu verfassen. Beschreiben Sie, auf welcher Stufe Sie selbst im Entwicklungsprozeß stehen. Danach erstellen Sie eine weitere Liste Ihrer Vorsätze, die Sie innerhalb dieses Jahres mit Hilfe von Traumarbeitstechniken und anderen Klärungsmethoden realisieren wollen. Nach Ablauf von sechs Monaten bewerten Sie Ihren bis dahin erreichten Entwicklungsstand in bezug auf Ihre eigenen Listen und die hier angegebenen Punkte. Die folgenden Kennzeichnungen sind keineswegs als Werturteile zu verstehen, noch sind sie dazu vorgesehen, in Kategorien von gut und schlecht einzuteilen, obwohl Faktoren dieser Art zweifellos in jedem Wachstumsprozeß eine Rolle spielen. Diese Listen dienen dazu, Ihnen die wirklichkeitsnahe Selbsteinschätzung Ihres persönlichen Entwicklungsstands zu erleichtern. Beschreiben Sie so realistisch wie möglich, wo Sie in Sachen Traumarbeit stehen, und teilen Sie einem befreundeten Traumarbeiter mit, was Sie inzwischen über sich selbst gelernt haben.

Kein Mensch vermag wirklich zu beurteilen, wer Sie in diesem Leben sind. Sie selbst sind jedoch in der Lage, sich einzuschätzen, weil Sie in Ihrer eigenen Haut stecken. Sie wissen, ob Sie etwas vortäuschen, sich verstecken oder ob Sie sich für den Weg der Wahrheit und Bewußtheit entschieden haben und sich und anderen in realistischer Weise begegnen. Die Stichworte der vorliegenden Liste können nützlich sein, sich einmal nach neuen Gesichtspunkten zu prüfen.

Der Traumarbeiter in der Anfangsphase

○ Der Traumarbeiter in der Anfangsphase ist im eigentlichen Sinne noch kein Traumarbeiter, sondern ein Mensch, der seine Träume ernst nimmt und sich bewußt mit ihnen auseinandersetzt. Ein Anfänger ist allerdings aufgeschlossen für die Möglichkeit, sich an seine Träume zu erinnern und mit ihnen zu arbeiten.

○ Der Traumarbeiter in der Anfangsphase ist neugierig. Er erinnert sich an ein paar längst vergangene Träume, bisweilen sogar an einen Traum aus der Kindheit. Er versetzt sich wieder in die Bildwelt dieser Träume zurück, ohne zu wissen, was sie im einzelnen bedeutet.

○ Im Normalfall schreibt der Traumarbeiter in der Anfangsphase seine Träume nicht auf, sondern teilt sie anderen Erwachsenen oder sogar auch Kindern mit.

○ Einige Anfänger schreiben ihre Träume regelmäßig auf, bearbeiten sie jedoch nicht weiter.

○ Andere Anfänger arbeiten mit vereinfachten Deutungsmethoden an ihren Träumen, die sie aus populärwissenschaftlichen Büchern entnommen haben. Einigen nützt dieses Vorgehen, es verleitet sie aber auch dazu, falsche Wege einzuschlagen.

○ Ein weiterer Personenkreis von Anfängern wünscht, daß ihr jeweiliger Therapeut, Psychoanalytiker oder spiritueller Führer die Träume für sie deutet. Es liegt auf der Hand, daß Traumarbeiter dieses Typs sich oft ziemlich teilnahmslos und abhängig verhalten, was besonders von denjenigen begünstigt wird, die von solchen Beratungen leben.

○ In der Anfangsphase bringt der Traumarbeiter normalerweise wenig Disziplin im direkten Umgang mit seiner Psyche, seinen Träumen, Intuitionen und Gefühlen auf.

○ Der Anfänger ist eher an Erfahrungen mit anderen Menschen als an eigenen inneren Erlebnissen interessiert, es sei denn, er geht in einer eigenartigen Phantasiewelt auf, die wenig mit den Gesetzen der äußeren Wirklichkeit zu tun hat.

○ In der Anfangsphase gelingt es dem Traumarbeiter nicht immer, zwischen der inneren und äußeren Realität zu unterscheiden. Häufig glaubt er an Gespenster, Engel, Geister und verschiedene Mächte, die sein Leben bestimmen. Vielleicht vermischen sich Erinnerungen an tatsächliche äußere Ereignisse mit Traum- und Phantasiebildern. Einige gehen sogar so weit, daß sie mit Hilfe von intensiven Meditationssitzungen und Fastenzeiten, halluzinogenen Rauschmitteln, Alkohol, seltsamen Weltanschauungen und magischen Ritualen absichtlich die Verbindung zwischen der inneren und äußeren Wirklichkeit aufweichen.

○ Der Anfänger ist auch ein Suchender, der mit Vorliebe alles ausprobieren möchte, aber noch nicht über genügend Durchhaltevermögen und Kenntnisse verfügt, um sämtliche Erfahrungen zu verarbeiten.

○ In der Anfangsphase sind die meisten Anfänger in Sachen Traumarbeit oder anderen Techniken der Selbstentfaltung auf ekstatische Höhepunkte aus. Sie schaffen es aber nicht, konsequent zu üben und den Wachstumsprozeß in den Alltag zu integrieren, um neuen Lebenssinn und neue Lebenskraft zu schöpfen.

○ Die größte Schwäche des Anfängers ist, daß er sich ungern festlegt und Verpflichtungen nicht einhält. Nur ein Ungeübter verstrickt sich in Absichtserklärungen.

○ In der Gesellschaft fühlt sich der beginnende Traumarbeiter womöglich wie ein Außenseiter, der sich überall linkisch bewegt oder schon immer als komischer Kauz angesehen wurde. Nur mit wenigen Personen, die sein Vertrauen genießen, tauscht er sich über seine Träume und Phantasien aus. Es fällt ihm schwer, mit anderen darüber zu sprechen.

Der widerwillige Traumarbeiter

○ Der widerwillige Traumarbeiter befaßt sich möglicherweise nie mit seinen Träumen. Er träumt durchaus, hat aber eine starke Abneigung gegen Träume. Folgende Gründe kommen möglicherweise dafür in Frage:

○ Er erinnert sich überhaupt nicht an seine Träume, weil sein Interesse ausschließlich den Angelegenheiten des äußeren Lebens gilt.

○ Aufgrund eines verdrängten Schockerlebnisses, meist aus der Kindheit, erinnert er sich nicht an seine Träume.

○ Er erinnert sich deshalb nicht an seine Träume und hält sie nicht schriftlich fest, weil er eine ichbezogene Haltung an den Tag legt, die sich gegen Erfahrungen wehrt, in denen das wachbewußte Ich nicht die Kontrolle behält.

○ Er erinnert sich deshalb nicht an seine Träume und schreibt sie nicht auf, weil er noch nicht gewagt hat, sein Recht auf ein inneres Leben gegenüber dem Ehegatten, den Eltern oder der Gesellschaft in Anspruch zu nehmen.

○ Er deutet die Träume seiner Mitmenschen, weil er verstandesbetont lebt und versucht, die Oberhand über seine inneren Vorgänge und die der anderen zu behalten.

○ Er erinnert sich deshalb nicht an seine Träume, weil er so stark verstandesorientiert ist, daß er alle Dinge, die nicht logisch erklärbar sind, als Humbug abtut.

○ Er erinnert sich nicht an seine Träume, weil er geistig träge ist. Ein solcher Mensch versucht, sich entweder durchs Leben zu mogeln und soweit wie möglich anstrengender persönlicher Klärungsarbeit aus dem Weg zu gehen, oder er schließt sich einer religiösen Bewegung an oder tritt einer politischen Partei bei, die ihn verstandesmäßig so stark beansprucht, daß ihm keine Zeit bleibt, sich mit seinem seelischen Zustand zu befassen.

Anleitungstabelle: Die vier Stufen der Traumarbeit

STUFE I

○ Der Anfänger entscheidet sich für die Reise in das Land der Träume und setzt sich zum einen mit seinen Träumen auseinander, wohin sie ihn auch führen mögen. Zum anderen geht er auf die in Träumen vorhandenen Problemstellungen und Sachverhalte ein, die seinen äußeren Lebensumständen gleichen.

○ Er erinnert sich mindestens einmal pro Woche an einen Traum und weiß genügend Einzelheiten zu berichten, so daß er in die Verhaltensmuster, Themen und Konfliktkonstellationen des Traums hinlänglich Einsicht nimmt.

○ Er schreibt regelmäßig seine Träume auf oder spricht sie auf Band.

○ Zu seinen eigenen Träumen nimmt er eine positive und aufgeschlossene Haltung ein und bevorzugt keine bestimmte Art von Träumen, selbst wenn ihm einige nicht besonders liegen.

○ Er kann sich an mindestens vier vollständige Träume aus dem vergangenen Jahr erinnern.

○ Er ist imstande, sich an mindestens fünf »große« Träume aus seinem Leben zu erinnern.

○ Er beobachtet sein Traum-Ich und dessen Verhaltensweisen im Traum. Das Traum-Ich der Stufe I agiert gewöhnlich als Beobachter und trägt nur in seltenen Fällen im Traum zur Konfliktlösung bei.

○ Genauso wie der Traumarbeiter in der Anfangsphase läuft er als Traum-Ich davon, versteckt sich oder wacht vor Schreck auf, sobald gegnerische Kräfte in seinem Traum vorkommen. Er hat allerdings die Absicht, in solchen Fällen immer länger im Traumzustand zu bleiben und sich mit allen Dingen auseinanderzusetzen, die zum Vorschein kommen.

○ Er weiß nicht recht, ob er seine Träume verändern darf oder nicht, ob er etwa aus angsterregenden Träumen angenehme machen soll oder den Traumhergang kontrollieren kann, um ihn in der gewünschten Weise zu ändern.

○ Er ist in der Lage, sich die Träume eines anderen in Ruhe anzuhören, ohne sie gleich verstandesmäßig für ihn deuten zu müssen.

○ Er hat beschlossen, seine eigenen Träume nicht mehr rational zu deuten.

○ Anhand der Lebensgrundsätze und Übungen, die im Zuge der durchgeführten Traumarbeit sichtbar werden, hat er sein Leben eindeutig verändert.

○ Er ist sich bewußt, daß mindestens vier größere Themen oder Problemstellungen im Lauf des vergangenen Jahres in einer Reihe von Träumen aufgetaucht sind.

○ Durch die Auseinandersetzung mit den aufgeworfenen Themen macht der Traumarbeiter der Stufe I mittlerweile Fortschritte und gibt die Kontrolle des Ichs zugunsten der Erfahrung der persönlichen Umwandlung auf, indem er die Trauminhalte aufgreift und verarbeitet.

○ Wenn der Traumarbeiter an einer Traumarbeitsgruppe teilnimmt, macht er die Erfahrung von Klärungsprozessen und Fortschritten innerhalb einer Gemeinschaft, in der die Erlebnisse gegenseitig ausgetauscht werden.

○ Auf der Grundlage dessen, was in den Träumen passiert, öffnet er sich und läßt andere Einstellungen zu. Er lernt, das innere und äußere Kräfteverhältnis in Situationen neu zu sehen und zu erleben.

Charakteristische Merkmale der Traumarbeit Stufe I

Die obige Liste beruht auf intensiver Forschungsarbeit und langjähriger Erfahrung. Aus ihr geht klar hervor, was in der Traumarbeit der Stufe I möglich ist. Nachdem Sie die einzelnen Beschreibungen sorgfältig gelesen haben, müssen Sie sich nur noch fragen, ob es sich um Kriterien handelt, die Sie für sich selbst in Anspruch nehmen wollen. Wahrscheinlich haben Sie zuerst festgestellt, welche der Beschreibungen auf Sie als Neuling in Sachen Traumarbeit zutreffen. Als nächstes können Sie anhand der einzelnen Punkte feststellen, welche Schritte für Ihr weiteres Wachstum von Bedeutung sind. Wer regelmäßig mit seinen Träumen arbeitet, kann alle hier genannten Punkte entweder in Eigenregie, im Austausch mit einem Freund oder Helfer oder mit einer Traumarbeitsgruppe oder Ausbildungsgruppe erfüllen. Nach Beendigung der Traumarbeit der Stufe I dürfte es leichtfallen, positive Veränderungen bei sich selbst, in seinem Alltagsleben und in seinen Träumen zu erreichen. In der Tat läßt sich feststellen, daß sich entscheidende Probleme und Sachverhalte in späteren Träumen ganzheitlicher darstellen. Es belegt, daß Sie mit Ihrer Arbeit gut vorwärtskommen. Diese Bestätigung entstammt einer Quelle, die nicht mit dem persönlichen Ich identisch ist und auch nicht von ihm kontrolliert werden kann.

STUFE II

○ Der Traumarbeiter der Stufe II erinnert sich pro Woche an mindestens drei bis vier Träume.

○ Er bearbeitet mindestens einen Traum pro Woche mit verschiedenen Methoden der Traumarbeit.

○ Er tauscht sich über seine Träume und Ergebnisse der Traumarbeit regelmäßig mit mindestens einem anderen Menschen aus.

○ In mindestens einem erinnerten Traum pro Woche verhält sich sein Traum-Ich nicht mehr vorwiegend beobachtend, sondern beteiligt sich stärker als üblich am Traumgeschehen.

○ Soweit es seine Zeit erlaubt, erfüllt der Traumarbeiter seinen festen Vorsatz, ausnahmslos alle Träume aufzuschreiben, an die er sich erinnern kann. Er läßt nicht nur angenehme Träume gelten, die das Ich bevorzugt.

○ Dem Traum-Ich des Traumarbeiters der Stufe II gelingt es, zumindest in einigen Träumen den feindlichen Kräften die Stirn zu bieten, indem es in Krisensituationen oder im Augenblick größter Angst standhält.

○ Der Traumarbeiter macht Fortschritte, und aus einer bislang abwehrenden, duldsamen Persönlichkeit entwickelt sich ein aktiver Mensch, der sowohl im Traum als auch im Alltag aus seiner gesunden Mitte heraus lebt.

○ In mindestens einem Traum hat der Traumarbeiter eine Todeserfahrung durchgestanden.

○ Er hat inzwischen schon mehrere entscheidende Träume gehabt, die jeweils mit einer Lösung endeten, und deren Material verarbeitet, um einen Wandel in seinem äußeren Leben zu bewirken.

○ Bestimmte größere Problemstellungen oder Sachverhalte, die sowohl im Leben als auch in den Träumen vorkommen, haben inzwischen einen Wandlungsprozeß durchlaufen.

○ Der Traumarbeiter der Stufe II hat Träume, die ihm bestätigen, daß mittlerweile sowohl in seinem Bewußtsein als auch in seinem Leben entscheidende Veränderungen eingetreten sind.

○ Sein Traumleben und seine Traumarbeit haben eine Tiefe erreicht, daß er sie nunmehr als die wichtigsten Quellen anerkennt, um über sich und seine Bestimmung Einsichten zu gewinnen.

○ Er hat sich in freier Wahl dazu entschieden, seine Träume zu beobachten. Er identifiziert sich weder mit ihnen, noch deutet er sie, sondern er setzt sie in die Tat um.

○ Der Traumarbeiter der Stufe II hat mittlerweile eine individuelle Vorgehensweise erprobt, mit der er seine persönlichen Träume bearbeitet.

○ Er hat sich ziemlich stark mit seiner Anlage zur Überheblichkeit auseinandergesetzt, die ihn dazu gebracht hat, mit den Ergebnissen seiner Traumarbeit vor anderen zu prahlen.

○ Er tauscht sich über seine Träume und Erfahrungen mit der eigenen Traumarbeit mit Gleichgesinnten aus, läßt sich von seiner Gruppe unterstützen, nimmt Traumaufgaben von seinen Gefährten entgegen und stellt auch ihnen Aufgaben. Auf diese Weise bildet sich ein freundschaftlicher Zusammenhalt in der Gruppe.

○ Er setzt sich mit Projektionen auf Menschen und Lebensbedingungen auseinander und erkennt dadurch an, daß das Leben in der Außenwelt auch einen symbolischen Erfahrungswert vorweist und Ähnlichkeit mit den Trauminhalten hat.

○ Die Traumarbeit umfaßt nunmehr die folgenden grundlegenden Elemente: Auseinandersetzung mit dem Traum-Ich, Lösungsfindung, Zusammenarbeit mit dem inneren Heilzentrum, Entscheidungsfindung, Bewußtseinsarbeit, allgemeine Körperarbeit und Ausdrucksarbeit mit dem Traumkörper, spirituelle Einsichten und Unterweisungen, Heilung traumatischer und defensiver Energien, symbolische Ausdrucksweisen etwa in Form künstlerischer Darstellung, Arbeit mit der Persönlichkeitsstruktur und bewußte Beziehungen zu anderen.

Anmerkung

Es liegt auf der Hand, daß die Traumarbeit der Stufe II die eigentliche grundlegende Arbeit ist. Wer Traumarbeit der Stufe I verrichtet, versucht zu erkunden, was Traumarbeit für ihn bedeutet, hat sich allerdings noch nicht eindeutig für diese einschneidende Lebenspraxis entschieden. Wer sich auf Stufe II befindet, leistet zumindest über einen festgelegten Zeitraum seines Lebens engagierte Traumarbeit, falls nicht sogar sein Leben lang. Sowohl Stufe I als auch Stufe II erfordern Hilfestellung von außen, zum Beispiel durch regelmäßige Teilnahme an einer Traumarbeitsgruppe oder durch Einzelsitzungen unter Anleitung. Gruppenarbeit unterstützt in jedem Fall den Wachstumsprozeß des einzelnen und fördert das Gemeinschaftsgefühl. Vielleicht fühlen Sie sich darüber hinaus befähigt und sind willens, andere zu unterrichten. Möglicherweise besitzen Sie Talent zum Lehrer. Haben Sie bisher schon in ausreichendem Maß eigene Klärungsarbeit geleistet und sich infolgedessen persönlich gewandelt, um sicherzugehen, daß Sie nicht aus klassischer Selbstüberschätzung handeln? Diese Frage läßt sich nicht ohne weiteres beantworten und muß anhand der eigenen Träume sorgfältig untersucht werden.

STUFE III

○ Im Lauf von mindestens zwei Jahren haben Sie sich intensiv der Traumarbeit gewidmet. Das heißt nicht, Träume einfach nur aufzuschreiben, sondern wirklich mit ihnen zu arbeiten.

○ Aufgrund von Traumarbeit und anderweitigen Klärungsprozessen hat der Traumarbeiter eine tiefgreifende Veränderung an sich erfahren oder sich einem Wandlungsprozeß unterzogen.

○ Der Traumarbeiter hat sich mit dem Problem der Kontrolle im Alltagsleben und in seinen Träumen auseinandergesetzt. Er trachtet nicht mehr danach, im Traumgeschehen oder in äußeren Beziehungen das letzte Wort zu haben. Demzufolge hat er inzwischen gelernt, nicht ausschließlich mit den Augen des eigenen Traum-Ichs im Traumzustand zu sehen, sondern er vertritt inzwischen als unparteiischer Anwalt die Gesamtaussage des Traums. Er ist fähig, sowohl den Standpunkt der Traumquelle als auch den des Traum-Ichs einzunehmen.

○ Er hat das Problem der Kontrolle zudem in der Hinsicht bearbeitet, daß er sich eindeutig bemühte zu lernen, die Ansichten des wachen Ichs nicht auf seine Träume zu übertragen. Zu diesem Zweck greift er sowohl auf Techniken zurück, die einen direkten Zugang zu Informationen des Unbewußten eröffnen, wie beispielsweise der Dialog mit den Traumgestalten und das Wiedererleben des Traums, als auch auf die Zusammenarbeit mit einem starken und erfahrenen Helfer, zum Beispiel einen Gruppenleiter für Traumarbeit oder einen Traumarbeitstherapeuten. Auf diese Weise wird er ständig herausgefordert, seinen ichbezogenen Standpunkt hinsichtlich der eigenen Träume zu überdenken oder zurückzunehmen.

○ Er hat das Problem der Kontrolle auch bewältigt, indem er die starken Eindrücke der Träume nicht mit Hilfe von Techniken des luziden Träumens verwässert. (Luzides Träumen heißt, daß das Ich während des Träumens die Szene beherrscht und den Träumenden aufgrund eines wachbewußten Zustands von der Traumhandlung fernhält, da es sich angeblich »nur um einen Traum« handelt.) Er unterläßt es ebenfalls, mit Hilfe dieser Art von Kontrolle in die Bildabfolge des Traums einzugreifen.

○ Das Traum-Ich reagiert in Träumen mit gegnerischen Kräften auf die Herausforderung, indem es sich ihr zumindest in der Hälfte der Träume stellt und sich auf unterschiedliche Weise mit ihr befaßt, es aber unterläßt, kontrollierend in das Traumgeschehen einzugreifen.

○ Der Traumarbeiter der Stufe III ist in der Lage, mit feindlichen Konstellationen im Alltagsleben genauso aufgeschlossen und erfinderisch wie im Traumzustand umzugehen.

○ Er hat eine grundsätzliche Übereinstimmung zwischen dem Traumzustand und dem wachbewußten Leben hergestellt. Er läßt sich auch in Situationen des äußeren Lebens ähnlich schöpferische Ideen wie im Traum einfallen.

○ Er arbeitet mit allen Arten von Träumen, ungeachtet der Tatsache, ob es sich um angenehme, uninteressante oder beeindruckende Träume handelt oder ob feindlich gesinnte Elemente darin vorkommen.

○ Bei allen schriftlich notierten Träumen prüft er aufmerksam, wie sich das Traum-Ich verhalten hat, und er vermochte dadurch bereits viele seiner Einstellungen und Verhaltensweisen zu ändern.

○ Das Traum-Ich nimmt in den meisten Träumen engagiert am Traumgeschehen teil.

○ Bei einer Reihe von Träumen stellt sich die Lösung von selbst ein, bei anderen muß er bewußt arbeiten, um sie aufzulösen.

○ Im äußeren Leben nimmt er so gut wie keine Abwehrhaltung mehr ein, weil er im Traumzustand sowohl mit gegnerischen Kräften fertig geworden ist als auch Schockerlebnisse überstanden hat und das Gelernte außerdem auf seine äußeren Lebensumstände übertragen konnte.

○ Er hat zu seinem persönlichen Stil gefunden, wie er seine Träume bewußt, aktiv und wirkungsvoll mit den Methoden der Traumarbeit bearbeitet.

○ Inzwischen nutzt er das eigene Traumleben als Quelle spiritueller Weisheit und übersinnlicher Erfahrungen.

○ Hin und wieder hat er »große« Träume, in denen das Traum-Ich aktiv mit der Traumquelle zusammenarbeitet, ohne jedoch ihre Energie kontrollieren zu wollen.

○ Das Verlangen, sich in der Außenwelt darzustellen, tritt in den Hintergrund, weil der Traumarbeiter der Stufe III den Unterschied zwischen dem äußeren und inneren Leben besser erkennt und versteht.

○ Er verläßt sich fast immer auf seine intuitiven Eingebungen.

○ Entsprechend seiner Begabung und seinem Können in Sachen Traumarbeit und weiteren Wachstumsdisziplinen unterrichtet er andere oder tauscht sich mit ihnen aus.

○ Er ist sich bewußt, daß niemand einen Alleinanspruch auf sein persönliches Leben hat.

Anmerkung

Sogar Anfänger vermögen sich teilweise in den Beschreibungen der unterschiedlichen Stufen der Traumarbeit wiederzufinden. An dieser Stelle können wir nur Richtlinien aufstellen, wobei unser Hauptanliegen ist, Traumarbeit als Lebenspraxis vorzustellen, die vielschichtiger und wirkungsvoller wird, je länger man sie praktiziert. Viele Menschen studieren Traumarbeit – wie jedes neue Thema – eine Zeit lang, machen Erfahrungen mit den Grundlagen und sind der Meinung, daß sie ein Gefühl für Traumarbeit entwickelt haben, was auch tatsächlich der Fall ist. Aber danach gilt es, den festen Vorsatz zu fassen, intensiv zu arbeiten. Je länger man Traumarbeit praktiziert, um so stärker kommt ihre innewohnende Dynamik zum Ausdruck. Eine erstaunliche Tatsache ist, daß der Traum sich stets deutlich kundtut. Wer eine größere Belohnung erringen will, muß sich mehr anstrengen. Je mehr man übt, um so leichter geht die Arbeit von der Hand. Nicht jeder eignet sich für die Traumarbeit. Oder ist diese Behauptung etwa falsch, wo doch alle Menschen träumen? Könnte womöglich doch jeder – auch die Angsthasen und die Faulpelze – Traumarbeit ausführen, weil das selbstregulierende Zentrum sich anhand von Träumen in der Psyche eines jeden Menschen äußert. Die Entscheidung bleibt jedem selbst überlassen. Jeder Mensch entwickelt sich im Lauf der Zeit zu dem, für das er sich entschieden hat.

STUFE IV

○ Der Traumarbeiter der Stufe IV wurde freiwillig und unfreiwillig auf den Prüfstand gestellt. Fortwährende Traumarbeit ist im Leben dieses Menschen ein integraler Bestandteil.

○ Bedeutsame Träume lösen offensichtlich jedesmal eine größere Veränderung im Leben des Betreffenden aus.

○ Lebensumstellungen werden von zukunftsweisenden und bestätigenden Träumen begleitet.

○ Man wird der Fülle des Lebens nicht gerecht, sofern man sich mit den Ereignissen in der Außenwelt identifiziert, deshalb setzt sich der Traumarbeiter der Stufe IV mit seinen äußeren Lebensumständen wie mit Träumen auseinander.

○ Wer sich so verhält, findet Zugang zu spirituellen Energien und allumfassenden Heilkräften, die er persönlich nutzen kann. Es kommt vor, daß synchronistische Begebenheiten mit entscheidenden Handlungen einhergehen.

○ Die Persönlichkeit des Träumenden ist genauso vielschichtig und paradox angelegt wie seine Träume.

○ Der Traumarbeiter der Stufe IV stellt sich in seinem Alltagsleben außergewöhnlich geschickt an, er ist sehr erfolgreich und schöpft die Vielfalt des Lebens aus.

○ Nichts ist von besonderer Bedeutung, weil alles Bedeutung hat.

Schlußkommentar

Viele Gruppenleiter der Traumarbeit pochen darauf, ihre Träume selbst zu deuten, weil sie anhand dieser Vorgehensweise ihre vorgefaßte Meinung beibehalten können. Wer Traumsitzungen mit anderen leitet, hat deshalb noch nicht bewiesen, daß er sich der Führung der Quelle anvertraut hat. Es bleibt niemandem erspart, so lange er lebt, sich immer wieder dem gleichen Vorgang zu unterziehen, nämlich seine ichbezogenen Machtansprüche einem inneren Zentrum zu überlassen, das klüger und aufrichtiger als sein Ich ist. Leiter von Traumarbeitsgruppen oder Therapeuten sind häufig selbst auf fachkundige Hilfe angewiesen. Ist das der Fall, erscheint es ratsam, daß der Betreffende an einer Ausbildung für Traumarbeit teilnimmt oder persönliche Klärungsprozesse unter Anleitung eines anderen Traumarbeitslehrers durchführt. Das heißt, er gibt außer seinen egozentrischen Ansichten auch seine persönliche Machtposition preis und vertraut sich innerlich und äußerlich der Führung eines anderen an. Jeder ist durchaus zu solcher Klärungsarbeit fähig, doch es ist notwendig, selbst diesen Entschluß zu fassen.

Neue Besen kehren gut, neues Leben ist besser als verbrauchtes. Wer seine egozentrischen Ansichten aufgibt und sich innerlich und äußerlich von den stärksten Kraft- und Weisheitsquellen führen läßt, kommt dem Geheimnis auf die Spur, wie er seine persönliche Bestimmung im Leben verwirklichen kann. Jeder Mensch steht eines Tages vor dieser Wahl, die kein anderer für ihn treffen kann. Und niemand ist imstande zu beurteilen, ob der andere diese Entscheidung getroffen hat. Doch ein jeder weiß in seinem tiefsten Herzen, ob er gewählt hat, sich aus einer defensiv reagierenden Persönlichkeit zu einem Menschen zu entwickeln, der sich von seinen Träumen und anderen wichtigen Impulsen des Selbst leiten läßt. Wer sich dieser Art von Führung anvertraut, dessen Leben gestaltet sich viel unmittelbarer und gewinnt an Bedeutung. Die Frage, weshalb sich nicht jeder Mensch für diese Möglichkeit entscheidet, bleibt ungeklärt. Vielleicht liegt es daran, weil ein beträchtliches Opfer verlangt wird: Man wird nämlich gezwungen, seine abwehrende und egozentrische Persönlichkeit hinter sich zu lassen. Wer das allerdings geschafft hat, erfährt auf erstaunliche Art, was das Leben wirklich ist. Niemand darf es ausschließlich für sich selbst in Anspruch nehmen.

Anleitungstabelle: Funktionsweise des Traums

Im folgenden stellen wir unsere Theorie der Funktionsweise des Traums vor. Obwohl unsere Überlegungen zu den Abläufen eines Traums und der jeweiligen Traumarbeitsmethode größtenteils auf theoretischen Annahmen beruhen, handelt es sich um ein folgerichtiges, in sich geschlossenes Modell.

○ Das wache Ich des Träumenden stellt während der Einschlafphase seine bewußte Kontrollfunktion ein. Wissenschaftliche Forschungen belegen, daß der Schlaf zur physiologischen Regeneration des Körpers nicht unbedingt erforderlich ist, doch der Mensch muß schlafen, damit die in der Wachphase notwendigen Gehirnfunktionen abgeschaltet werden können. Während der Ruhephase bestimmt die integrative Funktion der Psyche die Vorgänge im mentalen Bereich, das heißt, sie verarbeitet die vorhandenen Eindrücke und sorgt auf diese Weise für das seelische Gleichgewicht. Dies ist nur möglich, wenn das wachbewußte Ich keinen Zugriff auf mentale Vorgänge hat.
○ Im Verlauf der Nacht treten mehrere Traumphasen auf. Die jeweiligen Träume geben den von der Traumquelle gesteuerten integrativen, ausgleichenden Prozeß zusammenfassend wieder.
○ Das Traumerlebnis ist die Folge der seelischen Verarbeitungsvorgänge während der Schlafphase. Da dieser Integrationsprozeß aktiv vor sich geht, sind die dynamischen Energieverlagerungen, die auf Körper und Geist wirken, im Schlaf spürbar. An diesem physiologisch-mentalen Verarbeitungsvorgang sind vielschichtige Antriebskräfte wie zum Beispiel Angst, Freude, Herausforderung, Wahrnehmung, Mut, Widerruf und so weiter beteiligt. In den Anleitungstabellen finden Sie eine Vielzahl der dabei aktivierten Gefühle und Emotionen. Diese Gemütszustände oder Dynamiken äußern sich auch in Form von Bildern, die in ihrer natürlichen Ausdrucksweise Ereignisse des äußeren Lebens aufgreifen. Ein geträumter Autounfall spiegelt beispielsweise die Antriebskraft der Zerstörung wider, die sich sowohl im inneren als im äußeren Lebensprozeß ausdrükken kann.

○ Die Traumquelle ist die integrative und ausgleichende Funktion der Psyche. Sie erzeugt Traumerlebnisse, die zum einen die natürliche Folge der inneren Verarbeitungsvorgänge sind, die während der Schlafphase einsetzen, sobald die wachbewußten Ich-Funktionen ruhen. Zum anderen drückt sich im Traum auch die erzieherische Absicht aus, die Ich-Funktion zur Zusammenarbeit in einem ganzheitlich orientierten Entwicklungsprozeß anzuhalten.

○ Die Traumquelle erzieht die Ich-Funktion anhand von Träumen, das heißt, sie versucht, den Aufgabenbereich des Ichs zu verlagern. Auf diese Weise gelingt es der Ich-Funktion besser, sich als integratives Element am Prozeß der Ganzwerdung zu beteiligen, in dem sowohl die seelische Verfassung als auch die konkreten Lebensverhältnisse des einzelnen zu einer Einheit zusammengefügt werden.

○ In häufigen Fällen ist die Ich-Funktion infolge ihrer wachbewußten Aktivität, die Tagesereignisse und Sachverhalte willentlich und durch zielgerichtete Wahrnehmung zu kontrollieren, beeinträchtigt. Wenn möglich würde das Ich wohl versuchen, vierundzwanzig Stunden lang wach zu bleiben. Doch schreitet das stärkere integrative Zentrum der Psyche ein. Das Ich, das nach einer langen Tätigkeitsphase über eine geringere Energiemenge verfugt, ist geschwächt. So stellen sich Müdigkeit und das Bedürfnis nach Schlaf ein. Bei Einschlafschwierigkeiten versucht das wachbewußte Ich, den Verarbeitungsprozeß zu steuern, was allerdings die Aufgabe der Traumquelle ist, der sie auch durchaus nachkommen würde, wäre der Betreffende nur bereit, sein Kontrollverhalten aufzugeben.

○ Die Ich-Funktion geht selektiv vor, indem sie einige Erlebnisse verstärkt, andere dagegen unterdrückt. Da der Traumquelle die Aufgabe der Integration und Vervollständigung zufällt, muß sie im Namen der Ganzheit versuchen, das von seiten des Ichs unterdrückte Material erneut ins Gesichtsfeld zu rücken. So entstehen Alpträume oder ähnlich schwierige Träume. Alles, was im Wachbewußtsein verdrängt wurde, kommt in den Träumen wieder zum Vorschein, damit es verarbeitet werden kann.

○ Die Traumquelle bedient sich der bilderzeugenden Funktion der Psyche. Es ist die Sprache, die wir bereits in der Kindheit lernen, mit der wir innere Stimmungsbilder und emotionsgeladene Situationen – die sogenannten Träume – hervorrufen können. Diese Tatsache ist bekannt, weil wir auch andere Arten von bildhaften Erfahrungen erzeugen. Visualisierungen sind keine Träume, weil sie größtenteils der wachbewußten Ich-Funktion zuzuschreiben sind, die willentlich bestimmte Bilder aufsteigen läßt. Mit dem Auftauchen dieser Bildfolgen geht häufig ein Gefühlszustand einher, da wir das emotionale

Kräftespiel nachempfinden, das in den bildhaften Szenen eingebettet ist. Träume unterscheiden sich von Visualisierungen, weil sie weitestgehend nicht von der Ich-Funktion, sondern von der integrativen Funktion (Traumquelle) erzeugt werden. Im Fall eines luziden Traums versucht die Ich-Funktion, Bilder zu erzeugen, eine Aufgabe, die im Traumzustand normalerweise der integrativen Funktion der Psyche, also der Traumquelle, zukommt.

○ Wenn ein schlafender Mensch träumt, vermag ein Teil seines Wesens immer noch wahrzunehmen. Dann wird eine Ich-Funktion von der Traumquelle aktiviert, weil sie eine Antriebskraft ins Spiel bringt, die sie dem Träumenden bewußtmachen will – dadurch, daß sich das Traum-Ich mit ihr identifiziert. Um den Betreffenden aufmerksam zu machen, erweckt die Traumquelle im Traum das Bild seines Körpers, der – bekleidet oder nackt – einer Bedrohung oder Gefahr ausgesetzt wird. Die meisten Menschen nehmen diese Träume ernst und wollen sie entweder im Gedächtnis behalten oder vergessen, da sie sich mit ihrem Körper identifizieren, der sozusagen ihrem Selbstbild entspricht. Wer im wachbewußten Leben Erlebnisse und Gefühle unterdrückt oder verdrängt, läuft Gefahr, sich im Umgang mit den Eindrücken und Erfahrungen seines Traums ebenso zu verhalten. Unsere Methode lehrt den Traumarbeiter, emotional befrachtete Vorkommnisse weder im wachbewußten Zustand noch im Traum zu unterdrücken. Auf diese Weise gelingt es dem einzelnen besser, sich mit allen auftretenden Antriebskräften zu befassen und sie zu integrieren.

○ Die Traumquelle versucht während des Traums, die Ich-Funktion aufzurütteln und zu wandeln, damit sie sich beim Integrationsprozeß aller seelischen Anteile kooperativer verhält. Aus diesem Grund erzeugt sie Situationen im Traum, in denen sich das Traum-Ich bedroht fühlt oder herausgefordert wird, und meistens sieht es sich mit den gleichen Inhalten konfrontiert, die auch im Alltag auftreten. Daraus läßt sich schließen, daß es der Traumquelle oder integrativen Funktion ohne Mitwirkung der Ich-Funktion nicht möglich ist, einen vollständigen Ausgleich der gesamten seelischen Verfassung zu erreichen. Wir ermahnen daher alle Traumarbeiter ausdrücklich, ihre Ich-Funktion ganz in den Dienst der Traumquelle zu stellen, indem sie sich bewußt mit ihren Träumen auseinandersetzen, anstatt weiter zu versuchen, nach dem gleichen Muster, wie sie auch ihre Mitmenschen und die Tagesereignisse im wachbewußten Leben kontrollieren, in sie einzugreifen. Wer die Kontrolle des Ichs einstellt und sich um Vervollständigung und Ganzheit bemüht, hat ein gesünderes und erfüllteres Leben gewählt. Bei allen Träumen kommt diese Botschaft ganz klar zum Ausdruck – mögen sie bisweilen nach Ansicht des Ichs auch noch so unzumutbar oder zusammenhanglos erscheinen.

○ Während und nach einem Traumerlebnis ist der Mechanismus des Ichs wirksam. Genau das ist die Absicht der Traumquelle, deshalb taucht auch in fast allen Träumen üblicherweise das Symbol des Traum-Ichs als Abbild des Träumenden auf. Wenn die Ich-Funktion auf den Plan gerufen wird, heißt das allerdings, daß außer dem gesteigerten Wahrnehmungsvermögen und der Bereitschaft zur Mithilfe – sofern vorhanden – auch andere entwickelte Aspekte der Ich-Funktion, wie beispielsweise ihr Dominanzstreben und ihr Verdrängungsmechanismus, aktiviert werden.

○ Die Ich-Funktion des Träumenden versucht entweder, sich an den Traum zu erinnern oder ihn zu vergessen. Bei der Rückerinnerung an einen Traum wird die neurologische Funktion reaktiviert, indem die entsprechende Energie durch die Nervenbahnen gelenkt wird. Hin und wieder kommt es allerdings vor, daß wir uns nicht erinnern können, weil die Spuren verschwunden sind oder der Vordrängungsmechanismus sich stärker als das Erinnerungsvermögen durchsetzt.

○ Der Träumende erwacht und schreibt den Traum auf, wenn er sich entschieden hat, seine Ich-Funktion auf diese Weise einzusetzen. Nun träumt der Träumende nicht mehr den ursprünglichen Traum, sondern verfolgt dessen Spur. Diese Art der konzentrierten Wahrnehmung bezeichnet man auch als selektive Wahrnehmung. Uns liegt daran, möglichst genau wahrzunehmen, aber bei dieser Gedächtnisleistung werden auch andere Funktionen des Ichs aktiviert und greifen in den Prozeß ein. Die Rede ist von Einstellungen, Kontrollversuchen, dem Verdrängungsmechanismus, der vorhandenen Weltanschauung und auch von dem Einfluß, den unbewußte Verhaltensmuster auf die Psyche haben, die genaugenommen für die Funktionsweise des Ichs nicht unmittelbar entscheidend sind, aber zweifellos auf sie einwirken. Der Traumbericht ist also das Ergebnis selektiver Wahrnehmung.

○ Der Traumbericht stellt ein Sammelsurium an Gefühlen, Bildern und Handlungen dar, aus denen sich das ursprüngliche erinnerte Traumerlebnis zusammensetzt. Wir bringen all diese Eindrücke so schnell wie möglich zu Papier und schränken die aktive Beteiligung des wachen Ichs nach Möglichkeit ein, um dessen verfälschenden Einfluß auf die Erstellung des Traumberichts gering zu halten.

○ Wenn der Träumende sich auf die Niederschrift des möglichst plastischen Traumberichts konzentriert, hilft ihm diese Übung, sich in die ursprüngliche Traumerfahrung zurückzuversetzen. Der Traumbericht stellt neben der erneuten Vergegenwärtigung des Traums die Grundlage aller weiteren Traumarbeitsübungen dar. Wir gehen von der grundsätzlichen Annahme aus, daß die Traumquelle sich bei der Erzeugung des ursprünglichen Traumerlebnisses die universelle Bildersprache zu Hilfe nimmt. Daher ist es möglich, einen großen Teil des Urtraums gefühlsmäßig wiederzuerleben, indem wir uns auf die Bilder des Traumberichts einlassen und die vorgestellten Traumarbeitstechniken anwenden. Bilder reaktivieren die Dynamik der Quelle.

○ Der Traumbericht setzt sich aus Bildern zusammen, da auch die Ich-Funktion Bilder gebraucht, um sich leichter an innere oder äußere Erlebnisse zu erinnern. Wir können nicht mit absoluter Sicherheit behaupten, daß die ursprünglichen Traumbilder einzig und allein der Traumquelle zu verdanken sind. Es ist möglich, daß die Traumquelle teilweise an dem integrativen Verarbeitungsprozeß mitwirkt, indem sie Eindrücke und dynamische Energiezustände erzeugt, die dann von der Ich-Funktion, die sich in das Traumgeschehen einschaltet, automatisch in Bilder übersetzt werden, während der Träumende schläft. Ein von Geburt an blinder Mensch ist außerstande, die Bildersprache in sich zu entwickeln, dennoch kann er verschiedene Gefühlszustände unterscheiden, indem er außer dem Sehen noch andere Sinne gebraucht.

○ Der Träumende bearbeitet seinen Traum anhand von Traumarbeitstechniken. Er trägt den Traumbericht seiner Traumarbeitsgruppe vor oder bearbeitet den Inhalt seiner Träume selbständig oder mit Hilfe eines Therapeuten. Er versetzt sich unmittelbar in die bildhaften Szenen und in den Handlungsablauf des Traums zurück und erlebt sie aufs neue. Spielen wir die Bilder und Handlungselemente anhand von Traumdarstellungen durch, werden im einzelnen sowie in allen übrigen Gruppenteilnehmern unweigerlich starke Antriebskräfte wachgerufen. Findet dieser Prozeß in einer Traumgruppe mit einem erfahrenen Leiter statt, wird die Darstellung des gesamten Trauminhalts im Gegensatz zum ursprünglichen Traumerlebnis unterstützend begleitet. Im Urtraum stand dem Träumenden nur die Leitung seines eigenen Ichs zur Verfügung, das allerdings meist darauf bedacht ist, bestimmte Anteile des Traumgeschehens zu unterdrücken, besonders dann, wenn es nicht im Sinne des bewußten Ganzheitsprinzips geschult ist. Wird der Inhalt zumindest einer wichtigen Traumszene umfassend dargestellt, ist die Erfahrung von Ganzheit und Integration möglich. Da es sich bei Traumdarstellungen um emotionale Erfahrungen handelt, hat diese Art von Traumarbeit direkte Auswirkungen auf die seelische Verfassung des Träumenden und der anderen Gruppenmitglieder. Es kommt zu Verlagerungen der psychischen Antriebskräfte, was schließlich zu einer umfassenderen Ganzwerdung und zu einem harmonischen Gleichgewicht aller Anteile führt. Der Grundsatz von Ganzheit und Integration entspricht genau der Aufgabe und Absicht der Traumquelle. Wenn wir uns in den ursprünglichen Traum zurückversetzen und uns bemühen, dessen Konflikte zu lösen, erweisen sich andere Traumtechniken, wie zum Beispiel das Wiedererleben des Traums und der Dialog mit den Traumgestalten, ebenfalls als hilfreiche Maßnahmen.

○ Ein weiterer wichtiger Aspekt der Traumarbeit besteht darin, die Ich-Funktion umzuerziehen und auf neue Ziele auszurichten, so daß sie ihre Neigung, zu kontrollieren und zu unterdrücken, zugunsten einer inneren Verpflichtung zu bewußter Ganzwerdung aufgibt. Zur Bearbeitung von Traumberichten sind vorwiegend folgende Methoden anzuwenden: die Objektivierung des Traums, die Beobachtung des Traum-Ichs oder Lehrträume beziehungsweise Traumarbeit mit Archetypen, die uns unterstützen, die Anschauungen unseres Ichs zu ändern.

○ Die Traumarbeit bringt es mit sich, daß wir unser Leben umstellen, um leistungsfähiger, zufriedener und erfüllter zu sein. Von der wachbewußten Ich-Funktion wird gefordert, daß sie sowohl sich selbst als auch ihr Umfeld ändert. Zu diesem Zweck eignen sich Traumaufgaben. Wir übertragen die Aussagen der Traumberichte auf bestehende äußere Lebensprobleme, setzen uns eingehend mit ihnen auseinander und bewältigen sie mit Hilfe von Traumaufgaben. Traumaufgaben, die in dieser Weise ausgeführt werden, führen oftmals zu größeren Umstellungen innerhalb unserer Persönlichkeit, Ich-Funktion und Lebensweise.

○ Regelmäßige Traumarbeit macht sich in späteren Träumen bemerkbar. Die Ich-Funktion hört auf, emotionale Inhalte zu unterdrücken, sondern bemüht sich, ihnen gerecht zu werden. Das läßt sich daran ablesen, daß sich das Traum-Ich in Folgeträumen anders verhält und daß sich der Träumende auf andere Weise an seine Träume erinnert. Die Situationen und Problemstellungen im Traum haben sich nun ebenfalls verändert. Neue Themen tauchen auf, alte Probleme sind gelöst und treten in Träumen nicht mehr in Erscheinung. Bei den neuen Trauminhalten lassen sich deutlichere Lösungsansätze feststellen, weil die integrative Funktion der Traumquelle nicht mehr von einer übermäßig kontrollierenden Ich-Funktion bekämpft wird.

○ Regelmäßige Traumarbeit führt zu den geschilderten Umstellungen, und es hat den Anschein, als ob noch weitere Energiekanäle erschlossen werden. Im Traumzustand bearbeiten wir nun eine größere Anzahl von Themen. Daraus können sich spirituelle Einsichten und Erfahrungen entwickeln. Es entsteht wirklich der Eindruck, als ob eine Weisheitsquelle mit Hilfe von Träumen und anderen Mitteln unser Leben leitet. Wir erleben nicht nur während des Träumens intuitive Eingebungen, sondern auch jederzeit im Wachzustand. Wir spüren und handeln, als ob wir geführt werden. Im Leben des Traumarbeiters zeigen sich Fülle und Leistungskraft.

○ Traumarbeit ist kein einmaliges Unternehmen, denn es wird immer Themen geben, mit denen wir uns befassen müssen. Die Fähigkeit, effektiv mit den eigenen Träumen zu arbeiten, drückt sich eher als kontinuierlicher Wachstumsprozeß und nicht als Zustand absoluter Meisterschaft aus. Ich für meinen Teil habe bisher zumindest niemanden getroffen, der diese Disziplin gemeistert hat. Mir persönlich ist es mit Sicherheit auch nicht gelungen. Es gibt allerdings Zeitgenossen, die mit Traumarbeit größere Erfolge haben als ich, besonders wenn sie bereits in jungen Jahren damit anfangen. Kinder können Traumarbeit als natürliche Fertigkeit erlernen, ähnlich wie ihnen lesen, schreiben und vieles mehr beigebracht wird. Aus obiger Schilderung geht klar hervor, daß Traumarbeit eine wertvolle und erlernbare Technik ist, mit der wir die Ganzheitsfunktion (Traumquelle) bei ihrer lebenswichtigen Ausgleichs- und Entwicklungsarbeit hinsichtlich der seelischen Verfassung unterstützen können. Traumarbeit bietet zukünftigen Generationen kolossale Entfaltungsmöglichkeiten und kündigt den bevorstehenden evolutionären Schritt an.

13. Weitere Traumarbeitsmethoden

Zeit und Raum erscheinen uns knapp. Wo finden wir ausreichend Zeit und Raum, um all unseren Wünschen nachzugehen? Es gibt weder genügend Zeit noch Raum! Wir sind deshalb gezwungen, Opfer zu bringen, uns einzuschränken und unsere Aktivitäten auf die wichtigsten Momente zu verdichten. Wir beschreiben nun weitere Traumarbeitsmethoden, denen bislang noch kein spezielles Kapitel gewidmet wurde. Es genügen die folgenden Anweisungen, um diese Methoden anzuwenden. Durch eigene Erfahrung lernen Sie, wie Sie am besten mit den verschiedensten Techniken umgehen.

Lehrträume

Die meisten Träume, wenn nicht alle Träume, bieten uns anhand von Bildern und der Traumhandlung eine Lehrstunde über uns selbst und das Leben im allgemeinen. Die Traumquelle stellt auch den Bewußtseinszustand des Träumenden in Form einer Traumszene dar, in der das Traum-Ich an dem Geschehen im Traum teilnimmt oder sich den angesprochenen Themen entzieht. Ein fortgeschrittener Traumarbeiter muß die Fähigkeit entwickeln, sich im Sinne der Ganzheit im Traumzustand und im Alltagsleben angemessen zu verhalten. Wenn wir unmittelbar aus unserem Traumerlebnis Nutzen ziehen wollen, ist es unerläßlich, daß wir bereit sind, etwas aus den eigenen Träumen zu lernen, da jeder Traum eine Lehrfunktion hat.

Träume sprechen zu uns in der universellen Sprache der

Bilder. Unsere Aufgabe ist es, die Bilder in sinnvolle Aussagen zu übersetzen, die eine Gesetzmäßigkeit oder einen Grundsatz beschreiben, den der Traum verkörpert. Wenn wir mit vielen Träumen in dieser Weise arbeiten, werden wir mit Sicherheit in Träumen mehr Weisheit als in irgendeiner anderen inneren oder äußeren Weisheitsquelle entdecken können. Woher stammen die Gleichnisse und Lehren in den Schriften der verschiedenen Weltreligionen, wenn nicht von der Traumquelle? Wir wenden uns wieder dem Schöpfer und dem Ursprung zu, um alles aus erster Hand zu lernen.

Kürzlich hatte ich folgenden Traum, der zwar anschaulich war, doch keinen Sinn für mich ergab. Nach dem Erwachen zerbrach ich mir den Kopf, weil ich einfach nicht erkennen konnte, was mir der Traum zu verstehen geben wollte. Was hatte er überhaupt mit meinem Leben zu tun? Aus diesem Grund wandelte ich ihn in einen Lehrtraum um und versetzte mich so in die Lage, den Sinn des Traums zu erfassen.

Traumtitel: Eine Kletterpartie

Ich träume, daß meine dreiundzwanzigjährige Tochter und ich auf je einem Ast nebeneinander klettern. Ein Arbeiter hat die beiden Äste wohl irgendwie zusammengebunden. Ich habe ein Seil bei mir und sehe mich nun vor die Entscheidung gestellt, ob ich es dazu verwenden soll, die Äste zu verstärken und für uns beide sicherer zu machen oder es für den Notfall bereitzuhalten. Uns kommt entgegen, daß die beiden Äste aneinander befestigt sind, aber die Kletterpartie ist trotzdem ein gefährliches Unterfangen. Ich habe das Gefühl, ich sollte es lieber dem Pfleger des Baums überlassen, die ganze Angelegenheit sicherer zu machen. Meine Tochter und ich unterhalten uns über ihren High-School-Abschluß, der allerdings bislang noch nicht erfolgt ist. Soll ich ihr beim Abschlußexamen helfen oder mit ihr auf den Ästen herumklettern? Ich komme zu dem Entschluß, daß ich für sie da bin, wenn sie mich braucht, aber ich werde sie nicht allzusehr beeinflussen.

Die Lehre

Wenn Sie zusammen mit einer anderen Person auf einem Ast klettern, sollten Sie versuchen, sich nicht um den anderen zu kümmern, sondern statt dessen tunlichst auf Ihre eigene Sicherheit achten. Jeder Mensch vermag auf sich selbst am besten aufzupassen. In einer solchen Situation ist es nicht besonders angebracht, sich um den anderen zu sorgen. Sofern die zweite Person die entsprechende Initiative ergreift, können Sie Ihre Hilfsbereitschaft zeigen.

○ Sie sollten anderen nur Hilfe zur Selbsthilfe leisten, wenn sie darum bitten.
○ Wenn Sie sich in einer heiklen Ausgangslage befinden, sollten Sie aus Überlebensgründen zuerst auf die eigene Sicherheit achten und anderen Unterstützung leisten, sofern sie es wollen.
○ In gefährlichen Situationen, die Sie nicht unter Kontrolle haben, wird Hilfe Sie erreichen, wenn Sie für die eigene Sicherheit Verantwortung übernehmen.
○ Je mehr Sie auf sich selbst achten und sich ins Gleichgewicht bringen, um so eher werden Sie in gefährlichen Situationen Unterstützung finden.
○ Es ist durchaus möglich, im Leben Wagnisse einzugehen, wenn Sie verantwortlich mit sich selbst umgehen.

Die praktische Umsetzung

Obwohl mir der Sinn des Traums nicht klar war, verstand ich, welche Bedeutung der Trauminhalt für meine aktuellen Lebensverhältnisse hatte, als ich die Lehre daraus zog.

○ Am Abend zuvor leitete ich eine Sitzung einer Traumarbeitsgruppe. Dabei half ich den Teilnehmern, sich ihre Neigung zu vergegenwärtigen, automatisch auf andere einzugehen, statt sich um sich selbst zu kümmern. Wer die Tendenz hat, sich in Krisensituationen von sich selbst ablenken zu lassen, um anderen beizustehen, schwächt sich selbst und die betreffende Person.

347

Sein inneres Gleichgewicht wahrt man zwar nicht dadurch, daß man sich als Nabel der Welt betrachtet, doch es hat sich bestens bewährt, sich in kreativer Weise mit sich selbst zu befassen und aus seiner eigenen Mitte heraus zu leben.

○ In einer langjährigen Freundschaft mit einer Frau lasse ich mich stets in wundervoller Weise von vielen Dingen berühren, die wir miteinander teilen. Dabei laufe ich Gefahr, mich in ihrer Person und ihrem Leben zu verlieren und dem sogenannten»Ich liebe dich«-Syndrom zu erliegen, statt zu sagen:»Ich liebe mich selbst, wenn ich mit dir zusammen bin, und das ermöglicht mir, dich auch zu lieben.« Ich habe mich sehr bemüht, meine Projektionen in bezug auf diese Frau zurückzunehmen und mein übermäßiges Engagement für sie einzustellen. Dadurch gelang es uns besser und problemloser, uns einander mitzuteilen, anstatt aufeinander zu projizieren. Mir kommt die Beziehung wie eine Kletterpartie vor, weil ich bewußt ein Wagnis eingegangen bin und nicht versuche, die Oberhand zu behalten.

Übersicht zum Lehrtraum

Dem Anschein nach sind gewisse Träume besser als andere dazu geeignet, aus ihrem Inhalt einen Lehrtraum abzuleiten. Wir halten Ausschau, ob eine zentrale Grundaussage über den Träumenden selbst und das Leben im allgemeinen vorliegt, die in der Traumhandlung und in der Bildfolge des Traums zum Ausdruck kommt. Im nächsten Schritt wird die Erkenntnis auf die eigenen äußeren Lebensumstände übertragen.

○ Als erstes objektivieren Sie den Traum und beobachten das Verhalten des Traum-Ichs, zumindest soweit es den Hauptteil oder die wichtigste Szene des Traums betrifft. Welche Themen werden darin behandelt? Wie geht das Traum-Ich auf die vorhandenen Konflikte und Probleme ein, oder auf welche Weise unterläßt es das Traum-Ich, sich mit ihnen auseinanderzusetzen?

○ Sie untersuchen, ob sich im Traum eine Lösung zu einem wichtigen Lebens- oder Traumthema abzeichnet. Wenn es keine Auflösung gibt, läßt sich nur schwer eine Lehre formulieren. Vielleicht sind Sie zu früh erwacht oder haben im Traumzustand die Lösungsfindung verweigert. Sie greifen in jedem Fall entweder auf einen

---

gelösten Traum zurück oder erleben den gewählten Traum aufs neue und führen auf diese Weise eine Lösung herbei. Danach beschreiben Sie den Sachverhalt und die Lösungsfindung.

○ Als nächstes verallgemeinern Sie das Traumthema und dessen Auflösung. Formulieren Sie allgemeine Aussagen wie: »Am besten verfährt man, wenn...« Oder: »Immer wenn ich... tue, geschieht...« Die Bedeutung des Traums läßt sich vielleicht in mehreren Lehrsätzen ausdrücken. Vorerst legen Sie sich auf eine allgemeine Aussage fest, später formulieren Sie die Kerngedanken in Form von kurzen Grundsätzen über die eigene Person und das Leben.

○ Diese Grundwahrheiten sind auf die aktuellen Lebensverhältnisse zu übertragen. Bringen Sie noch weitere Vorsätze und Verpflichtungen über die eigene Lebensweise zum Ausdruck, die Sie in Zukunft beherzigen wollen.

○ Wenn Sie Ihre Träume aufschreiben und bearbeiten, stoßen Sie ständig auf neue Lektionen, die später im eigenen Leben umgesetzt werden sollen. Ein großartiger Schatz an Einsichten und Weisheit eröffnet sich demjenigen, der aus einer größeren Anzahl von Träumen die belehrenden Botschaften herausfiltert. Besonders wichtig ist, die Lehren zu beherzigen, die in Folgeträumen und in äußeren Lebenssituationen wieder auftauchen.

○ Machen Sie sich den allgemeinen Lebensgrundsatz zu eigen, daß alle Begebenheiten, die sich ereignen, eine Lehre für die Beteiligten bereithalten. Die geschilderte Vorgehensweise eignet sich gut, um die Lehre des Traums sichtbar zu machen.

○ Wenn Sie Schwierigkeiten im Umgang mit dem Verfahren haben, sollten Sie folgendes ausprobieren: Vergegenwärtigen Sie sich den Traum, ohne zu viel über ihn nachzugrübeln. Mit dem Stift in der Hand sollten Sie sich dann die Frage stellen: »Was will mir dieser Traum sagen?« und sofort alles, was Ihnen in den Sinn kommt, niederschreiben, bis die Energiewelle verebbt. Danach werten Sie das Geschriebene aus, indem Sie es mit der Aussage des Traums und mit der persönlichen Lebensweise vergleichen. Mögen Sie die Botschaft mit Leben erfüllen, so gut Sie nur können.

Klärung von Beziehungen im Traum

Träume liefern nicht unbedingt Antworten auf Partnerschafts-probleme, aber sie enthüllen, welche Konflikte und Themen wichtig sein könnten oder welches Beziehungsmuster bei dem Träumenden vorliegt. Wir können ohne weiteres um einen Traum bitten, der Aufklärung über eine bestehende Beziehung zu einem anderen Menschen bringen soll. Die Frage könnte etwa so lauten: »Wäre es günstiger, wenn ich mit... eine Beziehung eingehe?« Statt einer eindeutigen Antwort erhalten wir einen Traum, der offenbart, wie unsere Beziehungen zu anderen Menschen üblicherweise aussehen. Nicht schlecht! Der Traumquelle liegt mehr daran, wie der Träumende sich in Partnerschaften verhält, statt die Frage zu klären, mit wem er sich einlassen soll. Wir lernen ausnahmslos von jedem Menschen, dem wir begegnen, etwas über Partnerschaft und Beziehung.

Menschen, die sich auf ihrer bewußten Lebensreise befinden, suchen in der Partnerschaft weniger eine anregende Gesellschaft, sondern vielmehr eine innere Wachstumsmöglichkeit. Enge, vertrauensvolle oder intime Beziehungen, wie beispielsweise in einem Liebesverhältnis, in der Familie, im Freundeskreis, am Arbeitsplatz oder in Feindschaften, können zugrundeliegende Dynamiken und herausfordernde Situationen auslösen, die bewußt integriert werden müssen.

Jeder Mensch projiziert vorwiegend alle seine schwach entwickelten Funktionen auf seine Umgebung. Um uns aus zwanghaften »Beziehungskisten« befreien zu können, müssen wir uns bewußt machen, welche Probleme, Gefühle und so weiter durch das fragliche Verhältnis entstanden sind, und uns mit ihnen befassen. Diese Maßnahme ist einerseits wichtig, um uns zu gesunden, ganzheitlich orientierten und lebenstüchtigen Menschen zu entwickeln, doch dieser Aufgabe unterziehen wir uns auch, um unseren Partner und die Beziehung von den eigenen unbewußten Verhaltensmustern und Übertragungen zu befreien. Wenn wir einen anderen Menschen wirklich lieben, legen wir Wert darauf, ihn mit unserem seelischen Müll und unseren

Projektionen zu verschonen, und wir möchten unseren Partner realistisch sehen. Leider entpuppt sich die sogenannte Liebe in den meisten Fällen nur als Projektion und Abhängigkeit. »Ich liebe dich« bedeutet: »Ich liebe den Menschen in dir, auf den ich projiziere. Ich liebe dich, weil du meine Projektionen erfüllst. In deiner Nähe fühle ich mich wohl, weil ich dich nach Herzenslust zu meiner Projektionsfläche machen kann, weil ich mich aus diesem Grund erfolgreich davor drücke, mich um meine ganz persönlichen Angelegenheiten zu kümmern und sie aufzuklären. Ach, welch ein wundervoller Mensch du doch bist!« Es ist nur natürlich, wenn der Partner verbittert und enttäuscht reagiert oder mit manipulativen Gegenmaßnahmen aufwartet, sobald wir seine Projektionen nicht mehr ertragen können oder er sich selbst weigert, sie sich noch länger aufbürden zu lassen. Regelmäßige Traumarbeit – allein oder in Zusammenarbeit mit anderen – vermag hier klärend zu wirken, weil in Träumen außer der Partnerschaft noch weitere Themen vorgegeben sind, anhand derer archetypische Dynamiken oder Projektionen aufgearbeitet werden können.

Selbst wenn wir uns gegenwärtig nicht in einer engen oder intimen Partnerschaft befinden, tauchen im Traum Beziehungsprobleme auf. Wer derzeit ohne Sexualpartner lebt und daher kein nennenswertes Liebesleben hat, kommt dennoch anhand von Träumen in den Genuß von Sex und Gefühlsaustausch. Mit Hilfe der Traumarbeit können wir uns mit dem Thema Partnerschaft auseinandersetzen, unabhängig davon, ob wir im äußeren Leben eine Beziehung haben oder nicht. Wer eine intime Partnerschaft unterhält, sollte aus denselben Gründen mit regelmäßiger Traumarbeit fortfahren. Einerseits ist es wichtig, die Konflikte und Sachverhalte zu klären, die innerhalb der Beziehung auftreten, andererseits geht es darum, sich das konkrete Verhältnis bewußtzumachen.

Übersicht zur Klärung von Beziehungen im Traum

○ Untersuchen Sie Ihre Träume, um festzustellen, auf welche Weise Sie auf Situationen oder auf Menschen reagieren. Wichtig ist, daß Sie sehen, wie Sie sich tatsächlich verhalten und welche Einstellungen zugrunde liegen. Wenden Sie die Technik der Beobachtung des Traum-Ichs an.

○ Bestimmen Sie, welche Bedeutung Sie dem Traumpartner im Traum und im Leben zumessen, wem oder was er entspricht und welchen Einfluß Ihre Meinung über Ihren Partner sowohl auf Ihre Beziehung im Traum als auch auf Ihre Partnerschaft im äußeren Leben hat. Verwenden Sie die Methoden Zwiegespräch mit den Traumgestalten und Traumarbeit mit Archetypen.

○ Skizzieren Sie das Beziehungsmuster, das im Traum zum Vorschein kommt, und beschreiben Sie die wesentlichen Punkte. Anhand dieser Schilderung ermitteln Sie, welche Gegensätze und Ähnlichkeiten vorhanden sind und wie Sie im äußeren Leben vorgehen, um Kontakte zu knüpfen und Beziehungen zu pflegen. Arbeiten Sie mit der Methode Objektivierung des Traums, dem Prinzip der Gegensätze und Gemeinsamkeiten, und erfassen Sie durch Kürzungen die Essenz.

○ Bemühen Sie sich im Traumzustand um die Lösung der Beziehungsproblematik, die der Traum aufwirft. Als nächstes übertragen Sie die brauchbaren Lösungsansätze des Traums auf die Konflikte in Ihrer Partnerschaft im äußeren Leben. Achten Sie darauf, ob in späteren Träumen eine Bestätigung Ihres veränderten Verhaltens erfolgt und in welcher Weise die Problemstellungen sich in der äußeren Partnerschaft weiterentwickeln. Wenden Sie wahlweise folgende Techniken an: Objektivierung des Traums, Beobachtung des Traum-Ichs, Schlüsselfragen, Zwiegespräch mit den Traumgestalten und Wiedererleben des Traums oder Darstellung des Traums.

○ Halten Sie auf den letzten Seiten Ihres Traumtagebuchs ein »Beziehungsprofil« fest. Die Hauptaufgabe besteht nicht in erster Linie darin zu verfolgen, was im Außen vor sich geht oder was Ihnen im Austausch mit einem Partner widerfahren ist. Es geht vielmehr darum, bewußt nachzuvollziehen, welche Veränderungen, Entscheidungen und Umstellungen in der Auseinandersetzung mit den archetypischen Antriebskräften in Ihnen persönlich und in Ihrer Partnerschaft erfolgt sind. Beginnen Sie eine Liste, in die Sie alle wichtigen Energieveränderungen in Beziehungen im Traum sowie im äußeren Leben eintragen und jeweils mit Datumsangabe versehen. Führen Sie zwei gesonderte Listen, und vergleichen Sie später, welche Verbindungen sich abzeichnen.

○ Üben Sie bei den Beziehungsträumen vorwiegend das Zwiegespräch mit den Traumgestalten. Unterhalten Sie sich mit den Traumgestalten in der gleichen Weise, wie Sie es auch mit einer realen Person tun würden. Fragen Sie die einzelnen Gestalten: »Welche Bedeutung hast du für mich? Wie stehe ich zu dir?« Bitten Sie eine der Traumgestalten, Ihnen mitzuteilen, um welches Kernproblem es eigentlich geht und wie Sie etwas daraus lernen können.

Übersicht zur künstlerischen Umsetzung von Träumen

Das Wichtigste bei der künstlerischen Umsetzung der Träume ist, daß wir der Quelle ein Bild nach dem anderen zurückgeben können, so wie wir sie einst von ihr empfangen haben. Schon allein die Tatsache, daß wir den eigenen Traum künstlerisch darstellen, verleiht ihm Lebendigkeit, was dazu beiträgt, daß wir ihn jahrelang nicht vergessen. Das Kunstwerk kann eine genauso starke Wirkung wie der Traum besitzen.

○ Nach dem Aufschreiben des Traums wählen Sie aus, welches Hauptthema Sie malen möchten, und legen die nötigen Malutensilien zurecht: Ölfarben, Wachsmalstifte, Buntstifte oder Wasserfarben. Sorgen Sie stets dafür, daß genügend Material griffbereit ist, damit Sie schnell und schöpferisch ans Werk gehen können.

○ Wer im Malen von Träumen noch ein Anfänger ist, hat möglicherweise mit der überkommenen Vorstellung zu kämpfen, daß nur guten Künstlern das Recht zu malen zustehe. Wer so denkt, sabotiert seine eigenen Bemühungen. Die innere Quelle eines jeden Menschen malt bereits Nacht für Nacht ihre Bilder. Wenn Sie sich einfach der Quelle überlassen und mit ihr in Einklang sind, kommen die Bilder in Fluß. Kunstkritische oder ästhetische Vorbehalte sind überflüssig. Sie haben ja nicht vor, Kunstmaler zu werden, sondern gehen dem uralten Bedürfnis nach, die eigenen Träume künstlerisch darzustellen. Wenn Sie Hemmungen haben und gelöster werden wollen, tun Sie gut daran, ein Gespräch mit Ihrem inneren Kritiker zu führen.

○ Bereiten Sie die Malsitzung an einem Ort vor, an dem Sie ungestört arbeiten können. Stimmen Sie sich meditativ ein, und schließen Sie sogar eine Minute lang die Augen, um sich die Traumszene erneut zu vergegenwärtigen. Danach öffnen Sie die Augen und greifen spontan zu den Farben. Versuchen Sie nicht, den ursprünglichen Traum exakt wiederzugeben, sondern erlauben Sie der inneren Quelle, frei zu fließen. Arbeiten Sie schnell, doch nicht peinlich genau. Dulden Sie nicht, daß Ihr innerer Kritiker die Oberhand gewinnt. Malen Sie so lange an Ihrem Traumbild, bis Sie das Gefühl einer Lösung verspüren.

○ Bei besonders furchterregenden Träumen können Sie um das Thema, das Ihnen Angst einjagt, einen goldenen Kreis ziehen. Diese Maßnahme hilft, die Energie zu bannen und umzuwandeln. Sie können den goldenen Kreis oder sonstige heilende Figuren und Symbole auch ganz zum Schluß hineinmalen.

○ Fügen Sie auch die Darstellung des Traum-Ichs hinzu, jenes im Traum agierenden Wesens. Es hilft mitunter, bewußter an die Sache heranzugehen, wenn Sie dem Bild einen Titel geben oder sonstige Erklärungen hinzufügen. Diese Zusätze können Sie entweder teilweise in das Bild hineinmalen, oder Sie verfassen ein meditatives Gedicht zum Thema des Kunstwerks und schreiben es auf die Bildrückseite.

○ Datieren Sie das Bild, und schreiben Sie einen Bericht über Ihren Traum und das dazugehörige Malerlebnis. Danach hängen Sie das Bild auf. Ob alleinlebend oder nicht, es ist wichtig, daß jeder Mensch über eine Privatsphäre verfügt und entweder einen Raum, eine Ecke oder sogar nur eine Wand oder einen Schrank besitzt, wo er seine Kunsterzeugnisse aufhängen und aufbewahren kann. Es steht keinem anderen zu, diese Kunstwerke zu betrachten oder zu kommentieren. Sorgen Sie dafür, daß der Zugang zu Ihrem Innenleben jederzeit geschützt bleibt. Ihre Werke werden Sie an die beeindruckenden inneren Kräfte und Energien erinnern.

○ Es ist auch möglich, seine Träume nach Art der Comics – sogar mit Texten in Sprechblasen versehen – zu malen, denn auf diese Weise werden sie wieder lebendig. Wenn Träume als Bildergeschichte dargestellt werden, kommt ihr Sinnzusammenhang deutlicher zum Ausdruck.

○ Sie können eine Landkarte Ihrer Traumreisen anhand einer Serie von Träumen anfertigen. Dazu kleben Sie mehrere Bogen Papier zu einer langen Papierschlange zusammen. Malen Sie die Traumsymbole, wie sie Ihnen im Traum begegnet sind. Zeichnen Sie eine Reiseroute mit Windungen, Kehren und Umwegen. Schneiden Sie die gemalten Reisegefährten aus, besonders Ihr Traumreise-Ich. Sie können sie immer wieder an unterschiedlichen Stellen entlang der Reiseroute plazieren. Eine weitere Version einer Traumreise-Landkarte wäre die Darstellung auf einem kreisförmigen großen Stück Papier. Es entsteht ein Mandala, das sehr aussagestark wirken kann. Sie sollten jedoch darauf achten, sich nicht selbst zum Mittelpunkt zu machen, denn dieser Platz ist dem zentralen Archetyp – der Quelle – vorbehalten. Wer sich zum Dreh- und Angelpunkt irgendeiner Sache macht, gefährdet sich und andere durch seine Überheblichkeit.

○ Sie können Ihre Traumbilder in Ihr Traumtagebuch malen oder einen größeren Aquarellzeichenblock dazu verwenden.

○ Nachdem Sie den Traum bildlich dargestellt haben, können Sie andere Traumarbeitsmethoden ausführen, beispielsweise das Zwiegespräch mit den gezeichneten Traumgestalten. Eine Frau schrieb mir, sie habe eine Miniaturbühne angefertigt, auf der sie ihre Traumgestalten agieren läßt.

○ Außer Träumen lassen sich auch verschiedene andere aufwühlende Erfahrungen und Energien malen: der eigene Schatten, Leidenschaft in jeder Form, der Liebesakt und so weiter. Wenn irgendeine ausdrucksstarke Kraft künstlerisch dargestellt wird, löst sich der Künstler von der betreffenden Energieform und ist als befreiter Mensch besser in der Lage, sich mit ihr auseinanderzusetzen. Einem Sexbesessenen ist zum Beispiel zu empfehlen, männliche und weibliche Geschlechtsorgane aus Ton zu formen und sie innerhalb seiner »geheiligten Zone«, wo auch das Traumtagebuch gehütet wird, aufzubewahren.

○ Mit dem Material Ton zu gestalten, hat eine ähnlich tiefgreifende Wirkung wie das Malen mit Farben. Besorgen Sie sich Tonerde, und arbeiten Sie damit, um Energien umzusetzen, sich zu erden oder sich aus einer Depression zu befreien.

○ Heben Sie alte Zeitschriften auf, damit Sie bei passender Gelegenheit Fotos und Bilder ausschneiden und aus dem Material Traumcollagen anfertigen können.

Anmerkung

Bei der soeben geschilderten Traumarbeitsmethode geht es im wesentlichen darum, Ihren inneren Energiezustand (ausgelöst durch einen Traum) symbolisch in Form von Kunstwerken darzustellen. Dabei gehen Sie genau in umgekehrter Weise vor wie bei der Methode, Bilder in Funktionen umzuwandeln, was bei einigen anderen unserer Techniken das Ziel ist.

Übersicht zur Traumarbeit mit Kindern

Traumarbeit mit kleinen Kindern verlangt vor allem, daß wir ihre Träume annehmen und zu schätzen wissen, ohne sie zu deuten. Im Gegensatz zu den meisten Erwachsenen leben Kinder ganz natürlich in einer Welt, die aus Bildern besteht. Es fällt ihnen leicht, viele Dinge in bildhafter Form zu verstehen. Sie besitzen eine ausgeprägte Fähigkeit, sich selbst und die äußeren Lebensumstände wahrzunehmen, obwohl ihr Wissensstand und ihr Denkvermögen noch ungenügend ausgebildet sind, um alles in Worte zu fassen. Mit bildlichen Vorstellungen erzielen wir bei Kindern die besten Ergebnisse.

O Das wichtigste Hilfsmittel bei der Traumarbeit mit Ihrem Kind ist ein Tagebuch, in das Sie die Stationen des kindlichen Traumlebens eintragen. Das Tagebuch sollte großflächige, unbedruckte Seiten haben und etwa wie ein Skizzenblock aussehen. In dem Heft werden bedeutsame Vorkommnisse festgehalten, Fotos und Zeichnungen eingeklebt und die Geschichten und Träume des Kindes aufgeschrieben. Nehmen Sie sich am besten am Abend vor dem Einschlafen die Zeit, mit Ihrem Kind die Eintragungen zu machen. Es wäre schön, wenn Sie bereits kurz nach der Geburt Ihres Kindes ein solches Tagebuch zu führen beginnen, wie ich es bei meinen beiden Töchtern gemacht habe. Es bietet später Ihrem Kind einen guten Anhaltspunkt, sich über seine eigene Person und die äußeren Verhältnisse zu orientieren. Somit hat der junge Mensch bereits etwas, das seine Selbstreflexion unterstützt und ihm hilft, sich an Kindheitserlebnisse zu erinnern, da es eine Fülle von Bildmaterial bietet und mit Zeichnungen, Fotos und Kartengrüßen (zum Beispiel aus Anlaß eines Kindergeburtstags) bestückt ist. In dem Tagebuch werden mit der Zeit immer mehr Archetypen des Kindes dokumentiert, und es bietet einen Anlaß für vertrauten und echten Austausch zwischen Eltern und Kind.

O Immer wenn das Kind heftig geträumt hat, bringen Sie den Inhalt des Traums zusammen mit dem Kind in Form einer Geschichte zu Papier. Jede Geschichte besteht aus Anfang, Mittelteil und Ende. Sie entwickelt sich, erreicht den Höhepunkt der Krise und endet mit der erfolgreichen Bewältigung der Krisensituation. Wenn der Traum ohne Abschluß blieb, können Sie Ihr Kind ermutigen, sich einen Ausgang der Traumgeschichte vorzustellen. Es kann auch Zeichnungen dazu anfertigen. Auf diese Weise lernt das Kind, wie es seinen Traum vollenden und dessen Sinngehalt steigern kann. Sie als Eltern bringen Ihrem Kind Traumarbeit und den kreativen

Umgang mit Träumen bei, wodurch es lernt, sein inneres und äußeres Leben zu bereichern.

○ Halten Sie Ihr Kind dazu an, Alpträume stets unverzüglich am Morgen zu erzählen oder auch mitten in der Nacht, falls es aufwachen sollte. Später schreiben Sie den Traum als Geschichte für das Kind auf. Handelt es sich tatsächlich um einen furchterregenden Alpdruck, sollten Sie ihn nicht auslegen, sondern sich mit dem Kind unterhalten, wie es sich im Traum anders hätte verhalten können. Unterlassen Sie den Versuch, dem Alptraum einen guten Ausgang zu verpassen, denn er erfüllt den Zweck, zu erschrecken und Angst einzujagen, und vermittelt dem persönlichen Ich die Erfahrung, wie anfällig und brüchig es ist. Schöpferische Lösungen für den Alptraum lassen sich finden, wenn Sie alternative Auswege anbieten, zum Beispiel, daß sich das Kind mit dem Ungeheuer anfreundet. Manchmal ist es sinnvoll, dem Kind vorzuschlagen, im Traum auch nach einer heilenden Traumgestalt Ausschau zu halten, die ihm helfen kann. Achten Sie stets darauf, kindgerecht zu sprechen, und verwenden Sie Bilder, nicht Denkschablonen und Formeln. Erkunden Sie hin und wieder die Fortschritte des Kindes, und beobachten Sie, wie es das Gelernte in Folgeträumen umsetzt. Verfolgen Sie seine Traumentwicklung ohne Vorurteile und neugieriges Drängen.

○ Haben Sie stets ein offenes Ohr für Ihre Kinder, und fragen Sie sie nicht aus. Kinder sind als gleichberechtigte Partner zu respektieren, mit dem Unterschied, daß sie in einer etwas anderen Realität leben. Es ist durchaus möglich, daß Kinder aufgeweckter und wachsamer als Erwachsene sind, weil der Verstand von Erwachsenen programmiert wurde, kollektive Wertmaßstäbe stumpfsinnig, gedankenlos und desinteressiert auszuführen. Ist es Ihnen auch so ergangen? Wenn das der Fall ist, täten Sie gut daran, sich Ihre Kinder als Vorbild zu nehmen, um wieder zu neuer Lebensfreude und schöpferischen Impulsen zu finden. Führen Sie ein eigenes Tagebuch, stellen Sie Ihre Träume künstlerisch dar, und entdecken Sie vieles andere mehr.

Übersicht zur Umsetzung von Träumen in Bewegung

In der Traumarbeit mit Archetypen entdecken wir die Dynamiken, die den Traumbildern und der Traumhandlung zugrunde liegen. Bei der nun folgenden Methode untersuchen wir die wichtigsten Bewegungsmuster, die im Traum zum Ausdruck kommen, filtern sie heraus, um sie konkret auszuagieren. Durch wiederholte Bewegungen verkörpern wir die gegensätzlichen Kraftpole und verstärken und verinnerlichen so die Energie des Traums. Eine Frau träumte davon, daß sie beide Arme nach oben schleuderte, und während des Traums hatte sie Schwierigkeiten, auf eine andere Traumgestalt zuzugehen. Aus diesem Grund schlugen wir ihr folgende Übung vor: Sie und ein Partner stellten sich an zwei verschiedenen Ecken im Raum auf, und beide schleuderten in besagter Weise die Arme hoch. Sie taten es lange Zeit im Gleichklang miteinander, bis sich auch ihre Beine zu bewegen begannen. Beide rückten allmählich zur ihnen entgegengesetzten Seite des Raums vor. Die Frau lernte aus der Übung, daß sich ein Zustand der Lähmung aufheben läßt, indem sie sich auf beliebige Art bewegt und die Menge an Energie, die sie augenblicklich aufbringen kann, in Richtung des angestrebten Ziels schickt. Wenn sie unbeirrt in der Weise weitermacht, wachsen ihr immer mehr Kräfte zu, bis sie ihr Ziel schließlich doch erreicht.

○ Zuerst objektivieren Sie den Traum. Welche hauptsächlichen Bewegungsmuster kommen im Traum zum Ausdruck, die vom Traum-Ich, von anderen Traumgestalten und anhand von weiteren Traumsymbolen ausgeführt werden?

○ Vergegenwärtigen Sie sich genau, wie diese Bewegungen aussehen, und ahmen Sie sie wiederholt nach, bis sie Ihnen in Fleisch und Blut übergegangen sind. Dann steigern Sie das Ganze. Fangen Sie eventuell zuerst mit den ursprünglichen Traumbewegungen an, übertreiben Sie sie etwas, und lassen Sie immer stärkere Bewegungen einfließen, bis Sie das Gefühl haben, daß die Problemstellung des Traums sich durch den natürlichen Rhythmus in Form eines freifließenden Energiestroms aufgelöst hat.

○ An den Bewegungsübungen können alle Gruppenmitglieder teilnehmen, vielleicht führt sie der Träumende auch nur zusammen mit einem Partner aus. Möglich ist ebenfalls, zuerst zu zweit zu beginnen und später die gesamte Gruppe einzubeziehen. Jeder kann vom anderen lernen.

○ Dann teilen Sie sich gegenseitig Ihre Eindrücke mit und werten später die Ergebnisse der Übung aus. Untersuchen Sie, ob und wie die neuen Bewegungsformen Anwendung in Ihrem Alltagsleben finden können. Wie können Sie die durch die Bewegungsübung gelernten Energiegrundsätze auf Ihr Leben übertragen?

○ Achten Sie in späteren Träumen sorgfältig auf die Art der Bewegungen. Bewegungen entsprechen Gefühlen, weil sie grundsätzlich aus derselben Energie bestehen, die sich nur in unterschiedlicher Form ausdrückt.

Übersicht zur Traumschriftstellerei

Hin und wieder widerfahren uns erstaunliche Dinge. Wir sind kaum erwacht und fühlen uns noch ganz benommen und überwältigt von einem lebhaften Traumerlebnis. Dabei stehen wir nicht nur unter dem starken Eindruck der Traumbilder, sondern spüren den Energiestrom unmittelbar in unserem Inneren. Es bietet sich an, ein derartiges Traumerlebnis als Geschichte oder Meditation niederzuschreiben und mitzuverfolgen, wie sich der Faden weiterspinnt.

○ Wenn Sie die Absicht haben, Ihren Traum schriftstellerisch zu verarbeiten, beginnen Sie damit, die Traumlandschaft und die Traumgestalten in allen Einzelheiten zu beschreiben. Das hilft Ihnen, auf den Traum konzentriert zu bleiben. Die erste grobe Aufzeichnung soll zügig und ohne Pausen erfolgen, weil Sie sich auf diese Weise von der Energie tragen lassen und erlauben, daß sie im Lauf der Zeit immer mehr zunimmt.

○ Nach Fertigstellung des Entwurfs gehen Sie den Text nochmals durch, fügen Details hinzu und gestalten die Traumgeschichte noch lebendiger.

○ Wenn Sie die Arbeit abgeschlossen haben, lesen Sie sich selbst, guten Freunden oder den Mitgliedern der Traumgruppe Ihr Werk laut vor. Es könnte durchaus passieren, daß die Geschichte eine besondere Stimmung übermittelt, von der sich die Anwesenden anrühren lassen und die sie tief unmittelbar nachempfinden.

○ Diese besondere Energie der Traumschriftstellerei scheint wie eine Art von Offenbarung in unser Leben zu treten. Wehren Sie sich nicht dagegen. Selbst wenn das Geschriebene für andere keinen Sinn ergibt, ist es Ihre Aufgabe, sich mit dem Text zu befassen. Damit haben Sie die erste Prüfung bestanden, denn wer außer dem Urheber wäre besser in der Lage, die eigene Geschichte zu verstehen? Auf diese Weise steigern Sie Ihre Empfänglichkeit für Energieimpulse von seiten der Quelle, die Kraft in Form von Worten übermittelt. Wer glaubt, ein Offenbarungserlebnis dieser Art zu haben, sollte es nicht unterbrechen, sondern die Stimmung so lange wie möglich aufrechterhalten und lieber auf sein Frühstück verzichten oder, falls nötig, die Arbeit schwänzen. Wenn Sie doch abbrechen müssen und das Werk später fortsetzen wollen, wählen Sie eine Zeit, in der Sie bestimmt nicht gestört werden. Fangen Sie wieder von vorne an, und tauchen Sie erneut in die gleiche tiefe Ebene des Fühlens ein, überlassen Sie sich einfach dem Geschehen, und erlauben Sie, daß die Geschichte sich von allein schreibt. Später können Sie den geschriebenen Text auswerten.

Übersicht für Traumarbeitsgruppen

Eine Traumarbeitsgruppe mag aus drei bis maximal zwölf Personen bestehen, damit die Mitglieder im Rahmen ihrer Treffen intensiv arbeiten können. Ausbildungsgruppen finden mit mindestens fünf bis maximal dreißig Teilnehmern statt. Wenn möglich sollte die Gruppe ausreichend betreut werden, das heißt, für zehn bis fünfzehn Teilnehmer ist jeweils ein Helfer vorzusehen.

○ Die Mitglieder einer Traumgruppe verpflichten sich, über einen Zeitraum von drei Monaten einmal pro Woche oder innerhalb von sechs Monaten alle zwei Wochen an einem zweistündigen Treffen teilzunehmen. Wer nicht bereit ist, so viel Zeit aufzubringen, wird eine tiefgreifende Verarbeitung von Träumen nicht erreichen können.

○ Jeder Gruppenteilnehmer sollte etwas Bedeutsames mitteilen, das sich im Lauf seiner Traumbearbeitung ereignet hat, selbst wenn die Zeit nicht ausreicht, mit jedem Anwesenden eine Traumsitzung durchzuführen. Bei einer großen Gruppe sollte der Leiter alle Teilnehmer auffordern, eine halbe Stunde lang zu zweit oder zu mehreren mit einer der Traumarbeitstechniken an ihren persönlichen Träumen zu arbeiten. Im Anschluß daran können die Teilnehmer ihre Träume und das Ergebnis ihrer Übungen im Plenum vortragen. Selbst wenn nicht jedes Gruppenmitglied die Gelegenheit bekommt, sich mitzuteilen, haben doch alle Teilnehmer ihre Träume bearbeitet und gleichzeitig voneinander gelernt.

○ Der Leiter kann jederzeit zumindest die Hauptaussage eines persönlichen Traums oder den wesentlichen Teil seiner Traumbearbeitung vor der Gruppe mitteilen. Auf diese Weise läßt sich vermeiden, daß er zu stark in eine Sonderrolle gedrängt wird.

○ Der Leiter der Traumgruppe stellt Fragen, hilft, die Träume zu objektivieren, begleitet und unterstützt die Sitzungen und schlägt Traumaufgaben vor, die zu Hause und mitunter auch innerhalb der Gruppe auszuführen sind. Er verzichtet darauf, die Träume der Teilnehmer zu deuten und ein bestimmtes Verhalten zu erzwingen.

○ Die Gruppenmitglieder hüten sich davor, die Träume der anderen Teilnehmer zu deuten. Sie stellen Fragen und schlagen Traumaufgaben vor und nehmen mitfühlend Anteil an den Sitzungen der anderen. Gelegentlich kommt es vor, daß sie gebeten werden, sich bei der Traumgestaltung eines anderen Gruppenmitglieds zu beteiligen.

○ Bei den regelmäßigen Treffen der Traumarbeitsgruppe wird weder gegessen, Tee oder Kaffee getrunken, noch über Alltagsereignisse gesprochen. Traumarbeitsprozesse sollen wie eine spirituelle

Zeremonie vorbereitet werden. Diese Arbeit ist in der Tat ein spirituеller Vorgang, da alle Anwesenden das Wirken geistiger Kräfte in starkem Maße spüren können. Am Anfang zündet man eine oder mehrere Kerzen an, die nach Beendigung der Gruppenarbeit mit feierlichem Ernst ausgelöscht werden. Zur Eröffnung bilden die Gruppenmitglieder einen Kreis und fassen sich bei den Händen, halten schweigend eine kurze Meditation und lassen alle störenden Tagesereignisse und den Alltag von sich abfallen. Zum Ausklang der Gruppensitzung bilden alle wieder eine Schlußrunde, reichen sich die Hände und verharren ein bis zwei Minuten in meditativer Stille, wobei jeder Teilnehmer die Gelegenheit hat, sich Gedanken zu machen, was ihn oder sie im Verlauf des Abends am meisten beeindruckt hat.

○ Zu Beginn der Traumarbeitsgruppe können sich die Teilnehmer einige Minuten lang über die Erfahrungen mit der Bearbeitung ihrer Träume seit dem letzten Treffen austauschen. Möglich ist auch, daß die Gruppe ohne lange Vorbereitung eine neue Traumarbeitstechnik einübt.

○ In der Gruppen- und Einzelarbeit ist es ratsamer, auf Traumarbeitsmethoden zurückzugreifen, anstatt sich auf die besonderen Fachkenntnisse und Erfahrungen des Leiters zu verlassen. Der Gruppenleiter sollte für seine Leistungen entlohnt werden. Dadurch wird die Anerkennung sowohl des laufenden Gruppenprozesses als auch der Notwendigkeit ausgedrückt, neben der spirituellen der praktischen Ebene gerecht zu werden.

○ Statt auf Stühlen sollten sich die Anwesenden vorzugsweise auf großen Kissen am Boden niederlassen. Wer auf einem Stuhl sitzt, ist eher dazu geneigt, seine inneren Verarbeitungsprozesse intellektuell darzustellen, anstatt sich ohne Umschweife gefühlsmäßig auf den Vorgang einzulassen.

○ Die Kursgebühr sollte wenn möglich gleich zu Beginn für die gesamte Dauer des Kurses entrichtet werden. Mit dieser Maßnahme wird sichergestellt, daß sich der Teilnehmer an die eingegangene Verpflichtung gebunden fühlt und weiß, daß er für seinen Platz in der Gruppe bezahlt hat, auch wenn er den Kurs vorzeitig abbrechen sollte.

○ Jeder Gruppenteilnehmer einschließlich des Gruppenleiters hält den Verlauf der Gruppensitzung noch am selben Abend vor dem Einschlafen in beliebiger Form schriftlich fest. Damit bestätigt jeder, daß er die Gruppenarbeit ernst nimmt und sich den bearbeiteten Stoff noch nachhaltiger einprägen will. Wer sich auf den Energiestrom einstellt, solange er noch präsent ist, und etwas daraus macht, zeigt damit zugleich seine Wertschätzung der Quelle und wie sehr er ihr ergeben ist. Die Teilnahme an einer Traumarbeitsgruppe ist kein Schulbesuch, bei dem die Hausaufgaben in der letzten Minute gemacht werden. Bei der Traumarbeit folgen wir dem Energiefluß der Quelle, wann immer wir mit ihm in Berührung kommen.

Übersicht zum Traum-Chanten (Traumgesang)

Was ist Traum-Chanten? Es existiert nichts, womit diese Kunstform vergleichbar wäre. Traum-Chanten übersteigt alle herkömmlichen Vorstellungen über Musik und Gesang. Üblicherweise hören wir Musikaufnahmen, die konventionell nach Noten gespielt und gesungen werden. Doch jedes Musikstück ist genaugenommen ursprünglich nicht so entstanden. Jedes Lied stellt sich auf geheimnisvolle Weise beim Komponisten ein. Zuerst improvisiert er das Lied, doch schon wenn es zum zweiten- und drittenmal gesungen wird, muß die ursprüngliche Version eingehalten werden. Das gilt auch im Falle von rituellen Gesängen, oder Chants, die in einer bestimmten Form entstehen und immer wieder in exakt der gleichen Weise wiederholt werden. Publikum, Musiker und Sänger beziehen sich stets auf die Originalfassung des Lieds, wenn sie Interpretationen bewerten wollen.

Traum-Chanten unterscheidet sich von allen bestehenden Arten des Singens und Chantens. Traum-Chants werden durchweg improvisiert, und mitunter wird die Tonart nicht genau eingehalten, weil dadurch Gefühle und Stimmungsschwankungen spontaner ausgedrückt werden können. Genauer gesagt kommt die Traumquelle, die bekanntlich Träume und andere archetypische Ausdrucksformen erzeugt, im Traumgesang rein und ungebrochen zum Vorschein. Archetypische Spannungsfelder lassen sich mit Tönen gut ausdrükken, wohingegen Träume größtenteils aus Bildern bestehen. Während des Traum-Chantens können sich also ohne weiteres auch tiefe bildhafte Eindrücke einstellen.

○ Die Gruppe setzt sich meditativ eingestimmt bei Kerzenschein im Kreis auf den Boden. Vielleicht zündet jeder der Teilnehmer nacheinander eine eigene Kerze an. Der Gruppenleiter beschreibt kurz die Theorie des Traum-Chantens. Er bittet alle, eine entspannte Haltung einzunehmen, doch stets auf die übrigen Gruppenmitglieder eingestimmt zu bleiben. Ferner ist noch zu erwähnen, daß diese Art des Gesangs sich in keine Kategorie einordnen läßt, sondern

Ausdruck ursprünglicher Energien der Quelle ist. Während und nach Beendigung des Chantens und bei Verlassen des Raums sollte nicht gesprochen werden.

○ Der Gruppenleiter benutzt ein Musikinstrument, um einen Grundton oder Akkord zu erzeugen, der die Schwingung im Raum gut wiedergibt. Derselbe Ton wird über einen längeren Zeitraum beibehalten oder von Zeit zu Zeit verändert. Der Traumgesang entwickelt sich, wenn die Gruppe ohne Anstrengung einen natürlichen, vibrierenden Ton in sich aufsteigen läßt, der mit dem vorherrschenden Grundton des Instruments in Einklang steht. Jeder Teilnehmer sollte darauf achten, daß er harmonisch in den Gesang einstimmt, und wahrnehmen, inwieweit er sich möglicherweise von der Tonlage der Gruppe entfernt. Traum-Chanten darf nicht mit »Katzenmusik« verwechselt werden und ist nicht nur eine Art des schöpferischen Selbstausdrucks, sondern auch ein Vorgang, bei dem der Mensch sich auf die Universalenergie einstimmt, was jeden zutiefst berührt. Während des Chantens versenkt sich die Gruppe immer tiefer in einen meditativen Zustand. Jeder läßt den Atem ungehemmt und spürbar fließen und fühlt, wie der gesamte Körper von Energie durchströmt wird.

○ Der oder die Gruppenleiter des Traum-Chantens müssen stets darauf achten, welche Wirkung der Gesang auf die Gruppe insgesamt hat. Im Normalfall dauert eine solche Sitzung etwa zwanzig Minuten. Der Gruppenleiter fühlt, wann es not tut, das allgemeine Chanten mit eigenen Tönen zu harmonisieren und auszugleichen, es zum Crescendo zu steigern, die Klangfülle zu vermindern und den Gesang schließlich ausklingen zu lassen. Er kann mit den entsprechenden Grundtönen des Musikinstruments den Verlauf des Traum-Chantens beeinflussen. Im Normalfall werden auch die Gruppenmitglieder den Zeitpunkt spüren, zu dem das Singen auf natürliche Weise ausklingt. Sie nehmen wahr, wenn die Tonfolge und Stimme des Gruppenleiters schwächer wird, und schließen sich seinem Beispiel an. Ist das nicht der Fall, sieht sich der Leiter vielleicht gezwungen, das Ende der Übung mit Worten anzukündigen.

○ Danach sitzen die Gruppenmitglieder im Kreis, halten sich an den Händen und verharren bis zu drei Minuten oder länger schweigend in Meditation. Zu Beginn des Traumgesangs hatte der Leiter die Teilnehmer aufgefordert, sich nach der Beendigung der Übung einige Minuten lang ruhig zu verhalten und anschließend den Raum schweigend zu verlassen.

Die Bearbeitung von Träumen aus der frühen Kindheit

Der erste Traum aus der frühen Kindheit, der erinnert werden kann, spiegelt immer ein wesentliches Verhaltensmuster wider, das den Menschen ein Leben lang begleitet, es sei denn, es wird bewußt umgewandelt. Ein weiteres Merkmal von Kindheitsträumen ist, daß sie fast ohne Ausnahme wiederkehren. Als Kind träumen wir immer wieder von demselben Thema, bis schließlich in der Pubertät oder im Erwachsenenalter der Traum nicht mehr wiederholt wird. Der Traumarbeiter beschäftigt sich mit Träumen aus der frühen Kindheit, beobachtet das Traum-Ich, und gelegentlich arbeitet er unter Anleitung mit der Methode Wiedererleben des Traums, um das angesprochene Thema umzuwandeln. Wenn der Betreffende sich ernsthaft um einen entscheidenden Heilerfolg bemüht, kann er auf diese Weise von seinem mythisch geprägten Muster befreit werden und Veränderungen in sein Leben bringen.

Beispiele

○ Eine Frau träumte in ihrer Kindheit, daß ihr Arm ganz blutüberströmt ist. Hilfesuchend stürzt sie los, um einen Arzt zu finden, doch ehe ihr dies im Traum gelingt, erwacht sie vor Schreck. Als sie diesen Kindheitstraum bei einem Treffen ihrer Traumgruppe mitteilte, war sie bereits eine ältere Dame. Ich stellte ihr die Frage, ob es wahr sei, daß sie in ihrer Kindheit das Gefühl gehabt habe, sie müsse im Leben stets für sich selbst sorgen, und daß es niemanden gebe, der sie unterstütze. Sie brach in Tränen aus, und ihre beiden Freundinnen standen ihr bei und trösteten sie. Erst im Alter von fünfunddreißig Jahren war dieser Traum nicht mehr wiedergekehrt. Durch ihren Tränenausbruch, was sie nach eigener Aussage bisher nie erlebt hatte, war sie nun als Siebzigjährige imstande, ihr verängstigtes und verlorenes inneres Kind zu erlösen. Es ist nie zu spät, die notwendigen Veränderungen herbeizuführen, um persönlichen

364

Frieden und Genugtuung zu finden und sein inneres Kind zu befreien. Untersucht man das Verhalten des Traum-Ichs, läßt sich unschwer erkennen, daß es sich aus eigener Kraft auf den Weg zum Arzt machen mußte. Er kam nicht zu ihm. Außerdem bleibt ihm die Hilfe versagt, die es angesichts seiner Verletzung gebraucht hätte. Es wacht vor Schreck auf. Das Traum-Ich muß für sich selbst sorgen, wo es doch noch so ein kleines Mädchen ist, das auf Hilfe angewiesen ist. Aber niemand eilt herbei, obwohl der Arzt die Möglichkeit hätte, ihr beizustehen und sie zu heilen. Als älterer Frau gelingt es ihr, sich zu entspannen und sich einzugestehen, daß sie verletzlich ist. Jetzt kann sie abwarten, ob ihr jemand zu Hilfe kommt. Sie wurde das geschilderte Verhaltensmuster ein Leben lang nicht los und mußte deshalb stets für sich selbst sorgen und stark sein. Das lernte sie bereits in ihrer Kindheit, weil ihre Eltern sie schlugen und ihr wenig Liebe gaben.

○ Der früheste Kindheitstraum eines Mannes wiederholte sich mehrere Male: Er schaut durch einen langen Tunnel, an dessen Ende ein Licht zu sehen ist, nach dem er sich sehnt. Als er seinen Traum vor der Traumgruppe erzählte, fühlte ich, wie mich unwillkürlich ein Schauder durchlief, was ich mir aber nicht erklären konnte. Später teilte er uns mit, daß er früher unter epileptischen Anfällen gelitten habe, eine lebensverkürzende Krankheit, bei der man plötzlich das Bewußtsein verliert, während der Körper von Krämpfen geschüttelt wird. Ich hatte keine besonders glückliche Hand, als ich ihn anleitete, den Traum wiederzuerleben, weshalb er die Gruppe verließ und wütend auf mich war. Das geschah zu einer Zeit, als ich noch nicht lange mit der Methode des Wiedererlebens des Traums gearbeitet hatte. Ich wußte damals weder, welche außergewöhnlichen Wirkungen diese Technik haben konnte, noch war mir klar, daß dabei zwei Voraussetzungen erfüllt sein müssen. Erstens muß die Ich-Funktion des Klienten gefestigt sein, und zweitens muß er echte Bereitschaft zeigen, sich auf die Traumarbeitssitzung einzulassen. Hätte der Mann beim Wiedererleben seines Traums das Licht erreicht, hätte er entweder sterben oder sich wandeln können.

Das Leitmotiv des Tunnels taucht vielfach in Träumen auf. Als eine Frau um die Vierzig ihren Traum mitteilte, in dem sie in den

Lichttunnel hineingeht und zugleich weiß, daß am Ende des Gangs Bekannte auf sie warten, fragte ich sie, ob sie krank sei. Sie verneinte die Frage vor der Gruppe, doch später kam sie zu mir und gestand, daß erst kürzlich die Ärzte diagnostiziert hätten, daß sie möglicherweise an einer unheilbaren Krankheit leide. Sie habe aber zum jetzigen Zeitpunkt noch nicht gewollt, daß andere davon erführen. Eine junge Frau wiederum träumte, daß ihr Bruder zusammen mit ihrer verstorbenen Großmutter am anderen Ende des Tunnels steht, und sie sieht, daß beide ihr zuwinken. Zwei Tage nach diesem Traum meldete man den Tod ihres Bruders, er wurde als unschuldiges Opfer eines Drogenkriegs in Oakland, Kalifornien, erschossen. Wie war es seiner Schwester möglich gewesen, das vorher schon zu wissen? Wie ist es zu erklären, daß manche Menschen die Zukunft, das Webmuster des Lebens, bereits im voraus erkennen?

○ Ein junger Mann träumte als Kind Jahr für Jahr, daß er ein schwarz und weiß gepunktetes Schaukelpferd bekommen soll. Seine Eltern schenkten ihm allerdings niemals ein Schaukelpferd. Als er sechzehn Jahre alt war, kam er auf seinem Motorrad herangebraust, zog sich die Badehose an, sprang kopfüber in ein flaches Schwimmbecken und brach sich das Genick. Nun verbringt er den Rest seines Lebens als Gelähmter im Rollstuhl. Letzten Endes hat er doch sein Schaukel-Stuhl-Pferd erhalten. Gelegentlich – oder sogar in jedem Fall – setzt sich der mythische Prägestempel im Leben durch, er erweist sich stärker als wir selbst. Schon unsere frühen Vorfahren meinten, daß unser Schicksal in der Hand der Götter liege.

Eine grundsätzliche Voraussetzung unserer Heilungsarbeit mit Träumen und dem Unbewußten ist, daß das zugrundeliegende archetypische Muster nicht notwendigerweise im äußeren Leben ausagiert werden muß, sofern wir uns mit ihm auseinandersetzen und es auflösen. Ein Berufsastrologe hat mir einmal folgende Geschichte über ein Ehepaar berichtet: Die Frau besaß bereits ihr eigenes astrologisches Gutachten und bat um eine Beratung für ihren Mann. Der Astrologe kam zu dem Schluß, daß der Ehemann ganz ohne Zweifel sehr bald sterben würde. Er teilte es weder dem Klienten noch seiner Frau mit, aber er empfahl der Ehefrau, sie möge dafür sorgen, daß alle Familiendokumente in Ordnung seien. Ihr Ehemann starb schon eine Woche später. Die Ethik des betreffenden Astrologen verlangte von ihm, einem Menschen nicht mitzuteilen, zu welchem Zeitpunkt er seiner Berechnung nach sterben würde. Er war der Meinung, man dürfe sich nicht herausnehmen, Gott zu spielen, sondern solle es dem Klienten überlassen, sein Leben unbeeinflußt zu leben und seinem Schicksal zu vertrauen.

Ich für meinen Teil nehme in diesem Punkt eine bewußtere Haltung ein: Wenn wir uns aufgeschlossen und bewußt mit unserem persönlichen Schicksalsmuster auseinandersetzen, vermögen wir es bis zur Neige auszuleben und es schließlich umzuwandeln. Es spricht zwar vieles dafür, daß der Ehemann, wäre er über seinen bevorstehenden Tod in Kenntnis gesetzt worden, sein Leben nicht geändert hätte. Es hätte aber vielleicht doch der Fall sein können. Wir wenden die Methode des Wiedererlebens eines Traums in bezug auf ein vorliegendes Verhaltensmuster an. Einige Menschen sind dazu in der Lage, andere nicht. Wer sich direkt mit seinen archetypischen Verhaltensmustern auseinandersetzt, befreit sich mitunter von der Notwendigkeit, sie im äußeren Alltag erleben zu müssen. Die Folgen dieser Arbeit können außerordentlich sein, weil es den Menschen hilft, ihre jeweiligen Lebensbedingungen anzunehmen und sie zu heilen.

Übersicht zur Auflösung eines Kindheitstraums

○ Versuchen Sie sich im Rahmen einer Einzelsitzung oder einer Traumarbeitsgruppe an einen Traum aus Ihrer frühesten Kindheit zu erinnern. Wenn Sie nicht imstande sind, sich an einen Traum zu erinnern, nehmen Sie sich ein Ereignis aus der Kindheit vor, an das Sie sich erinnern. Sie haben die Aufgabe herauszufinden, ob der Traum auf ein wesentliches Verhaltensmuster hinweist, das auch in Ihren persönlichen Lebensumständen zum Ausdruck kommt. Wenn das der Fall ist, kann an dessen Auflösung gearbeitet werden.
○ Als nächstes berichten oder schreiben Sie über Ihren Kindheitstraum. Welche Empfindungen weckt er in Ihnen? Hinterfragen Sie, welche ungelöste Situation sich darin abzeichnet. Sie ist nämlich der

Grund, weshalb der Traum so häufig wiederkehrt und keinen Abschluß findet. Untersuchen Sie, ob ein Traum-Ich darin vorkommt, und wenn ja, wie äußert es sich? Stellen Sie fest, ob noch weitere Elemente in dem Traum fehlen.

○ Drücken Sie das Verhaltensmuster, das im Traum sichtbar wird, in verallgemeinerter Form aus. Zum Beispiel: »Jemand, der nie Hilfe fand und alles allein machen mußte.« Deuten Sie den Traum nicht, halten Sie sich an die vorgegebene Struktur und an das Muster, das im ursprünglichen Traum in Erscheinung tritt. Bei einigen Träumen läßt sich das zugrundeliegende Muster nur schwer erkennen. In einem solchen Fall empfiehlt es sich besonders, daß Sie den Traum unter Anleitung wiedererleben, wenn Sie dazu bereit sind.

○ Nachdem Sie ermittelt haben, welches Muster im Traum deutlich wird, untersuchen Sie, ob es sich dabei auch um ein Verhaltensmuster handelt, das früher oder heute noch in Ihrem äußeren Leben eine Rolle spielt. Dieses Verbindungsstück ist wichtig, und häufig kommen wir dabei zu verblüffenden Einsichten.

○ Bearbeiten Sie den Traum mit verschiedenen Traumarbeitsmethoden, zum Beispiel Neuschreiben oder Lösungsfindung des Traums und Wiedererleben des Traums, das in diesem Fall vorzugsweise unter Anleitung durchgeführt werden sollte. Das Ziel ist, den Traum aufzulösen. Mit Hilfe einer solchen Erfahrung wird eine Umwandlung der archetypischen Grundstruktur der vorhandenen seelischen Antriebskräfte ermöglicht, was letzten Endes Heilung bewirken kann. Wenn es sich um einen Traum handelt, in dem der Träumende selbst noch ein Kind ist, empfiehlt es sich manchmal, daß er sich auch als Erwachsener in den Traum zurückversetzt und seinem kindlichen Traum-Ich hilft, mit der ursprünglichen Traumsituation fertig zu werden. In diesem Fall sorgt der Erwachsene für sein inneres Kind. Lassen Sie zu, daß sich in der neuen Bilderabfolge eine Lösung einstellt. Auch wenn wir während der Sitzung eine heilende, gütige Gestalt oder das erwachsene Traum-Ich einführen, darf die Traumhandlung keineswegs kontrolliert werden. Sie soll sich von selbst entfalten können. Überlassen Sie der Traumquelle die Entscheidung, wie der Traum sich weiterentwickelt und auf welche Weise er aufgelöst wird. Heilung geschieht immer dann, wenn das Ich seine Kontrollansprüche der Quelle übergibt und sich engagiert am Gesundungsprozeß beteiligt.

○ Drücken Sie Ihre Anerkennung über das Endergebnis in Stille aus. Halten Sie die Lösung in Ihrem Traumtagebuch schriftlich fest. Achten Sie darauf, ob es Ihnen aufgrund dieser Erfahrung in der Folgezeit besser gelingt, in äußeren Lebenssituationen anders als bisher zu reagieren.

ANHANG

Studienplan zur Traumarbeit

Es gibt zwei Vorgehensweisen, unsere Methode der Traumarbeit zu lernen. Sie lesen dieses Buch und bearbeiten mit den vorgestellten Techniken nach Belieben Ihre eigenen und fremde Träume, oder Sie unterziehen sich einem strengeren Programm, das ähnlich angelegt ist wie einer unserer Ausbildungskurse.

Benötigtes Material

Sie benötigen das vorliegende Buch, einen leeren Schreibblock oder ein Ringbuch mit losen Einlageblättern, einen Schreibstift und eine Nachttischlampe. Als Traumarbeiter vereinbaren Sie ggf. mit Ihrem Partner, mit dem Sie das Bett teilen, und mit Ihren Kindern, daß sie weder nörgeln noch Sie unterbrechen werden, wenn Sie entweder tagsüber oder nachts die schriftliche Bearbeitung Ihrer Träume durchführen, und daß Sie morgens kurz nach dem Erwachen häufig auch nicht gestört werden dürfen, weil Sie dann Ihre Träume unverzüglich aufschreiben.

Erste Woche

Schreiben Sie Ihren ersten Traum nach Beginn dieses Studienprogramms auf. Er kann von Bedeutung sein. Lesen Sie das erste Buchkapitel, und unterstreichen Sie alles, was Sie angenehm oder unangenehm berührt, oder machen Sie diesbezüglich Notizen. Schreiben Sie einen Brief an den Verfasser dieses Buchs, den Sie nicht notwendigerweise abzuschicken brauchen, in dem Sie Ihre Empfindungen offen und ohne Umschweife darlegen. Bewahren Sie stets eine Kopie von allen Ihren Schriftstücken auf. In der ersten Woche ist es nicht erforderlich, alle Informationen zu verstehen, die im ersten Kapitel enthalten sind. Notieren Sie zu jedem der im ersten Kapitel vorgestellten Hauptgedanken einen oder zwei Sätze, mit denen Sie ausdrücken, wie Sie die jeweilige Idee aufnehmen.

Zweite Woche

Lesen Sie das zweite Kapitel, unterstreichen Sie einzelne Passagen, und machen Sie zu allem, was Sie besonders beeindruckt, persönliche Anmerkungen. Bereiten Sie Ihr Traumtagebuch vor, wenn das bisher noch nicht geschehen ist. Wenn Sie bereits ein Tagebuch führen, sollten Sie in Betracht ziehen, aus Anlaß dieses Traumarbeitskurses ein neues zu beginnen. Bei diesem Vorhaben kommt es entscheidend auf das persönliche Engagement an. Wofür sind Sie bereit, sich zu verpflichten? Welche Verpflichtungen haben Sie derzeit in Ihrem Leben, und aus welchen Gründen halten Sie sie ein? Ihre Überlegungen dazu notieren Sie in Ihrem Traumtagebuch. Fangen Sie an, über Ihre Träume und Traumfragmente Berichte zu schreiben. Formulieren Sie eine zusammenfassende Erklärung über Ihre persönlichen Verpflichtungen, die Sie anschließend unterzeichnen.

Dritte Woche

Lesen Sie das dritte Kapitel sorgfältig durch, und verfassen Sie eine Liste über die darin behandelten Hauptgedanken. Notieren Sie Antworten zu den gestellten Fragen, die Sie im Augenblick zu verstehen glauben. Die übrigen Fragen lassen Sie getrost unbeantwortet, denn Sie kommen im Verlauf des Traumarbeitskurses darauf zurück. Beginnen Sie auf den letzten Seiten Ihres Traumtagebuchs eine Liste, in die Sie die wesentlichen Grundsätze eintragen, die Ihnen wichtig erscheinen. Halten Sie sich an die Anweisungen des dritten Kapitels, und rufen Sie einen Traum über eines Ihrer Lebensthemen hervor (Trauminkubation).

Vierte und fünfte Woche

Verfassen Sie Traumberichte über Ihre Träume, und lesen Sie das vierte Kapitel. Bearbeiten Sie pro Woche einen Traum mit der Methode der Traumobjektivierung. Lassen Sie sich für die Bearbeitung dieses Kapitels zwei Wochen Zeit. Bleiben Sie standhaft, denn Ihre persönliche Bewußtwerdung steht auf dem Spiel. Notieren Sie, welche Ihrer persönlichen Ansichten durch die Thematik in diesem Kapitel herausgefordert worden sind. Unterhalten Sie sich mit einem geeigneten Gesprächspartner darüber. Erstellen Sie eine Liste über die wesentlichen Punkte. Gehen Sie, soweit möglich, schriftlich oder in Gesprächen und Diskussionen auf die Fragen und Problemstellungen ein, die in diesem Kapitel behandelt werden. Lassen Sie die Themen, denen Sie sich nicht gewachsen fühlen, beiseite. Studieren Sie die Fallbeispiele, und gehen Sie bei Ihren persönlichen Traumobjektivierungen etwa so ähnlich vor. Falls Sie bereits andere Traumarbeitstechniken praktizieren, notieren Sie, welche Übungen einen krassen Gegensatz zu den Lerninhalten unserer Methode bilden.

Sechste bis neunte Woche

Nun steht mit dem fünften Kapitel ein größeres Arbeitspensum bevor. Üben Sie jede Woche an einem neuen Traum die Methode Beobachtung des Traum-Ichs, und schreiben Sie ihn anschließend neu. Oder vertiefen Sie Ihre Traumarbeitspraxis durch die Bearbeitung von ein bis zwei Träumen wöchentlich. Die Mühe lohnt sich, denn Sie nehmen sich selbst bewußter wahr. Kann man überhaupt noch höhere Ziele anstreben? Verfassen Sie persönliche Antworten zu den wesentlichen Gedanken und Fragen. Lassen Sie alle übrigen Themen, denen Sie sich nicht gewachsen fühlen, beiseite. Kennzeichnen Sie die Fragen, die beantwortet wurden. Nachdem Sie dieses Kapitel durchgearbeitet haben, verfassen Sie eine Erklärung über Ihre Vorsätze, die Sie befolgen wollen, damit Ihre Traumquelle Sie mit den entsprechenden Träumen erziehen kann. Am Ende des vierwöchigen Zeitraums sollten Sie über Ihr Traum-Ich, Ihre Einstellungen, Gefühle, Emotionen, Probleme und Kontrollabsichten, Grundsätze und Verhaltensweisen ziemlich gut Bescheid wissen. Führen Sie zu jedem dieser Kernthemen eine Liste, oder halten Sie in schriftlichen Notizen fest, wie Ihr persönlicher Entwicklungsstand aussieht und was Sie bisher diesbezüglich in Sachen Traumarbeit geleistet haben. Beschreiben Sie, welche Problemstellungen Sie in welcher Form angehen wollen, für deren Bewältigung Sie sich inzwischen stark genug fühlen. Die übrigen Themen lassen Sie beiseite. Machen Sie Gebrauch von den Anleitungstabellen, um Ihre Träume und Ihre persönliche Stimmung auszuwerten. Räumen Sie mindestens einen Abend pro Woche für diese Aufgaben ein. Schließen Sie die Arbeit ab, in dem Sie eine allgemeine Erklärung verfassen, was Sie über Ihr wachbewußtes Ich und Ihr Traum-Ich erfahren haben. Tauschen Sie sich mit anderen über Ihre Ergebnisse aus.

Zehnte Woche

Nehmen Sie sich eine Woche frei, sofern Sie in den vergangenen Wochen Ihre Traumarbeitsübungen fleißig ausgeführt haben. Halten Sie trotzdem Ihre Träume schriftlich fest.

Elfte und zwölfte Woche

Lesen Sie nochmals das erste Kapitel, und bearbeiten Sie schriftlich die dort enthaltenen Kernfragen, denen Sie sich inzwischen gewachsen fühlen. Nehmen Sie sich Ihren Brief an den Verfasser dieses Buches erneut vor, den Sie damals nach der Erstlektüre des ersten Kapitels geschrieben haben. Verfassen Sie einen Folgebrief, oder halten Sie Ihre nunmehr veränderten Absichtserklärungen in Ihrem Traumtagebuch fest. Erstellen Sie eine Liste über die wesentlichen Aussagen und Einsichten, nachdem Sie das erste Kapitel erneut durchgearbeitet haben.

Dreizehnte Woche

Lesen Sie das sechste Kapitel, und gehen Sie, soweit es Ihr Entwicklungsstand zuläßt, schriftlich auf die Fragen und Problemstellungen dieses Kapitels ein. Wenden Sie im Anschluß an eine Traumobjektivierung die Technik des Zwiegesprächs mit den Traumgestalten an. Hören Sie auch Ihren inneren Kritiker.

Vierzehnte Woche

Beschäftigen Sie sich in dieser Woche mit Dialogen, die Ihr Leben berühren. Untersuchen Sie mit Hilfe der Anleitungstabellen die Lebensthemen, die Ihnen derzeit wichtig erscheinen. Tragen Sie in Ihr Tagebuch entsprechende Notizen ein, und tauschen Sie sich mit einem geeigneten Gesprächspartner darüber aus, wenn es für beide von Nutzen ist. Schreiben Sie Ihre Träume weiterhin auf, und achten Sie darauf, ob und in welcher Form Themen, die Sie bereits mit Dialogen bearbeitet haben, in späteren Träumen erneut auftauchen.

Fünfzehnte und sechzehnte Woche

Lesen Sie das siebte Kapitel über Symbolvertiefung. Bearbeiten Sie nach dem Studium des Kapitels die Themen, denen Sie sich gewachsen fühlen. Halten Sie Ihre Reaktionen in Ihrem Traumtagebuch schriftlich fest. Sehr aufschlußreich wäre, wenn Sie zwei Übersichten für zweierlei Erklärungsarten anlegten. In die erste Liste tragen Sie alle Ihre realistischen Glaubensüberzeugungen und Ansichten über das Leben ein, in der zweiten Liste halten Sie Ihre Überzeugungen und Einstellungen fest, die mehr symbolischer Natur sind. Sie können die Themen des Kapitels als Leitfaden benutzen und Ihre persönlichen Problemstellungen hinzufügen. Nehmen Sie sich dafür eine ganze Woche Zeit. In der folgenden Woche üben Sie die Methode der Symbolvertiefung anhand eines eigenen Traums. Machen Sie zuerst eine Traumobjektivierung, und führen Sie dann alle übrigen Techniken nacheinander aus. Fassen Sie abschließend zusammen, was Sie aus dem Inhalt dieses Kapitels gelernt haben.

Siebzehnte Woche

Inzwischen haben Sie eine Menge Arbeit geleistet. Wählen Sie einen bedeutsamen Traum aus, und bearbeiten Sie ihn mit allen Methoden, die Sie sich bisher angeeignet haben. Lassen Sie sich etwa zwei bis drei Tage lang Zeit, um mit den Erkenntnissen

Schritt zu halten und sie zu vertiefen. Erstellen Sie eine Liste der Lebensgrundsätze, die Sie anhand Ihrer Traumbearbeitung entdeckt haben. Schreiben Sie einen Dankesbrief an die Adresse eines Unbekannten oder an die Quelle, und erwähnen Sie, was Sie bisher anhand Ihrer Traumarbeit gelernt haben. Inwieweit hat sich Ihr Ich seither gewandelt? Welche Veränderungen haben sich in Ihren äußeren Lebensumständen bis zu diesem Zeitpunkt ergeben? Wie fühlen Sie sich, nachdem Sie nunmehr seit vier Monaten Traumarbeit durchführen?

Achtzehnte Woche

Jetzt ist es an der Zeit, kritisch auszuwerten. Erstellen Sie eine Liste von Fragen, Themen und Anmerkungen zu allem, was sich seither ereignet hat, was Sie gelesen haben, wie Sie mit Ihrer Leistung zufrieden sind, was Sie verwirrt und was Ihnen sinnlos erscheint. Fördern Sie alles, was Sie unterdrückt haben, zutage, und bringen Sie es zu Papier. Nichts ist vollkommen. Danach fertigen Sie eine Übersicht an, die schöpferische Lösungen, Möglichkeiten, Ansätze und Versuche beinhaltet, die gelegentlich zum Vorschein kamen und die auch notwendig sind, um die Konflikte und Problemstellungen im Rahmen der Traumarbeit und in den äußeren Lebensverhältnissen zu bewältigen. Achten Sie stets auf Ausgewogenheit, und schließen Sie daher den Standpunkt der Gegenseite mit ein. Werden Sie Ihre Klagen und Beschwerden los, und geizen Sie nicht mit Lob.

Neunzehnte Woche

Bewerten Sie den Entwicklungsstand Ihres Traum-Ichs und Ihres wachbewußten Ichs. Ermitteln Sie anhand der bisher bearbeiteten Träume, was Ihr Traum-Ich getan und was es unterlassen hat. Fassen Sie alle wichtigen Punkte wie Einstellungen und entscheidenden Verhaltensweisen in einer Liste zusammen. Tragen Sie auch alle Lektionen in eine Liste ein, die Ihnen die Traumquelle zu vermitteln versuchte. Ferner erstellen Sie eine Übersicht über alles, was Sie gelernt haben und in welcher Weise sich Ihr Traum-Ich gewandelt hat. Beschreiben Sie alle möglichen Anzeichen von Entwicklungen und Veränderungen, und erläutern Sie, wie Ihr wachbewußtes Ich mit den äußeren Lebensumständen klarkommt. Welche Probleme und Einstellungen hat es zu bewältigen? In dieser Woche geht es um die Beobachtung und Überprüfung Ihres Traum-Ichs und Ihres wachen Ichs. Geben Sie eine zusammenfassende Erklärung. Stellen Sie sich den von Ihnen gewählten Aufgaben, um die schöpferische Entwicklung Ihres Ichs im Traum und im Alltag zu fördern.

Zwanzigste Woche

Lesen Sie das achte Kapitel zum Thema Traumaufgaben. Ihre Lektion besteht darin, sich zu üben, Aufgaben oder Lebensprojekte zu erfüllen, mit deren Hilfe Sie leistungsfähiger werden und besser in der Lage sind, sich zu entfalten und andere zu fördern. Diese Fähigkeit läßt sich auf alle Lebensbereiche übertragen. Führen Sie in dieser Woche mindestens fünf Traumaufgaben durch und in den folgenden Wochen je eine, bis Sie entweder das ganze Buch durchgearbeitet oder fünfzig Traumaufgaben erfüllt haben. Tragen Sie die Formulierung jeder Traumaufgabe in eine Liste auf den letzten Seiten Ihres Traumtagebuchs ein, vermerken Sie, an welchem Tag sie vollendet wurde, und beschreiben Sie mit einem Satz, welche neuen Einsichten Sie anhand der Durchführung der jeweiligen Traumaufgabe gewonnen haben. Natürlich dauern einige Traumaufgaben ein Leben lang, dennoch können Sie sie in der Liste vermerken und mit Datumsangabe versehen. Zu einem späteren Zeitpunkt können Sie Erfolgsmeldungen und alle weiteren Fortschritte eintragen.

Einundzwanzigste bis sechsundzwanzigste Woche

Das neunte Kapitel über das Wiedererleben eines Traums und die Lösungsfindung stellt einen entscheidenden Abschnitt dar. Für die Bearbeitung haben Sie einen Monat lang Zeit. Studieren Sie das Kapitel, und machen Sie sich Notizen. In diesem Fall ist es das Ziel, sich darin zu üben, in mehreren Lebensbereichen Lösungen zu finden. Erstellen Sie in der zweiundzwanzigsten Woche eine Liste Ihrer entscheidenden Träume, die bislang nicht gelöst werden konnten, und erforschen Sie sie. Bei jedem neuen Traum, den Sie zu Papier bringen, vermerken Sie, was nach Ihrer Beobachtung an dem betreffenden Traum ungelöst zu sein scheint. An dieser Stelle ist es nicht erforderlich, weitere Schritte einzuleiten. In der dreiundzwanzigsten Woche üben Sie das Wiedererleben eines Traums und lösen mindestens einen oder bis zu drei Träume pro Woche mit dieser Methode. Fertigen Sie in der vierundzwanzigsten Woche eine gut durchdachte, ausführliche Liste Ihrer wichtigen, seither ungelösten Lebensprobleme an. Führen Sie auch alle ungelösten Themen in Ihren entscheidenden Beziehungen oder Partnerschaften auf. In der fünfundzwanzigsten Woche widmen Sie sich innerer Klärungsarbeit, um die angesprochenen Probleme zu lösen. Sie können sich in meditativer Haltung in Schlüsselsituationen Ihres äußeren Lebens versetzen und während einer inneren Schau Lösungsansätze dazu finden. Überprüfen Sie im Anschluß daran, welche Lehren Sie daraus ziehen konnten. Wenn sich eine Gelegenheit ergibt – möglicherweise in der sechsundzwanzigsten Woche –, sollten Sie auch an der Lösung wichtiger äußerer Lebensbedingungen arbeiten. Holen Sie dazu die Zustimmung der beteiligten Personen ein. Vielleicht finden Sie diese Maßnahmen spannend und mitunter auch angsterregend. Während des gesamten Traumarbeitskurses sollten Sie sich angewöhnen, jeweils vor dem Einschlafen alle im Lauf des Tages angefallenen Probleme und Konflikte innerlich zu klären.

In den folgenden Wochen

Erledigen Sie bitte selbstgestellte Hausaufgaben, die mit den obigen vergleichbar sind. Halten Sie abschließend noch einmal Rückschau auf den gesamten Prozeß, und verfassen Sie einen Bericht, in dem Sie angeben, was Sie für Ihre Lebensweise sowie in bezug auf die Traumarbeit als Kunstform und als Mittel der Selbstverwirklichung gelernt haben. Wenn Sie den Wunsch haben, Traumarbeitsgruppen zu leiten, beherzigen Sie den Vorschlag, ein grundlegendes Handbuch über Traumarbeit zu schreiben, in dem Sie die Arbeitsmethoden mit eigenen Worten darstellen und Ihre persönlichen Entdeckungen und Kommentare hinzufügen.

Danksagung

Meine Anerkennung gilt besonders allen Teilnehmern von Traumarbeitsgruppen und Ausbildungsseminaren, die durch ihre aktive Mitarbeit im Lauf der Jahre das Zustandekommen dieses Buchs unterstützten, indem sie ihre Träume und ihre Zeit, ihr Geld und ihre Leidenschaft beisteuerten. Das vorliegende Buch ist in Wirklichkeit ihnen zu verdanken. Ich wirkte lediglich als Chefsprecher und Hauptveranstalter mit. Die Urheberschaft gebührt der Traumquelle und bekommt Gestalt durch die Art, wie wir mit dem, was aus ihr aufsteigt, umgehen.

Ich danke meinen Eltern, Gene Derwood und Oscar Williams, deren Liebe mich angeregt hat, meinen Lebenssinn zu suchen, und deren Neurosen mir gleichfalls gezeigt haben, was ich unterlassen soll. Die Tatsache, daß sie mir beharrlich schriftstellerische Fähigkeiten absprachen, hat mich zudem in entscheidendem Maß motiviert nachzuweisen, daß das Schreiben dennoch ein wichtiger Teil meiner Lebensaufgabe ist.

Ich danke meiner ersten Jungschen Analytikerin Becky Earle, die mich fünf Jahre lang begleitet hat, als ich noch ein gehemmter junger Mann war.

Ich danke Elizabeth Boydon Howes, einer Gründerin der Guild for Psychological Studies, die neun Jahre lang als meine Analytikerin sowohl meinen persönlichen Wandlungsprozeß als auch mein Studium der Jungschen Lehre geleitet und überwacht hat. Obwohl sich unsere Wege trennten, haben wir dennoch beide unser Versprechen gehalten, unser Leben einer Aufgabe zu widmen, die unsere persönlichen Wünsche übersteigt.

Ich danke Sheila Moon, die ebenfalls eine Gründerin der Guild for Psychological Studies ist und ein Jahr als meine Analytikerin tätig war, für ihre Unterstützung und Mitwirkung. Mein Dank gilt den männlichen und weiblichen Leitern der Guild, die mich dort zehn Jahre lang begleiteten.

Ich danke Luella Sibbald, der dritten Gründerin der Guild for Psychological Studies, die mir eine tiefe Wertschätzung der Esoterik und Spiritualität nahebrachte.

Ich danke Lil Hoerni, deren Seminar über russische Ikonen meine Einstellung zum Leben und meinen Umgang mit Träumen deutlich beeinflußte. Ihre Arbeit steht in direktem Zusammenhang mit dem Entwurf des archetypischen Modells und der Entwicklung der Traumkarten.

Ich danke Dorothea Romankiw, der Gründerin der St. George Homes, die eine wichtige Lehrerin und Freundin für mich ist. Mein Dank gilt dem gesamten Führungsstab der St. George Homes. Gemeinsam haben wir beachtliche Arbeit geleistet.

Ich danke meiner Jugendfreundin Kristin Shannon, die sich wieder meldete und mir mit ihrer Liebe und genialen Begabung half, mein Leben umzustellen und meiner Bestimmung gerecht zu werden.

Ich danke Hilary Scaife, mit der ich zwei Jahre lang zusammenarbeitete, als ich zum erstenmal nach Europa kam.

Ich danke Maggie Peters, die an einem Ausbildungsseminar teilnahm, das einen ungünstigen Verlauf nahm. Sie lieferte dennoch einen bedeutsamen Beitrag.

Ich danke Autoren und Lehrern im Bereich der Traumarbeit, die sich ernsthaft bemühen und sich nicht als Konkurrenten, sondern als Kollegen verstehen. Mein Dank geht an Patricia Garfield, Bob Van de Castle, Henry Reed und Robin Shohet. Bisher (1991) ist Robin Shohet der einzige, der mich in seinem Buch mit einer Widmung erwähnt hat.

Ich danke meinen Mitarbeitern der jüngsten Zeit. Mein Dank gilt Tore Skåtun, der die Journey Press übernommen hat, und Roald Pettersen, der als mein Manager und Berater tätig ist. Ich danke Marie Bergman für ihren Seelen- und Traumgesang und allen, die sich vor Ort für die Netzwerkarbeit einsetzen.

Ich danke meiner ersten Ehefrau Laurie Williams, mit der ich drei Jahre verheiratet war, die in mir die Leidenschaft zu leben und das Interesse an spirituellen Dingen weckte.

Ich danke meiner zweiten Ehefrau Helen Williams, mit der ich zehn Jahre verheiratet war. Sie hat mich während meiner wichtigsten Entwicklungsprozesse begleitet, und sie ist die Mutter unserer beiden Töchter.

Ich danke meiner ältesten Tochter Alison Elizabeth Williams, die mit einem unvollkommenen Vater aufwachsen mußte, der sie innig liebt.

Ich danke meiner zweiten Tochter Marya Sheila Williams, die sogar noch weniger von ihrem Vater hatte. Meine Liebe für sie ist anders und kommt von Herzen.

Ich danke Terran Dailey, mit der mich eine fünfjährige Partnerschaft verband. Sie hat mich enorm unterstützt und ist ihrerseits eine beachtenswerte Traumarbeiterin.

Ich danke Joyce Perry, mit der ich gleichfalls fünf Jahre verbunden war. Sie ist eine einfühlsame und einzigartige Gefährtin bei meiner Weiterentwicklung gewesen.

Ich danke Penelope Stirling, mit der ich erst in jüngster Zeit eine eineinhalbjährige Partnerschaft erlebte. Ich erinnere mich gern an unsere gemeinsamen Unternehmungen.

Ich danke den anderen Frauen, denen ich ein Partner sein durfte. Ich habe dabei viel gegeben und auch viel empfangen. Es ist keineswegs immer befriedigend oder ein Vergnügen, einen Schriftsteller zu lieben, dessen Verpflichtung an die Quelle stärker ist als sein Einsatz für die Aufrechterhaltung der Beziehung.

Ich danke einigen anderen Personen meines Unterstützungsteams: Luz Mena, Robbie Robertson, Sebastian Orfali, Ian Jackson, Nick Eddison und Linda und Roger Garland. Mit ihrer Hilfe fanden im Lauf der Jahre meine Bücher und Ausbildungskurse weltweite Verbreitung.

Im folgenden danke ich den geistigen Lehrern, die mich am meisten beeinflußt haben.

Ich danke Jesus von Nazareth für seine fundamentale Lehre über das Leben, die Seele und die geistigen Wachstumsschritte, die sich kraß von der durch Paulus überlieferten christlichen Tradition unterscheidet. Besonders die christlich orientierten Leser mögen sich diese Anmerkung zu Herzen nehmen!

Ich danke Henry Burton Sharman, der die geschichtlichen Fakten über das Leben und die Lehre Jesu erhellte, und zwar durch differenzierte Studien, nicht durch Besserwisserei.

Ich danke dem großartigen Lehrer der Gewaltlosigkeit Mohandas Ghandi, der entschlossen seinen Weg ging, wie leuchtend oder auch unvollkommen er auch gewesen sein mag.

Ich danke C. G. Jung und anderen Jungianern, die uns mutig zu der modernen Anschauung verhalfen, daß Archetypen tatsächlich wirksam sind und daß jeder einen unversehrten Wesenskern besitzt, der im Lauf eines Menschenlebens verwirklicht werden will.

Ich danke Ram Dass und Jean Houston, zwei unterschiedlichen, aber strahlenden Glanzlichtern des New Age. Mein Dank richtet sich an viele Mitmenschen, die ihr Leben und ihre Mittel dem kommenden Zeitalter geweiht haben und sich an der Umwandlung unserer Erde beteiligen, solange es noch möglich ist. Bleibt uns überhaupt noch Zeit dafür?

Ich danke allen politischen Aktivisten, selbst wenn sie immer noch voller Neurosen stecken, denn sie sind die wahren spirituellen Krieger unserer Zeit. Ich weiß, wie mühsam und einsam diese Arbeit bisweilen sein kann, da ich auch zeitweise in dieser Richtung tätig war. Ich danke ihnen tausendmal, daß sie es inmitten dieses schändlichen Treibens aushalten, das unser geistiges Umfeld und unsere Erde verunreinigt.

Strephon Kaplan-Williams

Verzeichnis der Übersichten und Anleitungstabellen zur Traumarbeit

Verzeichnis weiterer Abbildungen und Tabellen

Strephon Kaplan-Williams bietet auf der Grundlage dieses Buchs in
Deutschland und in der Schweiz Traumarbeitsseminare an. Nähere
Informationen erhalten Sie über
Roman Kess
Seminaragentur
Kaiserstraße 65
D-80801 München